U0746696

復旦哲學·中國哲學文獻叢書

叁

主編
吴震　[日]吾妻重二　[韓]張東宇

東亞《家禮》文獻彙編

中國篇 ③

上海古籍出版社

四禮初稿

〔明〕宋纁　撰
王志躍　整理

《四禮初稿》解題

王志躍

宋纁（一五二二—一五九一）字伯敬，號栗庵，河南歸德府（治今商丘）人。嘉靖三十一年（一五五二）舉于鄉，三十五年成進士。初授永平府推官，擢任山東道監察御史，出巡山西。隆慶四年（一五七〇），擢順天府丞。尋拜都察院右僉都御史，巡保定諸府。因與張居正不和，曾引疾歸。萬曆十一年（一五八三）以原官復起。旋進南京户部右侍郎，總督倉場。十四年，升户部尚書。十八年，遷吏部尚書。死後追封太子太保、榮禄大夫，謚莊敏。宋纁爲官清廉，敢于擔當，深受百姓愛戴，當時民謡有言「南出海瑞，北出宋纁」。著有《荒政輯略》《古今藥石》《四禮初稿》等。生平事迹見《明史》卷二二四本傳、《明季烈臣傳》、康熙《商丘縣志》卷八小傳、光緒重修《天津府志》卷三十九《宦績一》。

由于資料缺乏，宋纁的學術淵源尚不明確。不過，就其爲學路向來説，似乎更偏近程朱。但是《四禮初稿》「就簡删繁」的編纂宗旨，則與王陽明「今之爲人上而欲導民于禮者，非詳且備之爲難，惟簡切明白而使人易行之爲貴耳」的《家禮》詮釋原則暗合，這也從一個側面反映出删繁就簡、易知易行已經成爲一種時代共識。

《四禮初稿》作于萬曆元年（一五七三），共四卷，以其出于「一時之見，未敢遽以爲是，故以初稿名焉」。其各卷仍以冠、昏、喪、祭爲序。上海圖書館藏有康熙四十年（一七〇一）商丘宋氏刻本《朱子家禮》，附《四禮初稿》四卷。卷端題「《四禮初稿卷一》」，後署「商丘宋纁栗菴輯」。正文半頁八行十八字，小字雙行同，白口，單黑魚尾，四周單邊。框高一八六毫米，寬一二九毫米。卷四末注「吴縣沈翰較字」。復又有華東師範大學圖書館藏乾隆二十五年（一七六〇）三希堂刻《鄭氏叢刻》本、北京大學圖書館藏乾隆三十八年（一七七三）博雅堂刻本，均與康熙本同。此次整理，以《四庫全書存目叢書》據上海圖書館藏康熙四十年商丘宋氏刻本爲底本。

宋纁著《四禮初稿》時，乃《家禮》下移與傳播的高度成熟期，人們對《家禮》的簡化與傳播手段已多所創新。而在《四禮初稿》中我們也能鮮明地感受到此點。比如其所引用文獻就除了《禮記》《周禮》、程朱之外，尚有本朝《大明集禮》、萬曆《明會典》《喪禮備纂》等。又，《四禮初稿》對《家禮》之儀節復有删削，如《家禮・喪禮・小祥》載「主人以下沐浴，陳器，具饌」，《四禮初稿》删去了「沐浴」儀節。再如《家禮》載「三月上旬擇日」，《四禮初稿》則不拘于此，而是擬如鄉俗「用清明、七月十五及十月朔日祭」。除了靈活變通之外，宋纁還對《家禮》個别儀節直接否定，如《四禮初稿》載「告遷事重，《家禮》『以酒果告』未妥。還當具潔牲、庶羞、粢盛、醴齊爲是」，即是明證。總之，《四禮初稿》是明代中後期有力推動《家禮》在地方傳播的又一代表作，理應引起人們的重視。

目録

四禮初稿卷四

四禮初稿原序

禮之衛人，甚於城郭。人顧自棄於禮者，豈以禮爲非是而不貴耶？蓋儀文周詳，人苦其難。因其難而遽禮之廢也，豈得齊民已哉！然則指途導軌，莫若就簡删繁，余嘗有志未暇。萬曆癸酉春，得告歸。攝藥餌餘閑，乃彙諸家禮書，參互考訂。先求制作之源，次及條件節目之詳。其間窒礙難行及有不安於心者，則斟酌變通，謬加損益，期不失乎禮之本義，簡要易從焉而已。然皆據一時之見，未敢遽以爲是也，故以初稿名焉。昔者，魯昭公如晉，自郊勞至於贈賄無失禮，晉侯善之。而司馬侯乃以爲是儀也，不可謂禮。豈禮固有出於儀文之外者乎？是又在秉禮者自擇之。萬曆癸酉九月既望，栗菴宋纁識。

四禮初稿卷一

冠禮男子年十五至二十，皆可冠。必父母與己身無期以上喪，乃可行之。

筮日，今只依選擇曆書，擇宜冠帶日。既得吉。前三日，主人告於祠堂。主人，謂冠者之祖與父。凡爲家長者，若宗子已孤而冠，則自爲主人。序立，主人盥洗，啓櫝，出主。遍出神主於龕前卓上。復位，降神，詣香案前，跪上香，酹酒。從者一人，以爵酌酒，自左授主人，主人受之，盡傾於茅沙上。從者一人，自右接爵。俯伏，興，平身，復位。參神，鞠躬，四拜，平身。詣神位前，跪獻酒。從者以爵自左授，主人傾少許於茅沙上，乃奠。從者自右受之，置於神主卓上。俯伏，興，平身。以次遍獻各神主前。詣祝位。跪，告曰：「某之子某，年漸長成，將以某月某日，加冠於其首，謹告。」若宗子自冠，則云：「某以某月某日，加冠於首。」俯伏，興，平身，復位。辭神，鞠躬，四拜。平身，納主，主人自奉神主納於櫝中。禮畢。

筮賓。古筮賓，今擇親朋中知禮者一人爲之。又擇賓之贊者一人主之，贊者一人，以子弟知禮者爲之。戒賓。前期三日，主人詣其門敦請之。前一日，陳設。古者重冠，行之於廟。今人祠堂狹隘，但冠於外廳。如人家廳堂無房，暫以帷幕隔之。無階級，用石灰畫而分之。長子席在阼階上之東，稍北，西向。衆子則稍西，南向。宗子自冠，則如長子之席，稍南。主阼階少東，西向，賓西階，少西，東向。洗盆、帨巾，設於東階下。○考之《記》云「適子冠於阼，以著代也」，顯其爲主人之次也。庶子於阼西，南向，非代故也。但今制以南面爲尊，長子、宗子既皆阼東，西向，則衆子於阼階稍西，已屬有辨。亦宜如長子、宗子西向，不當南面。況古者冠禮原行於家廟，若冠者南向，不惟上背乎祖考，且使父祖與賓東西相向而立，人子乃公然南面於上，其於人心禮制安乎？否耶？禮，時爲大，似不必拘泥於古也。厥明夙興，陳冠服。用卓子陳當用衣帶靴梳網巾於房中。凡衣皆東領，以北爲上。又用卓子，設酒注盞盤於衣服北。其三加冠巾，各盛以盤，以帕蒙之。用卓子陳於西階下，執事一人守之。賓至，主人迎入。主東賓西。升堂，就位，各坐。將冠者出房，主贊者引將冠者立於房外之席右，西向。奠櫛。賓、贊者用笥，盛梳子、網巾，置於席左，立於將冠者之左。賓、主皆興，賓詣盥洗所，賓降東階，主人從之。盥洗畢，主人揖賓升。就位，執事者進冠。古禮，始加用緇布冠，再加用皮弁，三加用爵弁。《家禮》始加用幅巾，再加用帽子，服皂衫、革帶，三加用幞頭、公服。但緇布冠、皮弁、爵弁，制皆不傳。幞頭、公服、革帶，今制惟有官者得以用之。無官者似難僭逾。今擬三加併爲一加，有官者公服、幞頭、革帶，生員儒巾，圓領絲絛，餘人方巾、盤領袍絲絛，俱皂靴，庶簡便易行。賓降受。禮，始加，賓降階一等受；再加，降二等受；三加，降三等受。若三加併爲一加，則賓當降三等受。右執項，左執前。詣將冠者席前，東向立。將冠者跪，賓祝曰：「令月吉日，始加元服。棄爾幼志，慎爾成德，壽考維祺，以介景福。」賓贊者跪，櫛髮合紒。跪如冠者向，脫童巾帽以授。執事者爲之梳髮、包網。興，復位。賓跪，加冠。興，復位。冠者興，賓揖冠者適房易服。易童子服。生員圓領，餘人盤領袍，俱絲絛皂靴。有官者公服革帶。賓主皆坐，徹櫛，乃醮。酌而無酬酢曰醮。

設醮席。醮席陳設脯醢。禮，長子則改席於堂中少西，衆子則仍冠席，俱南向。考之《記》云「醮於客位，嘉有成也」。是古人制禮不爲無見，但主、賓俱東西相向，而冠者公然於堂中南面而立，使賓北面致詞，祖父旁侍，揆之情禮，均屬未妥。今擬長子、衆子醮席，各仍舊設。長子東向，衆子西向。見主賓，雖嘉其有成，以客位相待。而冠者揖遜，不敢以客禮自處也。考《大明會典》親王冠禮，設冠席於東階之上，西向。設醮席於西階之上，東向。則士庶人之不可南向也，明矣。冠者出房。西向立。贊者酌酒。酌酒於房中，出房，立於冠者之左。賓揖冠者即席。長子東向，衆子西向。賓受酒，贊者捧酒授賓，賓受之。詣醮席前，冠者跪，賓北而立。祝曰：「某醴惟厚，嘉薦令芳。拜受祭之，以定爾祥。承天之休，壽考不忘。」冠者興，受酒，賓復位。冠者進，席前跪，祭酒。傾少許於地。興，就席，啐酒。飲少許，授盞於執事者。冠者拜賓，舊南向再拜。今擬西向。賓答拜。東向答拜。拜贊者，贊者答拜。乃字冠者。賓降自西階，東向。主降自東階，西向。冠者降自西階少東，西向。賓祝曰：「禮儀既備，吉月令日，昭告爾字。爰字孔嘉，髦士攸宜。宜之於嘏，永保受之，曰伯某甫。或仲、叔、季，惟所當。」冠者答曰：「某不敏，敢不夙夜祗奉。」再拜，賓答拜，禮畢，賓出就次。

主人以冠者見於祠堂。如先告儀。惟告詞曰：「某之子某，今日冠畢，敢見。」告畢，復位，冠者於兩階間四拜，主人不拜。冠者復位，然後辭神。冠者見尊長。拜父母，四拜，父母爲之起拜。諸尊長、諸父兄、諸母姑，再拜，皆爲之起，重成人也。禮賓。主人以幣酬賓及贊者而拜謝之。冠者遂出見於鄉先生及父之執友。冠者拜，先生執友皆答拜。

女子許嫁，笄。年十五，雖未許嫁，亦笄。母爲主。戒賓，擇親戚婦女賢而有禮者。陳設，醮字，禮賓，皆略如男子冠儀。但祝詞不能，則省，禮文宜從簡便。

四禮初稿卷二

昏禮

娶妻之禮，以昏爲期，因名焉。必以昏者取陽往陰來之義。男年十六，女年十四以上，必主昏及己身無期以上喪，乃可成昏。○古有六禮，《家禮》略去問名、納吉、請期，以從簡便。今擬以問名併入納采，而以納吉、請期併入納幣，以備六禮之目。惟於書辭之間，略及其名而已，其實無所增益也。

納采

納其采擇之禮，即世俗所謂言定也。必先使媒氏往來通言，俟女氏許之，然後納采。

主人具書[具書式]伏承尊慈不棄，曲從媒議，許以令愛貺室僕之男某，謹專人納采，因以問名，惟俯賜鑒照，不宣。夙興，奉以告於祠堂。用盤盛書，置香案上，禮如冠禮常告儀。告曰：「某之子某，未有伉儷，聘某郡某之女，今日納采，就以問名，敢告。」設賓席於廳事，及禮物於庭。《儀禮》用賓，而《家禮》本温公《書儀》用子弟爲使者。但婚姻重事，納采大禮，還當遵《儀禮》及《會典》品官昏禮用賓爲妥。禮物各從俗便，不可過侈。賓如女氏，執事者舉禮物先行，賓從之。女氏主人出迎於大門外，揖賓入，升堂。執事者陳禮物於庭，賓及主人皆再拜，主人受書，遂奉以告於祠堂。如常告儀。○用盤盛書，置香案上。禮物陳案前或庭中。告曰:「某之第幾女某,許嫁某郡某官某之子某。今日納采,因以問名,敢告。」出以復書授賓,遂禮之。復書式 伏承尊慈不棄,過聽媒氏之言,擇某之第幾女某作配令似。既辱采擇,敢不拜從。重辱問名,謹具所出及所生年、月、日、時,如別幅。○名帖式 母某氏,女某行幾,某年、某月、某日、某時生。賓謝,主人再拜。主人答拜,送賓。賓復命壻氏,主人受書,復以告於祠堂。以盤盛所復書及名帖,置香案。告曰:「某之子某,聘某郡某之第幾女某,某年、月、日時生。今日納采、問名禮畢,敢告。」謝賓,再拜,賓答拜。禮賓,送賓。如常告儀。

納幣

具書告廟。復書,禮賓,復命如納采儀。但告詞男家於「議娶某人之女」下添「擇某日成昏,今日納幣,敢告」。女家於「許嫁某人之子」下添「今日報吉,行納幣禮,請以某月日成昏,敢告」。具書式 伏承嘉命,許以令愛貺室僕之子某,卜某月某日,寔惟昏期,謹具不腆之儀,用申納徵之敬。伏惟俯賜鑒允,不宣。○復書式 伏承嘉命,過辱厚幣,更示吉期,敢不惟命是聽。先此奉復,伏惟尊照不宣。

國朝,品官、庶人納幣各有定制,宜遵行之,不可僭越。

親迎

前期一日，女氏使人張陳其婿之室。謂鋪氈褥、帳幔之類，俗謂之鋪牀。厥明，婿家設位於室中。設卓椅兩位，東西相向。卓上列食品如常，又一卓置合巹杯、酒注。初昏，主人告於祠堂。如常告儀。告曰：「某之子某，將以今日行親迎禮，謹告。」執事者設主人位於廳之正中，南向。主人升座，婿升自西階。至父座前，北面，再拜，跪。父命之曰：「往迎汝室，承我宗事，宜淑爾德，以端刑于。」或隨意命詞訓戒，不必拘也。婿曰：「敢不奉命。」俯伏，興，再拜，平身，遂出乘馬。以二燈籠導之。其日，女家設次於外待婿。主昏者預先告廟，如常告儀。告曰：「某之第幾女某，將以今日歸某氏，謹告。」女立兩階間四拜。女父母就正廳，南向坐，女就父母座前辭，北面四拜。父命之曰：「往之汝家，勤儉小心，孝事舅姑，克相夫子。」《家禮》告廟訓戒俱在婿入次之後，但婿入，俟於次方行此二禮，爲時既久，難於等候，故擬先行之。禮，父母、諸母各有訓戒之詞，今擬總於父，從簡便，示有尊也。又醮子醮女，原有酌酒、受酒、祭酒、啐酒之文。考之《會典》，品官昏禮親迎款内獨略之，其於幼年子女尤便，故從之。○其親屬有尊於父母者，告廟後，父母先導之就其室辭。卑於父母者，待受訓戒後，辭之。婿至門外，下馬。主人出迎婿於大門之東，西面，揖婿入升堂。主人升自東階，西向立，婿升自西階，北向立，執雁者從婿後。

跪，奠雁。婿北向跪，從者以盤盛雁，授婿，奠置於地。主人侍者受之。無雁，以鵞之類雁者代之，止用一隻，以生色繒交絡之，首向左。俯伏，興，再拜。主人不答拜。或問婿再拜而主人不答，何也？朱子曰：「彼爲奠雁而拜，主人自不應答拜。」平身，出。姆奉女登車。亦以二燈籠導之。婿乘馬先行。至其家，導婦以入，婿、婦交拜。婿東，婦西，相向兩拜。行合巹禮畢，從者以兩巹杯酌酒，和合以進，婿、婦各執其一，同飲畢。婿出。主昏者禮男送者於外廳，主婦禮女送者於中堂，各如儀。

廟見《家禮》，婦至之次日，見舅姑；三日，見祠堂。蓋以得於夫，乃可見舅姑，得於舅姑，乃可見廟，不爲無見。但未見廟，先見舅姑，於禮未妥。今遵照《大明會典》改擬於婦至之次日，先見廟，後見舅姑，不惟婦之謁見不失先後之序，其於舅姑之心，亦庶乎其相安矣。

婦至之明日，見祠堂。設主昏者拜位於東階下，婿拜位於其後，主婦拜位於西階下，婦拜位於其後。其日，夙興，沐浴，各就位，鞠躬，四拜，平身。婿、婦進立兩階間。主昏者升自東階，詣神位前跪，上香，獻酒，告云：「某之第幾子某，今已昏畢，率新婦見。」俯伏，興，平身。主昏者立於神位東，新婦見。婿、婦並立兩階間，四拜，各復位。古無婿拜之禮，今從俗補之。主昏者降自東階，就拜位，主昏者以下皆四拜，禮畢。

見舅姑

婦既謁廟，見舅姑。執事者先設舅姑位於堂中，南向。又設卓子於舅姑前，陳贄幣，貧富多寡隨宜。貧者止用鞋帕，亦可。婿婦並立堂階下，北面先向舅四拜，次向姑四拜。舅姑贈婦。贈以幣帛。貧不能辦，以棗栗二果贈之，亦可。婦拜受之，遂見於諸尊長。

盥饋

婦見舅姑之明日，婦家具盛饌至婿家，設於堂上舅姑之前。或婦家貧及不曉此禮者，則婿家自備。舅姑即座，婦立兩階間，四拜，向舅位跪。就於階下稍東，朝舅座跪。進酒，女從者以酒授婦，婦授女從者以奉舅。進湯飯，湯飯共一盤盛之。女從者授婦，婦授女從者以奉舅。四拜，向姑位跪，進酒，進湯飯，拜。俱同前。徹饌，遂饗婦。按：饗婦今從俗，以姑待之，陪以女親亦可。

婿見婦之父母

四日，婿往見婦之父母，婦父迎送揖讓，如客禮。拜，即跪而扶之。入見婦母，婦母闔門左扉，立於門内，婿拜於門外，皆有贄幣。婦父引婿至祠堂。婦父詣香案前跪，上香，告云：「某之女某，婿某來見，敢告。」俯伏，興，平身。婿立兩階間，四拜。婦家設酒饌禮婿，仍答婿幣。

四禮初稿卷三

喪禮

初終

疾病，遷居正寢。正寢，即今人家所居正廳也。遷居正寢，惟家主爲然，餘則各遷於所居之中室。戒内外，戒内外安静，毋驚擾也。書遺言，加新衣，撤去舊衣，易以新衣。納履，底用布，不用皮。屬纊。置新綿於鼻口間，綿不動，即是氣絶。乃含。不忍其口之虚也。禮，實以米錢，俗用珠玉之類。珠玉誨盜，且於飯含之義無謂，米易生蟲，尤爲死者所忌，似不若實以使君子仁三枚爲佳。蓋使君子仁既可食，又能殺蟲故也。此款原在遷尸於牀之後，今移此。哭。至是男女哭擗無數。易服，妻、子、子婦及未出嫁女，皆去華飾，被髮。男子徒跣，男爲人後，女已嫁，不被髮，男亦不徒跣。不食。諸子三日不食。期、九月之喪，三不食；五月、三月之喪，再不食。親鄰尊長强以米粥，少食可也。有疾病者，又不可拘泥。立喪主。謂死者長子，無則長孫，無長孫則次子，專奉饋奠。主婦謂死者之妻，無則主喪者之妻。設幃以障内外。以白布爲之。設襲牀，鋪席褥枕，置深衣大帶於上。遷尸於牀，加幅巾、深衣、大帶、今擬有官者用本等服、青紵絲、唐帽、紵絲帶靴，以純布爲之。充耳、用白綿二塊，如棗核大，塞耳。幎目帛、用皂絹爲表，赤色絹爲裏，方尺二寸，內充以綿，四角有繫，於後結之。握手帛，用玄色絹爲表，淺絳色絹爲裏，長一尺二寸，廣五寸，內充以綿，兩端各有繫結之。乃覆以衾，置靈座、魂帛。尸前設衣架，覆以帕或錦被，架前置椅，椅上置坐褥，褥上置生時衣服，衣服上置魂帛。魂帛用白絹一段，從中結爲同心結，上出其首，旁出兩耳下垂。其餘爲兩足，有似人形。帛前設靈卓，卓上設香爐、盞注、酒果之類，朝夕設櫛頮奉養之具，皆如平生時。設奠。以卓子置脯醢之類於上，盥手，酌酒，置卓上而不酹。今人澆酒於地，謂之奠，非也。主人以下爲位而哭。男東，女西。設銘旌，以絳帛爲之，三品以上，九尺；四品、五品，八尺；六品以下，七尺。以粉筆大書，曰「某官某公之柩」。無官，則書「處士某公之柩」，婦人則書「某封某母某氏之柩」；無封，則書「某母某氏之柩」。舅姑在，則改「母」字爲「室」字，置靈座之右。護喪，以子弟知禮能幹者爲之。主賓，用同居之尊且親者爲之。無，則擇族屬或親友之賢者，亦可。專主與賓客爲禮。司書，司貨，以子弟或吏僕知書者爲之，置三曆：其一書吊客姓名，其一書凡喪當用之物及貨財出入，其一書親友賻襚祭奠之物。治棺。油杉爲上，柏次之，土杉爲下。僅取容身，勿令高大及爲虛檐高足。訃告親友。護喪者爲發書。以書來吊者，須卒哭後答之。

小斂

死之明日也。近時，士大夫家非客死於外，多不用斂。使死者手足伸舒，巾服端整，從俗可也。

男子袒而括髮，袒，露臂。近世惟去上衣而已。括，以麻束髮也。具單股絰帶，散垂，其末三尺。齊衰以下袒而免。裂布廣寸。自項向前，交手額上，却繞髻，如着掠頭，或以粗布巾代之，亦可。婦人髽。用麻繩撮髻，戴竹木簪。

大斂小斂之明日也。如時值炎暑，又當變通行之。

厥明，舉棺入置堂中。以兩凳乘之。置衾棺中，别置有綿衾於棺中，垂其裔於四外。舉尸於棺。子孫、婦女與侍者俱盥手，共舉尸納棺中綿衾内。實齒髮，於棺中四角。塞空缺，又擣其空缺處，卷衣塞之，務令充實，不使摇動。收衾，收綿衾之裔垂棺外者，先掩足，次掩首，次掩左，次掩右，令棺中平滿。憑哭，盡哀。主人、主婦憑棺而哭。蓋棺。乃召匠加蓋下釘。設靈牀於柩東，枕席、衣被之屬，皆如平生。設奠。比朝夕奠加厚，内外皆就位，哭如初。喪主以下各歸喪次。中門之外，擇朴陋之室，爲丈夫喪次，寢苫枕塊，不脱絰帶。婦人次於中門之内别室，撤去帷帳、衾褥華麗之物。

成服大斂明日，死之第四日也。

厥明，五服之人各服其服，就位，哭奠，引吊如儀。喪主及諸子就祖父及諸父前跪，哭皆盡哀，就祖母及諸母前哭，亦如之。女子如男子之儀。主婦以下就祖姑、伯叔姑哭，亦如之。既成服，喪主及諸子始食粥。期、九月者，蔬食水飲，不食菜果。大功以下異居者，各歸其家。

朝夕奠

成服之後，每日晨起，設頮盆、帨巾、櫛具於靈牀側，設蔬果、脯醢、羹飯、茶酒、匙箸於靈座前卓子上。喪主以下，各服其服，就位，舉哀，奉魂帛出，就靈座，斂枕被。焚香，斟酒，點茶，且拜且哭。禮畢，罩巾。用罩子罩蔬果之類。夕奠，如朝奠儀。奉魂帛入就靈牀。先於靈牀内鋪被安枕，然後奉魂帛安牀上，置靴鞋於牀下，收晨所設頮櫛之具。自此以至於虞，朝夕如之。若遇朔望，具奠，比常奠之饌爲盛，於朝奠行之。有時物，則薦之。

治葬

三月而葬，前期擇地之可葬者。有祖塋者，袝葬。若窄狹及有妨碍，别擇土色光潤、草木茂盛之處。他日不爲道路、城郭、溝池，不爲貴勢所奪，即所謂美地也。古人所謂卜其宅兆者，正此意，非若後世陰陽家禍福之説也。既得地，乃擇日，開塋域，掘兆四隅，爲塋兆之域。祠后土。擇遠親或賓客一人，吉服。設后土位於域之左，南向。陳饌，就位，再拜，詣香案前跪，上香，奠酒，讀祝，維年月日，某官某，即告者姓名，敢昭告於后土氏之神，今爲某官某人營建宅兆，神其保佑，俾無後艱，謹以清酌餔醢，祇薦于神，尚饗！俯伏，興，平身，復位，再拜，禮畢。遂穿壙，穿地直下爲壙。作灰隔，穿壙既畢，先布細炭末于壙底，築實，厚二三寸。然後以石灰三分，細沙、黄土各一分，篩拌令匀，以淡酒遍洒之，築實，厚二三寸。别用薄板爲灰隔，牆高于棺四寸許，置于灰上。乃于四旁旋下四物，亦以薄板隔之，炭末居外，三物居内，如底之厚，築之既實，則旋抽築板，近上復以炭灰築之，及牆之平而止。〇王浚川《喪禮備纂》謂：「灰隔外板旋抽，近上，則四旁之土必與灰沙相離，終有空虚崩塌貯水之患。此其大不宜者。塗槨以瀝青，槨内棺外，仍以三物實之。此則不可易者。今參合纂之，仍用外槨，如棺合成，再以瀝青周塗其内，使無縫隙。待築壙底灰沙二三尺訖，即下槨于壙中。復如法再築四旁，與土相連，不用薄板隔之，致有空虚縫隙，及牆之平而止。候葬時下棺，于槨中槨底及棺四旁上面，復用三物築實。俟滿與槨口平，再溶瀝青灌于灰沙之上，與槨内四旁瀝青相黏合一，方加槨蓋。再以灰沙如前築之，厚二三尺許，方以土實築之，盈坎而止。如此，槨外灰沙與土相連，既無罅隙，槨内灰沙實其空虚，又不貯水，槨有瀝青，又足隔水，似爲周詳矣。」刻志石，用石二片，其一爲蓋，刻云「某朝某官某公之墓」，無官書其字曰「某君某甫」，婦人則云「某朝某封某氏之墓」，無封則云「某君某甫妻某氏」。其一爲底，刻志銘，葬之日，以二石字面相向，而以鐵束束之，埋于壙前近地面三四尺許。恐陵谷變遷，或爲人所動，而此石先見，則人有知其姓名者，庶能爲掩之也。造明器，五品、六品，三十事；七品、八品，二十事；其餘，十五事。謂之明器者，以神明之道待之也。作神主。伊川云：「作主用栗，趺方四寸，象歲之四時；高一尺有二寸，象十二月；身博三十分，象月之日；厚十二分，象日之十二辰；身、趺皆厚一寸二分，剡上五分爲圓首，寸之下勒前爲（額）〔頷〕而判之，一居前，二居後，前四分，後八分。陷中長六寸，闊一寸，深四分，合之植于趺。除趺，在七寸二分之上。竅其旁以通中，圓徑四分。粉塗其面，以書屬稱，屬謂高曾祖考，稱謂官謚。旁題主祀之名，加贈易世，則筆滌而更之，外改中不改。親盡則祧，奉之以埋墓所。」○其神主尺寸，以當今鈔尺爲準，是即孔子從先進之意。且周尺太短，作太矮小，又涉生今反古之嫌。翣，以木爲筐，如扇而方，兩角高廣二寸，高二尺四寸，衣以白布；黼翣畫黼，黻翣畫黻，雲翣畫雲氣。柄長五尺，車行持之以障車。既窆，樹于壙中以障柩。《喪大記》曰：「君飾棺六翣，黼二，黻二，雲二；大夫四翣，黻二，雲二；士雲翣二。」功布，用布爲之，長三尺，引于柩前，路有低昂傾虧，視之以爲節，使舁柩者知所備。方相。《周禮》：「方相氏掌蒙熊皮，黄金四目，玄衣朱裳，執戈揚盾。大喪，先柩及墓，入壙，以戈擊其四隅，毆罔兩。」

葬

發引前一日，因朝奠奉魂帛，出靈座，焚香，斟酒，跪告曰：「今日吉辰遷柩，敢告。」俯伏，興，平身。舉哀，四拜，哀止。跪告曰：「請朝祖。」古以柩朝。今擬以魂帛代之。以箱奉魂帛，詣祠堂。主人以下哭從。執事者布席，置魂帛箱席上。朝祖，主人以下就位，四拜。舊無隨拜之禮，以義起之也。奉魂帛，還柩所。主人以下哭從，安魂帛於靈座，遂遷柩於廳事。今人家未必有廳又有堂，略移動可也。日晡時，設祖奠。設饌，如朝奠儀而加禮。主人以下就位，舉哀，哀止。盥洗，詣靈座前跪，焚香，斟酒，告曰：「永遷之禮，靈辰不留，今奉柩車，式遵祖道。」俯伏，興，平身。舉哀，鞠躬，四拜，平身，禮畢。厥明，發引之日。陳器，方相在前，次明器，次銘旌，次香案，次靈車，以奉魂帛；次功布，次柩車，旁夾以翣。北向跪，告曰：「今遷柩就轝，敢告。」遷靈座，置旁側。遷柩就轝，安靈座，安於柩前。乃設遣奠，饌如朝奠。就位，舉哀，哀止。盥洗，詣靈座前跪，焚香，斟酒，告曰：「靈輀既駕，往即幽宅，載陳遣禮，永訣終天。」俯伏，興，平身。舉哀，鞠躬，四拜，平身，禮畢。奉魂帛，升車。別以箱盛主，置魂帛後，守舍者辭柩。柩行，主人以下男女哭，步從。未至墓，先設靈幄。在墓道右。如墓向內，設卓椅。靈車至墓，奉魂帛就幄座，主箱亦置帛後。遂設奠。先設席於壙前。柩至，脱載置席上北首。取銘旌，置柩上。男女各就位哭，賓客拜辭而歸。主人再拜謝賓，乃窆。主人以下輟哭，臨視下棺。鋪銘旌，加灰隔，內外蓋實以灰，乃實土，而漸築之。祠后土於墓左。如前告儀，祝文改「營建宅兆」爲「窆兹幽宅」。藏明器，實土及半，乃藏明器。舊倚翣於壙內四隅，若用灰隔，四隅無地可置翣，窆後焚於墓側可也。下志石，於壙內近前先布磚一重，置石其上。又以磚四圍之，而覆其上。復實以土而堅築之。按：世有實土將平，鋪魂帛於內而埋之者。禮，于初虞後，擇家之屏處埋之。其實人家屏處難得，況此時神已依主，魂帛同柩埋之，亦可也。題主，設卓子于靈座東，西向，置筆硯盥盆、帨巾。就位，孝子就靈座前，北向立。盥洗，題主者盥洗畢，詣題主案，西向立。出主。開箱出主，卧置卓上。先題陷中，後題粉面。陷中，父則曰「某朝故某官某公諱某字某行幾神主」，母則曰「某朝故某封某氏諱某行幾神主」，左題「生於某年某月某日」，右題「卒於某年某月某日」；粉面，父則曰「顯考某官某諡府君神主」，母則曰「顯妣某封某氏神主」。如無官封，父則曰「先考處士」，母則曰「先妣某氏」，旁書「孝子某奉祀」，書名不書姓，題畢。奉主置靈座，鞠躬，四拜，平身。詣香案前跪，焚香，獻酒。主人以下皆跪，讀祝。執版出主人之右，跪讀云：「維年月日，孤子某，敢昭告於顯考某官府君，形歸窀穸，神返室堂，神主既成，伏惟尊靈，含舊從新，是憑是依。」母則改曰：「哀子某，敢昭告於顯妣某封某氏」。俯伏，興，平身，復位，四拜，平身。主人以下哭盡哀。謝題主者。奉神主升車，執事者徹靈座，遂行。喪主以下哭從。留子弟一人，監視實土成墳。

虞

虞，猶安也。骨肉歸於土，魂氣無所不之，孝子爲其彷徨，三祭以安之。

葬之日，日中而虞。執事者先期陳器，具饌，主人奉車入門，出主，奉安於座。主人以下各就位，舉哀，哀止。降神，考國制，奉主至家，置靈座，仍有安神九拜禮，方行初虞禮，恐人家塋遠主同，無多時，故於安神即行初虞禮。從簡便，亦不欲數之意也。盥洗，詣香案前跪，焚香，酹酒。温公曰：「古之祭者不知神之所在，故灌用鬱鬯，蕭合黍稷，所以廣求神也。」今此禮，既難行于士民之家，故但焚香酹酒以代之。俯伏，興，平身，復位，參神，鞠躬，四拜，平身，進饌。行初獻禮，詣靈座前跪，祭酒，執事者跪進酒盞，主人受之。三祭于茅沙上，謂少傾三滴也。奠酒，執事者受盞，奠靈座前。俯伏，興，平身，詣讀祝位跪，主人以下皆跪，讀祝。祝者跪主人之右，祝云：「維年月日孤子某，敢昭告于顯考某官府君，痛惟尊靈，棄養幾月，今以某日之吉，安厝某所，敬奉神主，歸于靈筵。用陳虞祭，薦茲哀悃，靈其永安，以歆祭祀，尚饗！」母則改曰「哀子某，敢昭告于顯妣某封某氏」。俯伏，興，平身，復位。亞獻，終獻，並同初獻禮，但不祭酒讀祝。辭神，舉哀，鞠躬，四拜，平身，焚祝文，納主，徹饌，禮畢。罷朝夕奠，遇柔日再虞。乙丁己辛癸爲柔日，禮如初虞。但祝詞改云：「日月不居，奄及再虞，夙夜悲思，不遑寧處，敬陳薄奠，薦此哀忱，尚饗！」遇剛日三虞。甲丙戊庚壬爲剛日，禮如再虞，惟祝詞改「再虞」爲「三虞」。

卒哭

禮，三月而卒哭，卒哭曰「成事」。是日也，以吉祭易喪祭。故此祭漸用吉禮。

三虞後遇剛日卒哭。其儀並與虞祭同。惟祝文改云：「日月不居，奄及卒哭，叩地號天，五情糜潰，謹以清酌庶羞，哀薦成事，來日躋祔于祖考某官府君，尚饗！」

祔朱子曰：「古者，廟有昭穆之次，故祔新死者于其祖父之廟，則爲告其祖父以當遷他廟，而告新死者以當入此廟之漸也。」○婦之喪，虞，卒哭，其夫若子主之，祔則舅主之。殷練而祔，周卒哭而祔。孔子善殷，以不急于死其親也。○按程子曰：「喪須三年而祔，若卒哭而祔，則(二)〔三〕年却都無事。禮，卒哭猶存朝夕哭，無主在寢，哭于何處？」

卒哭明日而祔。父則祔于父之祖考，母則祔于母之祖姑。若尚在，父則祔于父之高祖考，母則祔于母之高祖姑。先期，於祠堂陳器，具饌，設位。無祠堂，則于廳事設亡者之祖考、祖妣位于中，南向；設亡者位于東，西向。考之《雜記》，男子祔于王父，則配，并祭王母也；女子祔于王母，則不配，不祭王父也。蓋有事于尊者，可以及卑；有事于卑者，不敢援尊也。質明，主人以下詣祠堂，啓櫝，奉所祔祖考妣主就座。出其主，置所設祖考妣位上。若行禮于他所，則跪告曰：「請主詣某所。」乃捧其櫝以行。至，置西階卓子上。然後啓櫝，請主就位。詣靈座所，奉新主詣祠堂。若在廳事，則詣廳事。至，則以櫝置西階卓子上。啓櫝，請新主就座。置主于所設亡者位上，西向。序立，降神，盥洗，詣香案前跪，上香，酹酒。香案前者，乃降神之茅沙，酒宜傾盡，逐位前者，乃主人代神祭者，酒宜少傾。俯伏，興，平身，復位，參神，鞠躬，四拜，平身，進饌，行初獻禮。主人詣曾祖考位前跪，祭酒，奠酒，俯伏，興，平身；詣曾祖妣位前跪，祭酒，奠酒，俯伏，興，平身。稍退後，中立。跪，主人以下皆跪。讀祝，執版立主人之左，東向跪，讀云：「維年月日，孝曾孫某，謹以潔牲庶羞粢盛醴齊，適于顯曾祖考某官府君，躋祔孫某官，尚饗！」若祔母，則云「適于顯曾祖妣某封某氏，躋祔孫婦某封某氏」。俯伏，興，平身。詣顯考神位前跪，祭酒，奠酒，俯伏，興，平身，跪，主人以下皆跪，讀祝。執板立主人之左，南向跪，讀云：「維年月日，孝子某，謹以潔牲庶羞粢盛醴齊，哀薦祔事于先考某官府君，適于顯曾祖考某官府君，尚饗！」母則改稱「先妣某封某氏適于顯曾祖妣某封某氏」。俯伏，興，平身，復位。亞獻，終獻，如初獻，但不祭酒讀祝。侑食，點茶，闔門，啓門，辭神，鞠躬，四拜，平身，焚祝文，納主。先納曾祖考妣主于龕中。若行禮廳事，則改「納主」云「奉神主返祠堂」。主人先納曾祖考妣主于西階卓子櫝中，送至祠堂，次納亡者主于西階卓子櫝中。奉新主返靈座，主人以下哭從，至靈座安主訖。哀止，禮畢。

祔祭既非通祭，請所祔主於廳事行禮，似亦穩便。

小祥

祥，吉也。自喪至此，不計閏，凡一十三個月。古者卜日而祭。今擬止用初忌。

期而小祥。前期一日，主人以下陳器，具饌，設次，陳練服。男子、婦人各設次于别所，置練服于其中。男子以練熟之布爲冠服，去首絰、負版、辟領、衰，屨用麻繩爲之，杖如故；婦人服制亦用稍粗熟麻布爲之，截長裙，不令曳地，去腰絰，應服期者改吉服。厥明夙興，陳饌。質明，出主。喪主以下各服其服，已除服來與祭者，服素服。入，哭盡哀。哀止，乃出就次，易練服，序立，舉哀。哀止，降神。自此至禮畢皆如卒哭儀。祝版云：「日月不居，奄及小祥。夙興夜處，哀慕不寧。敢用潔牲庶羞粢盛醴齊，薦此常事，尚饗！」自是，止朝夕哭，始食菜果。

大祥

自喪至此，不計閏，凡二十五個月，亦止用第二忌日祭。

再期而大祥。前期一日，陳器，具饌，告遷重事。《家禮》「以酒果告」，未妥。還當具潔牲庶羞粢盛醴齊爲是。仍置净水、粉筆、刷子、墨硯于卓。告遷於祠堂。序立，啓櫝，出主，參神，鞠躬，四拜，平身，盥洗，詣五世祖考妣前跪，祭酒，奠酒，奠二爵，一祖前，一妣前。俯伏，興，平身。以次詣四世、三世、二世祖考妣前，祭酒，奠酒訖。詣讀祝位跪，主人以下皆跪。執版跪主人之左。讀祝，維年月日，孝孫某，敢昭告于○某官府君，妣某封某氏，○某官府君，妣某封某氏，○某官府君，妣某封某氏，○某官府君，妣某封某氏。○四代祖不稱高曾祖字者，以將改題未定也。兹以先考某官大祥已届，禮當遷主入廟。某官府君、某封某氏主當奉祧，某官府君、某封某氏神主改題爲高祖，某官府君、某封某氏神主改題爲曾祖，某官府君、某封某氏神主改題爲祖。世次迭遷，不勝感愴，謹以潔牲庶羞粢盛醴齊，用申虔告，尚饗！」俯伏，興，平身。請主，主人進奉主于卓，執事者洗其當改字，水洒牆壁，别塗以粉。其親盡之主，以紙裹置卓上。題主，請善書者改題「曾祖考妣」爲「高祖」，

「祖考妣」爲「曾祖」,「考妣」爲「祖」。又改奉祀曾、玄等字樣。遷主,主人自奉其主遞遷之,虛第四龕以俟新主。鞠躬,四拜,平身,復位。辭神,鞠躬,四拜,平身。焚祝文,禮畢。厥明,行大祥祭禮。設次,陳禫服。有官者,白麻布巾,白麻布盤領袍,麻布帶;無官者用白麻布帽子,白麻布直領衣,麻布帶。倣古大祥之後縞冠、麻衣、葛絰之制。婦人純用素衣履。主人服練服,入哭於靈座前。哀止,乃出就次。易服,序立,以下並如小祥儀。祝文改「小祥」曰「大祥」,「常事」曰「祥事」。焚祝文,奉新主入祠堂。主人以下哭從,安神主,哀止。鞠躬,四拜,平身,禮畢。徹靈座,斷杖棄之屏處,奉遷主埋於墓側。先期具饌。於廳事。質明,奉安神主。安親盡之主於卓。序立,參神,鞠躬,四拜,平身。主人盥洗,詣神位前跪,上香,祭酒,奠酒。奠二爵,一祖前,一妣前。俯伏,興,平身,詣讀祝位跪。主人以下皆跪,讀祝,祝跪于主人之左,讀云:「維年月日,孝玄孫某敢昭告于五世祖考某官府君,妣某封某氏。古人制禮,祀止四代,心雖無窮,分則有限,神主當祧,不勝感愴,謹以薄奠告辭,尚饗!」俯伏,興,平身,復位。辭神。鞠躬,四拜,平身,焚祝文,禮畢。送主,主人送至墓側。埋主。

若父先故,則用告遷之禮;母先故,惟祔於曾祖妣之側,不必告遷。待父故,然後行告遷禮。而於祝文改云「兹以先妣某封某氏先亡,大祥已屆,禮宜祔於曾祖妣」。若父先亡,已入祠堂,而後母故,祝文曰:「兹以先妣某封某氏大祥已屆,禮當祔於先考並享,不勝感愴。」

禫禮祭，名「禫」者，淡淡然平安之意。喪至此，不計閏，凡二十七個月。

大祥之後，間一月而禫。前一月下旬卜日，古以珓卜，今擬用曆書宜祭祀日。既得吉，喪主告於祠堂。詣考妣位前，再拜，焚香，跪告曰：「孝子某，將以來月某日，祗薦禫事於先考某官府君，或先妣某封某氏，今卜既得吉，敢告。」俯伏，興，平身，再拜，禮畢。前期一日，沐浴，設神位於靈座故處，陳器，具饌，陳吉服。男女皆縿淡服色。有官者，烏紗帽，黑角帶。厥明，喪主以下服禫服，詣祠堂考妣位前，焚香，跪告曰：「孝子某，將祗薦禫事，敢請先考妣神主出就正寢。」俯伏，興，平身。奉主至靈座所。置西階卓子上。出主，就座。喪主以下易服，序立，舉哀，哀止。降神，以後至「辭神」並同大祥，但祝文云：「禫制有限，追遠無及，謹以清酌庶羞祗薦禫事，尚饗！」舉哀，哀止。焚祝文，送主至祠堂，納主，禮畢。始飲酒食肉而復寢。

鈔尺式

周尺比今鈔尺六寸四分弱
鈔尺者其長準大明通行寶鈔也今裁縫尺近之

幎目帛握手帛式

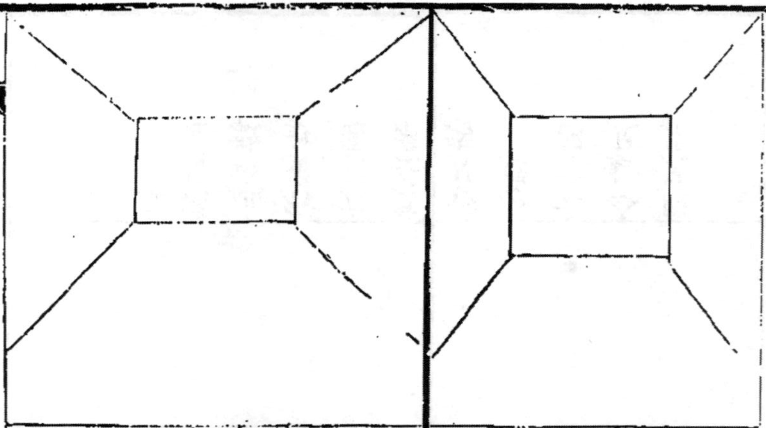

用熟絹方尺二寸夾縫之內充以綿四角有帶繫于後結之

用熟絹二幅每幅長一尺二寸廣五寸內充以綿裂手兩端各有帶繫

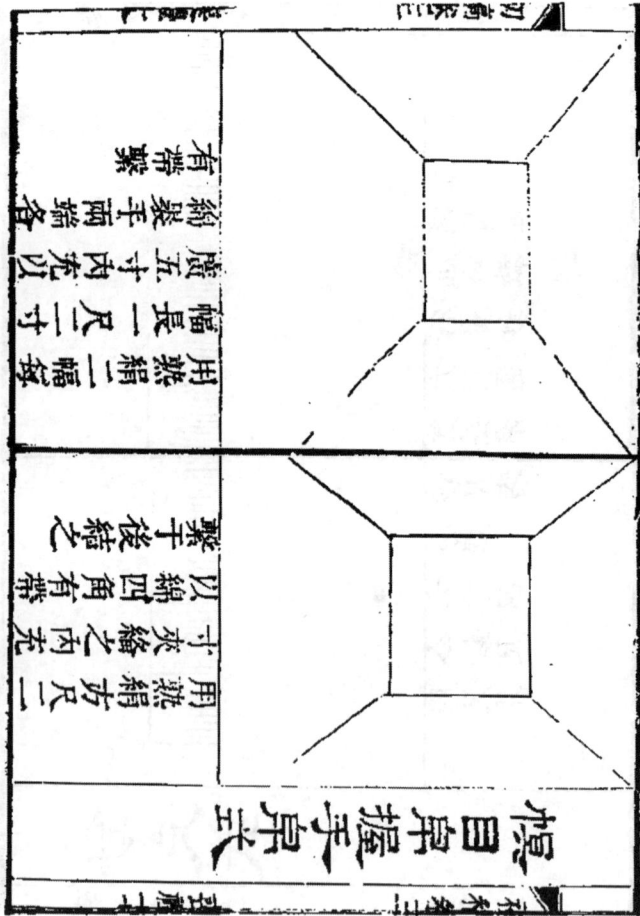

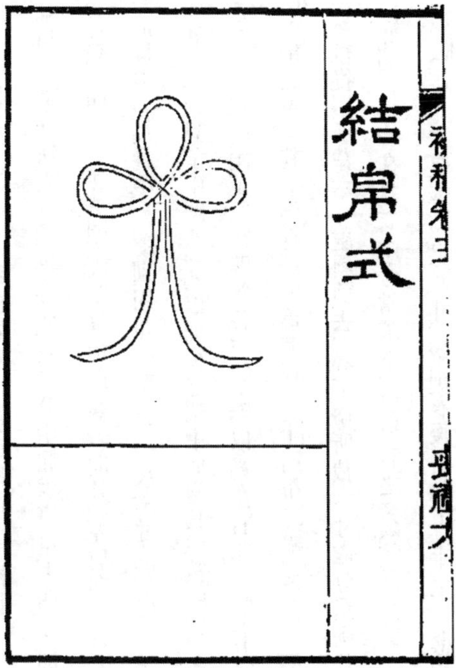

用白絹一段，長短隨宜，結如世俗所謂同心結者。按禮，尸未入棺祀尸。尸入棺，魂依于帛，則祀魂帛。既葬，神依于主，則祀主。

五服之制

斬衰三年斬，不緝也。衣裳皆用極粗生麻布，旁及下際皆不緝。身衣用布二幅，各長四尺四寸，每幅分中屈之，爲前後四葉，各長二尺二寸。將後兩葉縫合爲脊縫，留上四寸不合，凡縫皆邊幅向外。袂即袖也，用布二幅，亦各長四尺四寸，分中屈之，亦各長二尺二寸，縫連衣身。袪即袖口也，袖長二尺二寸，從下量上一尺，縫合之，留上一尺二寸，不縫，爲袖口。適即所謂辟領也，從原衣身分中屈處直量下四寸，即後兩葉脊縫原留不合處及在前兩葉之上邊，前後四葉，各裁入四寸，雖裁開不斷，分摺，所裁者向外，左肩向左爲左適，右肩向右爲右適，即轉所裁者向外，其中間空缺處，前後俱名爲闊中。領別用布一幅，長一尺六寸，闊八寸，重摺爲上下條，上四寸，下四寸，將下條左右兩頭各裁去四寸不用，只留中間八寸，以加後之闊中而塞其原裁辟領，各四寸，空缺處既綴定，又將上條分中、左、右對摺，向前垂下，綴在前兩葉原裁辟領各空缺處，以爲左右領。帶下尺是論上衣之度，以人身有長短，不可以尺寸計之，但以束帶之處。其下仍有一尺爲度耳。衽用布二幅，各長三尺五寸。每幅上下各從一頭直量一尺，横裁入中間六寸，然後從邊所裁六寸處斜剪去，尋下邊所裁六寸處分爲兩片，各長二尺五寸，俱以所留一尺爲上。用裁開處相向，以此四片，綴在身衣兩旁當腋下，以掩裳之旁際分開處。衰用布一片，長六寸，廣四寸，綴在衣前左邊當心處。負版用布一段，方一尺八寸，綴于衣後當領下，垂之。裳用布七幅，長短隨人。前三幅，後四幅，前後不連。每幅作三輒子，其作輒子也，于每幅布上頭將入腰處，用指提起布少許，摺向右，又提起少許，摺向左。兩相輳着，用線綴住，而空其中間，以爲輒子。其縫也，邊幅皆向内。冠褙厚紙爲梁，廣三寸，長足以跨頂，裏以麻布，爲三輒，俱向右，是謂三辟積。其梁之兩頭盡處，卷屈向外，以承武，是爲外畢。武用細麻繩一條，折其中，從額上約之，至項後交過前，各至耳邊結之，以爲武，屈冠梁兩頭入武内，向外反屈之縫于武。又以武之餘繩就作細繩，垂下爲纓，結之頤下。首絰用有子麻，帶黑色者爲繩，圍圓約大指與第二指一搤。先將麻頭安在左邊當耳上，却將其餘從額前向右圍之，過後至左邊原起頭處，即以麻尾加在麻頭上，綴殺之。又以細繩二條，一係在左邊原起麻頭上，一係在右邊當耳上，以固結之。各垂其末爲纓，加于冠上。絰者，實也，明孝子有忠實之心也。有纓者，以其加于冠外，須着纓方不脱落也。腰絰用有子麻兩股相交爲繩，圍圓七寸，小于首絰，兩相交結之。除圍身外，兩頭各存散麻三尺。至成服日，乃絞其交結處，兩頭各綴細繩係之，束于絞帶之上。絞帶用有子麻爲繩，圍圓二三寸許，一頭有彄子，圍腰從左過後至前，以其右端串于彄子中，反插于右，係在腰絰之下。與公服革帶相似。杖父用竹，母用桐，削上圓下方。其長俱齊心，木在下。持杖用右手，拜則兩手分據地而跪，首至于地。既畢，右手拄杖而起。今人兩手並舉杖而起，如頓首者，非也。屨用菅草，或粗麻亦可。餘末收向外。凡婦人皆不杖，用布頭帑，用布一條，長八寸，以束髮根，而垂其餘于後。竹釵，麻屨，大袖，長裙，蓋頭，皆不緝。腰絰制如男子，係于大袖之上，未成服，不散垂。

齊衰齊，緝也。其衣、裳制度同斬衰，惟去衰、適、負版，用稍粗麻布緝其旁及下際。冠制與斬衰冠同，惟武與纓不同。武用布一條重疊之，折其中，從額上約之，至項後，交過前，各至耳。用線綴之爲武，各垂其末，稍爲纓，結之頤下。首絰用無子麻爲繩，圍圓七寸餘，先將繩頭安在右邊當耳上，却將餘繩從額前向左邊圍向右邊原起繩頭處，即以繩尾藏在繩頭下，綴殺之。又用布兩條綴在首絰上左右兩邊，垂下以爲纓。腰絰用無子麻圍圓五寸，制如斬衰而小。絞帶用布夾縫之，約寬四寸許，長七八尺，屈其左端尺許，用線綴之，圍腰從左過後至前，乃以其末穿過左端屈轉處之中而反插于右邊，如今革帶之制。杖用桐木爲之，上圓下方。屨以草或麻爲之，收其餘末向内。

杖期○不杖期○五月○三月服制俱同楊氏復云「衰、適、負版三者，惟子于父母用之，旁親不用」。《家禮》至大功始無之，蓋《家禮》乃初年本也。後來先生家所行之禮，旁親皆無之。當以後來議論之定者爲正。丘文莊又言制度不宜有異。二説各有所見，但主文莊之説，卑幼施于尊長甚妥，尊長施于卑幼，如父爲子、爲長子婦，祖爲嫡孫，伯叔爲姪、姪女，兄爲弟、爲在室妹，乃與父母服制同，似失太過，則楊氏之説欲歸重父母，非薄于旁親也。婦人服制。骨釵、麻屨、大袖、長裙，用稍粗布緝其旁，及下際腰絰，以無子麻爲之。

大功言布之用功粗大也，用粗熟布爲之。衣、裳、冠、絞帶同上。首絰圍五寸餘。腰絰圍四寸餘。屨用布爲之。婦人服制同上。但用粗熟布爲之。

小功言布之用功細小也。用稍粗熟布爲之。衣、裳、絞帶、屨同上。冠辟積縫向左。首絰圍四寸。腰絰圍三寸，不散垂。大功以上皆散垂。婦人服制同上。但用稍粗熟布爲之。

緦麻緦，絲也，治其縷細如絲也，用稍細熟布爲之。衣裳、冠同上。纓用澡布澡乃治熟布也。首絰圍三寸。腰絰圍二寸，並用熟麻爲之。婦人服制同小功，但用稍細熟布爲之。

凡凶服雖破不補

丘文莊公曰：「五服之喪冠，其制度之異者有四：升數之不同，一也。凡布用八十縷爲一升，斬衰六升，齊衰七升，大功九升，小功十二升，緦麻十五升。繩纓之與布纓、澡纓，二也。澡纓，澡治絲之布爲纓也。右縫之與左縫，三也。大功以上右縫，小功以下左縫。勿灰之與灰，四也。斬衰，用水濯布，不用灰。自齊衰以下，皆用灰治之布。緦麻，則用絲所爲之布也。其制之同者亦四：條屬，一也。通屈一條繩爲武，屈下爲纓，而著之冠也。外畢，二也。冠梁盡處卷屈向外以承武也。辟積之數，三也。五服冠、梁皆三辟積。廣狹之數，四也。冠、梁廣皆三寸。」

丘文莊公曰：「絰麻：斬衰，用苴麻；有子麻惡色者。齊衰以下，用牡麻；麻之好色者。小功以下，用澡麻。治枲麻，去莩垢，使之滑浄也。絰帶皆云圍圓若干，而冠之武但云用麻繩一條，不言圍圓，可知只是一細繩爲之。故可以爲纓，結於頤下。今世俗之武大一搤，而不用絰，非也。」

服有四制：一曰正服，如爲父母，爲祖父母、爲伯叔、爲兄弟之類。二曰加服，謂本輕而加之爲重，如嫡孫爲祖不杖期，承重則斬衰三年之類。三曰降服，謂本重而降之爲輕，如爲妻杖期，父母在，則不杖期，爲人後，爲本生父母不杖期之類。四曰義服，謂本無服而以義起之者，如舅姑爲婦，及爲人後者爲所後外祖父母之類。

爲高祖服

爲高祖父母齊衰三月。父、祖、曾祖俱卒，爲高祖父母承重者，斬衰三年。高祖在，爲高祖母止服杖期。

爲曾祖服

爲曾祖父母齊衰五月。父、祖卒，爲曾祖父母承重者，斬衰三年。曾祖在，爲曾祖母止服杖期。

爲曾伯叔祖父母緦麻。○爲曾祖姑在室者緦麻，嫁無服。

凡謂在室者，不但未嫁，或被出而反在室，或無夫與子而反在室者，皆是。

爲祖行服

爲祖父母齊衰不杖期。父卒，爲祖父母承重者，斬衰三年。祖在，爲祖母止服杖期。

庶子之子爲其父之生母不杖期。

爲伯叔祖父母小功，爲從伯叔祖父母緦麻。○爲祖姑在室者小功，嫁緦麻。爲從祖姑在室者緦麻，嫁無服。同曾祖出者爲伯叔祖、爲祖姑，曾伯叔祖所出者爲從伯叔祖、爲從祖姑。

爲父行服

爲父母斬衰三年。○同居繼父，彼此兩無大功以上之親者，謂繼父無子孫、伯叔、兄弟，己亦無伯叔、兄弟之類。爲服不杖期。有之者，爲服齊衰三月。○先與繼父同居而今不同居者，亦爲服齊衰三月。○自來不曾同居者，無服。此謂三父也。世俗稱三父曰同居繼父、不同居繼父、從繼母嫁父，誤矣。其曰「從繼母嫁，服杖期」，乃爲母服。觀諸本皆云「從繼母嫁」，俱無「父」字，自見。若云從繼母嫁，父即所謂同居繼父也，前已云「彼此兩無大功以上之親者，爲服不杖期」。有之者，爲服齊衰三月，此何反言服杖期耶？○

爲嫡母、繼母、慈母、養母俱斬衰三年。爲嫁母、出母、庶母俱杖期。父卒，繼母嫁而己從之者，亦爲服杖期。爲乳母緦麻。妾生子，謂父正室曰嫡母。母卒，父再娶之妻曰繼母。所生母死，父命他妾撫育己者，爲慈母。幼子過房，與人恩養，不以爲後者，爲養母。親母因父卒而改嫁者，爲嫁母。父在被出者，爲出母。庶母，父之有子妾也。乳母，謂父妾乳哺己者。舊禮，爲父後者爲嫁母、出母及繼母嫁者，俱無服。庶子爲所生母斬衰三年，爲伯叔父母不杖期，爲從伯叔父母小功，爲再從伯叔父母緦麻。○爲姑之在室者不杖期。嫁，大功。若嫁而無夫與子者，亦爲服不杖期。爲從姑在室者小功，嫁緦麻。爲再從姑在室者緦麻，嫁無服。

爲同行服

爲妻，杖期。父母在，不杖。○大夫爲妾，緦麻。士爲妾有子者，緦麻。○爲兄弟不杖期，爲其妻小功，爲從兄弟大功，爲其妻緦麻，爲再從兄弟小功，爲三從兄弟緦麻。其妻俱無服。○爲姊妹在室者不杖期，嫁大功。若嫁而無夫與子者，亦爲服不杖期。爲從姊妹在室者大功，嫁小功。再從姊妹在室者小功，嫁緦麻。爲三從姊妹在室者緦麻，嫁無服。○爲同母異父之兄弟姊妹小功。其兄弟之妻無服。

爲子行服

爲嫡長子及其婦皆不杖期，爲衆子不杖期，爲其婦大功，爲子之爲人後者不杖期，爲其婦大功。〇爲女之在室者不杖期，嫁大功。嫁而無夫與子者，亦服不杖期。〇爲姪不杖期，爲其婦大功，爲姪之爲人後者大功，其婦小功。爲從姪小功，其婦緦麻。爲再從姪緦麻，其婦無服。〇爲姪女在室者不杖期，嫁大功。爲從姪女在室者小功，嫁緦麻。爲再從姪女在室者緦麻，嫁無服。

爲孫行服

爲嫡孫不杖期，爲其婦小功，爲衆孫大功，爲姪孫小功。其婦俱緦麻。爲再從姪孫緦麻。其婦無服。〇爲孫女在室者大功，嫁小功。爲姪孫女在室者小功，嫁緦麻。爲從姪孫女在室者緦麻，嫁無服。

爲曾孫服

爲曾孫、曾姪孫俱緦麻。其婦俱無服。○爲曾孫女、曾姪孫女在室俱緦麻，嫁俱無服。

爲玄孫服

爲玄孫緦麻。其婦無服。○爲玄孫女在室者緦麻，嫁無服。

爲外親服

爲母之父母、兄弟、姊妹俱小功，其兄弟之妻、姊妹之夫俱無服，爲嫡母之父母、兄弟、姊妹同。《爾雅》稱「母之姊妹爲從母，妻之姊妹爲姨」。庶子爲其生母之父母、兄弟姊妹無服。○姑舅兩姨、兄弟、姊妹相爲服緦麻。○爲妻之父母緦麻。妻亡而别娶，猶服妻之親。母雖出與嫁，猶服。○爲婿緦麻。○爲甥及甥女小功，爲甥婦緦麻。○爲外孫、外孫婦、外孫女皆緦麻。姊妹之子女曰甥、曰甥女，女之子女曰外孫、曰外孫女。

繼母嫁母出母慈母報服

繼母爲長子及其婦俱不杖期，爲衆子不杖期，爲其婦大功。繼母嫁而前夫之子從己者，亦爲服不杖期。○嫁母、出母爲其子不杖期，其子雖爲人後，猶服。○慈母爲長子、衆子不杖期。

妻爲夫黨服

爲夫之高祖父母、曾祖父母俱緦麻，爲夫之祖父母大功。夫承重者，並從夫服。爲夫之伯叔祖父母緦麻，爲夫之祖姑、從祖姑在室者俱緦麻，嫁俱無服。○爲夫之外祖父母緦麻。○爲夫之父母斬衰三年，夫爲人後，則從服。惟夫之本生父母降服大功。○嫡子、衆子之妻，爲夫之庶母不杖期。○庶子之妻爲夫之所生母斬衰三年。○爲夫之伯叔父母大功，爲夫之從伯叔父母緦麻，爲夫之姑小功，爲夫之從姑緦麻，嫁皆不降。○爲夫之母舅、姨母緦麻。○爲夫斬衰三年。○爲夫之兄弟小功。娣姒相爲服小功。長婦謂少婦曰娣，少婦謂長婦曰姒。爲夫之從兄弟及其妻緦麻，爲夫之姊妹小功，爲夫之從姊妹緦麻，嫁皆不降。○爲嫡子及其婦皆不杖期，爲夫之衆子不杖期，爲其婦大功，爲夫之姪不杖期，爲其婦大功，爲夫之從姪小功，爲其婦緦麻，爲夫之再從姪緦麻。其婦無服。○爲女之在室者不杖期，嫁大功。嫁而無夫與子者，亦爲服不杖期。爲夫之姪女在室者不杖期，嫁大功。爲夫之從姪女在室者小功，嫁緦麻。爲夫之再從姪女在室者緦麻，嫁無服。○爲孫大功，爲夫之姪孫小功，其婦俱緦麻。爲夫之從姪孫緦麻，其婦無服。○爲孫女在室者大功，嫁小功。爲夫之姪孫女在室者小功，嫁緦麻。爲夫之從姪孫女在室者緦麻，嫁無服。○爲曾孫、曾姪孫、玄孫俱緦麻，其婦俱無服。○爲曾孫女、曾姪孫女、玄孫女在室者俱緦麻，嫁俱無服。

妾爲家長服

爲家長之父母不杖期。○爲家長斬衰三年，爲正室不杖期。○爲家長之長子、衆子及其子皆不杖期。凡妾爲其私親，則如衆之服也。

爲人後者爲所後服凡男爲人後、女適人者，爲其私親皆降一等。私親之爲之也，亦然。

爲所後之高祖父母齊衰三月，爲所後之曾祖父母齊衰五月，爲所後之祖父母不杖期，爲所後之父母斬衰三年。若爲祖以上承重者，亦爲服斬衰三年。〇爲所後之外祖父母小功。〇爲本生祖父母大功，爲本生父母不杖期，爲本生伯叔父母大功，爲本生姑在室者大功，嫁小功。爲本生兄弟大功，妻緦麻，爲本生姊妹在室者大功，嫁小功。〇爲本生外祖父母緦麻。

出嫁女爲本宗服

爲高祖父母、曾祖父母、祖父母皆與男子同，不降。〇爲伯叔祖父母緦麻，爲祖姑在室者緦麻，嫁無服。〇爲父母不杖期。〇爲伯叔父母大功，爲從伯叔父母緦麻。〇爲姑之在室者大功，嫁小功。爲從姑在室者緦麻，嫁無服。〇爲兄弟大功。若兄弟爲父後者，仍服不杖期。爲其妻小功，不降。爲從兄弟小功，其婦無服。〇姊妹相爲服大功，爲從姊妹在室者小功，嫁緦麻。〇爲姪大功，其婦小功，不降。爲從姪緦麻，其婦無服。〇爲姪女在室者大功，嫁小功。爲從姪女在室者緦麻，嫁無服。○爲姊妹之子女緦麻。

按禮：女在室與男子同。若嫁而被出在室與未嫁同。嫁而無夫與子，爲兄弟、姊妹及姪皆不降。若當父母之喪未期而爲夫所出，則終父母三年之制。若在父母小祥後被出，則是已之期服已除，不可更，同兄弟爲三年服矣。

殤服

凡爲殤服，以次降一等。如應服期者，長殤降服九月，中殤七月，下殤五月。應服大功者，以次降等，降盡則無服矣。王浚川《喪禮備纂》云「嫡宗子立主，衆子不立主。嫡殤，祔食于祖。祭時，令執事者一獻而已，不祝，亦不拜。庶子不祔食」。

凡年十九至十六爲長殤，十五至十二爲中殤，十一至八歲爲下殤，不滿八歲爲無服之殤。其已娶、已嫁，則服之如成人。程子云：「無服之殤不祭。下殤之祭，終父母之身。中殤之祭，終兄弟之身。長殤之祭，終兄弟之子之身。成人而無後者，終兄弟之孫之身。」

凡同五世祖，族屬在，緦麻。絶服之外皆爲袒免。親遇喪葬，則素服、素冠。

居喪遭喪

凡重喪未除而遭輕喪，則制其服而哭之。月朔設位，則服其服而哭之。既畢，返重服。若除重服而輕服未除，則服輕服以終其餘日。若父喪未滿而遭母喪，則當除父喪之時服。除喪之服，以行大祥之禮。行事畢，即服母喪之服。若母喪未葬而值父喪之二祥，則不得服祥服。以祥祭爲吉，未葬爲凶，不忍於凶時行吉禮也。居母喪遭父喪者，亦然。

聞喪奔喪

訃至，以哭答從者，盡哀。問故，又哭盡哀。乃易白服，遂行道中。哀至，則哭，望其州境、縣境、其城、其家，皆哭。至於家，入門，詣柩前拜，哭，被髮徒跣，四日成服。若聞訃未得行，則設位而哭，被髮徒跣，四日成服。至家，不復被跣。若既葬，則先之墓望墓哭，至墓哭。若未被跣，則於墓所被跣，三日至四日成服後，方歸詣靈座前，拜、哭如儀。

改葬

先期擇地之可葬者，既得地，開塋域，祠后土。如葬儀。祝文云：「今爲某親宅兆，不利，將改葬于此，神其保佑，俾無後艱。」餘同。前期一日，告於祠堂。主人以下序立，啓櫝，出主。出所當遷葬之主。參神，鞠躬，四拜，平身。主人盥洗，詣神位前跪，上香，奠酒，告曰：「孝子某，兹以某考妣體魄托非其地，恐有意外之虞，驚動先靈，不勝憂懼，將以是月某日改葬於某所，謹告！」俯伏，興，平身，復位，辭神，鞠躬，四拜，平身，納主，禮畢。執事者先期於舊墓所張白布幕，開户向南，布席其下。爲男女位次。厥明，内外諸親皆至，各就次。主人服緦麻服，餘皆素服。爲位哭，盡哀。祠后土。如前儀。祝文云「兹有某親某官，卜宅兹地，恐有他患，將啓窆遷于他所，謹以」，下同。祝畢。序立，立于墓前。舉哀，哀止，再拜。主人詣墓案前跪，焚香，奠酒，告曰：「某官府君葬於兹地，歲月滋久，體魄不寧，今將改葬。伏惟尊靈不震不驚。」舉哀，俯伏，興，平身，復位。再拜，哀止。開墓舉棺。役者舉棺出，置于幕内席上，以功布拭棺，覆以衾。設奠，設于柩前。主人以下再拜。主人詣香案前跪，上香，祭酒，奠酒，俯伏，興，平身，復位，再拜。役者舁新棺于幕内，以綿衾置棺中，垂四裔下外。設斂牀，設于新棺之西。開棺，舉尸於斂牀，遂斂。如大斂儀。如體骨已壞，須治綿袍襖一領，將骨骸斂訖，收入襖中，首在領，手在袖，胸、肋在中，腿、足在下，方可行斂事。舉尸入棺，收衾蓋棺。如不易棺者，不用此儀。舉哀，遷柩就轝，乃設奠，如常儀。告曰：「靈輀既載，往即新宅，敢告。」再拜，發引，男女哭從。如始葬，發引之儀不設祖奠，無反哭、無方相等物。執事者先設靈幄、靈座，在墓道西。爲男女位次。柩至，主人各就位哭，設奠，如常儀。乃窆祠后土於墓左。祝文：「今爲某親建兹宅兆。」餘同。既窆，就幕所靈座前行虞祭。如初虞禮。祝文云云，「府君新改幽宅。禮畢終虞，夙夜靡寧，啼號罔極，謹以清酌庶羞祗薦虞事，尚饗！」祭畢，徹靈座。主人以下出就別所，釋緦麻服，素服而還，告於祠堂。同前儀。告曰：「孝子某，今以某親某官體魄托非其地，已於今月某日改葬於某所。事畢，敢告！」

朝廷賜祭

凡文武官歿，朝廷遣官致祭。喪家設靈位於堂西，東向；設使者致奠位於東，西向；讀祭文位於使者之右，南向；喪主拜位於靈位右，北向。祭品至，喪主烏紗帽、青衣角帶跪迎龍亭於大門外。龍亭過，即起。入門，安龍亭於堂中，設香案於龍亭前，行五拜三叩禮。使者就致奠位，喪主跪靈筵右，北向，使者上香，執事者酌酒，授使者，致奠，三讀，祝者取祭文立讀訖，焚祭文。喪主謝恩，五拜三叩頭。禮畢，候龍亭出門，拜謝使者畢，仍更衰服，宴使者於賓次。

四禮初稿卷四

祭禮

考之《大明集禮》，國朝品官廟制未定，於是權倣朱子祠堂之制，奉高、曾、祖、禰四世之主，以四仲之月祭之。又加臘日、忌日之祭與夫歲時俗節之薦享。至若庶人得奉其祖父母、父母之祀，已有著令。而其時享於寢之禮，大概略同於品官焉。

時祭

凡四時之祭，用仲月。《家禮》前旬諏祠堂，卜吉。今擬如温公，只用春分、秋分、夏至、冬至。若冬至有碍，先一日祭，亦可。先期三日，主人詣祠堂，啓櫝，不出主。就位，再拜，詣香案前跪，上香，告曰："「孝孫某，將以某日祗薦歲事，敢告！」俯伏，興，平身，復位，再拜，禮畢。齊戒。前一日，設位，設高祖考妣位于中，考東妣西，俱南向；設曾祖考位、祖考位、考位于東，西向；設曾祖妣位、祖妣位、妣位于西，東向；皆隨世次稍退半席，祔位，兩序相向，皆男東女西，以北爲上。祠堂寬敞者，元旦并四時可就祠堂而祭，狹則奉神主出就正寢而祭。陳器，設香案于堂中，束茅聚沙于香案前及逐位前，東階用卓，設酒注、酒盞、茶盞；西階設火爐、湯瓶，別置卓，設祝版于其上，設盥盆、帨巾于阼階之下，又設陳饌卓于其東。省牲，主人帥衆丈夫。具饌。主婦帥衆婦。厥明夙興，設蔬果、酒饌。祭饌稱家豐儉。質明，主人、主婦盛服詣祠堂，啓櫝，出主。主人跪告曰：「孝孫某，今以仲春、夏、秋、冬之月，祗奉歲事，敢請神主出就正寢，恭伸奠獻。」俯伏，興，平身，奉主就位。若于祠堂行禮，止啓櫝出主，各就所設之位，不必復告。序立，主祭位于東，諸兄弟以次位于主祭之東，子孫以次重行列于主祭之後，主婦位于西，姊嫂弟婦諸妹以次位于主婦之西，女子子婦以次重行列一主婦之後。凡尊于主祭者，位于主祭之前；尊于主婦者，位于主婦之前，俱北向。降神。諸本「降神」俱在參神之後，不若廖子晦廣州所刊《家禮》降神在參神之前爲得之。蓋降而後參，參而後獻，獻而後辭，自然之序也。既已參矣，何以降爲？主人盥洗，詣香案前跪，上香，酹酒，子弟一人注酒于爵，自左授主人，盡傾茅沙上，一人自右接爵。俯伏，興，平身，復位。參神，鞠躬，四拜，平身，進饌。執事者一人以盤奉魚肉，一人以盤奉米麵食，一人以盤奉羹飯，逐位自進，子弟進祔位。初獻禮，主人升，執事者注酒于爵，每位各一人從之。詣高祖考神位前跪，祭酒，執事者以爵自左授主人，少傾于茅沙。奠酒，執事者自右受之，置高祖考前。俯伏，興，平身。詣高祖妣神位前，詣曾祖考妣神位前，詣祖考妣神位前，詣考妣神位前，各如獻高祖儀。詣讀祝位跪，主人以下皆跪，讀祝，取祝版，跪主人之左：「維年月日，孝玄孫某，敢昭告于顯高祖考某官府君，顯高祖妣某封某氏；顯曾祖考某官府君，顯曾祖妣某封某氏；顯祖考某官府君，顯祖妣某封某氏；顯考某官府君，顯妣某封某氏，曰：氣序流易，時維仲○，追感歲時，不勝永慕，謹以潔牲粢盛庶品，祗薦歲事，以某親某祔食，尚饗！」俯伏，興，平身，復位。亞獻，終獻，並同初獻，但不讀祝、祭酒。侑食，主人升，執注添滿盞中酒，插匙飯中，西柄正箸。復位。闔門，避門，點茶，主人以下皆入奉茶，分進于四代考妣前，祔位使諸子弟進之。復位。辭神，鞠躬，四拜，平身，焚祝文，徹饌，納主，納之原櫝中。若祭于正寢，則仍奉歸祠堂。禮畢。

朔望日，於祠堂焚香，行四拜禮。

祠堂之制，當遵《大明會典》，以左爲上，高、曾、祖、禰分左右，以次而列，設爲四龕。如止一間者，總置一龕，隔爲四代，亦可。

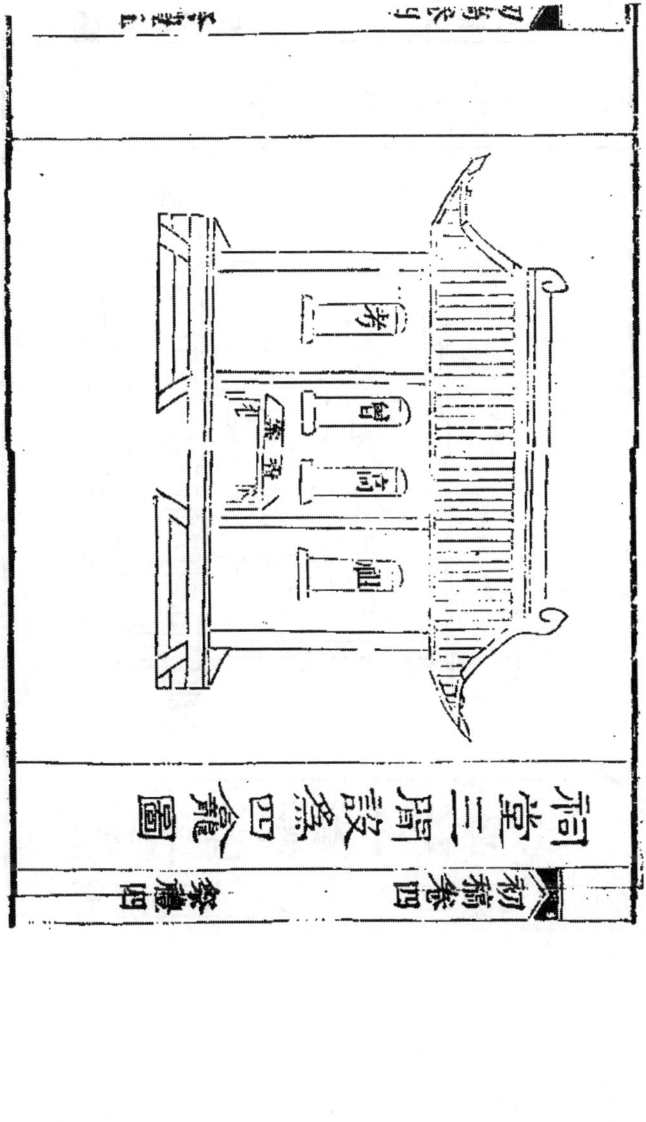
祠堂三間設祭四龕圖
初稿卷四
祭禮四

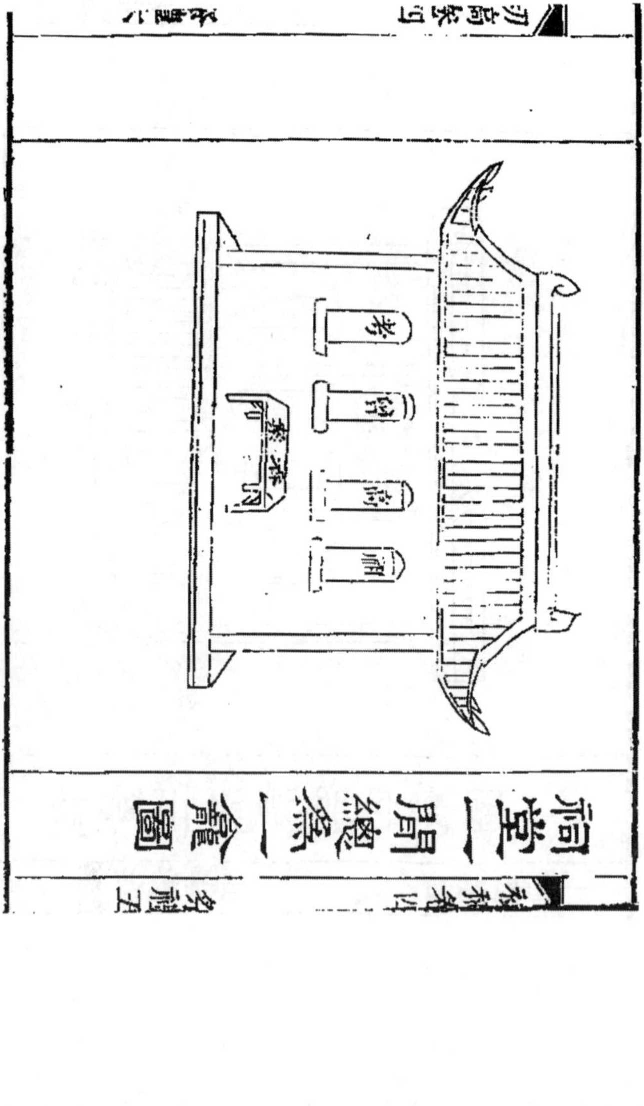
祠堂一間總為一龕圖
考

初稿卷四　祭禮七

時祭設位之圖

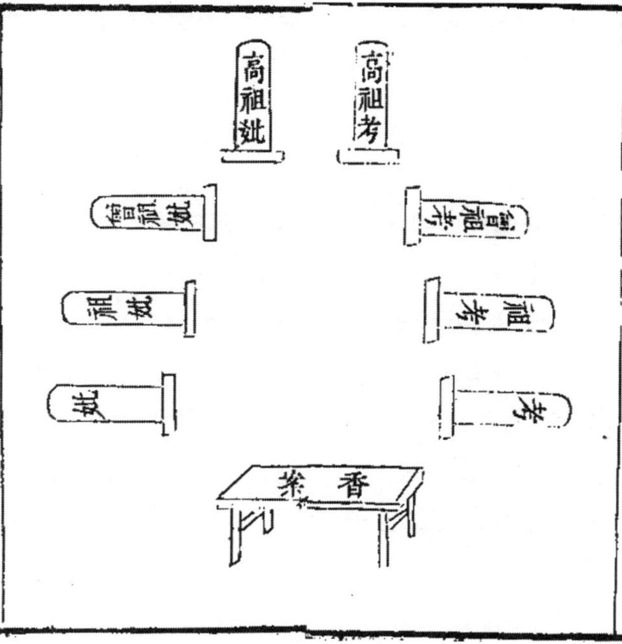

忌祭

前一日齊戒，設位。止設一位。厥明夙興，陳蔬果酒饌。質明，主人以下素服，有官者烏紗帽、黑角帶、青素圓領，無官素衣。詣祠堂，告本龕云：「今以某親遠諱之辰，敢請神主出就正寢，恭伸追慕。」奉主就位。止出應祭一主。降神，參神，進饌。初獻，讀祝。亞獻，終獻，辭神，徹饌，納主。並如時祭儀。祝文云：「維年月日，孝子某，敢昭告于顯考某官府君，歲序遷易，諱日復臨，追遠感時，昊天罔極，謹以清酌庶羞，恭伸追慕。」如祖考妣，改「昊天罔極」爲「不勝永慕」，「恭伸追慕」爲「恭伸奠獻」。是日，不飲酒，不食肉，不聽樂，黲布，素服以居。文公母夫人忌日，着〔黲墨〕布衫，其巾亦然。夕寢於外。眉山劉氏謂忌祭當兼設考妣，蓋緣人情而變通之也。考忌祝文後增曰「謹奉妣某氏配」，妣忌則云「謹奉以配考某公」。

墓祭

《家禮》三月上旬擇日。今擬就如鄉俗，用清明、七月十五及十月朔日祭。設饌如家祭儀。每墓一卓，祭饌稱家豐儉。前期一日，主人帥執事者詣墓所除草棘。清明添土。至日，布席，用潔净席陳于墓前。陳饌，序立，鞠躬，四拜，平身，詣某親墓前跪，上香，祭酒，奠酒，三爵並獻。俯伏，興，平身，依序，逐位親獻。卑幼者，使子弟分獻之。復位。鞠躬，四拜，平身。此歲之常祭也，故從簡便。若有事祭墓，則降神、參神、初獻、讀祝、亞獻、終獻、辭神、徹饌，並同家祭儀。遂祭后土，就位，鞠躬，拜，興，拜，興，平身。詣香案前跪，上香，獻酒，三爵併獻。俯伏，興，平身。復位，鞠躬，拜，興，拜，興，平身，禮畢。

祀竈

國初，禁淫祀，庶人惟得祀其先，及歲暮祭竈。今擬祭儀如左。

歲暮，布席，陳饌，就位，鞠躬，拜，興，拜，興，平身，詣香案前跪，上香，獻酒，三爵併獻。讀祝，「維年月日，某官某，敢昭告于司竈之神：歲云暮矣，一門康吉，享兹火食，皆賴神休，菲儀將誠，惟神顧歆，尚饗！」俯伏，興，平身，復位，鞠躬，拜，興，拜，興，平身，焚祝文，禮畢。

焚黄告祭儀

先期，齊戒，詣祠堂，出所贈神主，焚香，跪告曰：「孝男某，祇奉制書，追贈顯考某官府君爲某官，妣某封某氏爲某贈，敢請神主，改題奉祀。」俯伏，興，平身，題主，外改内不改，題畢。納主，鞠躬，四拜，平身。至日夙興，設位，陳饌，皆如時祭儀。主人詣祠堂，於所贈神主前跪，焚香，請主曰：「今以子某祗奉制書，追贈考妣，卜以是日焚黄，敢請神主出就正寢，恭伸祭告。」俯伏，興，平身。執事者以盤盛主，捧之至正寢，安于所設之位。序立。若仕者有父兄，則父兄主祭，仕者立本位。降神，盥洗，詣香案前跪，上香，酹酒，俯伏，興，平身，復位，參神，鞠躬，四拜，平身，進饌。初獻禮，詣顯考神位前跪，祭酒，奠酒，俯伏，興，平身。詣顯妣神位前跪，祭酒，奠酒，俯伏，興，平身。詣讀祝位跪，主人以下皆跪，讀祝，祝者立主人之左，跪讀云：「維年月日，孝子某官某，敢昭告于顯考某官府君，顯妣某封某氏，俱書舊銜。某恭承先訓，竊禄于朝，仰荷皇仁，推恩所生，贈考爲某官，妣爲某銜，禄不及養，摧咽難勝，謹以牲醴，用伸虔告。」宣制詞，命善書者以黄紙謄制書。禮畢，于香案前面東立讀之。俯伏，興，平身，復位。亞獻，終獻，有父兄，則父兄行初獻。仕者，行亞獻、終獻，俱如初獻，但不讀祝、祭酒。侑食，闔門，啓門，點茶，焚黄。于香案前併祝文焚之。辭神，鞠躬，四拜，平身，送主，禮畢。一躬而退。

生子見廟儀

主人生嫡長子，則彌月而見。啓櫝，不出主。主婦抱子立兩階間。主人焚香，跪告曰：「某之婦某氏，以某月日時生子名某，敢見。」俯伏，興，四拜，掩櫝，禮畢。

大宗小宗圖

始祖始遷及初封，爲始祖，即所謂別子也，或諸侯適子之弟，別于正適。異姓公子，來自他國，別于本國，不來者，或庶姓起于是邦，爲卿大夫，別于不仕者。

長子別子之適長子繼之，子孫世世。爲大宗。統合族之人，主始祖之祭，小宗皆宗之，百世不遷。

庶子別子之庶子不得禰父，別子故以其長子繼己。爲小宗。庶子之長子，所謂繼禰小宗也。同父。兄弟宗之。

二世所謂繼祖小宗也。同父，兄弟宗之。從。兄弟宗之。

三世所謂繼曾祖，小宗也。同父。兄弟宗之。從。兄弟宗之。再從。兄弟宗之。

四世所謂繼高祖，小宗也。同父。兄弟宗之。從。兄弟宗之。再從。兄弟宗之。三從。兄弟宗之。

由四世至于五世，四從兄弟無服矣，故不復宗五世之適子，而復自別爲禰。其同父之兄弟共宗之，而復爲小宗之始矣。

嫡子之長子謂之嫡孫，以其父爲嫡子，故名其長子爲嫡孫。若衆子之長子，其父既謂之衆子，而其子焉得謂之嫡孫乎？觀《論語》「嫡孫當立」之説，自明世有衆子之長子，父不在，而爲祖父母亦服三年之喪者，過矣！過矣！

四禮初稿四卷 江蘇巡撫採進本

明宋纁撰。纁，字伯敬，號栗菴，商丘人，嘉靖丙辰進士，官至吏部尚書，謚莊敏。事蹟具《明史》本傳。是編分冠、昏、喪、祭四禮，略仿古經詞句，而統用後世之法，如適子冠於阼，古制也。纁以爲今制南面爲尊，長子、宗子皆宜西向，以避父祖與賓。昏有六禮，今合納采、問名爲一，請期、納幣爲一，與《家禮》所删併者不同，大都以意爲之也。

四禮約言

（明）吕維祺　撰
魏小虎　整理

《四禮約言》解題

魏小虎

《四禮約言》四卷，明呂維祺撰。

呂維祺（一五八七—一六四一），字介孺，號豫石，學者稱明德先生，河南新安人。萬曆四十一年（一六一三）進士，授兖州推官，擢吏部主事，更歷四司。天啓元年（一六二一），歷考功、文選員外郎，進驗封郎中，告歸。開封建魏忠賢生祠，遺書士大夫戒勿預。忠賢毁天下書院，維祺立芝泉講會，祀伊洛七賢。崇禎元年（一六二八），起尚寶卿，後遷太常少卿，督四夷館。崇禎三年（一六三〇），擢南京户部右侍郎，總督糧儲。崇禎六年（一六三三），拜南京兵部尚書，參贊機務。崇禎十四年（一六四一）李自成軍攻破洛陽，被執死。贈太子少保，再贈太傅，謚忠節。著有《孝經本義大全或問》《明德堂文集》《音韵日月銘》等。生平事跡見《明史》卷二百六十四本傳、吴偉業《太傅兵部尚書吕忠節公神道碑銘》、張玉書《吕明德先生傳》。

新安吕氏系出宋名臣吕蒙正，維祺後裔潛心理學，詩書繼世，入清僅百餘年，已有五人考中進士，蔚然中原望族。

唐宋以降，原本專屬於貴族門閥的禮學逐漸向民間普通士庶之家滲透，以冠、婚、喪、祭爲核心内容的家禮影響日增。至明代中後期，《朱子家禮》已備受推崇，但也不時有論著以爲應對其中不合時宜、文辭古奥之處加以補訂删略，方能切於實用。如宋纁《四禮初稿》，吕坤《四禮疑》《四禮翼》，馬從聘《四禮緝》，韓承祚《四禮集説》及吕維祺《四禮約言》等，皆辯論古禮沿革，斟酌變通，務從簡易通俗。

按，吕氏另著有《存古約言》六卷，其卷二之四篇分論冠、論婚、論喪、論祭，分别對應《四禮約言》四卷内容，僅個别字句略有出入，書前天啓元年自序亦大同小異，所以《四禮約言》可能是自《存古約言》中截出單行之本。

吕氏主張簡（簡樸）、切（切要）、因（因襲），調和古今。其自序云「今不能爲古，猶古不能爲今」，「吾與之言禮而復繁其辭，泛其指，而驟與之革，彼必益駭而不信，議而弗從」。故而全書不僅批評嫁妝、婚宴過奢，喪家大做法事等市井風習，古風無存，而且删去了古禮中諸多繁縟的儀節。每卷包括注文多則千餘字，少則不過五六百字，可謂極簡本《家禮》。因其短小精悍，切合實際，簡便易行，無高談闊論習氣，清代書坊往往將此書附於《家禮》之後，康熙四十年（一七〇一）刻本、乾隆三十八年（一七七三）博雅堂刻本皆如是，甚至還出現了王心敬《四禮寧儉》之類的注解本。

《四禮約言》單行本有明天啓四年（一六二四）刻本、清嘉慶六年（一八〇三）寶寧堂刻本等。康熙四十年刻本卷端題「新安呂維祺豫石著」，半頁八行，行十八字，白口，單魚尾，四周單邊，前有天啓四年甲子自序，《四庫全書存目叢書》據以影印，本次整理即以之爲底本。

目録

四禮約言原序

甚矣儒者之迂也，今何必古哉？使必古也，將搴木茹皮，綯髮闔首而能乎哉？今不能爲古，猶古不能爲今，有其心焉可也。斯民三代之直，今之心猶古之心，而有識者率爲世道江河之歎，則又何也？雖有其心而不勝俗也。彼其俗相率爲然，而一人獨卓然古道之從，衆且非之笑之，其人亦卒中徙而規於俗。豈古之必不可復，抑無有人焉明以爲己任而不顧人之非之笑之也？有其人，俗即非之笑之，迨其果能卓然古道之從，俗且自悔其前之謬而信從之，不遑遑非笑之哉？則夫非之笑之者，必其未嘗古也，故曰今之心猶古之心也。古實而今好僞，古厚而今好澆，古儉而今好奢，彼其心豈不欲實欲厚欲儉哉？俗移之也。即不欲實欲厚欲儉，亦其習於俗以成性，非其本心也。嗟乎，惟禮可以已之。夫禮之有冠、昏、喪、祭也，《家禮》備矣。俗方規規然終其身之弗由，吾與之言禮而復繁其辭，泛其指，而驟與之革，彼必益駭而不信，議而弗從。吾蓋有隱憂焉，以爲繁不如簡之易鏡也，泛不如切之挈要也，驟革不如相因之默喻也。僭爲之言，綦簡綦切綦因也，約故也。吾聞仲尼曰「以約失之者鮮」，然必曰「約之以禮」，又必曰「克己復禮」，使不約禮，何云以約，使不克己，何云約禮？謝氏曰：「克己須於性偏難克處克將去。」如是言約，斯至約矣。噫，世多非笑儒者，尤多非笑迂儒，夫寧知世無迂吾之言而非之笑之也哉？狂瀾既倒，誰砥中流？吾爲此言，豈誠得已！是必有人焉，諒吾不得已之苦心，以相與力返先古。雖於古禮什一千百，而古意不失，猶可厲世磨鈍，故曰：「有其心焉可也。」若夫海内有大君子者，起而肩世道之責，將必繇《家禮》諸説而遡古禮之全，俾三代之英，太初之樸，常在人間，豈復事此哉！天啓甲子月正元日，豫石吕維祺識。

四禮約言卷一

論冠

孩而失，曰未童，童而失，曰未成人，冠則成人矣。乃至不能亭亭楚楚，挺然爲天地扶正氣，而以俗流終，不負頭上冠哉？此禮久廢，宜亟復。首論冠。

子弟，年十五至二十，皆可冠。擇吉告於祖先，預請鄉黨姻友中之賢而有德望者一人爲賓，擇明習禮儀者一人爲贊。至日盛服迎賓，儀節遵照《家禮》，斟酌舉行。此成人之始，爲父母者，必不可忽。

如貧愚不能如禮，亦須請至親有行一人，告於祖先，命以成人之道，俾通俗而易曉者即是。若貧家更須簡便，只於祖先告拜行之亦可。

既冠，乃字。

古人重冠禮，蓋謂自此以後，以成人之禮責之。近世以來，人性輕薄，過十餘歲，便私自置冠，或彼此送字送號，無復古意。爲父母者，亦相因以爲常。所以自幼至長，愚騃不悟。然則冠禮之當復者，豈獨爲禮文哉？○古人生子三月，父命名而見廟，故對人宜稱名，不可稱字，以棄父命。及成人，加冠於首，始字之。字之，所以尊其名也。

冠後，拜父母尊長。明日，拜宗族親黨。所知者，宜答拜，或稍致祝願規諷之語。

拜父母尊長，父母尊長爲之起，以成人而與爲禮也。拜宗族親黨，即所謂出見於先生執友也。宜答拜者，亦重其成人也。如有教言，冠者宜再拜致謝而退。○今鄉俗所謂冠，非古也，蓋皆以戴網爲冠，不知網起自國朝，前代無網時，豈不行冠禮乎？今擬童子戴帽，即行冠禮，迨後束網，不更三加，庶幾近古。○按今之冠，少壯皆戴，非若先朝有戴網之别。合於出就外傅之年，擇歲首正月之吉，一告於廟，以存冠禮遺意。

四禮約言卷二

論昏

夫昏者，合二姓之好，以主宗祧，爲萬世嗣。何如其重也，而可以遠於禮乎？昏禮失而天下無婦道，此興亡成敗之關。關雎耶，牝雞耶？次論昏。

昏有六禮，以問名、親迎爲重。

按六禮，一曰納采，二曰問名，三曰納吉，四曰納幣，五曰請期，六曰親迎。《家禮》以問名倂入納采，而以納吉、請期倂入納幣，及親迎，六禮備矣。今俗有定親禮，類納采，而獨無問名禮，凡結姻，止擇日同媒一拜，固爲簡便矣，不知此甚有關繫。甚有不親拜而以媒往，或酒中一語，此後兩不照管，因之而悔親者以有爲無，賴親者以無爲有，每見鄉曲中因此告狀傾家，甚至喪其女命，可以問名爲無甚關繫乎？隣邑有先送啓面後拜親者，略似問名之意，猶爲近古。親迎之禮，今後子弟畢姻，兩家宜商議舉行。其儀注照《家禮》，或從簡便，以存古意。夫婦人倫之本，宜正其始。〇有問：「士人對俗人結昏，士人欲行昏禮，而彼家不從，如何？」朱子曰：「這也只得使人宛轉去與他商量。但古禮也省徑，人何苦不行？」

納采、納幣，及賠送妝奩，但宜安分循禮，毋過奢。

文中子曰：「昏娶論財，彝鹵之道也。」吾鄉昏姻，士大夫知禮者多不論財，自是美俗。但富家資妝，或有過厚，故里俗相倣。而中人之家，有取息鬻産以妝門面者。甚有以妝奩厚薄作青白眼。噫，丈夫寧餓死，豈以妻財潤身家，爲翁姑夫婿者，何如人乎？

昏宴請客，止宜至親五六人，至多毋過二十人，不用客者聽。

鄉俗以客多相誇尚，有請至百人者。或女家索客，只圖好看，彼此競從奢靡。又有抄手筵席，男女家迭爲備辦，糜費無益。一往一來，徒損精神而耗財力，非君子之道也。余謂俗難驟革，姑許用客以五六人爲率，多至二十人而止。蓋謂昏娶大禮，其姻族中表之類不一至焉，亦非人情。故四禮惟昏不禁客，然寧少毋多，猶爲頗雅。

女子毋拜筵。

孟雲浦曰：「女子不須出拜席前，以全廉耻。」

毋服内借親，兄弟就昏。

田間細民，有服内昏娶，名曰借親。有弟娶孀嫂，兄娶弟婦，名曰就昏。不知律有明禁，且就昏本元朝惡俗，相沿日久，恬不爲怪，宜諭止之。○或問：「有當喪而家貧親老，萬不得已，須借親者，又或相繼當喪，男女長而無倚，則奈之何？」曰：「此亦有不得已而爲之者，但亦須在祥後。若鄉俗葬日扶親，及未葬嫁娶，大非理。至就昏，斷斷不可。雖已聘未嫁，名分既定，亦非理之所得爲者。」

凡結姻，擇端正同志爲媒，毋用細人傳言。

蓋有一等婦人，專一作媒，不知大體，多騎兩頭馬説話，兩家誤信，因之生嫌起怨，此禍福安危之關也。鄉俗多有用者，宜相與漸裁抑之。

毋詐冒結昏。

詐冒，謂本人原有殘廢，或過老過幼，或庶出過房之類，隱諱不言，却以姊妹兄弟，詐令看視，此律所明禁也。如兩家明白通知，情愿寫立昏書者，聽。其指腹、割衫襟爲昏，律有明禁，宜知之。○鄉曲中有貧不能娶者，所知宜助其資財完娶。若男女家有所慊憎，非本人篤廢姦盜，而輒議毀親者，非理。

四禮約言卷三

論喪

喪非主於哀者耶？衰麻擗踊，哀之溢也，衣衾棺槨，哀之致也。若招僧演劇，延賓與宴，近於樂矣，習而不知其非，若此類者，非以薄爲其道耶？奢寧儉，易寧戚，吾以觀本焉。次論喪。

執父母之喪，以哀爲本。未葬，朝夕奠，不致祭，不飲酒食肉。

喪家未成服前，孝子方被髮跣足，爲招魂望復之事，宜朝夕獻食，如生時上食。若用鼓樂牲牢，延賓行禮，謬甚。夫祭禮而可以被跣行者乎？〇按，《家禮正衡》云：「諸侯七虞，以七日爲節。」後世遂以人死之後七日，必供佛飯僧，言當見地下某王，其謬已甚。查《會典》皇妃親王公侯之死，其七七、百日，皆有御祭。夫既不供佛飯僧，又不致祭，恐人子于是日心有不安。古禮未葬不祭，恐難太拘。今擬于七七、百日，各隨貧富，盡禮致祭。雖非古禮，亦孝思所必至者。然亦只是朝夕奠之加厚者，與吉祭自别。〇或問：「七七、百日，既可祭，亦可用鼓樂否？」曰：「鼓樂似不宜用，鄉俗多有用者。如親友以鼓樂至，不能遽阻，隨便無妨，只不可用之侑客耳。」

喪家，不招僧道作佛事。

今世用僧道作齋，或作水陸會，寫經造像，云爲死者滅罪惡，必生天堂，受種種快樂，不爲則入地獄。甚者日則孝子沿街隨僧迎經，夜則破獄照星，或作人物戲具，講經唱法，或男女夜出迎靈。法禁不能，理諭不曉，士人家亦復爲此，曰：「未能脱俗，聊復爾爾。」嗟夫，人死則形神相離，即果入地獄，受舂、剉諸苦，豈尚知痛？即使靈魂未散，如人半身不仁，針灸燒斫，已不知苦，豈已死而骨肉腐，却知苦乎？温公引唐李舟與妹書曰：「『天堂無則已，有則君子登；地獄無則已，有則小人入。』世人親死而禱浮屠，是不以其親爲君子，而爲積惡有罪之小人也。何待其親之薄哉？就使積惡有罪，豈賂浮屠所能免乎？」曰：「親有疾，則禱于群祀，君子或爲之，豈以親死而忘之乎？」曰：「此亦人子無已之情，原爲悦親之意，且欲其親之生也。今乃爲其死而免罪，則異矣。此事積習已久，牢不可破，細民無責也。讀書知禮者，乃亦相率而爲之，豈不惑哉？」○世俗作佛事，非必真實爲親，不過圖好看，且曰：「某某尚能做齋，我不能也，教人笑話。」如真實爲親，何不在生致養無缺，何不死後極其哀痛，無飲酒食肉？即是爲親懺悔，何不衣衾棺槨以身擔當，必求盡心，而顧汲汲于此，是亦不可以已乎？

凡吊死者，惟切近尊長四拜，平輩及遠親，止兩拜，卑幼，則揖而不拜。應哭者哭。未成服，不出紙旛，不赴吊。

古人知生者吊，知死者哀，今則概拜死者，而生者從旁答謝，雖非古禮，然相沿不可變。但今世吊客，多于死者皆施四拜之禮，不然則連叩而已，無有行兩拜禮者。余故分爲三等以節之，庶不失禮意。○喪家初死，前三日猶以生望死者，于古禮未應吊。且孝子此際哀痛昏迷，匆匆治棺槨衣衾，猶且不暇，而顧應酬吊客耶？宜待成服之日，方出紙旛，方赴吊。有至親先人哭吊唁者，不在此論。〇古人成服，凡五服，俱有首絰、腰絰，與上衰下裳之制。鄉俗自期以下，便不制服，只隨便家常素衣素冠，遂謂成服，甚者止戴白巾，而衣履或參用有色者，甚非禮，宜反之古。〇凡婦人于男子喪，非切近至親，不入吊。男子于婦人喪，亦然。但果于生者有知，入而唁慰，自是古禮。〇凡吊喪，皆用素服。或用冠帶，白員領。故曰：「羔裘玄冠不以吊。」

父母之喪，以嫡子主之。無嫡子，則嫡孫承重。諸孫非承重，不被跣。

承重，謂主喪也，惟長門子孫爲然。長門無嫡孫，則次孫承重，長門無子孫，則次門承重。長門有人，別門無與也。今長門既有子孫，次子或亡，則次子之子亦被跣行三年喪，曰「吾承重也」，此非禮之甚者也。〇小民三年之喪，多有至三十六個月者。女子出嫁，喪父母者，多抑而不爲之服。或無抑之者，則服三年。均之非禮，知者傳諭改正可也。

凡有喪，概不請客徵禮，止攢分共奠。或置素軸，具牲酒食卓，不必過費，以其餘分付主人。至親奠賻，不妨稍厚。若大盤蜜樓，綾錦旛幢，人物樓閣，像生飛走之類，俱屬無益，宜去太甚。

奠爲死者，賻爲生者，昔孔子曾脱驂贈舊館人喪。若至親所知，于常儀之外，或有贈賻，誰謂非厚道耶？但近時上祭似爲過奢，宜漸從簡省，而旛幢人物之類則太甚矣。

喪家宴賓非禮，但相沿已久，難以遽革。今擬遠客應留飯，近客赴奠，主雖留客，客固辭；如主固請，則寧儉毋奢，客亦不宜久坐，不用鼓吹優妓侑酒，主人不陪坐。

遠客特臨，有不得已而陪者，低案素食，不失戚容方是。

凡在喪，不入公門，不預筵宴。

士君子宜堅守此戒。

親友不爲喪家燰喪，不强孝子飲至醉，不招妓作雜劇，不扮戲，不靡費路祭，不邀客送葬送賞。

世俗有燰喪者，用鼓樂優人作雜劇，或扮演戲文，甚有强孝子至醉。又有路設棚祭，靡費不經，意圖報禮者。又有預邀親友送葬，因之斂分作賞資者。以及撻壘搶紅之類，皆所謂習而不知其非。同志君子，每相搤擘，不從此嚴革之，長此又安窮乎？○喪家發引，親友祖奠，亦情不容已者，但設香楮牲帛而已。邇來俗尚奢靡，有搭一路祭棚幕，而費十數金者。且陳列玩器，大張鼓吹，排設酒筵，招妓演劇，歌舞喧鬧，駭人見聞，不知喪禮寧戚之義何居。最可嗔者，孝子謝棚，每一處勸酒數盃，以致酩酊大醉。至次早啓柩之時，酒猶未醒，人子哀痛之謂何？吾鄉同志諸公，當力挽此風，更望喪家懇辭之而自已，是亦還雅道之一節也。

人子送終，毋以兄弟衆多，互相推諉，使日久暴露，或草草完事。

曾子曰：「人未有自致者也，必也親喪乎？」于此不盡其心，更於何處盡心？蓼莪之痛，寧能恝然弗思耳。

喪家，毋散孝帛孝布。

吊是常禮，孝是凶物，豈有送凶物于他人，使爲己親掛孝之理？按，先年散孝，始于富家。近來不論貧富，一概散孝。或以爲釣取賻儀之計，賻薄則争；或以散孝爲常，不散則争，俱非也。或曰：「今散孝帽如何？」曰：「亦止本族有服之貧者，其餘不必散。」或曰：「有賻奠厚，而答以素布素絹者，則如之何？」曰：「此報施之常，姑隨俗便。」

四禮約言卷四

論祭

《祭義》曰「追養繼孝」，君子將以繼之也。霜露既降，雨露既濡，則有悽愴怵惕之心。祭用明水，豈以備物？乃並其文與物而亡之。是故《公羊傳》曰：「士不及此四者，則冬不裘，夏不葛。」次論祭。

凡祭，先一日，齊戒，陳器，具饌。預擇子弟，或親友之知禮者爲贊。祭極其誠敬，如在其上，不求備物。

此盡誠盡敬之始事。

《家禮》，四時祭四代。冬至祭始祖，春祭先祖，季秋祭禰，宜按時舉行。俗節，如上元、端陽、中秋、重九之類。則獻以時食。

今世祭禮久廢，無論水木本源之思，弗忍恝然。藉令人子甘肥願養，而其先人不獲沾一日之菽水，若敖氏之鬼，不其餒耶？或曰：「吾貧不能備物也，吾不能爲席以延贊禮者也。」噫，祭固所自盡也。大之牲醴珍錯，小之採山鈎水，無不可以明孝。禮生用子弟爲之，或不用贊者，隨其力之所至，情之所安，惟在意誠而致敬，乃爲孝也。《孟子》曰：「君子不以天下儉其親。」今人雖至貧，無有廢日用而斷往來者，獨于祖先靳此一祭，于心安乎？〇灌、獻自兩事，今人混而爲一。蓋灌者，方祭之時，灌地降神，求神于陰。如燔膋蕭，達臭牆屋，求神于陽也。逮三獻，則神已來格矣。而亦以灌地，不野于禮乎？宜照《家禮》改正。

祖先祠堂，必常使精潔。朔望則拜參，有事則告。出必告，反必面。

此以時起祠堂之禮。

在喪不可廢祭，易服舉行，几筵前，仍衰服。

几筵，即靈座也。衰服，即斬衰、齊衰也。

祖先神主，以宗子奉祀。支子止隨班助祭，不得僭祭。

鄉俗不知宗法，故祖父母之主多無定在。今擬以長門奉祀。如長門貧不肖，不能主宗祧，以次門遞主之。然遇常祀，必宗子至，始行。宗子病或廢，則否。

但有新味，未薦祖先，不可輒自入口。

此所謂薦其時食也。

遇祖先及父母忌辰，變素服舉祭。是日齊戒，不飲酒茹葷，不與喜宴。

《祭義》曰：「君子有終身之喪，忌日之謂也。忌日不用，非謂不祥也，言夫日，志有所至，而不敢盡其私也。」

附論

鄉俗，元旦以卓設天地神牌，而祭以牲果。其意雖善而實瀆。或曰：「人稟天地以生，此日豈能恝然？」雖無物可以酬德，而以獻物起敬，所謂「無害于義，從俗可也」，若只設香案而拜，似爲近禮。○今人家多設家堂神位，而畫以三教諸神，既淫而不雅，又泛而不切，似宜改正。于牌位，書本宅司宅之神，而配以竈。蓋凡人家宅舍，人烟所在，中必有神主之；而國制，庶民得祀竈，皆家神之最切者。士大夫家，宜配以五祀，或二祀。按禮，大夫五祀，士二祀。以上二條，謹以俟知禮者折衷之。

冠、昏、喪、祭，四禮也。而謂「論」者，論其概也。其儀節之詳，考注之精，自有《家禮》在，今不敢贅。

吴縣沈翰較字

家禮酌

（清）孫奇逢　撰
趙正泰　整理

《家禮酌》解題

趙正泰

《家禮酌》是孫奇逢撰寫、李居易編定的家禮學著作，「酌」即斟酌變通之義。整理本使用的底本是光緒十年（一八八四）甲申中冬重刻本，一册，無目録，不分卷，現藏於天津圖書館。卷端題「家禮酌」，前有未署名手書《家禮酌序》、潘江《四禮酌序》、王致昌《重刻孫夏峰先生家禮酌序》、張恕增《重梓家禮酌序》、衛榮光《孫徵君家禮酌序》、王輅《重刊家禮酌序》、孫奇逢《家禮酌序》、李居易《家禮酌序言》，正文前署孫奇逢手定，李居易校梓，蘧益章、王輅校，孫世玟、孫金桂監刊，後附《綫嶺黄夫子招魂葬祭説》、趙御衆《義田説》，又有孫奇逢《跋》、趙御衆《家禮酌跋》。

孫奇逢，字啓泰，號鍾元，世稱夏峰先生，直隸容城人。生於明萬曆十二年（一五八四），卒於清康熙十四年（一六七五）。萬曆二十八年舉應天府鄉試，後父母接連離世，倚廬六年，無意仕進。夏峰與鹿善繼爲友，崇尚節義，積極加入反對權宦、抗擊清軍的活動中。於天啓年間參與營救左光斗、魏大中、周順昌等東林志士，有「烈士」之譽。崇禎時又率領宗族參與容城保衛戰，擊退清軍，後率宗族親故移居易州五峰山，守禦自保，屢被舉薦而不仕。明亡後更是拒絶仕清，携家南遷，最後定居河南輝縣，講學於百泉、夏峰，終年九十二歲。

夏峰先生是明末理學大家，魏裔介稱其爲學「以慎獨爲宗，以體認天理爲要，以日用倫常爲實際」。夏峰之學雖以程朱理學爲本，但對理學、心學之争持調和折衷的立場，在《寄張蓬軒》中自言「謹守程朱之訓，然於陸王亦甚喜之」，在《理學宗傳》中以理學十一子爲宗，將陸象山、王陽明、羅念庵與程朱理學家並稱，認爲理學、心學「究而言之，博後約，道問學正所以尊德性也；約後博，尊德性自不離道問學也，總求其弗畔而已」。此外，夏峰又特重躬行實踐，一生講學不懈，其教化流行於大河南北，黄宗羲稱「北方之學者，大概出於其門」，魏裔介贊其「獨肩學統四十年」。

夏峰著述甚豐，著有《讀易大旨》、《書經近指》、《四書近指》、《理學宗傳》、《中州人物考》、《畿輔人物考》、《取節録》、《日譜》、《遊譜》、《歲寒居答問》、《孝友堂家乘》、《家禮酌》等，詩文語録又結集爲《歲寒集》、《夏峰先生集》等。其中《家禮酌》又名《四禮酌》，按《孫徵君日譜録存》所記，夏峰於康熙六年（時年八十四歲）正月初一始著《家禮酌》，十一日即成，隨後又撰寫了序、跋。但到康熙八年夏峰仍在《復崔玉階書》中説「有《四禮酌》，酌未定，故未敢示人耳」，直至康熙十年才將《家禮酌》授予門人李居易，同年李居易與同門趙御衆刊刻《家禮酌》於密縣。

李居易刊刻時又採集前賢家禮分類附於四禮後，並將《綫嶺黄夫子招魂葬祭》與趙御衆的《義田説》附於書後。康熙十年刻本今已不存，本次點校所用的光緒十年刻本是夏峰後人重刻的版本。按《孫徵君日譜録存》，《家禮酌》原板交由李居易帶走刊刻，夏峰没有留副本，於是到光緒年間夏峰後人也難覓此書，後經夏峰九世孫孫士佩尋訪，終於在密縣王致昌家中求得刻本，遂於光緒十年重刻《家禮酌》，我們今天可以找到的《家禮酌》皆是此甲申重刻本。

甲申重刻本《家禮酌》不分卷，無目録，正文共六篇，分别是《祠堂》、《家譜》、《冠禮》、《婚禮》、《喪禮》、《祭禮》，前兩篇强調祠堂、家譜在家禮活動中的重要性，後四篇提出簡化施行四禮的要求，所以《家禮酌》也被稱爲《四禮酌》。李居易又在四禮之後各附「前賢禮略」，編引二程、司馬光《家範》、朱子《家禮》等前人的具體家禮規範。正文後所附的兩文，《綫嶺黄夫子招魂葬祭説》與趙御衆《義田説》，則是李居易選擇的符合夏峰「酌禮」思想的兩種家禮活動，招魂葬是亂世之中找不到親人遺體時家人不得已以衣物招其魂魄下葬的喪葬方法，義田是宗族設立共有之田以贍養族内貧困之人的舉措。綫嶺黄夫子今已不可考，李居易與趙御衆都是夏峰門人。李居易，字松友，山東東阿人。順治十六年中進士，康熙七年任密縣知縣，在任期間與夏峰多以書信往來問學。趙御衆，字寬夫，號惕翁，晚號超化老人，直隸灤州人，後遷居密縣，是夏峰主要門人之一，夏峰稱「寬夫大有識力人，徹底清澈」，又稱「趙寬夫之補過，求之古人，亦不可得」，《清儒學案》亦屬之於《夏峰學案》。

夏峰先生寫作《家禮酌》的目的在序、跋中説得很清楚，是因爲「禮之文也繁也，自絕於天下後世耳」，「文公亦云『凡禮有本有文』，愛敬，其本也；儀章，其文也」，夏峰斟酌四禮則是要使家禮「易知簡能」。而在夏峰之前，已有吕坤（號心吾，一五三六—一六一八）的《四禮疑》、《四禮翼》嘗試通過變通家禮儀式使儒家家禮活動得到推行，夏峰自言《家禮酌》就是在《四禮疑》的基礎上撰寫的。而且，爲重刻《家禮酌》提供原刻本的王致昌家行禮所用的家禮書就是《四禮疑》、《四禮翼》與《家禮酌》，可見這種「易知簡能」的新家禮對清代士紳的家禮活動是有一定影響的，但從《家禮酌》曾幾近散佚的情形來看，對《家禮酌》産生的影響也不能作過重的判斷。

從具體内容來看，夏峰撰寫的《家禮酌》正文部分難以被直接用作家禮的實踐指導手册。相較《朱子家禮》、《四禮疑》、《四禮翼》等家禮著作而言，《家禮酌》篇幅較短，也没有詳細説明四禮活動的儀制規範，其目的是討論簡化家禮的合理性所在，李居易採集前賢的家禮規範補充進《家禮酌》中，或許就是爲了彌補《家禮酌》篇幅短小、缺乏實用性的問題。但是，夏峰的用意本就不是撰寫家禮規範，而是要指出家禮活動的本質是愛敬之心。夏峰指出，古禮繁瑣，貧賤之家又無力行禮，天下自然就廢棄了古禮，但是天下人却都有冠、婚、喪、祭的活動需求，那麽與其苛求世人嚴格按照家禮行禮，不如直指儒家家禮的「愛敬」本質，使人發「愛敬」之心，行「易知簡能」之禮。所以夏峰在《家禮酌》中不教人如何修祠堂、家譜，而是教人爲何要修祠堂、家譜。四禮也不直接説明具體的儀制，而是在《冠禮》中教人不必苛求冠服形制，但要使士農工商家的童子都能行冠禮，《婚禮》中教人破除論財論勢不論德的陋俗，《喪禮》中教人「斷不可泥儀節而無本實」，《祭禮》中教人發悽愴怵惕之心、至誠仁厚之念。夏峰宣導「不必有一定之式」，只要使天下人不分貴賤都能發揮本心、實踐家禮即可。《家禮酌》在今日的貴重之處正在其酌禮思想，古禮多廢，早已不可恢復，世人所行又有尚奢媚俗之嫌，而夏峰寧儉毋奢，不苛求外在形制，不用鼓吹戲樂、不用僧道作法、不强人飲酒、不攀比厚葬等等要求使得家禮活動「易知簡能」，更能彰顯禮儀應以愛敬爲本的理學家禮思想。

目録

家禮酌卷下

家禮酌序

《家禮》之著自朱子始，然考《朱子年譜》，《家禮》成於乾道六年，其稿爲人竊去，越三十年，朱子殁後，始復有傳本。故如王懋竑之篤信朱子，乃反覆辨論，謂是書出於僞託，而要其剖析考證，固犂然有當於禮意。及夏峰先生又有《家禮酌》一書，自冠、昏、喪、祭以及招魂、墓祭、義田諸説，皆條分縷析，斟酌變通，其説亦多采朱子。然朱子論爲父後及祭必以子兩條，議者謂不無瑕疵。先生之書準乎情以合乎理，考諸古以參諸今，較朱子之書尤便而易行，則謂其爲一家酌之可也，謂爲凡有家者酌之亦可也。嗚呼！古禮之壞久矣，鄉異俗，家異法，有身列薦紳士類而迷妄苟簡，至於犯分悖本而不自知。士君子生當其時，其隨俗而安之乎？抑區區討論，行其宜於今者而仍不遠乎聖人之意，以存古道什一於千百也。《禮》曰「禮從宜，使從俗」，夫既曰從俗，又曰從宜，則必俗之有宜有不宜者，此其所以待酌也夫。

四禮酌序

且夫禮惟冠、婚、喪、祭爲最重，我朱子因著《家禮》一編，傳之於世久矣，海内翕然宗之矣。吾婺爲朱子故里，信從者尤衆，迄今餘數百年，冠禮雖廢缺不盡行，而婚與喪、祭則自士大夫下及窮鄉僻壤農工商賈之家，猶復遵而行之，一凖《家禮》之儀無敢背。凡仕於婺者莫不曰彬彬有禮，無愧文公桑梓之鄉也。歲壬午予宰輝邑，邑之民行禮與吾家鄉竟有未盡合者，其富貴者以豪華相侈而失之浮，其貧賤者以鄙陋自安而失之野。予心憂之，方思有以挽其頹風而進之大道也，適夏峰孫徵君十世孫馥堂携其先徵君手撰《四禮酌》一卷示之，并求爲序。予奉誦再四，見其所定冠、婚、喪、祭諸儀節，悉因《家禮》而損益之，既不泥文公，而又不背文公，文質得中，豐儉合度，而使太過者俯而就之，不及者仰而企焉，洵可謂斟酌盡善矣。爰亟慫慂馥堂付之剞劂，以公諸人。吾知是書一出，一家行之，家家共行之，行冠禮而知成人之道，行婚禮而知夫婦之重，行喪、祭禮而知慎終追遠之誠。將五倫於以叙，九族於以敦，風俗於以隆，人才於以盛，一洗從前豪華鄙陋之習，郁郁乎與吾婺同稱爲知禮之鄉，而不負先賢之教也。豈非生斯土者之幸哉，豈非官斯土者之樂哉！是爲序。

光緒八年歲在壬午嘉平榖旦，婺源後學潘江文濤氏謹譔。

重刻孫夏峰先生家禮酌序

余自束髮受讀，日事趨庭側，見先君子案頭有《四禮疑》、《四禮翼》及夏峰先生《理學宗傳》、《家禮酌》諸書，日用間無不準禮而行，每朔、望、忌日與凡歲時薦新，必率家人子弟祭奠惟恪。昌兄弟輩受室時，納采納吉外，親迎前期必延鄉黨戚族中之有齒德者，方古冠禮作祝辭，行冠禮，責以成人之事，錫以字而爲之説。至喪葬之稱家有亡，委曲盡禮，必誠必信，而不惑堪輿、不用佛屠鼓樂，則自高曾而已然也。迄今憶之事猶如昨，而先君子即世已久稔矣。癸酉春養疴里門，孫君士佩種門來覓《家禮酌》一書，語次知爲夏峰先生九世孫。謂書刻於二百年前，原版無存，今欲重刊，大河北遍求弗得，聞君秉禮家也，當有收藏。余聞之且慚且慰，孫君誠有心人哉！世風日偷，士習漸漓，此等事微論鮮有行者，即視此等書不以爲妄則以爲迂，知爲世道人心之攸繫者，殆亦急索解人不得，孫君克世家學，洵不愧明德達人之後。遂命弟致和、從弟致麟、致美輩爲之檢取，乃因年來風鶴頻警，屢事避地，一切卷籍攜藏靡定，急迫求之，竟忘所在。不惟無以副孫君不遠數百里奔馳之望，且不克負荷之咎，將無以見先人於地下。病軀觸此，眠食頓減，和弟視余不懌，輒疑斯書借出，暑月中走訪戚友，得抄本於張姻祖穀家。張，舊族也，恐遠寄有失，照録畀余。恭讀一過，見其中頗多亥豕魯魚，復取原抄，遂加校對，仍難稱完。時先兄同年友秦君佑之，輝人也，司鐸於密，與孫君同里，遂函封浼其寄交孫君。欣慰作復，謂密之行爲不負焉。嗣美弟得原册於舊笥中，余竊喜不自勝。此秋試攜赴汴垣，值孫君來汴購覓夏峰《日譜》，捧閲此卷，如獲拱璧，即請作序文以識顛末。昌遜謝不獲已，因念童稚時承先君子訓，以孝友堂家規，提撕諄諄，事遇疑難輒命思：設使夏峰當之，意是如何應付？私淑可云至矣。今斯書由此復刊行世，固關氣數，亦未始不見其中自有淵源也。至斯書所繫之重，前人序之詳已，無須余之贅贅。行見海内之士家奉一册，飭紀敦倫，將人心正，風俗厚，以仰副國家重熙累洽之盛治也，何幸如之。時光緒歲次癸酉孟冬，古檜後學伴嵩王致昌謹序。

重梓家禮酌序

道光戊申，孫生式如獲售郡庠，解館時以其始祖徵君夏峰集爲惠。展而讀之，見其中有《家禮酌》序文，適徵君七世孫仲修，余姊丈，送其子瑶峰甥前來受業，訪之，知爲當日徵君門人李子松友所刊，復采前賢之行，依類而附，訓俗型方，尤爲美備。惜原板不存，末由伏讀，徒勞想慕，幾數十年。光緒乙亥，徵君裔孫士佩剞劂徵君《日譜》，介余一言。仰衛静瀾弁語，得悉復獲是集於河南密縣王伴嵩子育處，將謀重梓，而河内蘧君謙受請任其事。余索而盥誦之，見其冠、昏、喪、祭皆爲易知簡能，一家所由之禮即衆家共由之禮，達焉可爲動民之本，窮而亦爲順情之基，真敦厚崇禮、忠信學禮之權輿與。蘧君其知本哉！然非士佩竭力搜求先人遺文，則是集沈淪他人之手不知胡底。抑亦徵君教思將與是集共爲無窮，而百餘年之藏山舊籍復出於世，良非偶然耳。亟札静瀾，俾之序《日譜》後復爲序之，余因特誌顛末，以爲「高山仰止，景行行止」之幸云。

光緒九年歲次癸未七月中澣，鄘南後學張恕增頓首拜書。

孫徵君家禮酌序

《儀禮》十七篇，以昌黎之博敏，猶苦其難讀。而自漢以來疏注諸家於服物、度數、聲音、訓詁剥裂鋠績，相校於芒忽之間，著作迭出，浩如淵海，老師宿儒竭畢生記誦之力，終幽闇而莫知其原。於是黠者轉相謙讓，或謂非所能及，或謂非爲我設，而十七篇者遂若存若亡於士大夫之口。嗚呼，先王制禮之精義豈在是哉！豈爲是委曲繁重之數煩苦吾民而束縛之哉！容城孫徵君愍舉世之忘其本也，其言曰「天下無不昏、不冠、不喪、不祭之人，名存而實在其中」，乃訂爲《家禮酌》一書，使學者隨分自盡，易知簡能而古昔聖賢之精意悉萃於是。夫孔子之論禮也，曰儉、曰戚。孟子之論禮也，曰「仁之實，事親是也；義之實，從兄是也；禮之實，節文斯二者是也」。其爲道易明，而其爲教易行，冠、昏、喪、祭四大端，雖王公之貴，畎隸之賤，莫能外之。其曰「家禮」者，何也？家有豐儉，時有緩急。昔涑水温公訂家禮，考亭文公亦有家禮。蓋主之以必行之心，不必有一定之式，淑發其固有之良，而不强人以所難能。此禮所以爲舉世共由，而非必如三千三百之委曲而繁重也。聖人之政，盡萬物之理而不過，不惟其大惟其細，故遞數不能終；聖人之教，盡萬事之情而悉貫，不惟其詳惟其略，故（禪）〔單〕詞堪舉要。桐城望溪先生，繼起大儒，嘗讀《儀禮》，謂周公生秦漢以後，用此必有變通，今讀徵君書，益信爲誠然。且使婦人小子一旦反之於心，而可信爲當然。然則自治其心與治天下國家者一以是編爲始事也，可也。徵君門人李子松友，受其書刊行，更採前賢行事，依類坿入。裔孫士佩，歷久訪得，謀重梓，屬爲序，余故得言禮之大本如此。

光緒九年歲次癸未九月中浣，後學衛榮光謹序。

重刊家禮酌序

《家禮酌》者，夏峰孫徵君所酌之家禮也。冠、昏、喪、祭爲人道之始終，人人不能外斯禮而卒鮮克衷於禮。徵君既病夫世之人溺於習俗之非、惑於異端之説而遂多失禮，而又病夫吾黨之士牽於文、泥於古，繁稱博引以議禮，使行禮之家每多滯礙難行，而卒以廢禮。於是究觀古今之籍，因其大體之不可變者，而少加損益於其間，使行禮者隨分自盡，不漓其忠信之初焉，此徵君之志也。松友李子，徵君門人也，受其書而刊以行世，而又恐人以爲無所持循也，乃略採前賢所行而依類附之。又謂線嶺黄氏招魂葬祭之説足以通事變，寬夫趙子義田之説足以聯宗族，亦附於其後焉。斯其措意於禮也，可謂勤矣。徵君九世孫士佩君於夏峰集中讀其序而未見其書，於是旁求歷訪而得於密縣伴嵩王君家，携之以歸，將謀重刊，而河内蘧君謙受遂請任其事焉。蘧君之言曰：「余之幼也，吾母葛太君口授吕氏《小兒語》，稍長授以《毛詩》而語之曰：『《衛風》之泉水，即今衛郡之百泉也，近古大儒多卜居焉。國初夏峰孫徵君自直隸容城移家於此，著有《家禮酌》一書，行於富貴不奢，行於貧賤不儉，可以廣教化，可以美風俗。吾兒盍一往焉，學而習之，遵而行之乎。』余銘之於心，幾四十年不敢忘。今士佩君既得其書，余安可不任其重刊之事乎？」於戲，觀蘧君之孝思，固已得爲禮之本矣，固宜其既身行之，且欲廣爲流傳以與人共行之也。將授梓，士佩君持以示余而囑爲弁言，余爲之欣然，遂援筆以詳其顛末焉。

光緒七年歲次辛巳冬月中浣，武陟後學王輅謹序。

家禮酌序

家禮酌者何？酌夫貴賤貧富之不同，器數文物之互異，分之爲各家自行之禮，合之爲衆家共由之禮，此其所以酌也。不驚夫婦之愚，不傷渾樸之舊，如其必不可行、必不能行者，則亦不必酌矣。竊念自有《儀禮》以來，學士大夫之家相傳爲鼎彝，寶玩之而弗用，非天下後世之罪，則禮之文也、繁也，自絶於天下後世耳。孔子曰：「禮，與其奢也，寧儉。喪，與其易也，寧戚。」蓋已心厭其繁，故多方以補救之，而後世之靡也滋甚。嘗思之，孔子與子夏論禮曰：「繪事後素。」則其所先者可思也。《中庸》：「敦厚以崇禮。」厚，固其所先者哉。禮從厚出，即三千三百不足盡太素之體，所謂萬殊原於一本，一本散爲萬殊者此耳。先聖先儒定禮，無非教人以敦厚之意。禮行自上爲公卿大夫設，不得不畫一式焉，使行禮者知所趨，士亦不忍自爲菲薄。易知簡能，乾坤不易之禮，尚忠、尚質、尚文皆易簡中之不得不然。今之四禮雖云廢矣，然天下無不冠、不婚、不喪、不祭之人，名存而實在其中矣。「十室之邑必有忠信」，但願行禮者隨分自盡，不漓其忠信之初。禮何嘗不易也，不簡也。近寧陵吕氏有《四禮疑》一書，其簡易有先進之遺，間嘗竊取其義。夫易知簡能，而天下之理得，更有望後之君子云。

康熙辛亥立春日，八十八叟容城孫奇逢謹序。

家禮酌序言

經天緯地，行於人道，而不可一日無者，禮也。代有損益，要於道中，禮之行也，本性協情之不自已也。何也？有人即有性，有性即有情，有情即有禮。禮者，性情之不自秘而成文者也。是以有君臣、父子、夫婦、兄弟、朋友，則不能無冠、昏、喪、祭。貴者有禮，賤亦有禮，富者有禮，貧亦有禮，禮準乎人心而寧在貴賤富貧也哉？隨境遇之豐儉，行日用之當然。一冠也，以弱冠而期成人也。揆於夏豈仍毋追，考於商無復章甫，度於周何事委貌。若夫婚以合德，古不擇貧矣。奠雁，禮也，賣犬不亦可風乎？喪、祭顛顛，其憂在心，生孝、死孝之何以爲皆孝也？亦將曰，毋傷力、毋矯情，盡乎其所能以遂乎其所安。四禮行焉，厥要云爾。無奈風薄日下，習逐違心，行乖瀆倫，言動周旋，類非天性之本然。襲其名者亦咸曰，禮非僞飾則僭妄也，非惑邪説以誤於誕則率俗尚以流於荒也，失禮之實而並誣禮之名矣。於是徵君孫夫子取《家禮》而酌之。酌名實也，一酌於性情之不自已而人道之無不可行者也。伊川先生曰：「欲正人心、厚風俗，須立祠堂、明譜系、修宗子法。」蓋人不知本，將祖禰間九族之親，宗支亂大適之分，冠、婚、喪、祭不問其自來，貴、賤、富、貧亦莫知其自處矣。於是徵君孫夫子酌四禮而首之以祠堂宗法，示人知所本也。言簡意長，法約禮該，顧人之力行何如耳。易敬授是集，以爲天下通禮，當公諸天下行禮之人，而又恐人以爲無所持循也，因附以前賢所行而酌其略，不敢阻人以煩文縟節之難行，而推其變通於無過不及之地者。加冠以拜尊長，可妻以嘉品行。殯而奢也不欲晉文，葬而儉也不必王孫。大武所以明昭告，疏趾亦以格鬼神。酌分盡情，酌時、酌地、酌力，殫心此體，會乎酌禮者之至意，以行乎貴賤富貴之性焉、情焉所不容已者而止爾。至於招魂葬祭，所以達人倫之變也；義田，所以助祠譜宗法之行也，並附《家禮》之後以終篇焉。嗚呼，烏哺獺祭，彼其知禮哉，天命流行自不能遏。後之君子苟留心於是集，而認此身之所從來與此身之所從往，倫常之間，義田一行，廟中有事，宗聯一本，愛敬油然而生也，則禮可以窮變，可以通久。處冠、婚、喪、祭，周身一性情，周身一禮而已矣。天下萬世一性情，天下萬世一禮而已矣。經之緯之，人道固無不可行焉耳。因與吾友趙子寬夫同校而付之梓，爲序其大略如此。

康熙十年辛亥夏六月，知密縣事穀城後學李居易謹序。

家禮酌［卷上］ 前賢家禮附

祠堂

古之廟制不見於經，且今士庶人之賤，亦有所不得爲者，故文公特以祠堂名之，曰：「君子將營宮室，先立祠堂於正寢之東。」蓋官民士庶之家，即百口無露處者，獨於祖父無棲神之所，忍乎哉？如力不能建祠，灑掃一室，置祖父神位，春秋霜露風雨晦明，子子孫孫瞻仰其中，仁孝之心自油然而生也。有祠而四禮始可議行矣。

家譜

國有史，家有譜，所關甚重。國無史，則天地夜矣；家無譜，則祖先泯矣。人而泯其先，奚後之爲？故三年不修譜，謂之不孝。乃今士大夫之家，有累世不修譜者，安望之庶民。宗法廢，而一家之長幼尊卑絕無秩序，孝弟風微，凌競日起，禮之本亡矣。予每與同人及此，輒謂高曾以上遠祖之行次名號漸不可考，相傳世系亦不可聞。予曰：就目前可考而知者急修之，若姑待後人，則後人又待後人，並可知者而失之矣。尼父迷防山之兆，李獻吉自三世以上無考焉，亦大不幸也哉。

冠、婚者，人子之始；喪、祭者，人子之終。四禮固諸禮之宗也，祠堂、家譜又四禮之宗也。《文公家禮》首揭祠堂而不及家譜，非略也。有祠自當有譜，如飢者之於食，渴者之於飲，不待講而自無不修。豈知故家舊德，一方一隅，寧有幾家，而世運遷流，居無寧止。仁人君子豈容漫然視之，而坐令祖先之姓名無聞，而同氣皆成路人乎？可爲浩嘆。

冠禮

冠者，加冠於首也。童而髫髮，鬌而總角，成人而冠，漸也。其禮文具在，未嘗不望復古者按其次第而力行之。然勢有不能也，如幞頭公服，豈士庶之家所宜？程子曰：「今行冠禮，若制古服而冠之，又不嘗着，却是僞也，須用時服。」即此推之，士大夫之家子弟十五以上者，志學之年，立身之始，主人卜吉，前期告於祠堂。是日，童子儒巾吉服，主人詣祠再拜，童子四拜，祝辭擇親友賢而有禮者一人隨意戒勉，務切於童子之身。冠畢，童子拜尊長。士農工商皆可通行。

後有以加網巾爲冠者，非也。沈龍江曰：「網起自明代，前代無網時豈不行冠禮乎？」孟雲浦云：「子弟遇當冠者，務行冠禮以責成人之道，邇及門士亦有行之者，皆余爲之賓，以存禮之遺意。」

同人問：「冠禮之廢也久矣。先生既云『簡易可行』，酌一定式，同人共尊之，不亦善乎？」曰：「家有豐儉，時有緩急，主之以必行之心，正不必有一定之式。貧賤者自不能同於富貴，富貴者亦豈可等於貧賤？一有定式，勢必格而成廢矣。即就一人一家論，亦不能保其初終如一，況合千百人千百家乎？故君子以同而異。」

附前賢冠禮略

男子年十五至二十皆可冠。

温公曰：「古者二十而冠，所以責成人之禮。蓋將責爲人子、爲人弟、爲人臣、爲人少者之行於其人，故其禮不可以不重也。近世以來人情輕薄，過十歲而總角者少矣。彼責以四者之行，豈知之哉！往往自幼至長愚騃若一，由不知成人之道故也。今雖未能遽革，且十五以上俟其能通《孝經》、《論語》，粗知禮義，然後冠之，其亦可也。」

必父母無期以上喪，始可行之。

文公曰：「大功未葬者，亦不可行。」

笄，女子許嫁。笄，母爲主。

文公曰：「年十五，雖未許嫁，亦笄。」

婚禮

夫婚者，合二姓之好以主宗祧，爲萬世嗣，何如其重乎？婚禮失而天下無婦道，此興亡成敗之關也。問名、納幣、親迎諸禮，世皆不廢，但論財論勢之習久矣難破，荆釵布裙之風邈乎難覩。夫納幣，重女也，君子不儉；貧無財，君子不争，儉與争市道也，女家已不可矣，至以無厭求婦，可耻更甚。生女則悲，貧者溺女，人情亦大苦矣。周忠介，吴人也，袖出二金以爲納采，已無怍色，人不敢非。信乎抵攩流俗，必豪傑之士。歸安茅止生一女，許字予幼男，且遺予書云：「某人女嫁某人謂之慕勢，茅將軍女嫁孫徵君家謂之殉知。江南錦綺之物，斷不敢令纖毫入公家，以點清德耳。」一時同人以爲知禮。

國朝定婚禮自公侯品官至於庶民各有等級，所以辨上下而防奢僭也。一品至四品彩緞各不過八疋，五品至九品四疋一疋而已。今之富民誇多鬥靡，僭侈過度，踰於品官。至於女家亦有不吝千金作妝，而不肯以數金爲子弟延師者，亦大惑矣。有問：「士人對俗人結婚，士人欲行古禮而彼家不悦，如何？」朱子曰：「這也只得使人宛轉去商量。但古禮也省徑，人何苦不行？」據此則人未有不樂省徑而樂繁縟者，「禮云禮云，玉帛云乎哉？」

《家禮》：「前期一日，女氏使人張陳其婿之室，俗謂之鋪房。」夫六禮以聘，重貞也，未往而先飭寢，於禮未宜。吕新吾《四禮疑》謂：「廟見之後，女家送妝奩、衣飾、荆布、箕帚示爲婦之義，以諸女客往，不猶愈乎？」

吕明德曰：「婚宴請客，至親十數人，不宜過多。不用客者，聽女子母拜筵，母搬三取九，群行街市，毋服内借親，毋詐冒，結婚擇端正同志爲媒，毋用細人傳言。」

婦人無拜興，拜興，非古也。女將歸，辭父母四拜，辭親屬尊長四拜，平交以下再拜。婿見婦家祠堂，主人不引婿見，先告祠，而婿自行之，不敢以父道率婿也。《家禮》：「婿四拜，婦翁跪而扶之。」似不便，不如受其再拜，不答拜。侍坐隨行，呼行或呼字。有謂妻母不受拜者，考制，親王回門，拜妃父母四拜，立受兩拜。民間妻乃答而不受乎？不可曉。

人有言「妻隨夫貴，隨夫賤」，則男子之重可知。又有言「妻賢令夫貴，妻惡令夫賤」，誰謂女子全不得操其貴賤之權哉？則女子之重亦可知矣。總之論德不論財，兩重齊收之；一論財，秦晉之好成市井之交，兩重胥失之。此君子所以不入其鄉也。往聞吾鄉前輩有三人者相善，後皆登第作顯宦，其一人逝，彼二人者相約曰：「逝者有女，我兩人擇其子之相當者娶之；逝者有子，我兩人擇其女之相當者嫁之。」嗣後陳文孺吏部男婚女嫁皆先貧交，此風至今猶有存者。俗習之醇漓美惡，士大夫與有責焉，秉禮君子慎之，勉之。

附前賢婚禮略

男子年十六至三十，女子年十四至二十。

身及主婚者無期以上喪，乃可成婚。

文公曰：「大功未葬，亦未可主婚。」凡主婚則以族人之長爲主。

必先使媒氏往來通言，女氏許之，然後納采。

温公曰：「凡議婚姻，必先察其婿與婦之性行及家法何如，勿苟慕其富貴。婿苟賢矣，今雖貧賤，安知異時不富貴乎？苟爲不肖，今雖富貴，安知異日不貧賤乎？婦者，家之所由盛衰也。苟慕一時之富貴而娶之，彼挾其富貴，鮮不有輕其夫而傲其舅姑，養成驕妬之性，異日爲患，庸有極乎？借使因婦財以致富，依婦勢以取貴，苟有丈夫之志氣者能無愧乎？又世俗好於繦褓童幼之時輕許爲婚，亦有指腹爲婚者，及其既長，或不肖無賴，或有惡疾，或家貧凍餒，或喪服相仍，或從宦遠方，遂至棄信負約、速獄致訟者多矣。是以先祖太尉嘗曰：『吾家男女必俟既長，然後議婚。既通書，不數月必成婚。』故終身無此悔，乃子孫所當法也。」又曰：「文仲子曰：『婚娶而論財，鑾裔之道也。』夫婚姻者，所以合二姓之好，上以事宗廟，下以繼後世也。今世之貪鄙者，將娶婦先問資裝之厚薄，將嫁女先問聘財之多少。至於立契約，云某物若干、某物若干，以求售其女者。亦有既嫁而後欺紿負約者，乃駔儈賣婢鬻奴之法，豈得謂之士大夫婚姻哉！其舅姑既被欺紿，則殘虐其婦以攄其忿，由是愛女者務厚其資裝以悦其舅姑，殊不知彼貪鄙之人不可盈厭，資裝既竭，則安用汝女哉？於是質其女以責貨於女氏，而貨有盡而責無窮，故婚姻之家往往終爲仇讎矣。是以世俗生男則喜，生女則戚，至有不舉其女者，用此故也。然則議婚姻有及於財者，皆無與爲婚姻可也。」

納采納其采擇之禮，即今所謂定也。

主人具書，夙興，奉以告於祠堂。乃使子弟爲使者如女氏。女氏主人出見使者，遂奉書以告祠堂。出以復書授使者，遂禮之。使者復命婿氏，主人復以告於祠堂。

納幣

幣用色絹，貧富隨宜，今人更用釵釧、羊、酒。

具書，遣使如女氏，女氏受書、復書，同納采之儀。

親迎

初婚，婿盛服，主人告於祠堂，遂醮其子而命之迎。婿出，乘馬至女家，俟於次。女家主人告祠堂，遂醮其女而命之。主人出迎，婿入奠雁，姆奉女出登車，婿乘馬先婦車至其家，導婦以入。婿婦交拜，就坐，飲食畢，婿出，復入，脱服，燭出。主人禮賓。

婦見舅姑

明日夙興，婦見於舅姑，舅姑禮之。婦見於諸尊長。若冢婦則饋於舅姑，舅姑饗之。

廟見

三日，主人以婦見於祠堂。

婿見婦之父母

明日，婿見婦之父母，次見婦黨諸親，婦家禮婿如常儀。

喪禮

孔子曰「慎終」，孟子曰「當大事」，正謂此時也。凡附於身、附於棺者，必誠必信，敢貽纖毫之悔乎？自含殮以至卒哭，禮各有文，蓋爲昧禮而不及情者立之規繩。仁人孝子度身、度親、度事，至禮無文，至慟無聲，斷不可泥儀節而亡本實也。嘗聞之，始爲儀禮者周，後進之君子乎？記禮者漢儒，好禮之君子乎？禮煩則亂，文勝滅質，尚論者悲之，夫子大林放之問，而意指大可見矣。

含飯之義，不忍親口之虛也。不知一含一物，口不復有合時矣，似不必泥也。四日成服，不忍蓋棺也。臨喪之客，若生曾受其拜者，死而喪家代拜之，是卑死者而疎客也，君子謂之不情。至親尊長哭而不拜，哀極擗踴，有哀極而不擗踴者，有甚於擗踴者，有擗踴而不哀者，以文餙情，制爲節數，情乎哉？《四禮疑》云：「王庸之哭母也，以手擊地，右掌血流；郭全之哭父也，以手爬地，十指肉損。情之所極，流其自然，安用文其不及，率天下以失真哉？」大小歛何也？懼土親膚之速也。高氏謂：「人死斯惡，厚其衣衾以掩之。」是何言與？斂不冠不帶，非待死之禮也。劉氏謂幅巾大帶亦不妨斂，俗亦有不欲斂者，不忍束縛其親之遺體也。棺内毋令有空缺處。代哭，何謂也，不情甚矣。居喪食粥，濟以菜羹，尊賜不避粱肉，體死者必至之情，而愛其遺體也。力能勝喪則禮爲重，不能勝喪則身爲重。重禮非爲禮，不忍忘親也；重身非爲身，曲體親心也。故毁而滅性，君子謂之不孝。

呂明德曰：「執父母之喪，以哀爲本。未葬，朝夕奠，不致祭，不飲酒、食肉，不招僧道作佛事。未成服不出紙牓，不赴吊。父母之喪以嫡子主之，無嫡子則嫡孫承重，尊祖也。不請客，遠客應留飯。寧儉毋奢，不用鼓吹。親友不爲喪家煖喪，不强孝子飲酒，不扮戲，不靡費。」

居喪之禮，人子苫塊於柩旁。既葬，寢於外，不與燕樂之席，不舉吉慶之禮，不談喜笑之語，不與公私閑事。范希文之教訓諸生，陳正己之朋友論學，皆不害理。三年之喪，不吊哭，謂吊哭於人，哀彼則忘吾親，哀在親則吊爲矯僞矣。儒者之害道至此哉！土有燥濕，灰隔禦濕也，但恐築之不堅，水一侵入而不復出，是委其親於水窖中也，倍宜慎毖，此固予所目覩者。誌石示來世也，文其辭，篆其姓名，合而錮之以鐵，埋諸地中，將誰示乎？《四禮疑》謂：「不如題姓名於碣面，詳家世於碣陰，有功德者表諸神道，使有目者皆得見之，免致誤動之尤愈乎。程大中誌石砌於壁間，有何不可？」雖非確然不易之論，因係大儒之葬親，拈出以備行禮者之酌。點主，非禮也。禮無題主之文，宜擇親友有行誼而善書者書之。祀土，請有德之人對越神明，自不可苟。蓋禮非有德之人不能行，非有德之人不能贊勸人之行禮也。

四禮惟喪最繁，蓋爲士大夫豐於財者立鵠，不以天下儉其親之意。若必以財爲悦，則疏水曲肱、簞瓢陋巷將終不得爲孝子矣。斂首裹形未爲不孝。顔淵死，門人厚葬之，子曰：「非我也，夫二三子也。」不能守身，未有能爲孝子者。喪家所宜禁者甚多，最害義者作佛事。有人問曹月川曰：「我欲行《家禮》，我家無秀才。」月川云：「爾家無和尚，如何作佛事？」月川父母初亦奉佛，月川多方諫勸，父母信之，送佛於寺。噫，禮之亡也，總沿習俗之不能破，不知一徇信，此身遂不能守，百凡皆僞矣。或曰：「喪致乎哀而止，如哀不至而哭之，不入於僞乎？」曰：「非然也，守身之人當哭而哀自至。或病不能哀，或弱不能哀，而悽情慘容當有甚於哀者矣。仁人孝子聲爲律，身爲度，正在斯。」

或問：「碑、表、志、傳，總皆諛墓之文，而仁人孝子必以是爲重其親也，何故？」曰：「是原欲輕之而不可也。張湛虚之言曰：『親没以請於親之知者爲文，而傳人子於枕塊藉苫、跳踴悲號，從精神恍惚中而貌其親之咳言動静也，漬血濡毛而爲之，至莫至於斯也。知吾親者覽行彷徨，急起而追之，已隔一重矣。』如是也，而可忽乎哉！嗟夫，人之攬遺文、披故籍，凡名賢高士之一遊一咏、一悲一懷無不誦而慕之，况於吾親之載言，弗慎守焉，可乎？」

或問：「四禮亦有軒輊乎？」曰：「四禮總是一真誠之心，性之發露，道之率由，所以維持天下萬世之世道人心於不壞，固不容有軒輊。然亦有不容不軒輊者，孟子固言之矣，曰：『惟送死可以當大事。』夫送死也，而有纖毫不盡之心，纖毫不竭之力，不能對吾心，又惡能對親心？一瞬失之，終身莫贖矣。」

爲人後者自不得不降服於所生，若云等於伯叔父母，豈人子顧念所生之情乎！張子曰：「嫡母在，其所生母死，服雖降，亦當心喪，難以求仕。」但於名上書此二字則非禮，至不求仕，在人自盡。仁人孝子，自有委曲於其間耳。

附前賢喪禮略

治棺

温公曰：「棺欲厚，然太厚則重，而難以致遠。又不必高大占地，使壙中寬，易致摧毀，宜深戒之。槨雖聖人所制，自古用之，然板木歲久終歸腐爛，徒使壙中寬大不能牢固，不若不用之爲愈也。孔子葬鯉有棺而無槨，又許貧者還葬而無槨。今不欲用，非爲貧也，乃欲保安亡者耳。」

程子曰：「雜書有松脂入地千年化爲茯苓、萬年化爲琥珀之説。蓋物莫久於此，故以塗棺，古人已有用之者。」

置靈座設魂帛

温公曰：「古者鑿木爲重以主其神，今令式亦有之。然士民之家未嘗識也，故用束帛依神謂之魂帛，亦古禮之遺意也。世俗皆畫影置於魂帛之後，男子生時有畫像，用之猶無所謂。至於婦人生時深居閨門，出則乘輜軿擁蔽其面，既死豈可使畫工直入深室揭面之帛，執筆訾相畫其容貌，此殊爲非禮。又世俗或用冠帽衣履裝飾如人狀，此尤鄙俚，不可從也。」

高氏曰：「古人遺衣裳必置於靈座，既而藏於廟中，恐當從此説。以遺衣裳置於靈座而加魂帛於其上可也。」文公曰：「三禮啚有畫像可考，然且如温公之説亦自合時之宜，不必過泥於古也。」

立銘旌

以絳帛爲銘旌，廣終幅，三品以上九尺，五品以下八尺，六品以下七尺。書云：「某官某公之柩。」無官即隨其生死所稱，以竹爲杠，如其長，倚於靈座之右。

父喪杖用竹，母喪杖用木。

按《五禮新儀》曰「父杖竹長與孝子心齊」，助孝子之哀杇無力。竹有節，孝子有節哀之文。《禮》云父喪杖竹，用自死竹爲之，謂竹性不可改，爲竹斬斷而不能接續。蓋母有接人之體，其杖用木，能接續之意也。《白虎通》云母喪用桐爲之，謂無根能生，又桐子生而不離枝葉。《禮》云桐，同也。取其同而有别，痛有致切也。敬親之道，故聖人以竹木别之。梧桐之子隨枝葉而生，取其母子無絶道也。

成服此服制皆據《文公家禮》，今制間有不同，行禮者宜遵今制。

一曰斬衰三年。斬，不緝也。衣裳皆用極麤生布，旁及下際皆不緝。正服，則子爲父也。加服，則嫡孫父卒爲祖若曾高祖承重者也，父爲嫡子，當爲後者也。義服，則婦爲舅也。夫承重則從服也，爲人後者爲所後父也，爲所後祖承重也。夫爲人後則妻從服也，妻爲夫，妾爲君也。

二曰齊衰三年。齊，緝也。其衣裳制並如斬衰，但用次等生麤布，緝其旁及下際。正服，則子爲母也，士之庶子爲其母同，而爲父後，則降也。加服，則嫡孫父卒爲祖母若曾高祖母承重者也，母爲嫡子，當爲後者也。義服，則婦爲姑也。夫承重則從服也，爲繼母也，爲慈母，謂庶子無母而父命他妾之無子者慈己也，繼母爲長子也，妾爲君之長子也。

杖期

服制同上，但又用次等生布。正服，則嫡孫父卒祖在爲祖母也。降服，則子爲嫁母、出母也。義服，則爲父卒繼母嫁而己從之也，夫爲妻也。子爲父後，則爲嫁母、出母及繼母出俱無服也。

不杖期

服制同上，但不杖，又用次等生布。正服，則爲祖父母，女雖適人不降也，庶子之子爲父之母，而爲祖後則不服也，爲伯叔父也，爲兄弟也，爲衆子男女，爲兄弟之子也，爲姑姊妹女在室及適人而無夫與子者也，婦人無夫與子者爲其兄弟姊妹及兄弟之子也，妾爲其子也。加服，則爲嫡孫若曾元孫當爲後者也，女適人者爲兄弟之爲父後者也。降服，則夫爲妻，父在則不杖也，嫁母、出母爲其子，子雖爲父後猶服也，妾爲其父母也。義服，則繼母、嫁母爲前夫之子從己者也，爲伯叔母也，婦爲夫兄弟之子也，繼父同居父子皆無大功之親者也，妾爲女君也，妾爲君之衆子也，舅姑爲嫡婦也。

五月。正服，則爲曾祖父母，女適人者也。

三月。正服，則爲高祖父母，女適人者不降也。義服，則繼父不同居者，謂先同今異或雖同居而繼父有子已有大功以上親者也，其元不同居者則無服。

三曰大功九月。服制同上，但用粗熟布，無負版。正服，則爲從父兄弟姊妹也，謂伯叔父之子也，爲衆孫男女也。義服，則爲衆子婦也，爲兄弟子之婦也，婦爲夫之祖父母、伯叔父母及兄弟之子婦也，夫爲人後者，其妻爲本生姑、舅也。

四曰小功五月。服制同上，但用稍細熟布。正服，則爲從祖祖父、從祖祖姑，謂祖之兄弟姊妹也，爲兄弟之孫，爲從祖父、從祖姑，謂從祖祖父之子、父之從父兄弟姊妹也，爲從祖兄弟之子及姊妹，謂從祖父之子所謂再從兄弟姊妹者也，爲外祖父母，謂母之父母也，爲舅，謂母之兄弟也，爲甥，謂姊妹之子也，爲從母，謂母之姊妹也，爲同母異父之兄弟姊妹也。義服，爲從祖祖母也，婦爲夫兄弟之孫也，爲族母也，婦爲夫從兄弟之子也，爲夫之姑姊妹，適人者不降也，女爲兄弟姪之妻，已適人亦不降也，爲娣、姒婦，謂兄弟之妻相名，長婦謂次婦曰娣，次婦謂長婦曰姒也，庶子爲嫡母之父母、兄弟姊妹，嫡母死則不服也，母出則爲繼母之父母、兄弟姊妹也，爲庶母慈己者，謂庶母之乳養己者，爲嫡孫若曾元孫之當爲後者之婦，其姑在則否也，爲兄弟之妻也，婦爲夫之兄弟也。

五曰緦麻三月。服制同上，但用極細熟布。正服，則爲族曾祖父、族曾祖姑，謂曾祖之兄弟姊妹也，爲兄弟之曾孫也，爲族祖父、族祖姑，謂族曾祖父之子也，爲從父兄弟之孫也，爲族父、族姑，謂族祖父之子也，爲從祖兄弟之子也，爲族兄弟姊妹，謂族父之子，所謂三從兄弟姊妹也，爲曾孫、元孫也，爲外孫也，爲從母兄弟姊妹，謂從母之子也，爲外兄弟，謂姑之子也，爲内兄弟，謂舅之子也。降服，則庶子爲父後者爲其母，而爲其母之父母、兄弟姊妹則無服也。義服，則爲族曾祖母也，婦爲父兄弟之曾孫也，爲族祖母也，婦爲夫從兄弟之孫也，爲族母也，婦爲夫從祖兄弟之子也，爲庶孫之婦也，士爲庶母，謂父妾之有子者也，爲乳母也，爲婿也，爲妻之父母，妻亡而别娶亦同，即妻之親母雖嫁出猶服也，婦爲夫之曾祖、高祖也，爲夫之從祖祖父母也，爲兄弟孫之婦也，婦爲夫兄弟孫之婦也，爲夫從祖父母也，爲從父兄弟子之婦也，婦爲夫從兄弟子之婦也，爲夫從父兄弟之妻也，爲夫從父姊妹，適人者不降也，爲夫之外祖父母也，爲婦之從母及舅也，爲外孫婦也，女爲姊妹之子婦也，爲甥婦也。

一殤服

凡爲殤服，以次降一等。凡年十九至十六爲長殤，十五至十二爲中殤，十一至八歲爲下殤。應服期者，長殤降服大功九月，中殤七月，下殤小功五月。應服大功以下，以次降等。不滿八歲爲無服之殤，哭之以日易月。生未三日則不哭也。男子已娶，女子許嫁，皆不爲殤也。

作神主式

伊川程先生作神主式云：「作主用栗，取法於時月日辰，趺方四寸象歲之四時，高尺有二寸象十二月，身博三十分象月之日，厚十二分象日之辰。身、趺皆厚一寸二分。剡上五分爲圓首，寸之下勒前爲頷而判之，一居前二居後，前四分，後八分。陷中以書爵姓名行，曰某故某官某公諱某字某第幾神主，陷中長六寸闊一寸。合之植於趺。身出趺上一尺八分，并趺高一尺二寸。竅其旁以通中，如身厚三之一，謂圓徑四分。居二分之上，謂在七寸二分之上。粉塗其前，以書屬稱，屬謂高曾祖考，稱謂官或號行，如處士秀才幾郎幾公。旁題主祭之名，曰孝子某奉祀。加贈易世則筆滌而更之，用水以洗改之。外改中不改。」

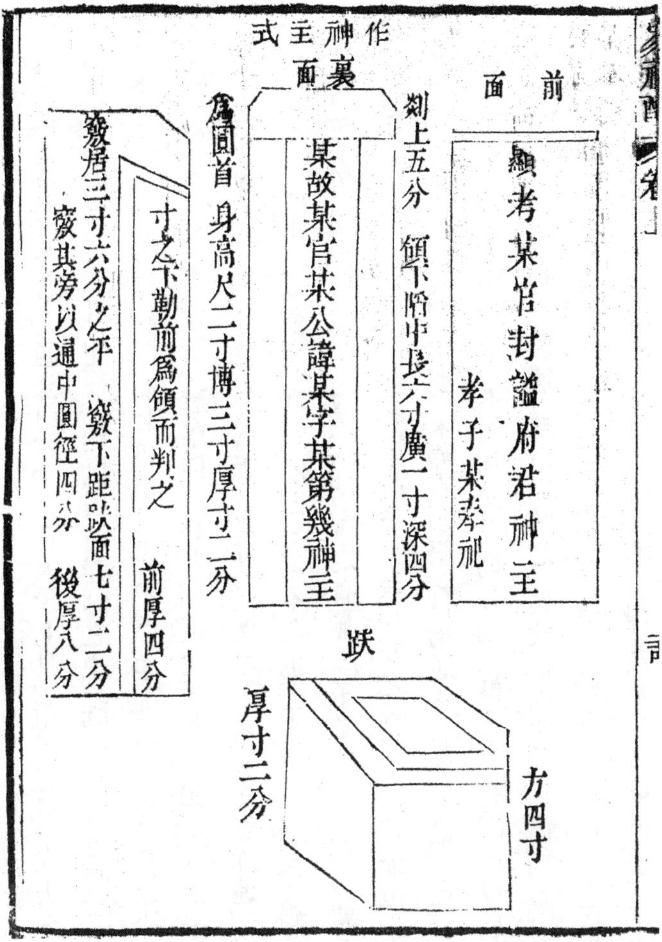
作神主式
前面
顯考某官封謚府君神主
孝子某奉祀
裏面
某故某官某公諱某字某第幾神主
剡上五分 頷下陷中長六寸廣一寸深四分
爲圓首 身高尺二寸博三寸厚寸二分
寸之下勒前爲頷而判之
前厚四分
竅居三寸六分之下 竅下距趺面七寸二分
竅其旁以通中圓徑四分 後厚八分
趺
厚寸二分
方四寸

治葬

三月而葬，前期擇地之可葬者。温公曰：「古者天子七月，諸侯五月，大夫三月，士踰月而葬。今五服年月，敕王公以下皆三月而葬。然世俗信葬師之説，既擇年月日時，又擇山水形勢，以爲子孫貧富貴賤愚賢壽夭盡係於此。而其爲術又多不同，争競紛紜，無時可決。至有終身不葬，或累世不葬，或子孫衰替，忘失處所，遂棄捐不葬者。正使殯葬實能致人禍福，爲子孫者亦豈忍使其親臭腐暴露而自求利耶！悖禮傷義無過於此。然孝子之心慮患深遠，恐淺則爲人所扣，深則溼潤速朽，必求土厚水深之地而葬之，所以不可不擇也。」或曰：「家貧鄉遠，不能歸葬，則如之何？」公曰：「子游問喪具，夫子曰：『稱家之有無。』子游曰：『有無惡乎齊？』夫子曰：『有無過禮。苟無矣，斂手足形，還葬懸棺而窆，人豈有非之者哉？』昔廉范千里負喪，郭平自賣營墓，豈待豐富然後葬其親哉！在禮，未葬不變服，食粥居廬，寢苫枕塊，蓋憫親之未有歸，故寢食不安。奈何舍之出游，食稻衣錦，不知其何以爲心哉！世人又有游宦没於遠方，子孫火焚其柩，收燼歸葬者。夫孝子愛親之肌體，故斂而藏之，殘毁他人之屍在律猶嚴，況子孫乃悖謬如此。其始蓋出於羌胡之俗，浸染中華，行之既久，習以爲常，見者恬然，曾莫之恠，豈不哀哉！延陵季子子死，葬於嬴博之間，孔子以爲合禮。必然不能歸葬，葬於其地可也，豈不猶愈於焚燬乎！」又曰：「昔者吾諸祖之葬也，家甚貧，不能具棺槨。自太尉公而下始有棺槨，然金銀珠玉之物未嘗以錙銖入於壙中。將葬，太尉公族人皆曰：『葬者，家之大事，奈何不詢陰陽，此必不可。』吾兄伯康無如之何，乃曰：『詢於陰陽則可矣，安得良葬師而詢之？』族人曰：『近村有張生者，良師也，數縣皆用之。』兄乃召張生，許以錢二萬。張生，野夫也，世爲葬師，爲野人葬所得不過千錢，聞知大喜。兄曰：『汝能用吾言，吾畀爾葬，不用吾言，將求他師。』張曰：『惟命是聽。』於是兄自以己意處歲月日時及壙之淺深廣狹、道路所從出，皆取便於事者，使張生以葬書緣飾之，曰『大吉』，以示族人，族人皆悦，無違異者。今吾兄年七十九以列卿致仕，吾年六十六忝備侍從，宗族之從仕者二十有三人，視他人之謹用葬書未必勝吾家也。前年吾妻死，棺成而斂，裝辦而行，壙成而葬，未嘗以一言詢陰陽家，迄今亦無他故。吾嘗疾陰陽家立邪説以惑衆爲世患，於喪家尤甚，頃爲諫官，嘗奏乞禁天下葬書，當時執政莫以爲意。今著兹論，庶俾後之子孫葬必以時，欲知葬具之不必厚視吾祖，欲知葬書之不足信視吾家。」

程子曰：「卜其宅兆，卜其地之美惡也，非陰陽家所謂禍福者也。地之美者，則其神靈安，其子孫盛，若培擁其根而枝葉茂，理固然也。地之惡者則反是。然則何謂地之美者？土色之光潤，草木之茂盛，乃其驗也。父祖子孫同氣，彼安則此安，彼危則此危，亦其理也。而拘忌者惑以擇地之方位，决日之吉凶，不亦泥乎？甚者不以奉先爲計，而專以利後爲慮，尤非孝子安厝之用心也。惟五患者不得不謹，須使他日不爲道路，不爲城郭，不爲溝池，不爲貴勢所奪，不爲耕犂所及也。」一本云所謂五患者，溝，渠，道路，避村落，遠井窑。按古者葬地葬日皆決於卜筮，今人不曉古法，且從俗擇之可也。

穿壙

温公曰：「今人葬有二法，有穿地直下爲壙而懸官以窆者，有鑿隧道傍穿土室而攛柩於其中者。按，古惟天子得爲隧道，其他皆直下爲壙而懸棺以窆。今當以此爲法，其穿地宜狹而深，狹則不崩損，深則盜難近也。」

刻誌石

用石二片，其一爲蓋，刻云「某人之墓」，其一爲底，刻云「某人諱某字某某州某縣人父某母某某年月日生某年月日終某年月日葬某地」，以二石字面相向，而以鐵束束之，埋之壙前近地面三四尺間，慮異時陵谷變遷，或誤爲人所動，而此石先見，則人有知其姓名者，庶能爲掩之也。

墳高四尺，立小石碑於其間，亦高四尺，趺高尺許。

温公曰：「按令式，墳碑石獸大小多寡雖各有品數，然葬者當爲無窮之規，後世見此等物，安知其中不多藏金玉耶？是皆無益於亡者而反有害。故令式又有『貴得同賤，賤不得同貴』之文，然則不若不用之爲愈也。」文公曰：「今按孔子防墓之封，其崇四尺，故取以爲法。用司馬公説，别立小碑。但石須闊尺以上，其厚居二之一，圭首而刻其面，如誌之蓋。乃略述其世系名字行實，而刻於其左，轉及後右而周焉。婦人則俟夫葬，乃立面，如夫亡誌蓋之刻云。」

三虞祭，葬之日，日中而虞。或墓遠，則但不出是日可也。若去家經宿以下，則初虞於所館行之。鄭氏曰：「骨肉歸於土，魂氣則無所不之，孝子其彷徨，三祭以安之。」葬時奠而不祭，但酌酒陳饌，再拜而已。虞始用祭禮，卒哭則又謂之吉祭。遇柔日再虞，乙丁己辛癸爲柔日，其禮如初虞。若墓遠，途中遇柔日，則亦於所館行之。遇剛日三虞，甲丙戊庚壬爲剛日，其禮如再虞。若墓遠，亦途中遇剛日且闕之，須至家乃可行此祭。

卒哭

《檀弓》曰：「卒哭曰『成事』。是日也，以吉祭易喪祭。」故此祭漸用吉禮。三虞後剛日卒哭。

祔祭

《檀弓》曰：「殷既練而祔，周卒哭而祔。」《家禮》用卒哭明日而祔。

小祥，期而小祥。

自喪至此，不計閏，凡十三月。古者卜日而祭，今止用初忌，以從簡易。鄭氏曰：「祥，吉也。」大祥放此。

大祥，再期而大祥。

自喪至此，不計閏，凡二十五月，亦止用第二忌日祭。

禫，大祥之後，中月而禫。禫者，澹也。

自喪至此，不計閏，凡二十七月。文公曰：「間一月也。」鄭氏曰：「澹澹然平安之意。」温公曰：「《士虞禮》『中月而禫』鄭注曰：『中，猶間也。禫，祭名也。自喪至此，凡二十七月。』所謂中月而禫者，蓋禫祭在祥月之中也。歷代多從鄭説。今律敕三年之喪皆二十七月而除，不可違也。」文公曰：「二十五月祥後便禫，看來當如王肅之説，於『是月禫，徙月樂』之説爲順。今從鄭説，雖是禮宜從厚，終未爲當。」

祭禮

《祭義》曰「追養繼孝」，君子將以繼之也。霜露既降，雨露既濡，則有悽愴怵惕之心。先一日齋戒、陳器，擇子弟或親友之知禮爲贊。祭自卜期、陳設以至辭神、徹餕，非士大夫之豐於財者便不能成禮。力果能備，燕賓尚欲求豐，何忍獨儉於祖考？如不能備，與其廢禮，何妨從儉？余先君子有志復古，欲建家廟率宗族歲時致祭，規制已有定處，力不能而没，没三年，始營一祠以妥先靈。宗子漂泊他鄉，祭以家長主之。祭期以春分、秋分、夏至、冬至爲準，取其陰陽往來，又取其氣之中，又貴其時之均，此張子之言，亦先君子之意也。其陳設特牲庶饈行三獻禮，雖值顛隕，五十年來未嘗敢廢。今久離邱壠，兼之萍心未定，蘋藻疎違，負疚中夜，邇即次稍安，移先位於兼山堂之西楹，庶朝夕得依靈爽。凡我子若孫入廟思敬，不待病夫之告，教酌定儀式，雖耄願身先之爲一家倡，總將不自安之一念，此予一家貧病所行之禮，非敢以爲世論禮也。

晨起櫛沐後入祠三揖，朔望焚香拜，元旦日昧爽設祭四拜。凡祭，預辦庶饈食菓等物，行四拜禮獻爵等事，子孫供執事，凡入小學者皆令隨拜。新年之三日、清明節、七月十五、十月初一，習俗祭於墓，無墓亦在祠行之。在喪不可廢祭，易服舉行，凡筵前仍衰服，忌辰設時食拜，子孫茹素，不與宴會。有事出門焚香拜，歸亦如之。吉慶事卜期設祭，兒女婚姻焚香以告，新婦廟見設食菓庶饈，主婦率之行禮。

或問：「家祭之禮欲合族人歲一舉行，及遠祖恐其僭，不及遠祖，何以合遠族？」曰：「秩得祀四世者則奉高曾祖考而止，然冬至祭始祖，立春祭先祖，爲始祖以下高祖以上之祖，何嘗謂遠祖遂不當祭？祭義久廢，惇睦無人，酌而行之，不妨稍爲變通。慮其僭禮而寧甘廢，豈禮也哉？」

殷因夏，周因殷，總此一禮也，妙在有損益而禮乃不敝。先王因情定禮，人情樂放縱，不有禮以檢束之，勢何所底？作禮者所以委曲周旋至不厭詳細也。如父爲大夫子爲士，葬以大夫祭以士，子爲大夫父爲士，祭以大夫葬以士，此中有多少斟酌在，然皆從至誠仁厚之念而出。所謂廣大中之精微也，無精微何以成廣大也。此四禮者，語其小天下莫能破，語其大天下莫能載，行禮者須得其意而勿泥其迹，斯不失作禮者之苦心耳。

鄧潛谷曰：「(完)〔宗〕法本封建，封建廢則宗法格而不行。」夫嫡長子孫恒貴且賢，修明古法以收族，於風俗人心信有大益。不幸賤不肖者恒多，使之主祭獻奠升降猶且不堪，欲使族人之賢知者宗之而聽其收族，不亦遠乎？又族稍衆，嫡長子孫必爲曾元，其與祭者多其從曾祖、從祖父也，欲使曾伯叔祖不祭其祖其父而從祭曾元之祖父，是曾元之祖父固其從侄孫與再從侄孫也，不又遠乎？若是則宗法真不可行矣。雖然，存古之意而通變爲之，其可也。立廟統以宗禮也，宗子不肖，不克舉其祀，則以次子之長者主之，長長也；或次子之賢者主之，賢賢也；或次子之貴者主之，貴貴也，此宗法之變也。然而宗嫡之義固在也，嫡不任實自絶於先，非支子之弗宗也。據此，禮以義起，若執定非宗子不敢主祭，阻仁人孝子尊祖敬宗之心，是豈先聖先王制禮之初意哉？故禮不晦於無言而晦於有言，不晦於不知禮之愚夫愚婦而猶可直舒其不容已之情，而晦於過泥禮之學士大夫遂以自塞其不自安之路耳。

或問：「墓祭非古，然與？」曰：「上古之葬不封不樹，既封且樹，則吾先人之衣冠憑焉，敢不敬諸。故非有大故則不敢輕去墳墓，重之也，重之而何可以不敬也？時俗清明掃墓，七月十五獻麻榖，十月初一送寒衣，猶有古之遺意焉。春秋悽愴，人情與天道合，而愛敬之誠動乎其所不容已。墓祭廢而四時之祭未有能行者矣。人心之醇、風俗之厚於此攸關，祭之時義大矣哉！」

吕寧陵《四禮疑》其疑也，却人心之所共疑也，有此疑而禮乃可信矣。予不揣固陋而爲《家禮酌》，或亦人心之所共酌也，有此酌而禮因而定，未可知也。總爲《家禮》作忠臣，如以爲有悖於禮，則吾豈敢？余來蘇門二十餘年，以夙所聞於豫之先正者時與同志共相講明，以維挽人心，或亦仁人君子所不忍吐棄也。伊雒爲二程先生之鄉，其風氣雅稱樸茂，故理學之盛彬彬有人，移風易俗正有望於大夫之賢者、士之仁者。

家禮酌卷下 附前賢祭禮略

時祭用仲月

孟春下旬之首，擇仲月三旬各一日，或丁或亥。温公曰：「《王制》『大夫士有田則祭，無田則薦』，注『祭以首時，薦以仲月』。今國家惟享太廟用孟春，自周六廟、濮王廟皆用仲月，以此私家不敢用孟春。」高氏曰：「何休曰：『有牲曰祭，無牲曰薦。』大夫牲用羔，士牲用豚，庶人無常牲。春薦韭，夏薦麥，秋薦黍，冬薦稻，韭以卵，麥以魚，黍以豚，稻以雁，取其新物相宜。凡庶饈不踰牲，若祭以羊則不以牛爲饈也。今人鮮用牲，惟設庶饈而已。」文公曰：「凡祭，主於盡敬愛之道，誠而已，貧則稱家之有無，疾則量筋力而行之，財力可及者，自當如儀。」

冬至祭始祖

程子曰：「此厥初生民之祖也。冬至，一陽之始，故象其類而祭之。」

立春祭先祖

程子曰：「初祖以下高祖以上之祖也。立春，生物之始，故象其類而祭之。」

季秋祭禰

程子曰：「季秋，成物之始，亦象其類而祭之。」

宗以上皆得祭惟支子不祭

文公曰：「某家舊時時祭外有冬至、立春、季秋三祭。後以冬至、立春二祭始祖之祭似禘，先祖之祭似祫，於理似僭，覺得不安，遂已之。至於季秋，依舊祭禰。」

忌日祭

文公母夫人忌日，着黲黑布衫，其巾亦然。問：「今日服色何謂？」曰：「豈不聞『君子有終身之喪』？」

墓祭三月上旬擇日而祭之

文公曰：「古人無墓祭，庶人亦不見有墓祭，但見拜掃而已。」或問：「墓祭，祭后土否？」曰：「就墓外設位而祭。」

冠、婚、喪、祭四禮之廢已久，是可哀已。按季氏《居家必用》初卷略載《文公家禮》，其意甚善。又按秦氏本不載，别載《孫氏薦饗儀範》。今觀《文公家禮》非可妄損益，近世士大夫家能行之者，詳見本書全帙，於祭禮一條，孫氏家儀亦可參擇用之，故并存於後。

孫氏薦饗儀範

序略曰：先王之制，祭禮也。「不欲數，數則煩；不欲疏，疏則怠。」君子濡春露、履秋霜必有悽愴怵惕之心，是故春禘、秋嘗。夏商相襲，周公以禘爲王者之祭，易名曰祠，而魯人始殺而嘗，閉蟄而烝。至於春以韭卵、夏以魚麥、秋以豚黍、冬以稻雁，雖庶人不得廢時薦也。經曰：「祭從生者。」蓋眎子孫之爲大夫，爲士，爲庶人也。傳曰：「祭從先祖。」又重於子孫改作也。禮固不敢輕議，酌古參今，惟其宜、惟其稱，或庶幾焉。故取上士祭饗之時，傳古士庶人之禮，著《孫氏薦饗儀範》，實取「有田則祭，無田則薦」之義，雖貧窶衣食不充亦可求仁者之粟力行之。所以標顯孫氏者，猶唐范傳正時饗儀行之於家，使子孫奉以周旋云爾。紹興三年孫偉序。

時月

正月朔旦，三陽交泰，萬物發生，乃人道報本反始之時，爲一歲初祭。春薦以清明節日，夏薦以五月五日，秋薦以九月九日，冬薦以冬至日，並歲旦一歲共五祭。世俗以冬至後一百五日，炊熟不火食，以待清明改火，謂之寒食，蓋晉風，因介子推逃文公之禄，文公焚山，久而成俗。今河東士民以棗麵爲炊餅貫柳枝於户上，號曰子推，遂變爲寒食節，天下往往不以爲非。漢并州刺史周舉嘗作文辨之，久而難變也，俚儒又緣開元拜掃之儀於是日野祭，尤違典訓，亦數百年矣。今之清明日爲春薦。四時薦饗並於寢，若子孫得路歸守丘墓，則在家薦饗畢，詣神道洒掃展省。城外望拜，掃除墓左右蕪穢，外望再拜而退，不攜酒饌行。自漢至唐臣度饗祭皆避孟月，或以二分，或以二至，或以社，或以蜡日，社與蜡唐人固嘗論其失矣，但上世以來多用歲旦、冬至爲合祭，八節爲薦新，疏數不常，亦有故輒廢，率不合禮，今於四時折中以傳禴祠蒸嘗之義云。

版位

唐諸家祭儀皆用《開元禮》，文武官六品以下達於庶人祭於正寢，國朝士族相因，凡登朝籍皆得祭三世，偉家祭三世亦數十年。古之朝天子者謂之大夫，蓋今之朝臣也，固當尊祖矣。古者士大夫皆有家廟，既虞則作主，刻官封名氏。今以祭寢之禮參酌，以栗木作牌子，高一尺三寸半，曾祖曰曾大考官封，妣曰夫人某郡某氏，祖曰大考官封，妣曰某郡某氏，父曰顯考官封，妣曰某郡某氏，匣而藏之，遇薦饗則揆排辦訖，祭主捧而置於几，祭畢復藏之，其匣於正寢側室奉香火，旦朝之。謂晨興盥櫛罷，冠帶入室，上香，肅拜而退。

眉山劉氏曰：「虞者，既葬反哭而祭也。蓋未葬則柩猶在殯，既葬則返而亡焉，則虞度其神氣之返於是而祭以安之，且爲木主而托之，以憑依焉，故謂之虞主。嘗求之傳注，謂天子九虞以九日爲節，諸侯七虞以七日爲節，大夫五，士三，由是言之，既葬而虞，虞而卒哭，降殺有等。自春秋末世大夫僭用諸侯七虞之禮矣，後代循習莫究其義，而世俗遂以親亡以後每七日必供佛飯僧，以爲是日當於地府見某亡者。吁，古人七虞之説乃如是哉！故世之治喪者未葬則當朝夕奠、朔望殷奠，既葬則作主虞祭，不必惑於浮屠齋七之説，庶乎可謂祭之以禮矣。」

四時薦享，肆筵設几，謂如南向之寢則曾祖坐在其中，以東爲上，祖坐在東，考坐在西，皆以北爲上，東向西北向之寢放此。廟祭則東向位爲尊。今薦儀也，所以不同。忌日質明，設几筵於正寢，捧位版置几上，祭畢伏藏，皆如上儀。

薦饌

春薦韭卵，以韭爲俎，以卵饈饌。夏薦麥魚，以新麵爲炊餅，以鯽鯉魚饈饌。秋薦豚黍，以新黍粟米炊餅侑蒸豚。冬薦稻雁。以新粳米炊飯侑蒸雁，無雁則以鵝鶩鴨代之。四時薦新外兼以鷄羊鹿豕共造熟食五品，時果五品，無果實處，煎粉餅以爲之。菜五品，菘芥蘆菔蕪菁筍蕨，隨土地所有。薦新之日或有珍饌異果，謂《本草》或《食經》中所載者。並聽兼列。《禮》曰：「庶人無故不食珍，必先祭饗也。」祭饌皆女婦主之，或有故謂疾病。即用庖人，子孫躬親厨爨監視。薦饗之味貴於新潔，稱家有無，太豐則近乎僭奢，太儉則近乎迫隘，皆君子所不取，唯豐潔得中可以常守禮。雖王公大饗不用褻味，不貴多品。今寢薦、廟祭不同，廟祭則有養牲外首之儀，今時饗止用熟食五品，參酌折中，不可增減。有力則豕一羊一，前祭一日宰之。無力則度斯儀宜用物市肆售之，忌日以鷄魚羊豕隨屠肆所有之味造熟食五品。每月朔旦於藏版匣之室中，設時果五品、盤餞三副，以清酌獻。

祝辭隨時於官封某公下改用。

元旦云：「維某年歲次某甲子某月某甲子朔，他節即云某甲子朔某日甲子。嗣曾孫具官某無官即稱名。敢昭告於曾大考官封某公，伏以禴祠蒸嘗，四時之薦，祭義蓋秉周禮人道之遺，夏正永推報本之誠，莫大致嚴之重，謹於疏怠，不敢越踰。醴酒清甘，牢饌馨潔，祇率惟恪，仰冀鑒歆，尚饗。」清明云：「伏以維春之和，萬物秀茁，獻韭以卵，厥有故常。謹以清明，祇率祠事，致嚴斯恪，仰冀降歆，尚饗。」端午云：「伏以仲夏嘗麥，侑以鮮鱗，厥有故常，不敢不謹。謹以端午，祇率禴事，致嚴斯恪，仰冀鑒歆，尚饗。」重九云：「伏以農夫之慶，百穀用成，黍稷馨香，適當時薦。謹以重九，祇率常事，致嚴斯恪，仰冀鑒歆，尚饗。」冬至云：「伏以閉蟄而蒸，蓋有古制改歲之義，實見於經。維日至之迎長，乃周家之正月。謹以冬至，祇率蒸事，薦稻之恪，仰冀鑒歆，尚饗。」忌日云：「惟某年歲次某甲子某月甲子朔某日甲子，嗣曾孫具官某敢昭告於曾大考官封某公。伏以四時改易，忌日在辰，恭設几筵，仰思教誨，終身之慕，言不勝情，尚饗。」偉逮事曾祖而維家嫡，故其忌日之辭如此，不逮事大考以上則改用下辭：「恭設几筵，謹陳薄禮，庶或來格，克鑒微誠，尚饗。」此段前數行有未解處，不敢妄易，仍之。

眉山劉氏曰：「或問伊川先生曰：『忌日祀兩位否？』先生曰：『只一位。』愚謂家庭之祭與國家祀典不同，家庭晨夕旦望於父母之敬，未嘗舉一而廢一也。魯人之祔也合之，孔子以爲善，忌祭何得不然？故忌祭仍當兼祀考妣，若祖考忌日則祝辭末句增曰：『謹奉妣某氏夫人配。』妣忌日則曰：『謹奉以配考某公。』後之君子更宜審擇。夫祭者孝子所以饗親，義所以致嚴也。自漢魏以來諸家祭法有迎神送神之儀，乃在廟中，《禮》云『樂以迎來，哀以送往』，亦廟祭尸出入之時。今時薦，但以祝文致誠而已。」

行事

祭前二日修具，排辦濯器皿。前一日致齋。爲不飲酒食肉，吊喪問疾，若官守則託疾在假一日。祭之日，鷄初鳴興，盥櫛，服其服，入祭室，具燈燭，陳酒樽，列祭饌訖。鷄二鳴行事。祭之日，鷄三鳴，初獻，詣藏匣前焚香，捧位版置於所設之座，躬親酌酒於盞，三上香，跪奠酒於几上，以洗承之。俯伏，興，再拜，跪讀祝文，又俯伏，興，再拜，復位。亞獻，躬親酌酒於盞，跪奠，俯伏，興，再拜。終獻，如亞獻之儀。若一人兼行三獻，每奠皆如上儀。仍依昭穆次序，三代各設一座。先曾祖，次祖，次考，皆畢，即於燈燭上焚祝文，再拜，捧位版藏之訖，退。遇忌辰，設几筵一所，質明，陳酒樽祭饌畢，祭主詣藏匣，捧位版置几上，再拜，三上香，酌酒於盞，跪奠，俯伏，興，再拜，跪讀祝文，俯伏，興，再拜，少頃如人行一里久。再奠，俯伏，興，再拜，焚祝文，捧位版藏之訖，退。每月朔旦酌酒，三上香，跪奠，俯伏，興，鞠躬，禱曰：「某月朔旦，嗣曾孫某謹以清酌獻曾大考顯考，各舉官稱。伏乞歆格。」再酌再奠，三酌三奠畢，凡在位子孫作一列，再拜訖，退。

夫祭儀以致誠爲本，中禮爲文，所謂「洞洞屬屬然」，在其孝欽爾。有子弟即分三獻，祭日前期相與講習，闕則祭主獨爲之，行事時無太亟急，無太舒緩，急則紛紜舛錯，緩則跛倚不能卒事矣。凡薦饗以鷄二鳴行事，有官守，冬至正旦以鷄初鳴，半夜盥櫛。月朔以鷄三鳴行事。忌日祖考去給假，曾在疾在假一日。近世焚楮泉及下里僞物，唐以前無之，蓋出於王璵輩牽合寓焉之義，數百年間俚俗相師習以爲常，至於祀上帝亦有用之者，皆浮圖老子之徒欺惑愚衆，天固不可欺，乃自欺爾，士大夫從而欺其先，是以祖考爲無知也。顏魯公嘗不用矣，惜乎不以文字導愚民焉。偉今一切斥去之，有違此訓，非孫氏子孫也。

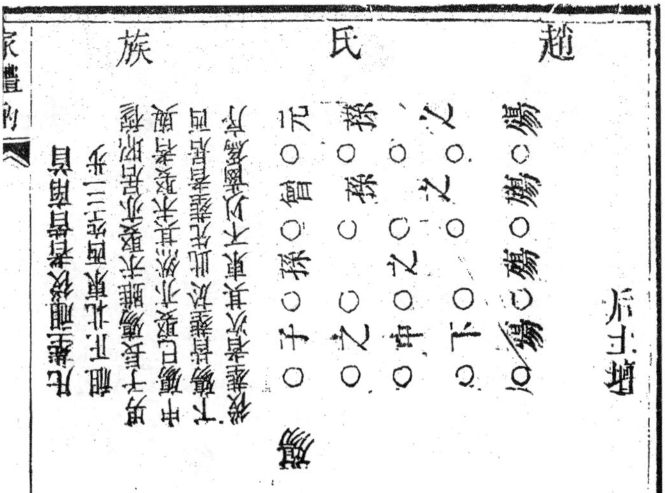
趙
氏
族
東
相去九步　空九步　空九步
元孫之殤
曾孫之殤
孫之殤
子之中下殤
殤
凡葬祖祢者皆南首
祖正北東西空三步
男子長殤雖未娶亦居昭穆
中殤已娶亦然其未娶者與
下殤皆葬於此先葬者居西
後葬者次其東不以尊卑為序
五　四　三　次　長
嫡庶此
論皆於
不賤差
子貴列
諸族齒
五　四　三　次　長
妻列齒序孫曾
昭
祖
凡葬昭者以西為上其
正妻繼室及有子之妾
各祔其墓之東妾凡女
君稍南仍與夫同封
祖及昭穆皆北首
神道東西濶五步

凡葬穆者以東爲上其正妻繼
室及有子之妾各祔其葬之西
妾比女君稍南仍皆與夫同封

元孫序齒列葬

長　次　三　四　五

兒皆序齒列葬曾孫以上並同

諸孫不分何房所出及嫡庶貴

長　次　三　四　五

西

穆

葬之圖

殤
○○○○○
女之殤
○○○○○
孫女之殤
○○○○○
曾孫女之殤
○○○○○
元孫女之殤

女之三殤列葬於此葬之還家
亦附焉先葬者居東後葬者次
其西不以齒爲序

凡附葬者先葬者居東後葬者次其西不以齒爲序

附葬
○○○○○　曾孫之繼
○○○○○　子之妾
○○○○○　孫之妾
○○○○○　曾孫之妾
○○○○○　元孫之妾

相去六步　分心南北相去六步
空六步　空六步
空六步　空六步
空六步　空六步
空六步　空六步
空六步　空六步

族葬圖説

宗法之壞久矣，人之族屬散無統紀，雖奉先之祀，僅伸於四親，而祖免以還，不復相録，能知同享其所自出者寡矣。幸而周禮不泯，族葬之類，猶有一二存者，如祖塋拜掃，疎遠咸集，餕福祚，相勞苦，序間闊，尚可見同宗之意也。但葬者惑於流俗，困於拘忌，冢墓叢雜，昭穆淆亂，使不可辨識，又或子孫豐顯，耻葬下列，别建兆域，（域）以遠其祖，是皆可恨也已。今取（墓）《墓大夫》、《家人》之義，參酌時宜，爲之圖説，藏於祠堂，以遺宗人，俾凡有喪按圖下葬，無事紛紛之説焉。蓋家之祭止於高曾祖考，親親也，按朱文公《家禮·祠堂章》「當爲四龕以奉先世」，高祖考妣居從西第一龕，曾祖考妣次之，祖考妣又次之，考妣居東龕。嗣子易世則遞近祧毁焉，其親盡者埋神主於墓所或祠堂兩階之間。墓之葬則以造塋者爲始祖，謂從他國遷於此地，没則子孫始造塋而葬之者也。墓居塋之中央北首，妻殁則祔其右，有繼室則妻居左而繼室居右，二人以上則左右以次祔焉，其有子之妾又居繼室之次，亦皆與夫同封。按《禮》雖以地道尊右，而葬法《周禮》昭穆之制，昭穆尚左，故不得不遵用焉。子不別嫡庶，不分孰爲妻及繼室所出，孰爲側室所出。孫不敢即其父，不分兄或弟所生及嫡庶貴賤也。皆以齒列昭穆，諸子葬祖之東南昭位北首並列，以西爲上，其正妻、繼室、有子之妾，各祔其夫之東，仍皆與夫同封。諸孫葬祖之西南穆位北首並列，以東爲上，妻、繼室、有子之妾各祔其夫之西，餘與昭同。凡昭穆之墓每一列自墓分心南北，相去各九步，法陽數也。每列東西則不可豫分，蓋其所葬人數多寡難前定也。若夫貴之與賤，碑宜立焉，爲人子弟者豈可以此而不序天倫哉！尊尊也。知有其祖而不敢私祔其父也。曾元而下左右祔，諸曾孫不分何房所出皆序齒列葬子之南，元孫序齒列葬孫之南。以其班也，左皆曰昭，右皆曰穆。昭與昭併，穆與穆併，兄弟同列，祖孫同班，在昭位則用昭制，在穆位則用穆制也。百世可行也。六世孫在曾孫之南，七世孫在元孫之南，八世孫在六世之南，九世孫在七世之南，雖至百世亦皆可祔也。昭尚左，穆尚右，貴近尊也。以近祖墓爲上。北首，詣幽冥也。妻、繼室無所出合祔其夫，崇正體也。妾從祔，妻曰合，妾曰從。母以子貴也。有子則然。降女君，明貴賤也。按韓魏公葬所生母胡氏，其柩退適夫人之地尺許，故今謂凡妾之柩當比正妻、繼室稍南。與夫同封，示繫一人也。其出與嫁，雖宗子之母不合葬，義絶也。男子長殤居成人之位，十有六，爲父之道也。中下之殤處祖後，示未成人也。十六至十九爲長殤，十二至十五爲中殤，八歲至十一爲下殤，凡爲婚娶即爲成人。按《周禮》周人以殷之棺槨葬長殤，以夏后氏之堲周葬中殤、下殤，又曰下殤葬於園，輿機而往，不棺斂於宫中。自周公時已不輿機，即葬於墓，然尚有以見古人視長殤與中下之殤禮亦異矣。故今以長殤居成人之位，中殤已娶亦然，其未娶者與下殤葬祖之北稍東，殤女葬祖之北稍西。祖墓正北不可下穴，其地東西空三步象三才也。凡殤，是祖之子與女其墓去祖北六步，若孫則在子之北，孫女在女之北，曾元而下皆重行南首，每一列自墓分心南北，亦相去六步，法陰數也。蓋昭穆前引用陽數，殤後引用陰數。凡葬此者，男子先没則居西，後没者次其東，女子先没則居東，後没者次其西，皆不以齒爲序。按《周禮》先王之塋子孫從葬，而諸侯之祔者則前引，大夫士之祔者則後引，蓋前貴後賤，一以爵爲尊卑，同朝廷之禮也。若後世士庶之家，其制不應乃爾，但當以齒之序，而今成人前引殤後引亦不失禮意矣。序不以齒，不期夭也。如弟先葬而留兄之穴，則是預期其兄夭殤也。男女異位，法陰陽也。男居祖北之東，女居祖北之西。而昭穆必以班，不可亂也。男女雖異位而二位東西相照，必使每行共爲一列。祖北不墓，避其正也。嫌其當祖之首。葬後者皆南首，惡其趾之向尊也。嫁女還家以殤處之，如在室也。按程子曰：「棄女還家以殤，穴葬之。」故令啓穴在殤女位。妾無子猶陪葬，以思終也。始祖之妾無子者亦陪葬祖之西稍北南首，子之妾與諸女相直而在祖妾之北，孫之妾與孫女相直在子妾之北，曾元以下每列盡然而皆南首。先葬者居東，後葬者次其西，不以娣姒年齒爲序。按《禮》古之公卿大夫爲貴妾服緦，士妾有子亦服之，則公卿貴妾無子猶服也。今之妾其無所出者生享諸母之尊，没與路人不異，據經撰義，竊所未安，故列諸塋内，以廣愛親之意焉。

族葬者，所以尊遠祖、辨昭穆、親逖屬，宗法之遺志也。爲子孫而葬其親，苟非貧乏塗遠，不祔於祖，與祔而不以其倫，則視死者爲不物矣。其如焚屍沉骨，委之烏鳶，孰不可忍也，尚何望其能事祖與宗人哉！嗚呼，去順效逆，葬不以禮，繩以《春秋》誅心之法，其亦難乎免矣。

附

綫嶺黄夫子招魂葬祭説

招魂葬者，乃孝子仁人不得已之情，思當兵燹禍刦之秋，或值流離迷失之苦，此人倫之變，禮可以義起，援古證今，酌於情理之間，爲葬法、服法，請以質之高明者，而損益行之。一宜先建家廟，卜豐厚之地，坐北向南，以三楹爲度。中設神主一座，上書「某氏處士姓某公諱某號某暨元配某氏」，神主傍小書「不孝男姓名某奉祀」。木主既成，擇一吉日，設祭於堦下，請禮相四位，行三獻禮以安神。倘或貧子不能建廟，則先行招魂葬，其家廟以俟之將來。至於世俗繪像、做佛事俱不宜用。夫所謂招魂葬者，如漢李燮父固爲梁冀所害，燮匿於人家十餘年，梁冀伏誅，乃還鄉里，追行喪服。後漢鄧晨娶世祖姊，新野公主遇害後晨卒，詔令招公主魂與晨合葬。魏李允祖敏爲河内守，公孫度欲用之，遂去，不知所終，允父追求積年不得，乃設木主以葬之。近則郾邑遭妖賊之禍，光禄署丞梁鴻臚序班戴歿於亂軍中，莫知其處，其子孫咸具衣冠葬焉。至於大江以南，縉紳禮義之家，或遭此變者往往行之。總之禮緣人情而制，情之所安，義之所宜也，義之所宜，禮即在焉，故經事而有其宜，變事而有其權，惟準乎義與人情而已。矧古人已行之於前，今人有行之於後，則招魂之禮可據而行之也，無疑矣。一葬法之儀，先卜塋地，塋地既成，卜一吉日，製棺二具，設於正堂。或用緞或用紬，作男女冥衣二件，領下各定白綾一長條，如神主式，父則書「姓某公行幾諱某號某生時年月某」，母則書「某公元配某氏生時年月某」，此則衣冠而兼神主也。前二日搭蓆棚，備白布、帳幃、神棹一應等物，至期昧爽，於二門外，或請親屬或請禮賓將衣請出，招號者三日，「某人復」云云，即將衣入棺內，孝子披髮跣足、寢苫枕木三日。復用衰斬服制，不必做佛事，或家祭，或受親友吊，或受親友祭，一如常禮行之。殯時則以情之當盡與分之所宜者，一如常禮行之。墳前必勒石碑，題曰「某代處士某公諱某號某暨元配某氏之墓」，傍小書「不孝男姓名某奉祀」。至於服制之禮，三年之喪百世不易，今既權宜行喪葬之事，亦當權宜行服制之儀，不妨以二十七日代二十七月，如是則人情之至，亦天理之宜也。若夫齋戒致誠，思其居處，思其容儀，思其笑語，愾然如見如承者，是又在孝思真誠，當自感而遂通矣。

又曰，古人有終身之喪，凡遇此事，則孝子可以終身崇雅素、守澹穆也。

義田説

灤陽趙御衆

義田之舉，其慨然盛世之思，而仁人孝子之所不容已乎。何也？郭睦親遜之世，尊長慈幼，患難相恤，何籍乎義田？迨至此風既衰，同室有各私其財不止，視族親如路人者，涣極矣！仁人孝子思以萃之，非立祠堂、明譜系、修宗子法，則其勢不能一。然非合族姓冠婚喪祭以及一切鰥寡孤獨、棄疾窮苦之事，有法焉以瞻其不足，則其情必不能通，而其勢亦不能一，雖一亦不可以經久。何也？以其無異呼痿痺不仁之人而教以拜跪罄折之行也。故祠譜明宗，所以教敬也；義田贍族，所以教愛也，聖人因嚴以教敬，因親以教愛。昔范文正公舉義田，其有見於敬愛之旨而善推其事，則仁人孝子所必取法而不廢者也。今有人焉，幸而爲族之貴有爵、富有資矣，乃能水木興思，舍其池臺、聲妓、衣服、輿馬，靡奢自奉之習，出橐置田而公之族，以備恤其冠婚喪祭、鰥寡孤獨、棄疾窮苦之所不足，俾後之繼起而望於族者悉效而增置焉，亦何難之與有？苟無貴且富矣，亦必有行敦分長於族者，因合歲時伏臘之歡，量其資而醵之。如世俗作社，會者或十錢、百錢以至千錢，積而置焉不止，因而田或十畝、百畝至數百畝，置而增焉亦不止。吾知其出於一人與出於衆人，與出於世世相承之人，其易易可立見也。而又推賢舉長，會計司用，惻隱之愛，貫於九宗。當是時也，無德色而安大，同族之人皆聚首而相勉，曰今而後始知一本之親如是之切以篤也，吾族之冠婚喪祭、鰥寡孤獨、棄疾窮困者有給也，拜於祠則一父之子也，覽其譜則一人之身也，守宗法則吾祖遞傳之幹枝相維而不憔悴也，若子若孫共薰漸於尊親仁孝之中，惟恐有穢德而衆棄之也。於是舉族之涣者而悉萃之廟中，相彼葛藟，庇此本根，力行能久，則敦睦親遜之風可以追古。嗟呼，不教敬則悖，不教愛則離，悖與離，逆族之象也。然則義田者，豈非愛敬相怡，起痿痺而覺以痛癢之元氣哉？且夫世守之業未易利也，襲先人産不再傳而蕩然棄諸非義者，所在都有矣。無他，以其得專而無禮自制也。若義田，則族之公田也，族之緩急所視也。公則孰得而專之？視緩急則孰得而私之？此又文正家法，制之以禮，歷世變時，遷而卒未之改也。故曰，仁人孝子所當取法而不廢者也。乃因仰承吾師酌禮首重祠宗之旨，而推廣其説以請益焉。若變而行之，存乎通，其法俱在，神而明之，則存乎其人也云爾。

跋

家禮之行於世者，從來不知幾多家，而文公獨著《文公家禮》，文公所行之禮也。有程子所行者，朱子不敢行。兩大儒行誼謹嚴，晰禮深微，千古而下推程朱，他人莫擬焉，然且不能概同。況人各尊所聞、行所知，其同而異、異而同者，亦天時、人事之不得不然也，何足怪乎？文公亦云，凡禮有本有文，愛敬其本也，儀章其文也，愛敬不可見，因儀章以見其愛敬，故常究觀古今之籍，因其大體之不可變者而少加損益於其間，以爲一家之書，竊自附於孔子從先進之遺意。如本之不務而儀章度數模倣曲盡，失文公之意矣。

康熙辛亥立春日，八十八叟容城孫奇逢敬跋。

家禮酌跋

徽君夫子酌家禮，非自酌也，與天下人共酌之也。非與天下人共酌之，欲天下人之自酌其酌也。唯不自酌，故有膠者，略者，玩者，忽者，靡以侈而踰者，溺以習而偷者。甲曰甲禮，乙非也；乙曰乙禮，甲非也。泥器象文、是非混同，蔑今者無論矣，即好古者亦不能行。嗚呼，何其不酌之甚耶！苟酌之禮，非外鑠也，發乎情，止乎性，適乎道，天命之矣。且夫家禮非四也，四而一也，人道之始終也。萬古此人道，萬古此禮也。古之人有傳之者，傳其文也，文博也；今之人欲酌之者，酌其心也，心約也。博，成法也；約，活法也。以活法之約，約成法之博。天命流行，物與無妄，何膠、何略、何玩、何忽、何靡侈而踰、何溺習而偷？設無害於理，從俗亦通也；有害於俗，執禮亦悖也。雖然，此心不真，昧於人道，輕視一本，割裂中庸，其始不明，其終何行？是以徽君夫子提祠堂、宗法冠家禮首，明乎祠堂、宗法之義，可以自酌矣。思事親不可以不知人，思知人不可以不知天。噫，不知禮無以立也。松友先生既讀《家禮酌》而命之刻，乃附所酌前人之禮於諸禮酌之後，亦曰自酌之矣，復願天下之共酌焉，蓋真知人心風俗之本云。

康熙十年夏六月，灤陽門人趙御衆敬跋。

家禮會通

（清）張汝誠 輯
張天傑 整理

《家禮會通》解題

《家禮會通》四卷，張汝誠纂輯。張汝誠，字序宗，漳州府（今福建漳州）人。其生平無考，唯是書《人品稱呼》「文武品秩」俱明代官制，并引有晚明僞書（「楊慎」《家禮儀節》），且《吊賻禮儀》《誄軸祭文》間稱「皇清」，又不避「玄」「胤」「弘」等諱，則張氏當明末清初人。

美國哈佛燕京圖書館藏有清坊刻本《家禮會通》元、亨、利、貞四卷（T668—1330），乾、坤二册全。其書正文半頁十行二十六字，小字雙行同，白口，單黑魚尾，左右雙邊。框高一五五毫米，寬九九毫米。有句讀，無刻工。鈐「哈佛大學漢和圖書館珍藏印」朱印。間有朱筆圈點。内封作「閩漳張序宗氏輯／家禮會通／集新堂藏板」。首有「雍正甲寅元年恕堂主人」序、目録。正文卷端題「家禮會通卷一」「家禮會通」，後署「閩漳張汝誠序宗氏輯」。

《會通》襲元明實用類書之舊，以丘濬《家禮儀節》爲主幹，采擇《通式翰墨》《萬寶全書》等，并酌「漳俗」改易增廣，形成了包羅閩南地區家鄉儀則、圖式、帖式、文式、稱謂、聯句、典故的大雜燴。材料集成是「會合」，從宜從俗是「變通」，書名正由此而來。但始終從宜也恰如硬幣，一體兩面：正面「自有此編，而諸本皆可廢」，風靡之下，甚或規制着臺海民俗；反面「開冥路，請僧家誦經，或三夕或五夕」「兹焉超度，遠適西天」「請粿帖式粿，敬佛之品物也」在在多有，離《家禮》「不作佛事」的告誡愈行愈遠。

另外，學識不足却亟加改易，《會通》有意無意的訛誤固必難免，兹举一例：

楊氏升庵曰：「亡者三日棺斂，可以成服矣。必待第四日，何也？邱氏曰：『大斂雖畢，人子不忍死其親，故不忍遽成服也。《禮》「生與來日，死與往日」，取此義也。』」（《家禮會通·初喪儀節》）

楊氏復曰：「三日大斂，可以成服矣。必四日而後成服，何也？大斂雖畢，人子不忍死其親，故不忍遽成服也。《禮》『生與來日，死與往日』，取此義也。」（「楊慎」《家禮儀節》卷四）

楊復一段出自元刻本《纂圖集注文公家禮》，確係其人文字且無誤，晚明書賈托名「楊慎」的《家禮儀節》引之亦無誤，唯待《家禮會通》轉引則添削如此，致面目全非。研究者使用此書時宜加意焉。

此次校點整理，以此清刻本爲底本。限於學識，定有疏漏，望廣大讀者批評指正。

目録

家禮會通卷下

序

夫婚姻之禮廢，則夫婦之道苦而淫辟者多；喪祭之禮廢，則骨肉之恩薄而忘先者衆。蓋禮者天之經也，地之義也，所以經綸倫紀，人之不可斯須離而去之者也。自放浪形骸者謂禮豈爲我設，遂至家人嗃嗃，婦子嘻嘻，君子讀《相鼠》之章，不覺喟然嘆矣。先正張君序宗大懼世俗流靡，無所底麗，乃輯《家禮會通》一編，大自冠婚喪祭，小自贈遺稱呼，無不詳載，而考核明備，文質得宜，觀其《會通》，自可行夫典禮，其有裨於世俗也甚大。大抵從前坊刻家禮，不失于繁，則失于簡，其間所登婚啓祭文，不惟樸鄙實甚，亦且數見不鮮，自有此編而諸本皆可廢矣。

雍正甲寅元年，恕堂主人書。

家禮會通卷上

〔元卷〕

習禮條規

總論

夫禮者，所以定尊卑，别親疏，上事天，下事地，敬先祖而隆君師，此禮之本也。凡禮始乎略，成乎文，終乎悦。仁義道德，非禮不備；教誨風俗，非禮不成；父子兄弟，非禮不親；朋友親戚，非禮不謹，婚姻冠會，非禮不嚴；祭祀鬼神，非禮不莊。惟禽獸無禮，故成群聚麀，於是聖人作而禮教立，使人以有禮知自别于禽獸。蓋有禮則安，無禮則危。富貴而知禮，則性不驕不淫；貧賤而知禮，則志不惰不懾。凡刑人之子，禮不可與交，以妨其污；寡婦之兒，禮弗與爲友，以避其嫌。孔子曰「非禮勿視，非禮勿聽，非禮勿言，非禮勿動」是也。宗族有禮而長幼辨，閨門有禮而三族和。如父母有疾，禮載行不翔，言不苟，衣不解帶，目不交睫，萬一不諱，尊禮守制。未葬讀喪禮，既葬讀祭禮。若禮失而求諸野，不可須臾離也，故君子以仁存心，以禮存心，仁者愛人，有禮者敬人，非禮非義，且人惡之。是若鸚鵡能言，不離飛鳥；猩猩能言，不離走獸；人惟有禮，然後可免相鼠之譏爾。

君臣何謂也？君者群也，群下所歸心也。臣者堅也，貞節自堅固也。父子何謂也？父者矩也，以法度教子也。子者孳也，孳孳不已也。夫婦何謂也？夫者扶也，以道扶世也。婦者服也，以禮屈服于人也。兄弟何謂也？兄者況也，況父法也；弟者悌也，心順行篤也。朋友何謂也？朋者黨也，同門爲朋；友者有也，同志爲友，言共憂患而相救。

凡爲家長，必謹慎禮法，然後以御子弟及家衆，分之以職，授之以事，而責其成功。若財用飲食，當量入以爲出，婚姻喪葬，宜稱家之有無，裁冗省費，禁止奢華，稍存餘財以備不虞。

父母者，子之天地也，子若欺瞞父母，即是欺瞞天地；褻慢父母，即是褻慢天地，如有違犯，此莫大之罪也。

凡父母有過，下氣怡色，柔聲以諫，諫若不聽，俟其喜悦則復諫，是所謂起敬起孝也。

凡子事父母，樂其心不違其志，喜其耳目，安其寢處。若内不溺於妻妾者，事親必孝；外不欺于朋友者，事君必忠。

凡子事父母，所愛敬者亦當愛敬之，至於犬馬亦然，而況於人乎？

凡子受父母之命，必藉記而佩之，時省而速行之，事畢則反命焉。

凡爲子爲婦者，無得私蓄財，物若有所入，盡歸之父母、舅姑，當用則請而用之，不敢私假，亦不敢私與於人。

五臟不和，必生疾病之症，兄弟不和，乃是破家之兆。法昭禪師偈音曰：「同氣連枝合自榮，些須言語莫相嗔。一回相見一回老，能得幾時爲弟兄。」凡宗族雖有親疏，論其源流，皆是骨肉，譬如大木，枝葉分生，本同一根，氣脉未遠，自應親於稠人。

《中庸》曰：「君子之道，造端乎夫婦。」夫婦也者，父子兄弟所由而生也。古人嚴謹若朝廷，相敬如賓客，是以家道興而子孫賢。若婦人長舌厲階，搬鬥是非，爲家之害多矣。爲丈夫者須識大義，勿聽衽席之言，則夫綱必正而婦道自彰矣。女子已嫁曰婦，言女持帚灑掃也。婦者乃老母之稱。

家道不和，生自婦人。凡兄弟無不義者，因娶婦入門，偏愛私藏，爭長競短，以至悖戾，分門割户，公姑不敬，妯娌如仇者，皆婦人之罪也。

凡婦人不得習爲華麗，耽於鞠蘖，惟能端莊静一，寡言慎行，務在治内，不預閫外之事，此婦人之大義也。端莊主貌言，静一主心言。

凡婦人之於母家，二親存則有歸寧，二親没則無思歸，倘有慶吊之事，乃不得已而行。若有女子，十歲以上，不許隨母到外家作客，其餘雖至親之家，亦不可往，如有違者，重罰其母。

《易》曰：男正位乎外，女正位乎内，男女正位，天下之大義也。今内外筵會，同席共飲，甚者群爲戲謔，大非倫理，有玷風化。又有翁伯之尊者，于媳婦之手交接小兒，殊乖禮體，故曰男女授受不親，禮也。

《語》云：男子十六而精通，女子十四而血化，是則可以生民矣。然男子二十曰冠，有爲父之端，女子十五許嫁，有適人之道。至昏親迎，男先於女，剛柔之義也，陰陽相配，是爲夫婦矣。今世俗婚娶太早，未知夫婦之道，是以教化不明而多乖。太公曰：初迎新婦，不行嚴訓，是爲騃癡。

《顏氏家訓》：「教婦新來，教子嬰孩。」凡子孫始生，能食教以右手，能言教以自名，能行教以唱喏，能知教以禮儀，稍有不識尊卑，則嚴呵禁之。六歲訓蒙誦詩，謂之孺子。八歲教之以灑掃應對，凡出入飲食，必後於長者。九歲誦《春秋》諸史，始爲之講解，使曉義理。十歲居宿於外，讀《詩》、《禮》諸經，使知仁讓之風。自是及長，則可以爲成人矣。

凡爲幼童者，清晨在家禮先祖，對父兄一揖而退。至館禮先賢，對先生一揖就位。父師之側自呼其名，尊長之前無稱爾我，見尊客自稱晚生，見朋友自稱小弟：此定格也。切不可言人之短，及發人隱微忌諱之事，非但取禍，亦傷陰德。侍客宴會，果取其小，殽取其輕；學執壺，慎盞箸；在席照管，勿令污膩，行路看顧，勿令玷泥：此勤謹修身，可成令名也。若冠帽不正，紐帶不全，蓬頭赤身，曳履揚塵，使長者見之，放肆殊甚，自家不檢，甘爲下賤之役，其餘無足觀矣。

凡子孫，當以懶惰爲戒，勤謹爲本。二者勢不並行。尚勤謹，家必富，身必安；習懶惰，家必傾，身必辱：此必然之理。若習學非義，賭博竊盜，暴戾鄉里，不孝不弟，不慈不睦，雞鳴而起，非所以爲勤也。

凡子孫已冠者，有事必咨禀於家長，出必告，反必面，毋得自專而行。及至富貴，亦不敢加于宗族鄉里。

凡子孫惹事有過，外人知而竊笑，其毋反庇而諱之。至于父祖，亦不自知，反以子孫爲賢而以人言爲僞，釀成彌天之罪，不得禁止，以致弑父與君，無所不至，皆失教訓之罪也。若能自少律之以嚴，繩之以法，則長無不肖之悔矣。

凡子孫年十五以上，出就外師，勿比匪人。事師如事父，若朋友年長者，以兄事之；年少學業賢於己者，尊而敬之：不得倨肆傲慢。

拜跪之禮，古人席地而坐，有問于人，起膝及地謂之跪，頓首答謝謂之拜。凡吉事皆頓首。謂雍容下手，俯首于地即起也。凡拜有四，就位，鞠躬。拜，興，拜，興，拜，興，拜，興，一揖，停身。雅拜者，一云褒拜。答拜也。長者答拜，只下一膝即起。若凶禮則行稽顙。輕服者用稽首，謂額叩地，稽留乃起。肅拜者，婦人之禮。謂直身肅容而微下手，今用襝衽拜。

拜揖之禮，慶賀應答，俱行頓首拜。燕見作兩揖，燕見，有事相謀相求之類，平等之人排八字開作揖。客先一揖，主人答一揖，主人謝一揖，客回一揖。謂之主賓往復。若賓客衆多，當擇尊者近主爲貴，不可推在廳上。照顧不及，恐有傲慢。卑幼燕見尊長，當正身朝上，若欹身歪立、并執扇在手而拜揖者，大爲不敬。只行一揖，謂無復禮故也。長者立左立右，隨其意思可也。

凡尊長與卑幼書札，不書名字，不稱拜。又女婿與岳父書，外甥與母舅書，皆叙其姓，不稱名號。平交書啓兩幅寫八行，取八拜之義。

凡紅帖套及批皮，俱是吉封，若訃音與奠儀，俱是凶封。粘縫逆轉謂之凶封。但古時止是投刺，音次，内下無一畫封刻也。姓名于主人門上竹板中，知有客人來拜。後用白花箋，今俗用紅帖。拜帖名在首幅，禮帖、啓帖名在下幅。

途遇前輩長者，當鞠躬俟其過身。若平等，各一拱。

父之齒當隨行，兄之齒乃雁行。徐行後長者謂之悌，疾行先長者謂之不悌。出門如見大賓，入室如有人。見父之執，父之朋友曰執，出《曲禮》。不謂之進不敢進，不謂之退不敢退。

侍坐于先生，有問則對，請業則起，遇途趨而拱立。

凡迎送賓客者，主人在東降階揖接，客從西階先登，至堂，主人推客過東行禮。送至門外，三揖而别。貴人則請篇拜上。行路乃是客右主左。

凡待賓客茶者，客坐位上，僕者獻茶三巡。主人先一揖，謂之敬茶，飲完客先一揖，謂之謝茶。各有答揖。今俗朦混，總行一揖而已。有客在坐，不可叱狗。

凡出外旋歸者，入門即謁祖先，并揖父母，尊長卑幼者亦來問候，各行一揖之禮。

《周禮・地官》：媒氏掌萬民之判。凡男不專娶，必告父母，女不專嫁，必由父母之命。《詩》云：「娶妻如之何？匪媒不得。」以此教民，可無自獻其身。媒氏詭詐謊人，勝過盜賊殺掠。然男女有别，父子有親，而後禮義立、萬民安矣。

凡男女，非媒不相知名，非聘不相爲禮。娶妻不議同姓，娶妾不知其姓則卜之。名爲側室，以婢通房謂之偏房。古人作衣連一匹，今以匹爲偶也。

凡爲房室，必别内外。男女不共浴室，不共厠池。男治外事，女治内事，男子無故不處内室，女子無故不窺中門。男子夜行以火，婦女晝行必蔽其面可也。行路之際，男人由左，女人由右。

凡嫁女必勝吾家者，勝吾家，則女之事人必敬必戒。娶婦不若吾家者，不若吾家，則婦之事公姑必執婦道。男大不婚，如劣馬無韁；女長不嫁，若私鹽犯首。今人謹于擇婿而忽于擇婦，其實婿易見而婦難知，所繫甚重矣。

凡人家嫁女，當隨人量力，不可勉强。若財産寛餘，不可薄其妝資。世有生男不得力，而依托女家者。語云「生男勿喜，生女勿悲，君今看女作門楣」是也。若家道尋常，欲望高賠費，致破自家，所宜深思之。

《白虎通》云：西漢丁鴻與諸儒校五經于白虎之稱。「嫁者家也，女嫁人以爲家。娶者取也，男取女以爲室。故設嫁娶之禮，所以重人倫繼後嗣也。」蓋父者子之天也，夫者妻之天也。聘則爲妻，買則爲妾。妾之爲言接也，難得接見于君子，猶如小星不敢當夕以御也。妾事女君與舅姑同。

凡女子歸寧之禮，初到時居在客位，然後降階，問安父母，纔行子女職。燕俗以五月初旬，盡令女子歸寧，謂之女兒節。漳俗創姊妹十年外不許作客，若來作客，有不利于外家，然又有作竅之法，則不見忌也。

庠生謁有司之禮，廷參頭尾喏，中央跪。完，降階，向西打三躬。由東脚門出。

凡士女贄禮，士大執玉帛，小執禽鳥，女贄不過榛栗棗脩。脩肉脯也。

凡獻遺之禮，獻長者，先白後進，一辭則止。遺敵者，辭再三則止。遺少者。則云長者賜，少者不敢辭。

請宴之禮，請正賓必有介賓，席面大，儀簽寫「宴敬」。正席安左，陪席安右，品殽各隨鄉例。楚共王宴晉使郤至，置乾殽不食，以示恭儉。今豎桌也。更折俎相與共食，以示慈惠，今小碟也。賓從西階而趨，主降東階以迎，推長作揖。待茶畢，主人起位，取盞灌地，把盞安位。賓客酢醴，坐位伺酒。出湯。至席終，換小碟，行觴政。一應宴禮如請婿儀。 耑客無少長，但由主人而推，陪客雖貴，不得僭居。席完，正賓起身，陪客隨之。作揖而別。 領酒者切勿太遲，却則宜早辭之，勿令人虚勞也。

律書定禮，凡鄉黨中歲時拜揖，不論士農工商，叙齒行之。若鄉飲叙坐，以高年有德者居於上，以同類者共席，不得貴賤溷淆。

燕禮之終，主人罰爵先飲，爵鳥名，象形爲酌，取其能飛而不溺於酒，以寓儆焉。 洗而後舉於客，謂之杜舉。晉杜蕢揚觶，所舉而始也。 禮設雖屬虚文，爲人不可不習熟。如應對拱揖，燕飲告坐，素不留心，驟時登場，必致手足無措矣。

吉禮考疑

問冠之義者何？曰：冠者帣也，所以帣持頭髮也。人之成禮，有修飾文章，故制冠以飾首，别成人也。又問冠用幞頭公服當否？曰：惟有官者用之，而襴衫專爲生員之服，餘人烏員領、平定巾，今用頂帽。」帔肩。

問既冠而後字者何也？曰：古者生子三月命名，故對人宜稱名，不可稱字以棄父命。既加冠於首，始字之，所以尊其名也。

問士庶親迎，用何服爲宜。曰：古禮用公服，明朝用烏員領，女用襜褕。

問婚娶必奠雁者何？曰：以其春北秋南，得陰陽之和，必用一對者，取其配偶，以吉禮尚彩也。雁非時莫能致，故以鵝代之，以鵝類雁也。

問世人娶妻至家，婿先揖，何也？曰：拱手著胸而已，非躬身唱喏也。當時女妝有帕蔽面，尚未揭起，而婿豈宜遽然先揖乎？按先朝駙馬親迎公主，皆無先揖之禮，況常人乎？

問古者娶婦必三月廟見，何也？曰：三月以前，恐有可去；至三月則爲婦定矣。惟天子納后，先謁太廟，然後行合巹之禮，而士庶人禮獨無之。朱子曰：「親迎不見妻父母者，婦未見舅姑也。入門不見舅姑者，未成婦也。伊川先生定次日見舅姑，三日謁祖廟。」

問婚姻稱爲結髮，何也？曰：古詩云「結髮爲夫婦」，言自少年束髮即爲夫婦，猶李廣結髮軍士之心，拒戰胸奴，言取其齊心協力也。

問探房即爲餪女，何也？曰：宋王景文公納子婦，婦家三日饋食物餪女，後人效之，是有探房也。

問媒者稱爲冰人何也？曰：漢令狐策夢立冰上，與冰下人語，索紞謁之曰：「此爲陽語陰，媒介事也。」會大守田豹求張公徵之女，使策爲媒，蓋三月冰消之時也。蹇修者，神農之臣。專爲媒妁，以通詞義。

問宴會稱筵席何也？曰：古人席地而坐，遇飲食非席即筵，筵，竹席也。後世雖有椅棹之設，仍稱爲筵席。漢文帝受釐有前席，時召賈誼。今宴貴（容）〔客〕，另置前席以敬之。宴者，安也，與燕同。合飲以安其喜也。釐音禧，祭餘福肉也。

問酒之名何？曰：酒者，就也，就人性之善惡也。是酒者天之美禄，能爲人合歡，帝王所以頤養天下，扶老療疾。宴會之禮，非酒不行也。造酒始于儀狄，繼于杜康，好酒曰青州在斉即喻肚臍。從事，恤刑之官。惡酒曰平原在鬲縣，喻胸脯。督郵，酷刑之官。語云：「酒以久爲佳。」禮有旨酒，取其久也。

問薄酒稱魯酒何也？曰：昔魯、趙二國之君，俱貢酒于楚王，魯酒酸薄，趙酒醇厚，楚酒吏怒趙失其常規，因易魯酒爲趙酒，譖于楚王，王怒，起兵伐趙邯鄲。國都。語云：「魯酒薄，邯鄲圍。」

問晬兒音祭。生子一歲曰晬。稱慶志者何？曰：因曹（斌）〔彬〕週歲之日，父母受芸成德節度。以百物致晬盤，使斌捉之，惟取劍印，是有將相之徵。（斌）〔彬〕仕漢歷周，至宋爲樞密使。

問賀壽稱嵩敬者何也？曰：漢武帝南巡嵩山，有神呼皇帝萬歲者再。問之群臣，東方朔對曰：「此嵩山神朝陛下也。」後代臣子見朝遂有山呼之祝。今庶民賀壽亦借用之。華封三祝者，祝堯多福、多壽、多男子，又稱九如者，出《毛詩・天保篇》。壽日謂母難之日，或云劬勞之日。古人多不賀。

人品稱呼

文武品秩

正一品文光禄大夫、左右上柱國，武光禄大夫、總戎大鎮國。從一品仝上。正二品文資政大夫、正治上卿；武金吾大將軍；即總戎。從二品文通奉大夫、正治卿，武定國將軍、即總戎。正三品文通議大夫、資治尹，武昭武將軍。從三品文中大夫、資治少尹，武定遠將軍。正四品文中憲大夫、資治尹，武廣威將軍。從四品文朝議大夫、資治少尹，武信武將軍。正五品文奉政大夫、修政庶尹，武武節將軍。從五品文奉直大夫、正庶尹，武武務將軍。正六品文承德郎，武承信校尉。從六品文儒林郎，武承信校尉。正七品文文林郎，武忠勇校尉。從七品文徵仕郎，武修武校尉。正八品文廸功郎，武保義校尉。從八品文廸功佐郎，武保義副尉。正九品文登仕郎，武無。從九品文佐仕郎，武無。命婦從夫之爵以爲尊卑，亦有七級：一品、二品俱稱夫人，三品淑人，四品恭人，五品宜人，六品安人，七品孺人。

百官名號

宰相、太師、太傅、太保、少師、少傅、少保大柱國、大元宰、大元輔、大燮理。

吏部尚書天官、大宰、大冢宰。　户部尚書地官、大司徒。　禮部尚書春官、大宗伯。　兵部尚書夏官、大司馬。　刑部尚書秋官、大司寇。　工部尚書冬官、大司空。　六部侍郎俱如尚書稱，但不稱大而稱少。　吏部屬天官曹、大夫卿。　户部屬地官曹、大民部。　禮部屬儀曹郎、大春卿。　兵部屬兵曹郎、大兵曹。　刑部屬憲部郎、大中臺。　工部屬起曹郎、大虞部。

都察院大都憲、大中丞。　各御史大柱史、大侍御。　六科道大都諫、大司諫。　府尹大京尹。

大理卿大廷尉。　太常卿大秩宗、大奉常。　通政使大銀臺、大納言。　詹事大宮詹、大端尹。　光禄卿大鼎相、大光禄。　太僕卿大馭駕。　尚寶卿大符卿。　翰林大國史、大太史。　鴻臚卿大典客。苑馬卿大戎馬。　祭酒大司成。　司業少司成。　欽天監大司天。　太醫院大國平。　左右評事大廷正。　博士大國傅。　中書舍人大内史、大内翰。　行人司大天使、大上介。　五府都院經知照檢俱稱大贊善、大贊畫。　總督部院大總制、大制臺。　撫都院大中丞、大開府。　布政使大方伯、大藩侯。參政大參知。　左右參議少參知。　按察使大總憲。　副使道大觀察。　僉事大僉憲。　提學院大文宗、大師相。　布按經歷知事、照磨檢校。　大司經、大藩炤。　藩幕、司校。　憲經炤。　憲幕校。　知

府　大郡侯、大邦伯。　同知　大郡丞、大刺郡。　通判　大郡宰、大別駕。　推官即豸史。　府經知、照校。　大府贊　知州　大州牧、大郡伯。　州同知大二守。　州判大州駕。　吏目　大州幕。　知縣　大神君、即豸史。　縣丞　大長史、大二尹。　主簿大贊邑、大少尹。　典史大仙尉、大邑曹。　教官大外翰、大秉鐸。　巡檢大巡宰。　驛丞大驛宰。　倉官大儲宰。　獄官大折獄、大士官。　醫官大典科。　都吏大京擢。　庫場務官大即擢。　府史大府椽。　僧綱道紀司大總持、大道判。　陰陽學大典術。　提督大元戎。　總兵大元帥、大總戎。　副將即總戎。　參將即副戎。　遊擊大參戎。　都司大都閫。　守備即遊戎。　千總太户侯。　把總大百宰。

三教九流婦人稱呼

舉人大春元、大會狀。　貢監大京元、大殿元。　秀才大三元、大翰苑。　儒士大案元、大養元。

讀書父大儲封、大榮封。　業師大恩師、大鐸教。　尊長大德望、大碩德。　青年大英偉、大俊傑。　隱士大逸叟、大待聘。　地理師大辨方、大堪輿。　醫生大國手、大儒醫。　卜士大詹尹。　星士大星伯、大參元。　相士大冰鑑、大神相。　木匠大工師、大良工。　詩人大騷客。　日家大太史、大天鑑。　畫士大傳神、大化工。　客商大素封、大泉伯。　琴師大韻士。　奕士大國手。　妻父母　老泰山、老泰水。　媒人大冰人、大月老。　外甥大宅相。　和尚大國師。　道士大真人。　命婦大鸞封、大誥封。　尊輩婦人大閨儀、大閫範。　青年婦人大閨秀、大閫彦。

動問應答

稱人父曰令尊，答曰家父。　稱人母曰令堂，答曰家母。

稱人祖曰令祖，答曰家祖、大父。　稱人媽曰令祖母，答曰家祖母。

稱人伯、叔祖曰令伯、叔祖，答曰家伯、叔祖。　稱人伯、叔曰令伯、叔，答曰家伯、叔。

稱人兄弟曰令兄弟，答曰家兄、舍弟。　稱人子曰令郎、嗣，答曰小豚、頑。

稱人女曰令媛、千金，答曰小女。　稱人姪孫曰令姪、孫，答曰舍姪、小孫。

稱人妻曰尊閫、令正，答曰拙荆、渾家。　稱人妾曰如夫人，答曰小妾、側室。

稱人大姆、小嬸曰令姆、令嬸，答曰家姆、嬸。　稱人婦曰令子婦，答曰小子婦。

稱人岳父、母曰令岳翁、母，答曰外父、母。　稱人母舅、妗曰令舅、妗，答曰家母舅、妗。

稱人婿曰令婿，答曰小女婿。　稱人外甥曰貴宅相，答曰舍甥。

稱人妻舅曰令舅，答曰妻兄、内弟。　稱人姊、妹夫曰令姊、妹夫，答曰家姊、妹夫。

稱人親戚曰令親，答曰舍親。　稱人表親曰令表，答曰家表。

稱人師曰令業師，答曰敝曰師。　稱人徒弟曰令高徒，答曰小徒。

稱人朋友曰尊友，答曰敝友。　稱人小厮、女婢曰盛价、婢，答曰小价、丫頭。

稱人宗室曰盛族、貴府，答曰寒家、舍。　稱夫、妻曰良人、賢妻，自謙奴家、鬼人。

稽今人之稱呼行帖外父云愚岳，女婿云愚婿，甚不可解，蓋東岳泰山有丈人峰，故稱外父曰泰岳大人，此乃尊重之稱，爲外父者豈可自僭而稱爲岳丈乎？又泉水出於泰山之麓，屬陰，與丈人峰相配，故稱丈母曰泰水外姑，且婿者，婦人稱夫之名也，若向外父母而稱愚婿，是丈人丈母之夫也。以後行帖丈人循古稱，劣舅、女婿可稱愚女婿。

物類稱（號）〔呼〕

穀食

米白粲。豆麤菽。麥宿麥、首種。粉米屑、玉屑。麪玉塵。餅裹蒸。糕粉蒸、粉餌。粽角黍。包團香。

糍飴金。粿玉飴。餃香飴饊油饊。饅頭饅首、玉柱。

果品

梅子雪華、含酸。杏子文杏、星精。李子玉華。桃子仙桃、蕡寔。櫻桃含桃。枇杷炎果。葡萄馬乳。荸薺鳧茈。蓮子玉蛹。藕白弱、玉臂。楊梅火齊、楊果。西瓜水晶。菱角水栗。芡實雁喙。栗子員栗。梨珍實、雪液。甘蔗密甘。柿朱果。柿餅霜柿。石榴珠寔。橘霜珠、璚精。橙金撜。柑金囊、朱橘。香圓香柑。荔支甘液、丹荔。元香。龍眼魁圓。核桃羌桃。橄欖青果、翠顆。榛榛寔。白果銀杏。瓜子無別名。棗赤心。落花生地豆。梧桐子桐寔。桑葚桑寔。

殽饌

雞窗禽、德禽、翰音。鵝家雁。鴨家鳧。野雞山雞。水鴨水鳧。猪剛鬣。首曰豚元，腿曰禄，豚肉曰豚肩。羊柔毛、少牢。首曰羊元，腿曰羊蹄，肉曰柔肋。牛太牢。肉曰犢背。犬中牢。肉曰羹獻。鹿肉曰肉乾，惟鹿脯。熊掌熊蹯。卵玉彈。腌曰鹹蛋。魚乾腊魚、鮝魚。不乾者曰滷魚。鮮魚海鮮、池鮮、水梭。魚子腌鮇。鯊翅鰭翅。鮓鮮鮓。蟳福蟳。蟹郭索、霜臍。鰕青鰕、白蝦，以色爲名。水姆海蛇、明脯。淡菜殼菜。蟶、蟶腸。蛤文蛤。石蜐紫蛣。江瑶柱海月、馬頰。蜆扁螺。水雞青雞、坐魚。扁魚鰈魚。鯉魚文鯉、赤鱓。鰱魚錦鰱。鰳魚勒魚。鰣魚時魚。鯧魚昌魚。鯽魚鮒魚。鱸魚細鱗。鱖魚鯚魚。鰻魚鰻鱺。鱔魚黄鱓。鮎沙鰮魚。河豚規魚。沙蠶龍腸。目賊墨魚。馬鮫杜交。海參、燕窩、鹿觔、鮑魚、海粉、銀魚俱無別名。

蔬菜

菜園蔬。蓴水葵、錦帶。芹水英。金簪萱花。紫菜紫羹。石衣石蓴。滸苔石髮。鹿角菜猴葵。扁豆籬豆。刀豆劍豆。菜瓜蠻瓜。冬瓜白瓜。茄落蘇。蘿蔔蘆菔。芋蹲鴟。薯甘藷。茭白茭筍。木耳木檽。香菰香茵。笋竹胎。麪炙麪筋。豆豉香豉。花椒川椒。蒝荽香荽。葱菜伯。韭豐本。薤鴻薈。蒜葷菜。

茶酒

茶雷筴，又曰雀舌、龍芽。乳茶酪漿。酒魯酒。麴麴糵。醬甜醬。醋酸漿。油清膏。鹽銀砂。糟酒魄。烟建烟，各從地産名之。

文具武具

册芸編、寶藉。易經羲經。詩經葩經。書經壁經。春秋麟經。禮記禮經。紙麥光，滑砥。筆毛穎管城。中書。墨松烟、松滋。硯端硯、陶泓、文池。字銀鈎。畫名畫、丹青。箋彩箋、薛箋、花箋。水池墨池。手卷千珍、牙藏。圖書印章。香爐博山、寶鴨。花瓶膽缾。扇輕箑、輕搊。扇墜玉曰玉墜，珀曰珀墜。棋手談、坐隱。骰子采具。拂子麈尾、談柄。杖鳩枝。壺哨壺。矢曰壺籌。素珠念珠。曆日鳳曆。劍青萍、純鈎。刀霜刃、霜鍔。弓麟膠。箭僕姑、豹牙。干龙盾。戈彫戈。矛蛇矛。棍梃杖。甲函鎧。胄首鎧、兜鍪。旌吉善。旗靈旗。

冠服

帽元服。袍粗袍。衫短襦、澤衣。襖袷衣。圍領封領。帶絛帶。袴服衣。裙下裳、湘裙。鞋雲履。襪足衣。護膝膝圍。汗巾汗䙆。手帕雲羅。荷包荷囊。香袋香囊。女鞋鳳履。飾褲膝衣。手巾粗帨。脚帛裹蓮。紬色紬。緞雲緞。羅綺羅。紗文綺。絹色絹、纖縞。綿纖纊。布梭布。葛夏絹。

器用

牀寢笫。被寢衾。帳床帷。帳鈎幔鈞。褥茵褥。毛毯花毯。氈條紅氈。杔首薦。席卧席、莞蕈。薦各從本名。卓廣案、文几。椅交椅。箱衣笥。皮曰韋篋，竹曰竹笥。櫃木匭、木椷。厨藏食曰食厨，藏書曰書廚。船彩鷁。小曰扁舟，大曰巨艦。車輕軺、輪輿。篙肩輿、藍輿。面盆盥盆。浴盆澡盆。盒果盒。酒杯鼎爵、羽觴。茶甌茗盌。酒壺茶壺各從本名。箸象箸、相柱。盤香盤。盌磁皿。調羹無別名。燭臺燭奴。燭蠟炬。燈紗燈、珠燈。各從本名。傘雨蓋。械妝匳箱。鏡寶鑑。尺裁尺。

珍寶

金兼金。銀白鏹、朱堤。珠珍珠。玉白玉。水晶水玉。錢青趺。釵金釵、鳳釵。簪金簪。釧臂鐶。耳鐶耳璫。手指指鐶。寶石、瑪瑙、珊瑚、瑇瑁、玻瓈俱無別名。

音樂

琴絲桐，又曰素琴。瑟錦瑟。筝秦筝。簫鳳簫。管象管。笙列管、雲和。笛横笛。拍板擊節，又曰樂句檀板。雲板方響。笳清笳。皷節鼓。鑼銅鑼。鐘鯨音。磬清磬。鐃板銅鈸。琵琶、月琴、三絃、木魚俱無別名。

花木

牡丹鹿韭，又曰天香國色。芍藥將離、艷友。海棠名友、醉春。薔薇刺花，又曰牛棘。酴醿韵友。木蘭杜蘭。瑞香睡香，又曰殊友。木香密香。梔子越桃，又曰檐蔔。桂花木樨，又曰仙友。木筆辛夷，又曰迎春。芙蓉木蓮，又曰拒霜。木槿蕣華。紫薇絳穎。紫荊紫珠。夜合合昏，又曰合歡。鶯栗米囊，又曰麗春。葵花露葵。荷蓮芰荷。又曰芙渠、静朋。蘭花幽蘭，又曰素蘭、芳友。蕙仙蘭。梅花花魁，又曰清友。菊花節華，又曰霜傑、壽客。茉莉奈花、雅友。凌霄紫葳，又曰陵苕。月季勝春。萱花忘憂，又曰宜男。長春金盞。款冬款涷。金鳳鳳仙，又曰菊婢。杜鵑花山榴。雞冠秋寔。佛桑朱槿。蠟梅黄梅，又曰奇友。桃仙木，又曰夭桃。李仙李。郁李薁李。松蒼松，又曰虬松。柏翠柏。杏甜梅，又曰碎錦。楊柳黄楊。芭蕉芭苴，又曰甘焦。玉蘭、仙茶、玫瑰、水仙、玉簪、繡毬、剪春羅俱無别名。

鳥獸

鶴仙禽、胎禽。雁陽鳥、征禽。鴛鴦文禽，又曰匹鳥。鷺絲絲禽，又曰雪客。雉華蟲，又曰疏趾。竹雞山菌。鴿鵓鵲鳥。白鷳白韓，又曰閑客。鴿鵓鴿，又曰飛奴。鷦鷯襪雀。八哥鸜鵒，又曰寒臯。百舌反舌。鶯黄鸝，又曰倉庚。練雀帶鳥。孔雀越鳥，又曰孔鳥。鸚䳇慧鳥，又曰隴客。鷹題肩，又曰征鳥。畫眉、飛翠俱無别名。馬騖累、小駘、馬蠃。驢蹇驢。狗地羊。貓家貓。猴沭猴。

往復帖式

用帖往復，以謙爲主。若來帖稱晚稱姪，我不便受，則將原帖繳還。或將晚字、姪字割起，粘在帖頭回之，或寫晚字、姪字在回帖上亦可。如碍制，賀人吉事用青紙，寫名貼于姓下；今寫從吉二字於姓上，較便。有期功之服，則寫眷某某，碁功。姓名拜。至帖文小字，惟漳俗用之，外省外府皆用教字代，作小字以爲謙焉。

本族

至親無文，惟書信往來，在所必用。本族男子於婦人稱御，以夫字爲往，如夫兄、夫弟、夫伯叔類。

父母用男，與子用父字、母字。　祖父母用孫，與孫用祖父、祖母。　曾祖父母用曾孫，與曾孫用曾祖父、母。　伯叔用愚姪，如孫親伯叔不用帖。回用愚伯、愚叔。　伯叔祖用愚姪孫。回用愚伯祖、愚叔祖。曾伯叔祖用愚曾侄孫。回用愚曾伯祖、愚曾叔祖。　兄弟輩用愚兄弟。　同姓者用愚字、宗字。　同母異父用愚外兄弟，宜用姓。

母族以下用姓，單帖只一拜字，全帖加頓首拜。

外公婆用愚外孫，回用劣外祖、外祖母。　母之祖父母用愚外曾孫，回用劣外曾祖。　母之伯叔用愚外姪孫，回用愚外伯叔祖。　母之伯叔祖愚外曾姪孫，回用愚外曾伯叔祖。　母舅用愚外甥，回用劣母舅。　母之母舅用愚甥孫，回用劣外祖舅。　母之表兄弟用愚表外甥，回用愚表母舅。　母舅之岳父用眷晚生，回用眷侍教生。　舅公之姻家用眷晚生，回用眷侍教生。　母姨夫用襟姪，回用劣姨夫。　母舅姨之子仝用愚表兄弟。　姨丈祖用襟姪孫，回用眷侍教生。　母之姪孫用愚表伯叔，回用愚表姪。

姑姨類

姑丈之父用姻晚生，回用姻侍教生。　姑丈之兄弟用姻眷姪，回用姻侍教弟。　姑丈之姪仝用姻眷小弟。　姨丈之父用姻家眷晚生，回用姻家眷侍教生。　姨丈之兄弟用姻家眷姪，回用姻家眷侍教弟。　姨丈之姪仝用姻家眷小弟。　姑姨之女婿仝用眷小弟。　姑姨之子仝用愚表兄弟。　姑姨之孫用愚表伯叔，回用愚表姪。　姑姨孫之子用愚表伯叔祖，回用愚表姪孫。　姑姨夫之姻家及姊妹夫用姻家眷晚生，回用姻家眷侍教弟。

妻族

妻之父母用愚婿或愚甥，回用劣外父母、劣外舅。　妻之祖父母用愚孫婿，回用愚內祖、內祖母。　妻之伯叔用愚姪婿，回用眷侍教弟。　妻之伯叔祖愚姪孫婿，回用眷侍生，亦用愚內伯叔祖。　妻之兄弟仝用眷小弟亦用愚內弟。　妻之姪用劣姑夫，回用愚內姪。　妻之姪孫用劣祖姑夫，回用愚內姪孫。　妻之外祖愚外孫婿，回用愚外祖。　妻之母舅用愚甥婿，回用眷侍教弟。　妻之舅公愚甥孫婿，回用眷侍教生。　妻之姑丈用愚內姪婿，回用愚內姑夫。　妻之姨丈用襟姪婿，回用眷侍教弟。　妻之姑丈公用愚內姪孫婿，回用眷侍教生。　妻之姨丈公用襟姪孫婿，回用眷侍教生。　妻之表母舅用愚表甥婿，回用眷侍教弟。　妻之表伯叔用愚表姪婿，回用眷侍教弟或愚表內伯叔。　妻之表兄弟仝用眷小弟。　妻之兄弟妻兄弟仝用姻家眷小弟。　妻兄弟之岳父用姻家眷姪，回用姻家眷侍教弟。　妻之姊妹夫仝用襟小弟。　妻姊妹之子用劣姨夫，回用襟姪。　妻姊妹之孫用劣祖姨夫，回用襟姪孫。　妻姊妹夫之父用姻家眷姪，回用姻家眷侍教弟。　妻姊妹夫之祖用姻家眷晚生，回姻家眷侍教生。　妻姊妹夫之姪用姻家眷教弟，回用姻家眷姪。　妻之姊妹夫兄弟仝用眷小弟或加姻家。　妻姊妹夫之伯叔用姻家眷〔姪〕，回姻家眷教弟。　妻之嫡母用愚婿，回用劣外母。　妻之庶母用愚嫡婿，回用劣外庶母。　妻之生母用愚君婿，回用劣外庶母。

姻戚

姻家仝用姻愚弟。　姻家之父用姻晚生，回姻侍教弟。　姻家之祖用姻再晚生，回用姻侍教弟。　對頭公祖仝用姻愚弟。　姻家之兄弟仝用姻眷弟。　姻家之伯叔用姻眷侄，回用姻眷侍教弟。　姻家之伯叔祖用姻眷晚生，回用姻眷侍教生。　姻家之子用姻侍教弟，回用姻侄。　姻家之侄用姻眷侍教弟，回用姻眷侄。　姻家之孫用姻侍教生，回用姻晚生。　公祖與伯叔祖仝用姻眷弟。　伯叔祖與伯叔祖仝用姻眷弟。　公祖與大伯舅　用姻侍教生，回用姻晚生。　大伯小叔與大小舅仝用姻眷弟。　姻家之姊妹夫仝用姻家眷弟。　姻家之外甥用姻家眷侍教弟，回用姻家眷侄。　姻家之女婿用姻家眷侍教弟，回用姻家眷侄。　姻家之姻家仝用姻家眷弟。　姻家之妻表兄弟仝用姻家眷小弟　姻家之母舅用姻家眷侄，回用姻家眷侍教弟。　姻家之姑姨夫用姻家眷侄，回用姻家眷侍教弟。　姻家之岳父用姻家眷侄，回用姻家眷侍教弟。　姻家之祖母舅用姻家眷晚生，回用姻家眷侍教生。　姊妹夫之兄弟仝用姻眷弟。　姊妹夫之侄用姻眷教弟，回用姻眷侄。　姊妹夫之表兄弟仝用姻家眷弟。　姊妹夫之母舅用姻家眷侄，回用姻家眷教弟。　姊妹夫之姑姨夫用姻家眷侄，回用姻家眷教弟。

世誼

受業師用門生，回用友弟或同學弟。　師之父用門生孫，回用侍生。　師之兄弟用世侄，回用侍教弟。　師之伯叔用世侄孫，回用眷侍教生。　師之子仝用世愚弟。　師之業師門下生，或門生孫，回用友生。　門人之父仝用通家眷弟。　門人之兄弟用通家眷教弟，回用通家眷侄。　同窗仝用同學弟。　同社仝用杜愚弟。　同師仝用同門弟。　同會仝用會愚弟或世愚弟。　同窗社之父母用社侄，回用社教弟。　同窗社之伯叔用眷社侄，回用眷社教弟。　同會之父母用會侄或世侄，回用會教弟或世教弟。　同年仝用年弟同年，同榜也。若同年歲亦用。　平輩仝用通家眷弟。　同年之父母用年侄，回用年教弟。　同年之伯叔用年眷侄，回用年眷教弟。　父輩用通家眷侄，回用通家眷教弟。　同鄉官用年家社晚弟，眷晚生。　縉紳與先輩之無前程者用晚一眷生。

婦人帖式

婦人全帖用襝衽拜，或肅容拜；單帖用一拜字。

父黨出嫁與本宗用某門氏，不用姓，與尊長用名。

祖母用愚孫女某門名，回用愚祖母某氏。　曾祖母用愚曾孫女某門名，回用愚曾祖母某氏。　姆嬸用愚侄女某門名，回用愚伯姆、愚叔嬸某氏。　伯叔祖母用愚侄孫女某門名，回用愚祖母、祖嬸某氏。　姊妹姊用某門劣姊氏，妹用某門愚妹氏。　兄弟之妻用愚姑某門氏，回用愚嫂、愚弟婦某氏。　姪女用劣母姑某門氏，回用愚侄女某門名。　姪婦用愚母姑某門氏，回用愚侄婦某氏。　姪女孫用劣祖如某門氏，回用愚。姪孫婦用劣祖姑某門氏，回用愚侄孫婦某氏。

母黨俱用某門某氏。

外祖母用愚外孫女，回用愚外祖母。　外曾祖母用愚外曾孫女，回用愚外曾祖母。　母妗用愚甥女，回用劣母妗。　母之母妗用愚甥孫女，回用愚祖母妗。　母姨用襟侄女，回用劣母姨。　母之母姨用襟孫女，回用愚祖母姨。　母之姑用愚内姪孫女，回用愚外祖姑。　母之姆嬸用愚外姪孫女，回用愚外祖姆、外祖嬸。　母之侄女長用愚表姊，少用愚表妹。　母之姪婦用夫表姊、夫表妹，回用愚表嫂、愚表弟婦。

夫黨本族不用某門，只用某氏。

夫之母用愚媳婦，回用劣姑。　夫之祖母用愚孫婦，回用劣祖姑。　夫之兄弟妻長用劣妯，少用愚娌。　夫之姆嬸用愚姪婦，回用愚姆、愚嬸。　夫之伯叔祖母愚姪孫婦，回用愚祖姆、祖嬸。

夫黨外戚用某門某氏。

夫之母姨用襟姪婦，回用劣母姨。　夫之姨婆用襟姪孫婦，回用劣姨祖。　夫之母妗用愚甥婦，回用劣母妗。　夫之妗婆用愚甥孫婦，回用劣妗祖。　夫之表姊妹用愚表嫂、愚表弟婦，回用愚表姑。　夫之表兄弟妻長用劣表妯，少用愚表娌。　夫之表姆嬸用愚表姪婦，回用劣表姨、劣表嬸。　夫之表姑用愚表姪婦，回用劣表母姑。　夫之表姑婆用愚表姪孫婦，回用劣表祖姑。　夫之表母妗用愚表甥婦，回用劣表母妗。　夫之表妗婆用愚表甥孫婦，回用劣表妗祖。　夫之表母姨用愚表襟姪婦，回用劣表母姨。　夫之表姨婆用愚表襟姪孫婦，回用劣表姨祖。

姻表世誼用某門某氏。

姻母仝用姻室。　姻母之妯娌仝用姻眷室。　姻母之子婦用姻室，回用姻姪婦。　姻母之侄婦用姻眷室，回用姻眷姪婦。　姻母之母姻眷姪婦，回姻眷室。　表姊妹用表愚姊表妹。　表兄弟妻〔用〕愚表姑，回愚表嫂、表弟婦。　表侄女愚表母姑，回用愚表姪女。　表姆嬸用愚表姪女，回用愚表姆、表嬸。　夫之師母用門生婦，回用友室。　師母之子婦仝用世弟婦　同會窗之母用世姪婦，回用眷會室。　同榜之母用年姪婦，回年友室。　同會窗之妻仝用同學弟婦。　相與眷屬彼此通用眷室。

請召賀送帖式

日辰陳設套語凡請官員不寫定期，留一空日俟其自定者，恐他不暇故也，亦所以尊之也。

即辰爲某事。薄蔬　即午某事。潔觴　即晚某事。庀觴　翌晨敬潔杯茗翌午敬陳杯茗　翌晚某事。治茗　詰朝　治茗　寅詹某日某事具酌　謹涓某日某事音觴

奉屈過邀套語

奉扳台從，肅聽德誨。　敬迓高軒，祗領鴻誨。　敢屈玉趾，肅親雅教。　敦迎文輿，屈玉一顧。　奉迎台旌，祗聆大教。　恭迎大駕，祗聆教益。　婦人奉扳蓮輿，肅聆閫範。婦人僭扳蓮步，快覩令儀。婦人敢邀鸞驂，祗聆閨誨。　伸謝敬迓台駕，少伸謝悃。　伸謝恭迎高駕，聊酬雅誼。　賽願奉扳台從，共贊神庥。　建醮開宣寶藏，奉迓台駕。　業師寅具西席，大開絳帳。　朋友奉迓文旌，祗聆教益。　儀道敢邀錫駕、鶴馭少叙妙倡、玄妙。　結社掃榻洗爵，敬締蘭會。　慶壽敬陳壽觴，少申嵩祝。　壽請敬治菽觴，預祝祖、嚴壽。　生子敬陳湯餅，試聽英聲。　生孫幸獲孫枝，惟祈惠肯。　餞行奉扳台駕，聊壯行色。　拂塵奉邀台駕，少清車塵。　舟客奉迓慈舫，肅聆澣教。　元旦敬潔椒觴，肅慶新禧。　元宵敬潔杯茗，少賞燈月。　新春治

茗迎駕，少叙春色。清明敬庀蘭黍，少慶祥光。端午敬陳蒲觴，扳駕吊古。七夕敬陳鵲杯，祗聆鴻誨。中秋薄治桂觴，少玩秋月。重陽敬潔萸觴，邀駕登高。冬至敬滌葭觴，少談陽光。

伏冀榮幸套語凡請文官不可寫無任，試官不可寫不勝，慎之。

伏惟寵臨，曷勝榮幸之至。仰冀惠顧，無任欣躍之至。伏祈蚤臨，曷勝雀躍。仰冀光降，勿却幸甚。伏惟欣然，無任翹仰。希惟辱顧，不勝喜躍。仰祈辰臨，勿外是幸。

禮儀往復套語

謹具輶儀　菲儀　蔬儀　敬領厚貺　成儀　隆儀

賀送帖式上幅具禮物，下幅宜黏簽寫此敬意，下邊用姓名頓首拜。

送年納新之敬　元旦履端之敬　元宵燈節之敬　端午蒲節之敬　七夕巧節之敬　中秋桂節之敬　重陽萸節之敬　冬至亞歲之敬　進學採芹之敬　時物獻新之敬　新屋輪奐之敬　移居喬遷之敬　客歸洗塵之敬　祝壽嵩祝之敬九如之敬　送行曰贐敬　拜見曰贄敬　請貴客曰宴敬　新婚燕爾之敬花燭之敬　送遊客食物曰程敬　三朝湯餅之敬　滿月彌月之敬　（西週）〔四月〕潔月之敬　週歲晬盤之敬或慶志之敬

婚啓書帖手本字義

膝下子於父母，承歡膝下。　函丈席隔一丈，弟奉師長。　百拜　上禀　上啓　奉書　尊前　尊炤卑幼與尊長用。　字付某人　信示　書寄　書達尊長與卑幼用。　端肅端莊肅敬。　薰沐三薰三沐致敬。　頓首拜啓以上姻門用。　鈞座宰相秉鈞。　台座位至三台。　侍史省中官徙。　台下　閣下王從易兄弟居鳳閣諸者，在閣之下。　臺下以上尊卑採用。　侍右侍長者右。　尊執父之執友。　執事展喜犒齊師，謙稱執事之臣。　門下　足下　文几　青炤青服一眄。　拜手拜而首至於手。　九頓以上平交用。　再拜催請。　妝次婦人用。　麾下指麾之下，武職通用。　叩首叩　謹禀迎　謹禀謁以上賤與貴用。　蓮座稱僧家。　法座稱道家。　稽首道家用。　和南今掌也，僧家用。　稽顙凶拜。首先叩地，兩手方入。　頓首吉拜。手先員，首乃略頓。

冠笄儀禮

男子冠禮冠者貫也，所以束髮，巾者謹也，言謹持四教也。　年十五至二十皆可冠巾，古人有期功之柩未葬者，亦不冠巾。

前期三日，主人宗子父兄率將冠者告於祠堂。　序立，盥洗，啓櫝，上香，參神。　鞠躬四拜興平身，斟酒跪告，云：「某之子某，年已長成，將以某日加冠於首，謹以酒果，用伸虔敬。　謹告。」俯伏興，四拜，平身。閉櫝而退。

請冠賓啓前三日戒賓，成警吉也。

眷某某姓名頓首拜啓：

某翁執事：稱呼隨宜，斟酌行之。

某有子某，或某親之子某。年及成人，將以某月某日加冠於首。求所以教之者，僉曰以德以齒，惟吾翁。宜至日不棄，寵臨惠教，則某之父子感荷無極矣。

賓復啓

眷某某姓名頓首拜復：

某翁閣下：

吾翁不棄，召爲冠賓，深恐不能共事，以病盛禮。然嚴命有加，敢不勉從？至日謹當躬造，治報弗虔，餘需面既，不宣。

宿賓宿進也。前一日致書宿之。

某上

某官執事：某將以來日加冠於子某，吾子既許以惠臨矣，敢宿。某拜上。

某復

某官執事：承命以來日行禮，既蒙見宿，敢不夙興。某拜上。

厥明夙興陳設古人行於廟，今冠於外廳。主人以下序立待賓，介請迎賓，主出大門，主東賓西。揖，平身。主人請入，三揖至階，升階就位。主由東階升，即東席，西向立，賓由西階升，即西席，東向立。拜興，拜興，平身。

行初冠禮　將冠者出房，南面立于席西。賓揖將冠者即席，長子席阼階少北西向，衆子席阼階少西南向。執事者以冠進，冠制遵時。賓降階一級授冠。再加則降二級，三加則降三級。冠者前賓立，冠者跪，賓祝曰：「吉日令旦，始加元服。棄爾幼志，順爾成德。壽考維祺，以介景福。」賓跪加冠於將冠者之首。賓興復位，冠者興，賓揖冠者。適房易服，禮童子服上深衣，大帶納履，今稱深衣服大禮可也。坐南面坐。

行再冠禮　祝辭曰：「吉月令辰，乃申爾服。謹爾威儀，淑慎爾德。眉壽永年，享受遐福。」再加畢，冠者入房服公服，今無公服，以外套爲公服。

行三冠禮儀亦如前。祝辭曰：「以歲之正，以月之令，咸加爾服。兄弟俱在，以成厥德。黄耇無疆，受天之慶。」今俗將親迎時加鼎帽于首，不行三加之禮。

行醮禮酌而無酉曰醮。冠者出房，賓揖冠者受醮席。設西北隅，南向。贊者酌酒，賓受詣席，前，北向，祝辭曰：「旨酒既清，嘉薦令芳。拜受祭之，以定爾祥。承天之休，壽考不忘。」冠者三拜，升席南面受酒，賓不答拜，復位。冠者跪祭酒，傾少許于地上。興，退跪於席末，啐酒，略飲少許。興，降席。以盞授贊者。冠者拜賓，南向二拜，賓東向答禮。冠者略側身拜贊者，西向二拜，贊者東向少退答禮。畢俱各降階，分向而立。

行合字禮生子三月，命名告廟，對人稱名不稱字，及加冠乃字之，以尊其名也。降階，賓降東向，主降西向，冠者降自西階，少東南面。賓祝曰：「禮儀既備，吉月令旦。昭告爾字，爰字孔嘉。髦士攸宜，宜之於嘏。永受保之，字爾曰某某。」即今之字名也。冠者對曰：若無祝辭，不用對辭。「某不敏，敢不夙夜祗奉。」冠者三拜，賓不用答拜，退就客位，禮畢。

主人以冠者見於祠堂　主人就位，四拜平身。執事者酌酒詣香案前焚香，跪三獻酒，讀祝曰：「禮儀三百，莫重於冠、笄。某之子、孫某，今日冠、笄畢，敢用率見，伏惟鑒格，俯垂庇佑，俾之成人，勿墜先志。謹告。」俯伏，興，平身。冠者就位四拜，平身，辭神。主人冠者名四拜焚祝。

禮畢見父兄尊長，拜，各爲之起，待以成人，乃設席宴賓。

冠者見於鄉先生及父之執友　冠者拜，先生執、友皆答拜。如有教言，對曰：「某不敏，敢不夙夜祗奉。」拜謝而退。

今日冠笄禮儀久廢，但於嫁娶前擇日行之。

男冠請客帖式父主之。

某日小兒加冠，奉迓
台駕，祗聆
教誨，伏祈
早臨，不勝榮荷之至。
右　啓。
上
大某某某翁某府尊某臺老先生老交閣下
眷某某姓名頓首拜

女笄請客帖式母主之，各用催帖一張。

某日小女拜鏡，奉迓
蓮輿，祗聆
閨訓，伏祈
早臨，曷勝榮荷之至。
右　啓。
上
大閫範某府尊某某某孺人妝次
眷室某門某氏肅容拜

女子笄禮

女笄簪也，所以固髮。女子年十五，雖未嫁亦笄。以母爲主，擇婦人之知禮者爲賓，不用贊席，如衆子位，止一加笄。儀同冠者。

請笄賓啓式

眷室某門某氏肅容拜啓

某親夫人（粀）〔妝〕次：笄禮久廢，兹有某女，年適可笄，欲舉行之。伏聞吾親閑於禮度，敢屈惠臨以教之，不勝幸甚。

女賓復啓式

眷室某門某氏肅容拜復

某親夫人（粀）〔妝〕次：適蒙不棄，召爲笄賓。自念禮疏，不足以相，然承雅命，敢不勉從。謹此奉復。

是日賓主就位，主婦東，女賓西。賓導將笄者即席跪，梳頭畢。賓盥洗，復位，侍者捧冠笄，賓受之，至笄者前，賓立，笄者跪，賓祝曰。同男子初冠辭。祝畢，賓跪加冠于笄者之首，興，復位。笄者亦興，入房，服上衣出。女笄不用三加。

行醮禮賓揖，笄者就席，侍者酌酒，賓受酒，詣席前，祝辭曰：同男子醮辭。祝畢，笄者二拜，賓不拜。笄者跪受酒，祭酒，啐酒，興，二拜，賓答拜。畢，賓主俱降階，笄者亦降。賓乃字笄者，祝辭曰：「禮儀既備，昭告爾字。女士攸宜，永受保之。字爾曰某某。」笄者二拜，賓不答拜。禮畢。

主人以笄者見于祠堂，序立，與洗，啓櫝，上香跪，三獻酒，讀祝。辭同男冠。祝畢，四拜，笄者亦四拜。主人辭神，二拜畢。笄者拜見父母尊長，禮皆如男子冠儀。此禮荒廢已久，愛禮之士當存其遺意。

今俗于笄之日，春擦莏丸以茭簏安斗，置于中堂，使女坐斗上，向出梳頭鏡桌向入。向出者，取女往外向之義。笄完對鏡，曰：「拜。」撤去鏡桌。父母率告祖先，奠以酒筵，祝以笄文。然後肅拜尊長，禮畢，即宴飲。

昏姻六禮

男昏女姻，古親迎以昏，義取陽往陰來，故旁無女字。又曰婿以昏來，女因之而去。姻與婣同。

婚禮者，婚姻往來之禮也。合二姓之好，嚴百世之防，上以承宗祀，下以繼後世，故君子重之。是六禮者：一問名，二訂盟，三納聘，四納幣，五請期，六親迎，皆父主事，告廟而行，所以重厥事、正婚禮也。

一問名。　男家使媒求女家生庚，女家出生庚，或單紅，或全帖，中央直書，至末字要雙，如遇單字，於生字上添一瑞字。皮上寫生庚兩字，男家俟三日清吉，將男家生庚單寫送與女家。此時婚尚未定，不可兩造並列。俗例盡然，有家則否。議定方可。

問名(杏)〔本〕有謄三代籍貫、男女年歲、排行、(摘)〔嫡〕庶所出及媒妁花號，以往弊端，今人罕用，略之。

男女家主庚式

某姓 坤造某某年某月某某日某時瑞生 某姓 乾造某某年某月某某日某時建生

兩家合譜式帖面寫婚譜二字。

某姓 乾造某某年某月某某日某時建生 某姓 坤造某某年某月某某日某時瑞生

二訂盟訂，定議也。盟，插血以結，明信也。名曰文定，俗云小聘。用全帖二，一具且名，一具禮，生庚用金字釘紅綢上，或安金於帖上。富貴家有綢緞盒擔，金花表裏，女家回帽[illegible]靴韈，或用金銀釧，女家回金簪，加以銀拆釧簪，下當注「充儀」二小字，另有豚肩、肉員、喜酒，隨俗增減。

訂盟帖式帖面寫端肅。

謹具
生庚全幅　金鈿成雙
聘金成封　花綢九端
蔬盒全肩　連招吉果
奉申
訂盟之敬
忝姻弟姓名頓首拜

復盟帖式回如式。

謹具
金簪成樹
鞋韈成雙
奉申
旋吉之敬或寫復盟
忝姻弟姓名頓首拜

男家告祖祝文男家主婚者黎明陳設酒果，以告祠堂。

維年號某年，歲次某某某月某某朔越某日干支，孝元孫某某，敢昭告于高曾祖考妣之神曰：「某之子某，年已長成，未有伉儷，已議聘某府某邑某里某姓之女，今日訂盟，無任欣慰，謹以酒果，用伸虔告謹告。」

女家告祖祝文媒氏奉禮往女家，女家之主昏奉禮陳設，以告祠堂。

維年歲月日同上。　高曾祖考妣之神曰：「某之第幾女，年漸長成，許嫁某即某縣某里姓名之子某，今日訂盟，無任欣慰，謹以酒果，用伸虔告。謹告。」媒氏復命男家主人奉名帖禮物置香案前，告祖不用祝。

三納采俗云大聖上訪召也。《禮書》曰聘用圭采，乃輕財重義，丈人之道也。帖中開聘金、綢匹、糖菓等物，其昏書一對，一寫完，一未寫，并紅全帖二對，俱是男家送去。

納采送日帖式納幣將采字改幣字，不用名御。

謹諏某月某日敬行
納采之禮
耑此
上聞

復柬往復各一拜帖。

忝姻弟姓名頓首拜
敬依
尊命

另具一帖，内寫襯儀成封，襯曰：禮不拘厚薄，來者文之。其禮套簽寫日之儀，或不用帖，只用禮套。納幣、請期，亦有襯儀。

主婚者於是日早陳設常儀於祠堂，祝云：「維歲月日干支，孝元孫某，謹以牲醴，敢昭告于高曾祖考妣之神曰：男室女家，人之大倫。某之子某，年漸長成，聘某人之女，今日納采，不勝感愴，用伸虔告。」其女家則云：「某之女某，年已漸長，許配某人之子某。今日受聘，不勝感愴，用伸虔告。」如親迎，首末一式，男改納采爲親迎，女改受聘爲于歸。

男婚書式用龍箋金圈，內寫「敬啓」二字，首幅三行，下幅五行，取三綱五常之義。若公祖爲姻，有親家在啓內，亦通稱呼其號。

忝姻弟姓名薰沐頓首百拜啓，

大德望、大儲封某翁某府尊姻臺老先生老大人閣下：

伏以春月通用。以上三行寫在首幅。

祥鍾藍璧，天開奕世之符；瑞繞銀缸，候應陽春之吉。光分華屋，喜溢蓬軒。恭惟若用大啓，接高門姓氏云云。尊姻家老先生，詩書世胄，岐嶷天成。器宇清高，群仰九華大隱；丰標爽朗，上希千頃芳踪。葭倚有懷，柏垂溢望。狠以長令媛某官配及幾豚兒某者，將伉咏雪之姿，許儷覓梨之胤。才高柳絮，仁知比鳳、助雞鳴；緣中雀屏，敢曰乘龍跨坦腹。虔伸文定，敬佈筐篚。邀億禩螽斯，訂百年山海。伏冀尊慈，俯賜鑒亮。不宣。

旹龍飛某甲子歲某月穀旦，前或寫慶餘　某載頓首。此一行寫在末幅中央。

女復書式用鳳柬，金圈內寫「肅復」二字，其寫法如前式。士庶通用，不過如此。若鄉宦世族之家、學問深奥者，必須另撰可也。

忝姻弟某姓名端肅頓首拜復，

太某某大儲封、某翁某府尊姻臺老先生老大人執事：

伏以春月通用。　以上三行，亦寫在首幅。

花錦堆雲，繡閣掛牽絲之幔；江山綴畫，王臺開翡翠之幃。光藉龍門，祥乎鳳卜。恭惟尊姻臺老先生，度昭式玉，質協相金。磊落清標，濯濯如方春之柳；豁達宏量，汪汪若千頃之波。乃以第九郎某官爰採第幾女某者，女及笄而男及冠，桃方夭而李方穠。羡令郎渥水神駒，自能乘風鼓浪；而小女緑窗弱植，未堪覓句題詩。何幸蘿施，得叨李御。睹雙璧之璀璨，知百年其永諧。敬拜徽言，用彰嘉禮。統祈尊慈，俯賜鑒亮。不宣。

峕龍飛九五飛龍在天，比聖德而居天位也。某某歲某月穀旦，某載頓首拜揚。

裕　後

男家聘啓式夏月通用。

伏以

並蒂荷花，開放江前三九曲；連枝榴火，選來塔上第一峰。際淑景于朱明，和良緣于兩姓。恭惟尊姻家老大人，閫邦雅望，清世名〔以下底本似有闕〕

〔男〕家聘啓式秋月通用。

伏以

翠影漾銀塘，月皎秋桐而叶瑞，朱霞輝紫岫，天鋪繡幕以施盟。浦羨還珠，葭稱倚玉。恭惟

尊姻家老先生，名垂南金，望傾北斗。左馬才高，詞林梃菁蒼之秀，荀龍價重，學海翻浩淼之瀾。

何幸以長令嫒某官得配長小頑某者，葭依自愧，何當孔雀屏開；蘿附獲諧，快覩芙蓉紓展。謬

叨乘龍之選，慶叶占鳳之祥。爰諏吉辰，用伸納采。伏願雞鳴戒旦，預卜静好之音；熊夢當宵，

先得蕃昌之慶。統冀尊慈，俯賜鑒亮。不宣。

女家復啓式

伏以

碧梧井上，銀牀清玉露之華；丹桂宫中，瑶砌噴金英之瑞。合由人作，美自天開。恭惟尊

姻家老先生，繡虎才高，躬修孝友。外無間于人言，行備徽柔，内維求乎世德。何幸幾令嫒某官

得配幾豚兒某者，人慕季齊，素曉覓椒題句，有慚東坦，未能編柳繙書。誼以年聯，婚由世講。

儀殊慚乎雙璧，諾特重于千金。快覩鳳山之禽，雙飛行將比翼。還看寧海之水，如帶永結同心。

伏冀尊慈，俯賜鑒亮。不宣。首稱呼，未載頓首，俱同前式。

女家復啓式夏月通用。

伏以

日麗頳盤，鴛鴦耀比飛之羽，風澄夏浦，芙蓉開並蒂之花。值纁夏之芳辰，締赤繩于永好。恭維尊姻家老大人，游心博雅，貯材宏深。氣味芬芳，已宜類乎蘭茝；謨猷指畫，亦無難乎錯盤。乃蒙葑採及小女某者，爰得蘿附乎令郎某官，定盟既由夫心輯，受贄實藉以榮多。從兹兩姓盟山，得覽維鶺之來集，百年誓海，永彰老蚌之踵生。統冀尊慈，俯賜鑒念。不宣。

〔底本前似有闕〕雕龍望峻。温良持己，令德與圭璋齊輝；忠信待人，聞望同山斗並重。承以長令郎某官許配長小女某者，四德未嫻，奚堪君子好逑，二姓既聯，自邇鴦偶偕老。蓋合雖由天作，而成實出人謀。敬領隆儀，愧乏瓊報。惟祈宜家宜室，咸誦瓜瓞綿綿，俾熾俾昌，預擬螽斯揖揖。統冀尊慈，俯賜鑒亮。不宣。

男家聘啓式冬月通用。

伏以

愛日弄晴，緑橘將成片錦；輕雲布煖，疏梅傳報小春。爰徵文定，少展菲儀。恭惟尊姻家老大人，珪璋比質，日月爲姿。荆揚之璞常明，指日售長城十五；南溟之鯨欲化，乘時擊巨浪三千。某御李素懷，依葭有愧。荷以幾令媛某官擬配長豚兒某者，愧乏白璧五雙，寧望紅絲一縷。緣由天定，合自人爲。所願雁往鳥來，宛若山盟海誓；鳳鳴鸞和，恍如瑟鼓琴調。統祈尊慈俯賜鑒念。不宣。

女家復啓式冬月通用。

伏以

桃絢小春，映鏡臺而並麗，冰凝上苑，昭玉杵以齊輝。合璧肇于仙蓍，同心敦乎夙誼。恭惟尊姻家老大人，琬琰英姿，鐘鏞大器。藴圭璋之紗質，宜薦大庭；播鼎品之洪音，待宣清廟。某頻勤瞻斗，欣荷施松。何當翩翩，公郎某官；採及冉冉，拙女某者。雖秦晉之緣非偶，實金蘭之誼可孚。尋宿檢于月樓，豈惟諾不渝金，綴新盟于冰言，自是歡同合璧。卜云其吉，終焉允臧。統祈尊慈，俯賜鑒諒。不宣。

男家省文聘啓

伏蒙尊慈，不棄寒鄙。曲從柯言，許以長令媛某官配僕長小頑某者。一書檢月，天聯二姓奇緣；數語傳冰，人諧百年佳耦。龜其叶吉，文以定祥。伏冀尊慈，俯賜鑒亮。不宣。

女家省文復啓首末提頭亦如前式。

伏承尊慈，不鄙庸陋。過聽媒言，許以長令郎某官配僕長小女某者，占鳳有徵，人謀得乎交協，乘龍獲快，天合本于夙成。麟趾呈祥，螽斯衍慶。統祈尊慈，俯賜鑒亮。不宣。

又男家省文聘啓四季通用。

伏蒙尊慈不鄙寒微，曲聽冰言，許以幾令媛某官貺僕幾小頑某者，緣比綸絲，偶（戒）〔成〕合璧，欣矣春光、秋光、薰風、玄風。獻采，宜奠雁以言祥，悠然世好彌敦，爰歌麟而叶吉。伏冀尊慈，俯賜鑒亮。不宣。

又女家省文復啓

伏承尊慈，不鄙庸陋，曲從媒議，許以幾令郎某官配僕幾小女某者。歡成佳偶，兆叶同朋。從兹兩姓瓜綿，趁和風、明風、涼風、英風。而拜牘，自是百年鳳侶，祝麟趾以呈祥。統祈尊慈，俯賜鑒亮。不宣。

聘禮帖式另拜帖

婚書成通
啓書成封
聘金幾封
盒儀成封
壽帕雙幅
謹具

回聘帖式另拜帖

婚書成通
啓書成封
壽帕成幅
文房四寶
儒輯成頂
謹具

色綢幾端
全猪成頭
喜羊全體
糖并幾抬
滿糖滿百
菓糖成盒
蔬盒全肩
喜酒成罈
龍燭雙輝
梹榔偕老
蓮招桔果
奉申
納采之
忝姻弟姓名頓首拜

緞褂成襲
緞靴成雙
錦韈成雙
朱履成雙
梭韈成雙
蓮鞋成雙
膝衣成雙
裏蓮成雙
龍餅滿百
月糖榴桂
嘉種全色
奉申
旋吉之敬
忝姻弟姓名頓首拜

上所具物件共十六條，併謹具奉申，湊十八件，足三面之數，特舉大體以便覽，若有增減，隨俗變換。

貴家聘金、彩綢、絲鞭、婚書、金花、表裏等物，貯于匣，匣命人捧之，媒人、僕從、吹班悉有掛紅。

定聘請客啓帖面寫一啓字

某日小兒行女受聘，奉迓
台駕祇聆
大教，伏祈
早臨，曷勝榮幸之至！
右啓
上
大某某某翁某府尊某臺老先生老大人閣下
眷某某姓名頓首拜

省啓式另用催帖一張用單紅寫某候夙駕

眷某某姓名頓首拜
請某日小兒行聘，治茗恭
恕不莊啓

客若不領，當具帖來辭。辭酒帖亦同此式，但簽邊，寫一「辭」字，上面寫一「謝」字。

謝媒啓式 仲謝通用

涓某某日潔觴，奉迓
台駕少伸
謝悃，伏冀
早臨，不勝榮幸之至！
右啓
上
大三元某翁某府尊某臺老先生老大人閣下
眷某姓名頓首拜

請客單式

涓某某日潔觴，奉迓
台駕，伏祈　眷某某姓名　拜
早臨，曷勝榮幸之至！
涓某某日治茗，恭
請　眷某某姓名　拜

四納幣 幣，帛也，交際用之。莊公如齊納幣，聘禮由此而始也。 納幣之禮，在于請期之前，俗曰大送，大約以充儀爲吉。女家將聘儀折廳面回之。如無聘儀，則不用廳面。今俗或有或無。至于年節之禮，并此合送之。年節女家全領。如係銀折，內寫盒儀成封，簽寫年節之敬。緞匹不一，當隨貧富行之。

男家行幣帖式另拜帖。

謹　具
幣儀成封　花綢幾端
年儀成封　節儀成封
蔬盒全肩　喜羊成牢
奉申
納幣之敬
忝姻弟姓名頓拜

女家受幣帖式亦另一拜帖。

謹　具
廳面全付
鞋韈成雙
奉申
復幣之敬
忝姻弟姓名頓首拜

五請期今人用帖，古人有啓，今罕用，略之。先日致柬預聞。本日具花物并送日以下。禮儀之外，更添一儀，名曰更儀，一併送之。

請期親迎帖式今俗將日家所擇日課同送。

寅詹某月某日某時敬行
親迎之禮
耑此
上聞

不親迎送日式女家當敬依尊。

寅詹某月某日某時恭迎
新人進門大吉
耑此
上(門)〔聞〕

若親人先在婿家，要成親須具二帖達之女家。帖寫「寅詹某月某某日某時，敬命小兒仝令嫒行合卺之禮，耑此上聞」。亦回敬依尊命。

請期禮帖

謹具
吉課成摺　更儀成封
大髻全副　襘襖成領
綉裙全幅　婚員全肩
奉申
請期之敬
忝姻弟姓名頓首拜

女家回式另回手中面布副，不用上帖內。

謹具
朱履成雙
錦韈成雙
奉申
于歸之敬
忝姻弟姓名頓首拜

教茶禮男女二家依俗春粉音砌耖九。男冠女笄，俱載冠禮篇中。今女子將嫁，擇日設鏡于中堂，置茭籭，安斗於上，女子向出坐其上，梳頭戴髻，麗妝盛服。父母率告祖先，行肅拜禮。父母分立左右，女子向上四拜，捧茶打供進獻父母，女跪，父母飲。畢，女興，再四拜。請公婆、伯叔、甥女、姑姨、舅女如前儀，若平輩平列，丙拜之。禮婆上，嚴令男子將娶時加頂帽。

賀娶親帖或用菲儀以代。

謹具
壽燈成對
彩聯成對
百子千孫
瓊花捷報
奉申
燕爾之敬
眷某姓名頓首拜

添妝帖式

謹具
金□成樹
綢緞幾匹
鞋韈成雙
指環荷包
奉申
燦妝之敬
眷某某室姓氏頓首肅容拜

六親迎　是日男子沐浴盛服，父率告祖先，四拜，讀祝。祝文載納采内。父母分左右立，子向上跪，父舉酒杯，向外一揖，三灌於地，執空杯再一揖。翻身向内易杯斟酒，醮子，子揖，接酒在手。子揖，父同揖，子跪。父命曰：「往迎爾相，承我宗祀。勉率以敬，若則有常。」子受酒，答曰：「諾。惟恐不堪，豈敢有違。」飲畢四拜起，父取篩蓋其首，乘輿親迎。

婿至門，女家接燈。梳頭，先繫訶子，即結腰，貯錢銀、羅經、餅糖。後戴髻盛服。父母率告祖先，四拜，讀祝。文載納采。醮酒禮與男子同。父命曰：「勤謹小心，早晚聽舅姑丈夫言語。」母命曰：「必敬必戒，無違夫子。」女跪飲曰：「諾。」興，四拜。父以紫帕蒙其首，取篩蓋之，出紫，姑姆引女登車。

奠雁禮　婿出轎，主人出迎。婿從西階，主從東階。三拱至堂，請婿過東作揖。侍者執雁一對，授婿，婿置於地，刻木代。或以□。俯伏，興，二拜平身。主人不答拜，以婿拜雁也。婿曰：「某受命於父，兹以嘉禮，敬聽成命。」卜人答曰：「某願從命。」婿又行二拜禮。主人答拜。請婿坐席。今俗婿不出轎，置在路旁，送三次點心，其禮非也。待女出廳，婿揖。新人行，女降西階，主人不送。婿出，女從，婿拱手舉簾，遂各登輿。婿先女後，至家，婿出立門外，拱婦出輿，升堂交拜而後歸房。今俗舉簾，新人出。婿出轎前一拱，請新人上轎。新婦至，停轎候吉，擇弟姪舉茶、果盤。揖新人出轎，贈以荷包。父執紅篩蓋子，子接篩轉蓋新人，姑一手提茶瓶，内貯糖芋之類。一手牽婦進房。婿一拱，揭起新人蓋首，夫婦列齊向床，儐相云：「男遵乾道，女順坤儀。諧如琴瑟，夢叶熊羆。」祝畢四拜，就位交杯飲卺。古人共牢而食，合卺而酳。卺，匏也。一匏分爲兩杯，夫婦交杯合飲，酳略飲而已。

親朋畢婚日當具帖回拜。

謹具
彩聯雙柱
蔬盒全肩
奉申
燕爾之敬
眷某某姓名頓首拜

半領帖式

眷某某姓名頓首拜
敬領某物幾色餘珍奉
如全領簽中只寫領謝
全壁簽中則寫壁謝

慶賀單帖式全領、全壁、半領式如前，名銜寫在中。

謹具鮮花茶餅奉申
賀敬
眷某某姓名拜

伸謝單帖式全帖式載在納采中。

涓某某日治茗伸
謝
眷某某姓名拜

餪房禮

三日內女家備禮物餪女，俗云探房。或遣使，或小舅同往。

餪女帖另拜帖，男家當回領謝帖，又拜帖。

謹具 禄員全盒 團員全盒 茶餅滿百 鮮花滿盤 奉申 餪敬 姻愚弟姓名頓首拜

上廳送席面與女家女家回領謝帖。

謹具 席面全副 魯酒成罈 奉申 宴敬 姻愚弟姓名頓首拜

（贅婿）〔**進贅**〕在昔招贅，俱有啓書往復。今省之。

以女招婿曰入贅，俗曰入舍。其食菓、婚員、水米并席婿家辦，來至門，舅請出簥。洞房行合巹之禮，三朝出廳。

進贅送日式

謹詹
進贅于某月某某日清喜
耑此
上聞
忝姻弟姓名頓首拜

贅婿出廳致啓姻家兩家各同。敬依尊命。

翌日潔觴奉迓
令郎登堂伏祈
尊慈俞允得承
寵遇曷勝榮幸
右　啓
大某某某翁尊姻家老先生老大人執事
忝姻弟姓名頓首拜

廟見宴婦

見，顯也，謂娶新婦相助繼祀以顯祖宗也。

正禮娶婦，三月廟見。宋伊川先生更定次日拜翁姑，三朝謁祖。今俗拜翁姑、謁祖廟俱在三朝。

新婦廟見致啓于姻家式

涓某日敬命小兒仝
令愛廟見預聞
台座賜諾叨受
榮幸曷勝欣忭之至
右　啓
上
大某某某翁尊姻臺老先生老大人閣下
姻愚弟姓名頓首拜

請女客陪新人式帖面寫一啓字。

翌日子婦謁見
尊長奉迓
蓮輿指教
曷勝翹企之至
右　啓

具禮物式女家當回敬依尊命帖。

謹具
蔬盒全府從省用豚餅或用充儀
奉申
敬意
姻愚弟姓名頓首拜

單式

翌日兒婦謁
廟拜茶煩　具銜拜
玉指教是幸

上
大閫範尊某某府某老孺人妝次
眷室某門某氏肅容拜

翌日子婦拜茶煩
玉指教　　具銜拜

廟見禮　三日早起，主婚者率兒婦向出拜天地，次向入拜本家神明。賓祝云：「福德香火在堂中，虔禱神祇禄壽隆。來歲即生麟鳳子，管教攀桂步蟾宮。」乃詣祠堂，或在本家，啓櫝上香四拜，祝曰：「婚姻大倫，嗣源所係。某之子某，以某日畢婚，新婦某氏謹以茶禮見，仰冀昭明，俯垂庇祐。謹告。」若是自祝，中改「某以父命迎娶某氏，共承宗祀」云云。侍婢進茶，婦奉茶打恭，婢接茶，進列祖前，俯伏，興，再四拜畢。夫婦到家，請舅姑南向坐，兒婦四拜，跪奉茶。舅姑飲畢，兒婦起再四拜，舅姑起，答之以揖，舅姑以禮儀贈之。拜公婆亦如此。二次尊長，各依序拜茶。奉茶一拱不用。有簪儀。小叔拜兄嫂，並列四拜。兄當換嫂位。各侄拜嬸叔，嬸叔分立左右，姪中立，向上四拜。叔全受，嬸只受二拜。侍婢捧茶請弟侄。新人入房。

宴婦禮　三日治席宴新婦。女賓齊到，姑引婦升堂會親眷，依序拜畢。姑立右旁，婦立堂簾間，姑取盞與婦打拱。婦退邊立，姑執盃向外一踝，灌地三巡，又一踝，轉身向入。換盃斟酒，拱婦西上，婦不敢當，隨姑東上，跪。姑安盞箸拂椅畢，一踝轉身，拱婦興。姑西下，請婦東下，婦隨姑復位。姑右立，婦中立簾間，各再一踝，婦退。姑請衆女賓序次安位，行禮畢。

婦請姑酢禮，不用灌地。婦捧盞帶酒請姑而上，行至主人上位，婦席前跪，侍婢傳盃箸安席上。姑一拱請婦興，婦進拂椅，退向姑一踝，隨姑而下，復位，同作一踝，請各就席。酒數巡，婦令媵婢捧賞封跪呈姑，姑令伺酒婢受之。姑令婢捧賞封置于婦前，婦令婢叩謝於姑。飲畢，女賓同踝齊出。婦向姑一踝，姑請退，婦即入房內。上廳本日，或於次日。新婦須注厨房，問理井臼、蘋蘩諸事，以盡婦道也。

旋車禮

旋，返旆也，人足隨旗旌爲旋也。婿乘非車即馬。

古禮婿廟見畢，執贄自請岳家拜門謝親，謂之旋車。岳父引見禮兒，而復行翁婿之禮。例有帖來請，方去謁會，今俗所謂回禮也。

請旋車啓式當具蔬禽，省用豚餅或，充儀。

涓某某日潔觴奉迓
令郎仝小女旋車祈
尊慈俯賜俞允得承

具啓請婿此啓召無父母方行，今通行，姑存之。

涓某某日潔觴奉迓
大駕仝小女旋車祈

寵臨曷勝榮幸之至
右　啓
大某某某翁尊姻臺老先生老大人閣下
忝姻弟姓名頓首拜
寵臨曷勝榮幸之至
右　啓
大德配即三元大英畏某官賢婿文几
劣舅姓名頓首拜
請客陪婿啓另單紅一張催酒，寫某候夙駕。

翌日小婿旋輿奉迓
台駕屈臨
光陪大冀
早賁曷勝榮荷之至
右　啓
大某某某翁尊某臺老先生老大人閣下
眷某某姓名頓首拜
單帖式亦另寫單帖一張催酒。

翌日女婿旋馬謁見
尊長煩
玉指教　愚某名拜
伏祈早臨不勝榮幸
翌日女婿旋車迎
駕光陪
眷某某姓名拜

旋輿體式婿同新人乘輿，女先男後，隨以蔬盒拾、全生鵝成對，若從省，只用豚蹄、茶餅。及至女家，篙停大門前，小舅捧果盤請出新郎，主人接入。岳父率婿與女先拜神明，後謁祖先，啓櫝，不點茶，拈香四拜，跪告，辭曰：「孝孫某，有女某適婿某，今日特來謁拜，敢告。」禮畢，婿請岳父母四拜，奉贄于岳父母，再四拜，岳父母答揖不答拜。其次獻諸親長，禮儀只四拜，尊長半受半答。請諸舅與内侄各行禮畢，暫入内室寬衣以俟賓客齊集，請婿升堂。

奉贄與岳父母式另拜帖。

> 謹具
> 贄儀成封
> 春篚全肩
> 奉申
> 贄敬
> 愚婿姓名頓首拜

與尊長式另拜帖。

> 謹具
> 鵝儀成封
> 奉申
> 贄敬
> 愚某某姓名頓首拜

岳父母與尊長大舅收贄儀，答以書儀，惟小舅、内侄贈書儀，幼不用帖，如長成具帖，簽中只寫「敬意」二字，不用「贄」字。

岳父母答婿式另拜帖。

謹具
書儀成封
糖糕百斛
茶餅滿百
家雁肆翼
奉申
敬意
劣舅姓名頓首拜

尊長答侄婿式另拜帖。

謹具
書簪儀成封
奉申
敬意
眷某某姓名頓首拜

賓畢至，請婿相會佐揖，執事斟酒，岳父取杯向外一揖，王酹於地，再一揖，轉内向換盃斟酒。岳父居西，婿居東，岳父將手左拱曰請，婿以面向岳父圓轉而行，從西而上。岳父從東而上，至中座，將酒安案上，婿輕揖，安箸，正椅，拂椅，婿俱輕揖，岳父禮畢，與婿同揖。岳父從東下，婿從西下，又用圓轉法，岳父復西位，婿復東位，各一揖，婿退。岳父取酒把，衆賓序次把盞，賓或辭之，則止。

婿酢禮　婿東立，岳父西立，婿取盞帶酒不灌地。婿西行，岳父東行而上。在别席上位，婿安盞箸、拂椅畢，同作一揖，各轉身退。岳父西行，婿東行而下，復位再揖。衆賓酢禮，主人辭之，各揖就席拱手，舉盞進湯三次，俱浮身一拱。婿令介捧賞封與伺茶、伺酒及庖子、吹手，受者叩謝。婿前，岳父賞婿僕從，僕從亦行叩謝。至魚出席完，婿辭客入内，拜辭岳父母。回家以拜父母，夫妻相向作揖，禮畢進房。備禮以勞來使。另日婿往回家，具帖回拜陪飲者。

請姪婦致啓姻母當回敬依尊命帖。

謹詹某日潔觴奉迓 令嬡快覩 閨儀伏祈 　俞允曷勝榮幸之至 　　右　　啓 上 大閫範尊姻母某府某孺人妝次 　　　　姻眷室某門某氏肅容拜

旋車送席面與男家當回媚命帖。

謹具 　帝面全副 　魯酒成鐏 奉申 宴敬 　　姻弟姓名頓首拜

請姻母啓換姻母、姻室便可通用。

某日肅治芹酌恭迎
蓮輿祗聆
閫誨伏祈
光降曷勝翹仰之至
右　啓
上
大懿德尊姻母某府某儒人妝次
姻室某門某氏斂袵

請豎月啓式另具一帖拜親家。

涓某某日設館奉迓
大駕仝小女歸寧伏祈
寵臨曷勝榮幸之至
右　啓
上
大德配即三元大英畏某官賢婿文几
劣舅姓名頓首拜

〔豎月禮〕

豎月之例禮無所載，但不時歸寧。或云豎月者，言暫住數月，或一二十日，或一二個月，隨俗而行。非如旋車，席完便回也，故謂豎月。此說亦是。帖不向親家稱呼是婿，有過門回看故也。請宗族外客陪女婿，其式如回禮，但改旋輿爲館婿，取堯館舜于貳室之義。俗例回時，岳家製糕粿、糖豆、甘蔗，隨篚伴行，不用具帖。

外家伯叔請姪婿啓式

涓某某日潔觴奉迓
大駕敬聆
清誨伏祈
寵臨曷勝榮幸之至
右　　啓
上
大三元某翁賢姪婿老先生老大人侍右
眷侍　弟姓名頓首拜

婿讀書者，則大駕換作文輿及文旌、文旆之類，無讀書者用大駕，簽中用大英傑，如或別親請酒，則稱呼名。御亦當隨人變換，如今日領酒，明日婿家當具帖遣价致謝，若鄉俗從便，不送棹面亦可。

〔亨卷〕

〔婚書體式〕

（一）月令釋義

正月 孟春　端月　元月　太簇　泰卦

錦帳烟籠，繪江山之遲麗，杜詩：「遲日江山麗。」藍田玉種，藹楊柳之依稀。治播始和，正月之吉始和，乃垂治法象魏。緣增舊好。

又

梅腮襯白，適端月以開冰，唐王績詩云：「今朝下堂望，池冰開已久。」柳眉舒青，届條風而始發。春日風和暖，曰條風。緣司月老，庇及雲孫。

二月 仲春　花月　令月　夾鐘　壯卦

蛺蝶留連，花如解語迎人笑；倉庚叠唤，柳若知音着眼開。律轉夾鐘，二月日在營室，辰次降婁。歡騰二氣。陰、陽。

又

綺樹初芽，楚雀求鵬如孔雀；楚雀，鶯名，二月方來；孔雀，文禽，春初生廣、益州。雕梁舊澤，玄衣來旅即烏衣。玄衣，燕名，烏衣，燕子國。適此際屏開，緣當年書繫。竇毅后畫孔雀于屏，唐高祖射中左月，遂妻之。

三月 季春　嘉月　禊月　姑洗　夬卦

花外高樓，歌吹小瀛州之麗；通金門畔小瀛州，歌吹花外有高樓。空中仙戲，鞦韆盛宮闕之觀。唐宮寒食節鞦韆爲戲。晝鴨芳辰，寒食日，俗晝鴨子相遺餉。乘龍佳事。黄憲、李元禮俱娶本尉桓温女，人謂兩女俱乘龍。

又

擲鶯綴金，自是香堤映彩；花蝶留粉，且看翠錦屏開。古競鬭雞，寒食節城市各鬭雞爲戲。今諧卜鳳。陳敬仲卜妻曰：「鳳皇于飛，和鳴鏘鏘。有嬀之後，五世其昌。」

四月孟夏　梅月　麥秋　仲吕　乾卦

静聆禽歌，關關未停雎唤友；細數籜影，棘棘欲長竹生孫。有斐此君，王徽之種竹詩：「何可一日無此君。」得鈎是主。長安張氏見一鳩鳴，乃命曰：「福耶入吾懷。」以手探之，乃金帶鈎。因歌云：「鳩鳴是主福，金鈎兆我昌。」

又

緑綴銀塘，荷翻翠蓋。摇波底碧妝玉渚，蒲漾青霜插水湄。可浸白龍，李德裕爲相，夏以水浸白龍皮而炎氣退。用寄玄鳥。古詞：「我有無限思，書寄玄衣去。」

五月仲夏　蒲月　長至　蕤賓　姤卦

周頌滌暑，周子仲夏賜冰大臣，謂之滌暑。爰託冰而藉玉；託冰藉玉，衛玠妻父樂廣時謂婦翁冰清，女婿玉潤。唐錫含風，唐于仲夏賜大臣葛，名曰含風葛。乃因葛而締瓜。葛瓜即婚眷。獻鯉以時，陳漿茲日。獻酒告廟。

又

露井榴開，玳瑁歌稱傳好句；《石榴歌》：「玳瑁殼（皺）〔皺〕枝嬝娜，馬牙硝（滑）〔骨〕綿封裹。」風簾燕引，金甌相卜得祥音。玄宗重崔琳，以金甌覆相，又張説母夢玉燕投懷，生説爲相。彩線聯婚，金花報喜。

六月季夏　荔月　伏月　林鐘　遯卦

月逾鳴蜩，一庭鳥跡天書怪；《豳風》：「五月鳴蜩。」時方徂暑，《雅詩》：「六月徂暑。」八尺簟紋薤葉寒。誰爲髏龍，王（較）〔轂〕《苦熱行》：「祝融南（行）〔來〕鞭火龍。」阿乃夕鳳。

又

赤帝司辰，浩水森茫炎海接；火官駕日，王三松詩云：「火官駕日炤雲低。」奇雲硉矹火龍騰。槐蔭緑窗，管標紅葉。

七月 孟秋　瓜月　涼月　夷則　否卦

一葉飛來，疑試題溝之句；于祐題紅葉上，逆流御溝而進。九燈燦爛，漫陳告廟之章。快屆鵲橋，欣將雁牘。

又

華燭錦帷，降王母於宫掖；漢武于七月初七日掃除宫掖，内張雲錦，延華燭，西王母降于庭。銀河羽駕，會織女夫星垣。《淮南子》：烏鵲填河成橋渡織女。天上團圓，人間作合。

八月 仲秋　桂月　牡月　南宫　觀卦

太液名池，唐明皇中秋與貴妃臨太液池，虎瀾玩月。映既員之桂魄；月望則桂魄圓。廣庭起舞，翻飛羽之霓裳。秋色平分，柯盟永締。

又

南樓逸興，晉庾亮在武昌，與諸位殷浩等登樓玩月，共相談咏。擬泛槎於仙河；昔有人居海上，每年八月浮槎來，乘之，見婦人織，夫牽牛，問何處，答曰：「可問嚴君平。」君平曰：「某年某月某日，有客星犯斗牛。」月闕隨遊，思舞霓夫廣漢。羅公遠中秋侍玄宗，取杖擲空，化爲長橋，請玄宗同登月宫，見女數百舞奏《霓裳羽衣》之曲。折桂九霄，倚葭千祼。

九月 季秋　菊月　玄月　無射　剥卦

緑蟻醇酒陳情，銀塘露冷香篝暖；青鸞現影，中天師作法與明皇遊月宫，榜曰廣寒清虚之府。少傾見素娥十餘人，皓衣，乘青鸞舞于桂樹下。玉宇風清畫帳開。漫云廐騏，杜廣爲劉景廐卒，景曰：「爲女求婿二十年，始知廐中有驥。」且咏簫鳳。王子晉吹簫引鳳。

又

籬菊綻黄，思騰參軍之帽；孟嘉爲桓温佐，九月九游龍山落帽，孫盛作詩嘲之。醇醪帶白，淵明賞菊，王弘白衣載酒。欲溢彭蠡之杯。淵明爲彭澤令。喜届授衣，歡行舉案。梁鴻、孟光舉案齊眉。

十月孟冬　陽月　小春　應鐘　坤卦

青女霜神。霜傳，松骨倚天枝玉翠；玄冥斗轉，冬神玄冥，斗柄指亥。梅心待月蕊珠香。虹藏節届，石拜心儀。婚譜三生石當拜問。

又

日暖三竿，既老菊金偏耐隱；霜凝萬瓦，如嬰梅玉已知春。三餘納稼，三餘即三冬。《豳詩》十月納禾稼。五世卜昌。

十一月仲冬　葭月　辜月　黄鐘　復卦

緹室飛葭，候氣截竹爲筒，以葭灰節其兩端，氣至則灰飛，冬至可定。肇三陽之初伏；繡宫引線，增一縷以彌長。漢宮人綉工，冬至後日添一線。傳世德之相求，識天心之作合。

又

六管即六律，截竹爲筒，陰陽各六。動灰，燬律還飛鳳閣；數枝綴玉，春聲預達龍門。喜届黄鐘，心懸青簡。

十二月季冬　臘月　蜡月　大吕　臨卦

神眼漏春光，詩筆漫揮青鏤管；梅腮傳臘信，口脂唐制，臘月宣賜口脂西藥及賜群臣。光頌碧牙篇。一日燦雞，臘月有燦雞之享。百年占鳳。

又

雪花驚傳歲晚，種玉藍田；梅蕚喜報春初，調羹金鼎。將頌泰交，交。爰期德合。景麗青陽，淑氣焕穠桃之色。烟騰藍蒲，昌符偕玄鳥之祥。風暖丹椒，淑氣叶同朋之兆。日融翠柏，春光敦小世之祥。正月

調叶鸞音，藍玉開三陽之泰。筮占鳳兆，赤繩繫五世之昌。東陸施芬，且獻鸞書隨旭日。青陽紀候，佇看桐琴叶和風。正月

祥種藍璧，天開奕世之符。瑞藹花朝，候應仲春之吉。百花競放，值春序之正中。雙璧奇投，徵人間之夙合。二月

麗日初長，梅子青黄中竇閣。和風正暖，桃花爛熳映秦樓。堤柳眉舒，淑氣拾催求鳳侶。錦桃浪發，春風却準繫絲人。二月

三春景和，孔雀映射屏異彩。百年誼重，蒼葭欣倚玉良緣。麥浪浮春，永結潘楊之世好。蘭亭載酒，仍成王謝之情歡。三月

岸柳垂青，鶯聲和調於碧幕。池荷布緑，鴛錦浣濯乎紋波。榆火初燃，用介馨占之協吉。桐花始秀，敢希鳳卜之長祥。三月

律開薰夏，知陽德之正亨。瑞應麥秋，喜蓍占之叶吉。槐陰結緑，許憑尺寸以乘龍。榴火舒丹，預植修篁而引鳳。四月

炎景方中，艾葉揺風和璧緑。朱明正麗，榴花映日共絲紅。榴綻紅囊，色映錦堂繩倍赤。萱開緑蒂，香傳仙里璧仍藍。五月

廷荔風清，掩映堂中繩繫赤。池荷日永，悠然水面璧浮藍。玉盌堆瓜，紅入鸞箋之句。金盤薦荔，香聯雁幣之

書。六月　星輝奎璧，仙槎通碧漢之津。月映瓊樓，天女絢彩雲之錦。奎躔碧漢，銀河輝合璧之光。月映藍田，鵲渚接雙星之書。七月　翠羽填河，爰向銀牀題一葉。神鍼貫月，且探玉宇咏三星。玉律鳴秋，鵲橋有路通霄漢。金風滌暑，洞府因鸞獻錦函。七月　桂馥飄丹，香逗月宫蟾共影。桐陰染紫，氣凌漢渚雁初飛。廣寒花香，金屏開孔雀之瑞。秦樓月皎，蒹葭倚玉樹之光。八月　菊葩正艷，滿座侑連枝之觴。雁字初排，一天書比翼之句。英氣摇金，色奪錦城之勝。畹蘭紉佩，香飄閬苑之祥。九月　瓊日弄晴，緑橘妝成片錦。輕雲布暖，疏梅信報小春。桃絢小春，色映鏡臺而並麗。霜凝上苑，祥昭玉杵以齊輝。十月　梅萼含英，風拂錦屏香乍度。雪葩飛絮，灰吹葭管律更新。杯近梅花，愛日晴長宫綫。烟飛葭管，丹霞光映瑶函。十一月　梅芽振茁，乾坤闢第一文章。陽氣潛萌，宇宙調自然律吕。六花飛絮，竹簾篆月中錦字。四序成功，梅稍綰天上經綸。十二月

時令之下即叙良緣佳偶二句

天作良緣，人諧佳偶。　韵結同心，瑞成合璧。　慶溢百年，祥開五世。　世德相求，天心作合。　美自天開，合由人作。　吉萃一門，事諧二姓。　瑞藹門楣，歡騰渭涘。　述叶百年，兆徵五世。　爰締新盟，益敦舊好。　兆襲種藍，緣諧繫赤。　好締朱陳，歡諧秦晉。　山海孚占，人天叶吉。　錦袖新盟，月樓夙檢。　伉儷初諧，金蘭永契。　燕好千秋，鴻禧百代。　美結同心，瑞成比翼。　占鳳有徵，吹鸞得偶。　誼勝同心，緣稱善匹。

良緣佳偶後即接「恭惟高門」云。

姓氏疏解

魯國**孔**宋微子八世孫孔父嘉。以字爲氏。

贈人以言孔子適周，老子語曰：「仁人贈人以言。」則天爲學。不可及如天不可階。聞詩誦禮，趨庭開雅教於萬年；引棗推梨，北海高謙風於奕祀。孔融四歲，與諸兄共食梨棗，融輒取少者啖之。

魯國顏伯禽支庶，食采于顏，以邑爲氏。

名高二協，顏協與顧協齊名，世號二協。功定五經。顏師古，唐太宗應考定五經。黼藻皇猷，學士瀛州重望；顏相時十八學士之一。羽儀王室，平原忠節直臣。顏真卿惠愛孝友，羽儀王室。

天水曾夏少康子成烈封鄫，後去落爲氏。

宗傳洙泗，族甲南豐。鰲禁弟聯兄也，知絲綸世掌，宋曾孝寬兄弟五人同時侍從。鸞臺孫紹祖，久聞鈞軸洊膺。曾公亮、曾懷祖孫皆宰相。

隴西閔魯公族。

蘆花感親，閔損事繼母至孝，母以蘆花衣損，父覺欲出之，損曰：「母在一子寒，母去三子單。」父母感悟。鳳雛稱雋。閔鴻事著。子騫德行，仲叔潔操。漢閔貢字仲叔，世稱節士。

平陸孟魯公子慶父爲孟孫氏。

孔門亞聖，百代浩然善養氣；東野大名，一州肅治盡揮毫。唐孟東野爲（漂）〔溧〕陽（州）〔縣〕

尉，善詩。

安定**程**周程伯休父之後。

宋紹真儒，襟度光風霽月；才稱人傑，文章玉振金聲。宋程顥、程頤，張横渠命學者師之。文公贊云：「玉振金聲，祥雲瑞日。」

沛國**朱**武王封曹俠于邾，去邑爲氏。

忠留折檻，漢朱雲忠諫，板折廷檻。學紹考亭。朱子號考亭。玉海千尋，遍探五經之秘；漢朱異遍覽五經，表薦曰：「玉海千尋，金山萬丈。」書樓萬卷，博搜二酉之奇。宋朱昂買奇書，號朱萬卷。

晉陽**唐**陶唐之後，封唐，因氏。

陶堯啓緒，虞叔振封。汗馬功高，莒國圖凌煙之貌；唐儉佐唐太宗，封莒公，圖形凌煙閣。批鱗望重，子方發燈影之言。

南陽**白**秦大夫白乙之後。

詩學傳家，漢白生治《詩》，爲楚元王師，后三子中大夫。威名震世。唐白孝德爲李元弼將，以五十騎破史思明，官節度使。香山九老，文章價重雞林，唐白居易結香山九老社，雞林國重購其文。華洞飛仙，丹詔寵徵象闕。唐白玉蟾隱華洞，詔徵赴闕，一日棄官，白日昇天。

弘農**楊**唐叔虞後封楊侯，因氏。

清白傳家，經綸蓋代。考汾陽周氏之譜，世德尤新，擅關西夫子之名，家風尚在。楊震居官清白，時號關西夫子。

南陽**韓**唐叔虞後，食邑于韓原，因氏。

佐漢偉功，韓信。肥唐相業。唐相韓休曰：「陛下殊瘦于舊。」上曰：「朕瘦天下肥。」雉壇樹幟，八代之文以興；文公。螭陛傳臚，五雲之瑞偏見。韓琦登第，方唱名，五色雲現。

隴西**李**伯益之子，世爲理官，以理爲姓。後改李。

隴西系牒，李氏出隴西。柱下霓雲。李聃爲柱下史。治内黄金；練來函關紫氣，聃乘青牛出函關，令尹喜望紫雲而下拜。杯中緑酒，映徹江左青襟。唐李勣名盛江左，號青襟居士。

天水**姜**黄帝育于姜水，因氏。

珠花繼譜，龍杖遺封。姜子牙興周，賜龍頭檀杖，因姓壇。爲帝者師，兆應熊飛之入夢；文王夢熊而聘太公。施一家政，祥符燕賀之集樑。明檀敬一家雍穆，有紫燕集樑，百年不去。

渤海**歐**勾踐支孫，食采歐山，因氏。

盧陵喆胤，吉縣徽聲。歐陽永叔廬陵人，晉歐平吉縣人。覲王母于西山，桃會綿百齡之壽；歐平事父襄孝，襄七十見王母於西山，作蟠桃會。壽一百有三。播高堂于韓國，荻畫垂奕祀之賢。歐陽修母韓國夫人守節，以荻畫訓子。

安定伍楚大夫伍參之后。

棠君遺愛，湘江之草木皆春。伍奢治棠惠政，人保爲棠君。王陛傳臚，南宫之譽髦讓步。唐伍喬舉進士第一。

下邳余秦由余之後。

八賢望重，三諫名高。余靖與王素等爲諫官，蔡襄作王諫詩美之。後祀廣州八賢堂。辨孟氏書，正學久誇于宋室；余允文作《尊孟辨》。闡麟經秘，大言遠探于洙濱。余安行作《春秋傳》。

彭城劉陶唐之後，封劉，因氏。

政馴渡虎，劉昆虎北渡河。燈焰吹藜。劉向事。聞雞着先，才名並轡于二陸；劉琨齊名二陸，聞雞起舞，恐祖逖先着鞭。鞭蒲示儆，循良久勒于南陽。劉寬事。

鉅鹿莫《河南官氏志》：邢莫氏改爲莫氏。

謀參軍國，名著異邦。宋莫濛學士使金，金人義之。梅朵徵奇，常州之治行彌古；莫伯虛知常州，有瑞梅之處。金縷別業，狀元之翰藻尤鮮。莫（定）〔宣〕卿，狀元，封州金縷（材）〔村〕有讀書堂。

樂安**孫**康叔後，爲衛上卿，以字爲氏。

賦比擲金，孫綽作《天台賦》。書傳映雪。晉孫康映雪讀書。蘇門長嘯，九霄揚蕤鳳之音；孫登隱蘇門山，阮籍訪談不答，籍去半嶺，聞長嘯敢。虞坂豪遊，一顧長奇騮之價。孫陽善相馬，一顧價增十倍。

安定**胡**文王元盛配胡公昔封諫，以器爲氏。

鼎元世裔，胡旦作狀元。麟史名宗。胡安國表《春秋》。清畏人知，淮海之德聲遠播；晉胡質爲荆州刺史，清畏人知。學尊師範，蘇（胡）〔湖〕之教澤流馨。胡瑗爲蘇、（胡）〔湖〕二州教授，四方師表。

河東**柳**柳下惠之後。

派擅河東，閥傳柳下。承宗嚴肅，和丸含仲逞之香；唐柳仲逞少嗜學，毋和熊膽爲丸。報國忠貞，諫筆繼公權之直。唐穆宗問筆法，權曰：「心正則筆直。」

天水嚴莊姓，避諱改嚴。

月映栗灘，奕世清光如畫；星浮帝座，千秋品望尤鮮。漢嚴光字子陵，光武幸其宅共卧，足加帝腹，太史奏客星犯帝座，帝曰：「朕故人子陵共卧耳。」除諫議，不屈，隱富春山。

譙國曹武王封振鐸乎曹，因氏。

譙國名宗，匡王世胄。修名鄴下；冠河東八斗之才；曹植字子建，謝靈運曰：「天下才一石，子建得八斗。」勒伐漢家，振平陽千秋之武。曹參佐高祖，封平陽侯。

范陽盧齊太公之後孫傒食采于盧，因氏。

范陽盛裔，海内儒宗。漢盧植爲海内大儒。當代一賢，不愧四公而踵後；唐盧照隣、王勃、楊炯、駱賓王皆以文章名世，號王楊盧駱。清操三世，好垂奕祀以流芳。盧懷慎、盧奂、盧奕三世居官清慎。

江陵熊楚鬻熊之後，又黄帝有爲氏。

滕國名宗，豐城甲族。千緡錢雨，傳家之孝行可師；熊衮父子尚書，父喪無以給，天爲雨錢三日夜。

九朝略書，垂世之典章足範。熊克著《朝通略》。

譙國戴宋戴公之後，以謚爲氏。

二禮名家，譚向金鑾而累席；漢戴德、戴聖同删《禮記》，號大小戴。毛詩露穎，對從玉殿以傳臚。戴大賓神童，上殿傳臚時年方十三。

清河張黄帝第五子，爲弓矢，主祀弧，爲張氏。

書傳黄石，志切赤松。張留侯。萬選青錢，文藻聲蜚海内；唐張鷟文章如青錢，萬選萬中。千秋金鑑，才名價震朝端。張九齡爲相，述前代名曰《千秋金鑑》。

河東衛文王子康叔封于衛，因氏。

孟侯襲慶，東土遺徽。七出。大勳，長平于今多讓；衛青七出擊匈奴有功，封長平侯。一臺二妙，風流振古如斯。衛瓘名士，與索靖俱善草書，號一臺二妙。

天水趙伯益之後，穆王以勳封趙，因氏。

派衍天潢，挺出宋朝之龍種；趙匡胤爲宋太祖皇帝。家傳清節，久聞鐵面之風聲。趙抃，京師號鐵面御史，仕蜀，琴鶴自隨，謚清獻。

扶風馬伯益後，趙奢封馬服君，因氏。

五百年名世，麗絳帳于前修；漢馬融爲世通儒，垂絳帳教諸生。三千歲真人，象銅柱于後裔。漢馬援立功交趾，標勳名于銅柱。

彭城錢籛鏗封于彭，後去竹留錢。

彭城閥閱，蘭水衣冠。秀口佳章，久擅詩名于大曆；唐錢起工于詩，大曆中稱（士）〔十〕才子，起其一也。鐵肝偉望，曾追讜論于熙寧。宋錢顗熙寧初爲御史，上疏忤王安石，因號爲鐵肝御史。

渤陽高齊太公後傒高子，以王父字爲氏。

高陽世胄，渤海盛宗。一介冰操，粟帛旌清于魏主；魏高允寵貴清貧，武帝幸其第，賜粟帛以旌。累陳藥石，鍾乳答諫于唐室。唐高季輔爲御史，上書太宗，賜鍾乳一劑，曰：「卿進藥石之言，朕以藥石報卿。」

汝南**袁**陳胡公七代縣莊伯生，以王父字爲氏。

嗤彼前賢，浪卧洛陽瑞雪；漢袁安值大雪，洛陽令行部至安門，使人視之，見安彊卧。承兹世德，奉揚黎庶仁風。晉袁宏爲東陽守，謝安贈之以扇，宏曰：「輒當奉楊仁風，慰彼黎庶。」

太原**温**晉公族，受封河内之温，因氏。

文藻世系，温鵬舉嗜學工文。忠孝家聲。温嶠字太真，盡忠王室，克復神州。伯仲齊徽，六龍擅晉朝之望；晉温衍兄弟六人，號六龍。河汾受業，三彦皆佐國之英。温彦博兄弟三人。

高陽**許**武王封四岳姜姓太叔于許，因氏。

評總月旦，漢許（邵）〔劭〕覈論鄉黨人物，遇每月輒更其品題，故汝南俗謂月旦評。望肅睢陽。唐張巡忠義，與許遠並守睢陽不屈。旌孝行于里門，帝表嘉禾甘露之瑞；唐許法真至孝，詔表其門。齊大名于王謝，時塵清風明月之思。晉許詢字玄度，與謝安、王羲之往來，好遊山水，劉恢云：「清風明月，恨無玄度。」

隴西**關**夏大夫關龍逄之後。

忠垂夏鼎，關龍逄。義佐漢家。關雲長。枕卧石松，奕祀表康之之摻；宋關康之。敷揚詞曲，千秋擅漢卿之名。元關漢卿。

樂安**蔣**周公子伯禽封蔣，以國爲氏。

銅符鼎峙，漢蔣滿父子同日剖符爲守。玉筍班聯。晉蔣疑貌丰姿，號王筍班。開三徑堂，從以二仲；蔣（胡）〔詡〕隱居堂開三徑，惟故人羊仲、求仲從之。非百里器，望自不凡。三國蔣琬仕蜀，以安民爲本，孔明曰：「公琰社稷之器，百里之才。」

始平**馮**周文王畢公高之後畢萬封魏，食采馮城，因氏。

鄭國名卿，西京人物。周馮簡子爲鄭國大夫。作賦呈奇，敬通負凌雲之志；漢馮衍字敬通，作《凌雲賦》以自諷。論勳獨坐，公孫高大樹之風。漢馮異字公孫，諸將論勳，獨坐樹下，號大樹將軍。（勵）

隴西（重）〔董〕董父好龍，曰豢龍氏，舜賜姓董，因氏。

胤遡豢龍之遥，學感懷蛟之舊。漢董仲舒下帷講授，嘗夜夢蛟龍入懷。威名震主，九重遥貺以良衣；宋董遵守豳州，威信遠播，帝解珍珠盤良衣賜之。才學匡時，奇策頻殷于帝聽。魏董昭有才學，帝嘗坐而問策。

廬江何禹後爲杞，杞後爲何。

揚州治溥，何武。汝陽望重。何敞。三英競爽于東海，不愧箕裘，齊何敬叔爲長城守，子思澄與宗人遜及子朗俱擅大名，號東海三何。四友齊名于廬江，咸欽領袖。宋何長瑜與謝靈運、荀雍、羊濬文章相賞，號曰四友。

汝南殷商後盤庚遷殷，以國爲氏。

才雄赤電，曾誇殷浩詞宗；學擅青箱，詎數王家治譜。晉殷浩字深源，才名冠世，王昱遺書，力請之出，官揚州刺史。

天水莊楚莊王支孫，以謚爲姓。

天水派衍，周室蜚聲。官于漆園，南華飛華墨之藻；周莊周爲漆園吏，著《南華經》。望馳北闕，四諫留翰苑之馨。明莊昶稱翰林四諫。

河南于周武王第二子封邘，以國爲氏，省文爲于。

播定國之德治，可大其門閭；漢于公多積德，高大其門閭，嘗曰：「吾子孫必有興者。」至定國爲廷尉，民自以爲不寃，善繼父志者。紹志寧之風，行無愧于獨處。唐于志寧切諫太子，太子使俠客刺之，志寧獨處苦塊，竟不忍殺。

濟陽蔡周文王子叔度食采，因氏。

派衍濟陽，班聯玉陛。偉功垂巨濟，虹橋到處見萬安；鼎甲冠賢流，學士當年誇四諫。蔡襄字君謨，官端明殿學士，三諫四賢，一不肖，知泉州，造萬安橋。

雁門田陳敬仲奔齊，賜姓因氏。

家傳兵法，田穰苴善兵法。世捧易經。田何授《易》于孫虞。蟻視世榮，嵩山屈唐皇之駕；田遊巖隱嵩山，高宗幸之。疏陳軍國名言，興宋王之褒。田錫上軍國要機疏，太宗褒其言。

汝南廖古有廖叔安，作廖。

古今人表，廖叔安。朝野仙姿。廖執象，陳博謂之曰：「子謫仙才也。」珠閣笙簫，翠鳳引遊三島路；銀河旌節，赤龍齊上五雲車。

博陵丁齊丁公伋生叔乙，讓國居崔，因氏。

天降神君，人歌慈父。崔瑗爲汲令，人歌曰：「天降神明君，賜我慈仁父。」視漢臣之三篋，似涉蒙山；對梁伯之五車，若吞雲夢。

馮翊雷方雷氏之後，古諸侯之國。

誼篤金蘭，締好信堅于膠漆；雷義與陳重爲友善，人曰：「膠漆雖堅，不如雷陳。」精浮寶劍，遠識真鑒于光芒。雷焕識寶劍精華。

滎陽潘周畢公子食采，因氏。

貌冠洛陽，士女擲盈車之果；芳留錦邑，李桃開滿縣之花。晉潘岳美貌，出洛陽道，士女擲菓盈車。後岳官爲河陽令，公餘植桃李，人道河陽花滿縣。

京兆段鄭武公少子共叔段之後。

節凛軍門，帝勅之僞真不辨；唐段志玄衛章武門，太宗夜遣使至玄，曰：「軍門不夜開。」曰：「有手勅。」曰：「夜中不辨真僞。」識參交聽，王家之顧問自殷。唐段文昌爲大學士，上屢召顧問。

新鄭佘

慶集天倫，銅陵義聲綿累世；宋佘起累世仝居，時稱義門。名蜚蘭冰，薜荔詩稿重千秋。明佘嘗以詩著名，有《薜荔園詩稿》。

京兆**康**衛康叔之後，以謚爲氏。

髫歲掄魁，冰絃調六州之瑟；唐康希義年十四登第，歷六州刺史。金門待詔，彩毫星五色之華。宋康伯可以文詞待詔金門。

吴興**姚**舜生于諸馮墟，因氏。

讀梁陳之史，承家孝行千秋；唐姚思廉承父志，作梁、陳史。攬應變之方，賢相德音百世。姚崇善應變以成務，稱救時宰相。

京兆**史**周史佚之後，以官爲氏。

三相萃于一門，八公生于四世。宋史浩事。伏青蒲而秉蹇諤，望聳朝端；漢元帝欲易太子，史册伏青蒲固諫，乃止。臨紫塞而擁旌旗，智降突厥。唐史寧爲邊將，突厥憚之，曰：「此中國神智人也。」

陳留**阮**殷有阮國，子孫以國爲氏。

竹林高概，阮咸與叔父阮籍在竹林七賢中。蓬島僊姿。阮肇與劉晨入天台遇仙。馳大名于建安，騏驥曾誇千里；魏阮瑀，文帝謂其逞騏驥于千里。擅英華于髫歲，揣摩已遍五經。阮（莩）〔孝〕緒十五歲遍通五經。

武陵顧顧伯，夏殷侯國也，子孫以國爲氏。

洛中三傑，顧榮與陸機兄弟入洛，號三傑。吴下神君。顧憲之爲建康令，號曰神君。射策魁三教，同玄成鼓篋；賢書第一數，比房杜登瀛。宋自紹興、政和，歷科顧氏解元共有十八人。

南陽葉沈尹戌生諸梁，食采于葉，因氏。

無地起樓臺，宰相傳家惟儉德；葉顒宰相，林元朝贈之曰：「傳家惟儉德，無地起樓臺。」一身全福祉，大名振俗在文華。宋葉夢得文華倩麗，諸福全備。

中山湯成湯之後。

五馬駐建康，民以安而兵以戢；宋湯東野知建康，禁戢亂兵，民賴以安。三台垂詔誥，酒惟蘗而羹惟梅。湯悦作宰相，一代詔誥皆出其手。

河南俞

摻象數之書，易學擅名于宋代；俞直。撫山水之操琴，弦叶調于伯牙。俞端字伯牙。

西河卓蜀郡卓氏以鐵治富，徙臨卭。

名列雲臺，天亶五百年一世；漢卓茂封高密侯，名列雲臺。從遊洞口，人生三千歲真人。明卓陽子相傳仙去。

潁川鍾宋桓公曾孫黎仕楚，食采鍾離，因氏。

綴羽緝商，摻解高山流水；鍾子期。揮毫灑墨，筆傳舞鶴飛鴻。鍾繇善艸書，如舞鶴飛鴻。

河南邱齊太公封營邱，以邑爲氏。

旦州典政，梁蒲留寬厚之名；邱和歷資、梁、蒲三州刺史，以寬厚著名。二字褒賢，文武邀忠實之譽。邱岳有文武全才，誓死報國，理宗御書「忠實」二字以褒之。

燉煌洪共工之後，避仇改爲洪。

名齊四謝，豫章挺世出之英；宋洪師氏生四子，俱有才名稱，人以比四謝。慶襲三洪，忠孝綿家聲之舊。宋洪浩爲徽猷閣待制，使金不屈，二子俱中甲科，人以爲忠孝之報。

安定梁伯益之後，受封梁伯，以國爲氏。

遡白烏甘露以呈祥，誠孝芳流中外；唐梁貞廬墓三十年，感甘露白雲之瑞。向雪嶠灞陵而偕隱，清操香映妻兒。梁鴻與妻子隱灞陵山。

京兆車漢相田千秋乘車入朝，人號車丞相。

燈燃螢火，亢宗恢世業于青箱；車胤囊螢讀書。稿著玉峰，博雅蜚鴻名于藝苑。車若水工古文詞，有《玉峰稿》。

上谷侯晉侯緡之後，適他國，以侯爲氏。

皇唐勒石，侯君集平高昌有功，勒石而返。上谷綿瓜。瑞應蛇龍，茂績群欽于節度；唐節度使侯弘寔累建大功，少時有僧相之曰：「此蛇龍瑞也。」威棱鷹鶚，赤忠久羨于中丞。侯史光爲御史中丞，嘗曰：「吾立朝恨不剖腹以露忠赤。」

鹽官**翁**周昭王庶子，食采翁山，因氏。

同歌柱石，薇垣宫保弟聯兄；傳世科名，翰苑琴堂孫繼祖。宋翁處厚六人皆登仕籍。

武陵**龔**晉大夫龔堅之後。

金樓著節，清風遠播于瀟湘；龔金、龔勝皆楚人，龔舍號曰金樓子。以清節居官著名。畫軾宣猷，循譽久騰于渤海。龔遂守渤海，以循吏著名。

平原**常**衛康叔之後支孫封常，因氏。

志殷造士，閩南開文學之宗；唐常衮爲福建節度使，設學教士，文風始盛。帝賀知人，中郎負封章之望。常何上封章，帝問誰爲之，對曰：「臣客馬周也。」帝謂知人。

武功蘇祝融之後昆吾封于蘇，因氏。

三蘇並駕，五鳳齊標。蘇易簡與吕蒙正同時，仝入翰林，名五鳳齊飛。持節高典屬之忠，形圖麟閣；蘇武事。大夫誇許公之筆，氣邁雄師。唐蘇頲封許國君，以文章著名，與張説稱燕許大手筆。

河東吕黄帝姜姓，虞、夏封吕，望出東平。

書成左議，宋吕祖謙。學動帝師。吕尚。鶡化爲鵬，桃浪耀龍群讓步；吕溱試，鶡化爲鵬，擢第一。子能述父，鹽梅調鼎慶重光。吕夷簡父子宰相。

千乘倪武公封次子于郳，改郳爲倪。

尚德緩刑，勸課蜚聲于漢武；漢倪寬官内史，勸農桑，緩刑罰，明人倫，天子重而器之。明倫訓士，詩書振教于開元。倪若水爲（扑）〔汴〕州刺史，修學訓士，以興教化。

清河傅殷相傅説築于傅巖，因氏。

楫濟巨川，巖野來明王之夢，勳鏤漢鼎，雲臺躋上將之班。傅俊在雲臺二十八將之列。

河東 **薛** 奚仲封薛，子孫以國爲氏。

遡河東而齊名，五雋芳流奕祀；本瀛州以裕後，三鳳望震于秋。晉薛兼與顧榮等齊名，號河東五雋。

富平 **范** 堯劉累之後爲晉上卿，食采于范，以邑爲氏。

瀟洒靈襟，玩景仁之風月；范鎮字景仁。清修姱節，甘文正之虀鹽。范仲淹字文正，斷虀畫粥以食。

濟陽 **陶** 陶唐之後。

五柳名高，陶淵明門栽五柳，號曰五柳先生。百梅望重。陶復亨有《梅花百咏》行世。掛冠不仕，山中宰相自非凡；陶弘景掛冠不仕，人謂山中宰相。鋭志明經，翰苑文章誇第一。陶安鋭志濂洛關（闌）〔閩〕文，太祖以爲翰林學士，賜對，曰：「國朝謀略無雙，翰苑文章第一。」

京兆 **杜** 武王滅唐，遷封杜伯，因氏。

詩史大名，杜子美。武庫隆望。杜預博學，人號杜武庫。阿房賦就，一時共羡紫薇，杜牧之爲陸州刺史，訟簡刑清，人號紫薇太守。作《阿房賦》。左癖書垂，萬祀咸傳青史。

扶風**魯**周封伯禽于魯，以國爲氏。

學貫五經，魯丕。政誇三異。魯恭宰中牟，政有三異。著閔時之論，錢神之筆墨猶香；晉魯褒傷時貪鄙，著《錢神論》以刺之。表佐國之忠，魚頭之參知自别。宋魯宗道仁宗時以忠直名，人目爲魚頭參知。

太原**郭**周文王弟虢叔受封于虢，或曰郭公，因氏。

太原名宗，汾陽世裔。致士以隗，千里駕接高賢；周郭隗謂昭王曰：「王欲致士，請自隗始，況賢于隗者，豈遠千里哉。」立功如儀，千載望震勍敵。郭子儀單騎見敵，功居第一，封汾陽王。

河南**陸**齊宣王子，食采于陸，因氏。

洛下文章，並馳伯仲；陸雲、陸機，號曰二陸。漢庭《新語》，克紹箕裘。陸賈佐漢高祖，令著秦漢興亡之故，凡十二篇，帝異之，名曰《新語》。祥傳鴻漸之名，茶經不朽；廉著鬱林之棹，載石猶香。

隴西　**彭**錢鏗封彭，爲彭祖。

闡秘義于爻畫，名重漢家；彭宣、彭閎俱治《易》。對十策于大廷，詞欽宋室。彭汝礪召對上策。

太原　**易**齊大夫易牙之後。

孝可格天，佳氣兆玉芝十八；唐易延慶以德行稱，父喪廬墓，有玉芝産十八莖，推大理寺丞，稱純孝先生。文能動地，大名魁金馬三千。宋易祓工詩詞，淳熙爲釋褐狀元，官至尚書。

陳留　**虞**舜有天下，號曰虞，子商均因氏。

行秘書欽于唐宗，虞世南。采石功扶于宋室。虞允文敗金人于采石。磁石琥珀，露奇英于東箭；虞翻。孔融嘗語曰：「東南之美者，非特竹箭也。」盤根錯節，别利器于朝歌。虞翊爲朝歌長，邑多盜，翊曰：「不遇盤根，其何以别利器。」

廣平　**游**鄭公子偃字子游，因氏。

立雪程門，道學無慚于先正；宋游酢師事伊川先生，雪深尺餘。步雲秘監，聲實並茂于一時。

濟陽丁齊公段之後，以字爲氏。

夢入生松，兆徵列棘。漢丁固爲尚書，夢松生腹上，曰：「松字十八公，吾十八年後其爲公乎？」後果如其言。持見聞于虎觀，校經擅儒雅之宗；丁鴻與諸儒校五經于虎觀。傳奥秘于田何，學易成東歸之志。漢丁寬從田何學易成，東歸，謂門人曰：「易已東矣。」

東海茅

樹下彝猶，曾入林宗之鑑；茅容避雨坐樹下，郭林宗見而器之。山中高卧，久誇清士之風。茅祁隱于西山。

太原祁帝堯伊祁之後。

推賢望重，抗諫聲高。祁奚爲公族大夫，外舉不棄仇，内舉不失親。恩篤北堂，至孝祥徵白兔；祁瑋母喪廬，有白兔之異。功成丹訣，飛昇駕彼赤虹。祁私賓傳道，白日即昇天。

武威賈周賈伯之後。

紀烈雲臺，漢賈復克敵，後列祀雲臺。講經虎觀。漢賈逵明帝時講經于白虎觀。世掌絲綸，誇制誥于兩代；唐賈至父子代掌制誥，帝曰：「卿世掌絲綸。」民歌棠棣，留去思於一州。宋賈敦頤、賈牧實兄弟爲洛州令，州人立碑，去思遺愛，人號爲棠棣碑。

陳留謝炎帝之後，申伯封謝，以邑爲氏。

生庭玉樹，晉謝玄答安曰：「子弟如芝蘭玉樹，使生于庭階。」儀世鳳毛。宋謝鳳文章江左第一，武帝曰：「起宗殊有鳳毛。」芝蘭秀發于藍田，宋謝莊七歲能文，文帝曰：「藍田生玉。」池塘夢生乎春草。謝惠連族兄靈運思詩未就，忽夢惠連，即得「池塘生春草」句。

范陽鄒宋閔公後正考父食邑于鄒，生叔梁紇，以邑爲氏。

早蜚聲于藝苑，寧同曳裾之楊；旋擢第于彤墀，不類吹律之衍。漢鄒陽上書梁王：「何王之門不可曳裾。」○周鄒衍吹律而寒谷黍生。

河南方周大夫方叔之後。

忠不草詔，明方孝孺不爲成祖草詔書。老壯其猶。周方叔北伐玁狁，克壯其猷。六柱名鑣仕籍，八姓譽首桑榆。

江夏黄益後封黄，因氏。

潁川第一之政，漢黄霸爲潁川太守，治平爲天下第一。江夏無雙之謡。肅宗讀秘書曰：「天下無雙，江夏黄香。」玉液涵黄浪，高叔度之門風；黄憲汪汪若千頃波。循政冠一時，擅潁州之家譜。

河南蕭宋微子封蕭，以邑爲氏。

圖書轉自家傳，繼酇侯之相業；漢蕭何從高祖入關，收秦圖書律令，封酇侯。忠亦獨崇帝鑑，重宗老之徽稱。蕭琛醉伏，帝以棗投之，琛取栗擲帝曰：「陛下投臣赤心，臣報以戰栗。」帝呼爲宗老。

滎陽鄭周宣王弟友封于鄭，以國爲氏。

家繼尚書之革履，聲振蓬萊；漢鄭崇爲尚書僕射，曳革履上殿，帝曰：「我識鄭尚書履聲。」胄出通國之里門，輝同閥閱。鄭玄。孔融爲立鄉，曰鄭公鄉，名門曰通德門。

潁川陳周武王封舜後胡公滿于陳，以邑爲氏。

聚星之野，賢人已卜於太丘；漢陳寔爲太邱長，嘗詣荀淑，是夜德星聚。下榻之庭，高士再瞻於仲舉。陳蕃爲豫章牧，下徐孺之榻。

太原王周靈王太子晉之後，遂稱王氏。

慶襲槐堂，佇應三公于指日；宋王祐手植三槐於庭，曰：「子孫必爲三公。」才高草賦，重稱四傑于明時。王勃，唐高宗博士，與盧照隣、楊炯、駱賓王稱文章四傑。求忠臣于孝子之門，芳承傑出；漢王尊遷監州刺史，至九折坂，曰：「此王陽畏途耶？」叱馭驅之，曰：「王陽爲孝子，王尊爲忠臣。」作聖主得賢臣之頌，美濟前聞。漢王褒作《聖主得賢臣頌》。

汝南周太王邑于周，以國爲氏。

遠紹濂溪之美，胄出儒林；宋周敦頤號濂溪，具光風霽月之懷。雅同公旦之賢，心存王室。周公旦輔成王，有握髮吐哺之風。

延陵 **吴** 周太王子泰伯、仲雍封吴，以國爲氏。

冑繼簪紳，高出延陵之鼎族；士誇黼黻，早標漢殿之芳名。觀樂知四國之音，吴季札歷遊聘魯，請觀周樂。治平稱天下之最。漢吴公爲河南守，治平天下第一。

吴興 **施** 魯公子施父五代孫尾生稱施伯，因氏。

易講石渠，卓爲經學師範，漢施讐，易學博士。名蜚紫塞，居然當代正人。宋施師點使金，金人曰：「一見正人令我眼明。」

鉅鹿 **魏** 畢公高裔孫畢萬仕晉，封魏因氏。

鶴山正學，宋魏了翁鶴山講學。虎觀明經。漢魏應講五經于白虎觀。諫議進讜言，百疏直同金鑑；唐魏徵直諫，及没，帝曰：「朕失一鑑矣。」司徒能勇退，片心却戀白雲。魏舒辭召表云：「一片野心，已被白雲留住。」

京兆宋武王封微子于宋，因氏。

才蔚國琛，宋纖隱居酒泉南山，太守馬岌造不得見，謚玄虛先生，爲國之琛。政神渡虎。後漢宋均爲九江太守，虎東渡河。賦梅花而知偉器，開元功首廣平。；唐相宋璟封廣平公。奪宫錦以寵奇才，江左詩推學士。武后令從臣賦詩，宋之問文理兼美，奪錦袍以賜。

淮陽江伯益之後封于江，以國爲氏。

采吐夢月，丹飄月裏。風高柏葉，挾諫草于星霜；唐江文蔚爲御史大夫，剛直不屈。令肅宣城，吐彩花于夢榻。晉江淹令宣城，夢筆生花，文思日進。

西河林比干之子堅逃難長林，因氏。

十德遺風，周林皋生九子，號曰九龍之父，十德之門。九牧衍系。唐林披生九子共作九牧。文章節義，文軒品重人宗；宋林光朝忠正浩然，窮經老古，號文軒先生。笏冕塵塗，處士詔褒高隱。林敏功貫五經百氏，杜門二十年，泥塗軒冕，詔號高隱居士。

濟陽柯吴公柯蘆之後。

校字鑾坡，學士擅墨池妙技；唐柯九思爲學士，奉詔鑒定御府法書。傳臚玉陛，狀元開莆海科名。明柯潛狀元學士。

河間詹周宣子支子封爲詹侯，因氏。

一盂菓子，重譽神童三尺。宋詹會龍神童，上賜菓曰：「一盂菓子。」龍曰：「三尺草茅。」祠部表忠臣之節，宋詹範不受張邦昌僞命，高宗稱忠臣，擢祠部外郎。巽亭和學士之詩。東坡和詹巽亭飲酒詩。

京兆黎黎，殷周時國，子孫因以爲氏。

訓型本白鹿遺規，家傳拙翁之學；宋黎獻號拙翁，教生徒遵白鹿遺規。麗藻萃碧雞靈秀，賦標遠景之樓。黎錞雋才，老蘇之友，著《遠景賦》。

彭城金少昊金天氏之後。

忠賢累世，漢金日磾七世忠孝。孝友旌門。宋金彦博孝友，時人號爲義。内聖外王，藴經綸于素志；宋金履祥負經世大志。直聲諒節，著駿伐于立朝。金安節累著功伐。

汝南**昌**黄帝子昌意之後。

公侯華胄，燕薊右宗。帶礪剖百里之符，忠烈與康山並壽；明昌文貴功封汝南侯，祀康山。鳳鸞啣五世之誥，科名增壼嶠之輝。

上黨**連**齊大夫連稱之後。

沛澤名賢，溥民胞物與高義；宋連舜賓濟飢，惠及隣邑。金門羽客，傳松濤竹籟佳章。宋連可久能詩，爲羽衣客。

河東**裴**逸民武庫縱横，楷玉山照映。

河南**山**濤望重七賢，謙之詩紀十卷。

雁門文種功成霸越，翁文開蜀都。

廣平賀知章性嗜黄流，循郎勵清操。

河東廉頗功著晉陽，范化行南郡。

雁門童恢歌傳循吏，隱之薦賜逸民。

南陽樂誰學好左文，廣人稱水鏡。

西河卜商義戒榮利，式民比牧羊。

瑯琊雲定興器制少府，景龍學典慈州。

北海即宗望氣占風，基削木剪紙。

扶風竇禹鈞香標五桂，士榮識列六儒。

清河房玄齡瀛州妙選，彥謙菖令首推。

上黨鮑照俊逸參軍，宣端方司隸。

天水狄仁傑桃李公門，清介胄儒士。

治平龐天祐孝行無雙，嚴賢良第一。

京兆宗慤長風大志，道甘露異常。

京兆舒元輿賦傳牡丹，清錢奏公帑。

太原祝諫對策臨軒，染濟飢昌後。

河東儲灌器凝臺閣，光義詩稱大家。

安定席旦言納神宗，公歌來唐帝。

遼西項斯丰格過詩，山清廉投渭。

河間邢臧吏民模範，才京洛文宗。

上黨包整芝堂映瑞，拯儲位讜言。

西河**靳**蒙賜米旌廉，貴作堂師儉。

上黨**樊**修春秋删垂，于蓋麟符别錫。

陳留**伊**涉篇進咸義，籍言諷非勞。

江夏**費**禕四英名高，弘二難望重。

范陽**簡**世傑監法奏罷，克己性理詳明。

潁川**鄔**大昕時推度鹿形，世號栖鴉。

廣陵**盛**吉廷尉持平，明叟蒙齊稱號。

餘杭隗相孝感江右，照著知璧金。

太原宫安雅重王公，志廉稱雲縣。

高陽耿恭疏勒泉湧，弇蒲關夘鳴。

平陽仇覽望重鸞〔司〕，時濟風高義讓。

晉陽匡衡鑿垣夜讀，文真遮道扳留。

京兆壽安書院創興，問家居著述。

潁川陳寔星聚于野，蕃榻下于庭。

上谷寇祖禮白首同居，箴赤心報國。
河南向秀人羨玄風，敏中帝稱大耐。
下邳闞津才能著譽，翊治績馳聲。
濟陽庾亮興逸南樓，閶漿傾北斗。
京兆冷齊賢春山義士，曦銕面豸冠。
汝南沙世堅才號勇武，璧治稱神明。
晉陽景丹績著雲臺，渙名傳戒石。

齊郡查導海陵文行，深廣德儒風。

滎陽鄭玄門稱通德，崇履響蓬萊。

齊郡譚昭寶文羡七齡，粹時榮三仕。

南昌涂端翰林三妙，觀奕葉四奇。

天水桂萬榮收彙一書，山鎮安七郡。

平陽來恭力鋤勤績，敏博古通今。

隴西牛弘禮動明王，天麟書詒後學。

八公虎巨天朝祭酒，會簡子郡臣。

河南利乾中山賢相，真得道真人。

隴西辛慶志二虎望重，樊五龍名高。

京兆雍泰返舟仙令，伯種玉書生。

平陽巫章瑶廉介自守，覬才能著稱。

南陽商瞿澤兩侯致美，輅三元流芳。

濟陽卞延之氣存脱幘，大亨吟重隱居。

平陽管仲功高匡世，輅秀發羲經。

高陽紀亮座隔雲母，少榆筆夢青鏤。

汝南藍光持正蹇直，章彈劾觸斜。

天水皮日休鹿山隱士，丈通楚水神仙。

南陽終軍請纓南越，慎思懷璧東都。

扶風萬敬儒三世同居，齊四姓並譽。

南陽鄧佑兩秀名卿，戩三登世第。

河内荀卿六經羽翼，爽八龍無雙。

太原羊續庭魚著潔，祐峴碑垂思。

齊郡晏嬰顯君功烈，殊賢相家風。

中山仲由折獄名家，山甫補衮茂績。

武陵丹求聖門賢士，璡蜀撫幕賓。

西河辛晁會稽著功，魁贊皇頌德。

濟陽却穀敦詩説禮，説倜儻瑰偉。

太原霍光秉政禁闈，去病登臨瀚海。

會稽夏黄公皓隱商山，竦器真宰相。

武陵龍鐲來鶴頌德，起乘龍休徵。

南陽岑彭功著雲臺，熙德歌魏郡。

京兆酆寅初壽考雙徵，慶讜言屢見。

南陽翟公門題感世，力進相號通明。

河間章寅遜掌中占草，子厚石壁飛書。

太原閻憲賦政明和，曾築臺抗諫。

馮翊魚思賢陂以存恩，佩詔旌貞白。

新安古弼君稱國寶，人譽筆公。

丹陽廣漢績茂贛州，嵩名馳内翰。

扶風禄東鄭涇陽世胄，存龍飛首登。

平陽汪應辰翰林斐譽，藻秘監嘉名。

西河毛玠名高選典，義檄喜安陽。

平陽饒威魯陰惠政，節西江傳文。

潁川賴棐童穉能文，英輿情允愜。

濟郡富嘉謨燕京三傑，弼鄭國大臣。

渤海甘茂伐韓功高，羅報趙位重。

武威石介二代高名，苞八公雅望。

濟陽左丘明名高作傳，思望重賦都。

山陽岳飛勇堪報國，琚智足摧鋒。

汝南南文子衛國干城，容聖門高弟。

平陽常曾一郡風清，應物三年化洽。

河南褚淵却金清操，遂良載筆直名。

武威安重誨盡忠拒獻，文憲興〔學〕重農。

薛郡海源美勤政惜民，瑞赤心報國。

河間淩冲含山名宦，統江表虎臣。

齊郡覃奚忠孝傳家，偉義勇蓋世。

魏郡柏良器圖像凌烟，貞節掃氛夔鎮。

上谷成瑨南陽譽滿，封白虎名高。

隴西時苗壽眷清白，檄和州廉能。

平陽鳳朝都督雅重，綱漢代神仙。

吴興明鎬清邊奇謀，崇儀獻瓜異術。

潁川鍾子期絃分流水，縣筆擅飛鴻。

京兆計嗣書著蓬庵，然師傳范蠡。

京兆郜廷年奕世儒宗，瑛歷朝科甲。

京兆康希詵明經登第，伯可待詔金門。

豫章羅從彦藻彰五色，含道唱千秋。

范陽祖逖聞雞起舞，瑩藏火攻書。

天水尹惇齋標三畏，洙名列四賢。

京兆晁迥好學長者，諏之海内奇才。

吴興沈度三美名堂，休文八友稱俊。

天水秦非孔門高弟，宓蜀國名臣。

吴興尤袞交定誠齋，文度操清家宰。

樂安任延聖童名高，昉國器望重。

頓邱葛龔文紀知名，密清節著譽。

東平花警定成都猛將，雲懷遠英侯。

汝南梅福階登文右，詢帳開鳳池。

内黄駱之才略冠三軍，賓王才齊四傑。

瑯琊**符**融漢代名流，彦卿魏州保障。

馮翊**吉**仲孚才子名高，昌孝行見重。

譙國**稽**康孤松獨立，紹野鶴昂然。

土谷**榮**昆涉獵群書，華約東猛虎。

渤海**封**孚得大臣體，延伯有高士風。

扶風**班**固兩都賦就，超異域功成。

廣陵**貢**禹彈冠慶仕，祖文扈從南遷。

隴西邊韶東觀著作，讓天下知名。

譙國逄同畫策圖吴，萌掛冠浮海。

南陽姬旦赤寫元臣，序通紅衣國士。

燉煌容成上古名臣，悌一鄉仁孝。

京兆别掺義旗先指，的射虎除殃。

汝南言偃吾道已南，翰流風自北。

河南种暠循良著績，拂邵忠孝傳家。

京兆家退翁同庚蘇友，鉉翁完忠宋臣。

隴西李聃隴西系牒，柱下雲霓。

南陽隆成南宮美政，英二衛貞廉。

河内司馬相如志奮題橋，光功成題枕。

渤海歐陽修史裁五代，建名擅北州。

頓丘司空曙名揚大曆，禧績著海邦。

濟陽長孫嵩名揚八公，道生節比晏子。

高陽**仲孫**蔑公室効忠，速北鄙著績。

郃陽**軒轅**集羅浮高隱，范興化德彰。

太原**令狐**楚草表安軍，綯蓮燭歸院。

河内**淳于**恭周旋由禮，雍惇孝高風。

太原**澹臺**滅明斬蛟投璧，恭博雅通經。

魯國**公治**長聖室東床，志人材憲府。

天水**上官**均杖妖立義，粹定獄片言。

瑯琊諸葛豐司隸家聲，亮分鼎遠略。

高門姓氏下接以「尊姻家老先生」云云。

稱頌人品

文士

關西夫子，楊震號。抱不迎不送之標；桑維翰爲裴皞門生，謁皞不相見，或問之，曰：「皞見翰手中書庶僚，翰見皞于私館門生也，何必送迎？」當世儒宗，著叩小叩大之應。《學記》：待問者如叩鐘，叩小小鳴，叩大大鳴。

又

東鄭西原，辨採玉探珠之别；後漢邴原請長安孫崧，崧曰：「吾里鄭君知乎？舍彼而投此，以鄭爲東家丘耶？」原曰：「人各有志。登山採玉，入海探珠，不同也。君謂僕以鄭爲東家丘，君以僕爲西家愚乎？」崧謝焉。弘鳴小響，聆撞鐘擊鐸之殊。

又

學絢丹青，晉虞溥篤志典墳，嘗謂學之染人甚于丹青。知稽古之爲力；桓榮明帝時爲師傅，以所賜車馬陳于庭，曰：「此稽古力也。」帳揺絳赤，廼舉世之共宗。後漢馬融教導諸生，堂設帳絳，前授生徒，後列女樂。

詩翁

軒舉霞標，珠庭日角。體獲西崑之製，楊大年、錢文禧、晏元獻、劉子儀爲詩皆宗義山，號西崑體。斤乎斧乎，言詩人嘔心，雲斤琢肺，月斧披肝。道宏東地之行，鄭玄事馬融辭歸，融曰：「吾道東矣。」城也，劉長卿與秦系爲詩，長卿自謂五言長城，系以偏師攻之。囊也。李賀出以錦囊掛驢鞍，所得句即投于中，其母曰：「是兒嘔出心乃爾。」

又

烟霞紫氣，桑梓朱光。雕蟲作詩作賦，楊子雕蟲。吐鳳，楊雄《甘泉賦》：「成夢吐白鳳。」洛鳳紙價頓高；晉左思字太冲，賦三都，張華見而奇之，洛陽士子遍爲傳録，紙價頓高。奪錦東方朔與武帝遊龍門，詩成奪錦袍而衣之。售雞。白居易工于詩，時人争傳，雞林賈售其相國。東閣梅言何遜。杜工部：「東閣官梅動，詩興還如何。」

善書

號美連綿，吕何工草隸，能一筆迴環百字，世號連綿書。點綴烟霞垂露；漢中郎曹家能古今篆隸，曰垂露書。形傳心畫，縱横山斗崩雲。楊子書心畫，形傳蔡邕，表曰：「重似雲崩。」

又

八體馳聲，一太篆，二小篆，三刻符，四正書，五摹印，六署書，七殳書，八隸書。不數家雞于野鶩；晋庾翼與王右軍書：「法有雞鶩之分。」五雲競法，唐韋陟常以五彩箋爲書，時人慕之，號郇公五雲體。曾瞻渴驥與怒猊。徐造父嶠之善書，世扶其法，曰：「怒猊扶石，渴驥奔泉。」

善畫

編鬚動甲，指頭龍虎風雲；游子明畫虎圖云：「我尚不敢編其鬚。」吴道子畫龍，鱗甲飛動。應手披心，眼睫松梅雪月。張早畫龍，應手生春。（孫可正）〔釋祖可〕畫梅詩：「手（拔）〔開〕玉璽心希有。」

又

點睛則去，如破壁之僧繇；張僧繇畫匹龍于安樂寺，點一睛則破壁而去，餘在。立耳而争，若卓錐之韓幹。蘇子由咏韓幹馬詩：「心知後馬有争意，兩耳微起如立錐。」

善琴

韵識龍門，〔雲〕和、龍門、空桑之琴瑟。雅樂陶潛之趣；淵明設素琴一張，無弦，曰：「但識琴中趣，何必弦上彈。」調隨石軫，琴名化行宓賤之徽。子賤治單父，鳴琴而理。

又

嶧桐奏響，《書》嶧陽孤桐。志高山之巍巍；清角傳徽，溯流水以浩浩。伯牙善操，子期善聽，彈一曲，期曰：「巍巍乎，志在高山。」又一曲，期曰：「洋洋乎，志在流水。」

善奕

石室爛柯，體方圓動静于坐隱；石室山中二人對奕，樵夫王質觀局未終，斧柯已爛。商山剖橘，已園人種兩大桔，剖之見二老人對奕，曰：「桔中樂適山。」知斜正攻守于指談。指談坐隱，皆奕也。

善醫

橘井恩多，不讓蘇耽獨步；蘇耽種桔鑿井，以救時疫，每病者求醫，食桔葉飲先泉即愈。杏林惠侈，何殊董奉存心。董奉直内治病，重者種杏五，輕者種杏一，世稱杏林。

又

折肱股以三，齊高固曰：「三折股肱，知爲良醫。」領石函之秘旨；張仲景新著書。見癥結于五，茄池上之神泉。長桑君以藥方傳扁鵲，命飲池上水，得見五臟癥結。

堪輿

造化胸羅，洩天清地寧之秘，天得一以清，地得一以寧。形勝手畫，催水富山貴之奇。

星士

在握璇璣，《書》：「在璿璣玉衡，以齊七政。」指揮晉談卿宰；平參造化，叱咤退步英雄。

麻衣

物色埃塵，觀龍顔而推帝表；朱樂在燕邸，相士袁珙識真人于長安酒家。逍遥湖海，覽燕頷而識侯封。定遠侯事。

武士

曰爪曰牙，已著長城鉅望；漢李廣國之爪牙。爲彪爲虓，終垂紫閣芳名。唐薛仁貴爲虓將。

務農

樂道有莘，伊尹所耕。已誦如雲之賦；《詩》：「荷插如雲。」怡情南畝，殊賡足雨之詩。《詩》：「一犂春雨足。」

商賈

北薊南湘，四海爲家推不韋；呂姓，陽翟大賈，貨通萬里，家累千金。紫標黄榜，中天通市尚陶朱。范蠡止于陶，以陶爲天下之中，通貨物便交易也，自號陶朱公。

又

備四銖五銖之用，翩翩跨鶴揚州；平三尺七尺之交，纍纍集蚨合谷。集蚨，蟲名，以血塗錢，母在則子飛來。

耆碩

鶴氅清標，龍門高譽。九老盈圖，東海三千丈之白髮；白居易繪九老圖。雙烏獻祝，西園八百歲之靈椿。青鳥祝壽，赤鳥增生。詩：「御杯雙鳥至，爲祝壽長生。」

又

仁崇泰岱，智達滄溟。八字蟬鳴，和聲嘒嘒于元圃；蟬生八字于頂，壽至八百。千年桃實，丹蕊菲菲于漆園。蟠桃三千年開花，三千年結實。

喬梓

長玉樹之英材，柳玭致戒；《戒子書》：門高不可恃，懿行人不知。少有疵行，人皆指摘。榮漆椿之健幹，茅偉盡恭。茅容字季偉，郭林宗宿其家，待以蔬飯，殺雞奉母，郭拜而服之，以彰其孝。

兄弟

羽翼天生，玄宗賜憲等書曰：「朕每言，寧如兄弟不有天生之羽翼者乎？」致紫荊之燦燦；田真兄弟欲分居，庭前紫荊焦悴，遂不分。鳳龍世傑，知棠棣之垂垂。陸機、陸雲皆以文名當世，謂之龍駒鳳雛。

又

比肩雁序，馬常五而陣難雙；馬氏五常，白眉最良。○元方難爲兄，季方難爲弟。同氣連枝，薛鳳三而荀龍八。唐河東薛元敬、叔德名三鳳。○荀儉、緄、靖、燾、王、爽、肅、敷名八龍。

子孫

喜溢充閭，晉賈充父曰：「此子後當充閭。」已預兆于投燕；行看觀國，《易》：「觀國之光，利用賓于王。」旋符瑞于産麟。徐陵幼時，寶誌曰：「天上石麒麟也。」

又

皎皎血駒，孫堅子名千里駒。蜜著食牛之譽；徐卿二子皆美，大者秋水爲神玉爲骨，小者氣可食牛。英英玉樹，曾誇變豹之能。《易》：「君子豹變。」

女子

香閨毓秀，生有夢月之懷；漢元后母生時夢月入懷中。秀閣傳芳，長慰吞雲之兆。

自述男女

自述

蠅行弱質，蠅行欲負驥尾。蚊負微材。蚊思負山，力不能勝。仰桃李之容，流風下里；愧匏瓜之繫，沐露深林。

又

鉛割庸質，蟲雕末品。鉛刀不善割。蟲雖刻木，雕不以文。夙佩溫言，戴山而懼同蚊負；茲扳伉耦，裁牘而喜布螘忱。

又

折愧陶腰，淵明不以五斗粟而折腰。言難杜口。牧之非詩詞則不出諸口。樗櫟莫榮于春風，木之無材者。駑駘終伏于下乘。馬之至下者。

又

學愧承蜩，《莊子》痀僂者承蜩。工疑畫虎。馬援戒姪畫虎不成反類狗。蟠木爲萬乘之器，必資根柢之榮；見鄒陽上漢書。祥金躍大冶之爐，敢作鏌鋣之想。《列子》大冶鑄金，金乃躍曰：「吾且爲莫邪。」欲藍田玉種，祈朱屋海涵。

又

枵中不學，虚中也。虨外無文。楊子：「君子言則成文，動則成德，以其閎中而虨外也。」龍門千里月，霽色常瞻；蝸室一團春，温容久荷。欲脩秦晉之書，世爲婚姻。曾賴管鮑之誼。管仲、鮑叔牙知己，薦于齊桓公。

又

文慙半豹，學愧全牛。庖丁目無全牛。生平願未識荆，生不願封萬户侯，但願一識韓荆州。心懸藜閣。劉向校書天禄閣，太乙爲之燃藜。

又

蜉蝣小羽，蟲名，有翅能飛，夏月陰時出地中。芻狗棄材。老子：「天地不仁，以萬物爲芻狗。」幸予桑予梓，喬松之貫日非遥，言高也。望爾李爾桃，弱柳之迎風不遠。

又

鼫枝五窮，鼫鼠能飛不能上屋，能緣不能窮木，能遊不能度谷，能穴不能揜身，能走不能先人，此謂五窮。鷦枝一託。鷦鷯巢于禁林，所託不過一枝。自憐雞肋，食之無肉，棄之可惜。夙夜惟喔惟咿；雞聲也。未老驥心，三暮一趨一步。老驥伏櫪，志在千里。不佞即不可以長鳴，良馬遇伯樂而長鳴。小兒敢謬承于大廐。廐中騏驥，可作吾胥。

又

才鮮尺長，屈原《卜居》：「尺有所短，寸有所長。」情耽斗折。淵明不爲五斗粟而折腰。仙標得抱，皎如玉樹臨風；孺慕孔殷，恍若丹葵嚮日。

又

質類呰窳，短弱也。幸見容於陶埴，所以爲器者。學慚糟粕，徒貽笑於斵輪。《莊子》：桓公讀書于堂上，輪扁斵輪于堂下，進問曰：「公所讀者糟粕耳。」謹申蕪尺，望龍門而晉登；少曝葵中，扳鵠駕而永好。

述男

薏米爲珠，鄙莫如薏苡，其形類珠。碔砆溷玉。賤莫如碔砆，可以混玉。籠而藥之，狄梁公桃李參苓，藥籠兼收。所謂如天之福我，《左傳》：如天之福，豈有量哉。席其珍矣，不知何地以報君。

又

知覓栗梨，未嫺詩禮。淵明《戒子》：但覔栗梨。品題纔經，蹇步可拔於騏廐；一經品題，便成佳士。範圍已得，迷津克通乎陵源。五陵原路可通。

又

材慚襪線，言微細無爲。安祈絲幕牽紅；紅絲牽于綉幕，言婚姻之成就也。仰切心旌，敢望拔幟樹赤。拔趙白幟，立漢赤幟。

述女

殊非蘭質，鮑昭賦：惠心蘭質，玉貌絳辰。詎爲蘭室之荆；如蘭之室。輒擬冰清，謬録冰人之管。

又

姆訓未嫻，徒愧蟹筐自業，《檀弓》：「蠶則績而蟹有筐。」冰言奬借，更慚雪繰女紅。荆公詩：「繰成白雪桑重緑。」

功慚追日，學未惜陰。　自慚蝸宇，久仰龍文。　素懷鞭御，何幸兼依。　山斗頻瞻，葭玉叨倚。　夙欽雅度，喜托新盟。已上自述。　令嫒閫範素嫻，蚕知蘋蘩恪敬；豚兒牀書疏嬾，有待雪案件燈。　想賓牕之雋淑，手摘水仙；愧蓽户之穉柔，吟慚芍藥。　設席何堪，愧一經之初授；宜家預卜，知四德之素嫻。已上叙男。　令郎東坦奇才，已嫻鯉對；小女深閨蒲質，未習曹規。　令郎玉樹臨風，知必脱穎；弱息絮花飛雪，第工刺紋。　令郎媲美璆琳，信以東床之逸少；小女勤操錡釜，愧非南國之季齊。已上叙女。

自述叙男女後，即接下禮儀邀結云云。

禮儀邀結

春日定聘

鳳舞鸞翔，締良緣于億載；冰清玉潤，衛玠、樂廣，翁婿貌美之稱。獲佳譽於今朝。融耀春光，柏葉泛青看合巹；綢繆世好，椒花呈白誦連枝。貢羞涓滴，納望海涵。

又

海流無擇，滄海不擇細流。有明信之沚毛；苟有明信，澗浴沼沚之毛可薦于鬼神。石上有題，三生石上題名。遡通誠之溝葉。此時孔雀如飛，錦屏中彩；自後絲蘿可附，玉樹生花。禮也徐進以六，星乎永照以三。臨楮不勝瞻依之至。

春日回聘

兹捧瑶章，渾如九重春降，更嘉珠采，不翅什襲珍藏。伏冀鳳毛可比超宗，超宗還有鳳毛。鸞駕欣諧蕭史。吹簫引鳳。有懷對月，幸蔦繫于松喬；極目長天，惟心懸于棘府。九棘三槐，比諸三公九卿。泚筆王臣，臨風鳴謝。

又

謹披齊録，時惟齊太録即書也。恍疑錦燦天孫；織錦衣而無縫跡。難報隋珠，照乘。庸復墨歌九子。墨名。赧登瓊貺，喜鼓琴調。伏願息女如瑶草春深，令郎若梅花香早。惟俊之宜室宜家，乃今之盟秦盟晉。風逐神來，日薰德載。

夏日定聘

兹以蟻緑酒也。蚨青錢也，行聘必用喜錢。周結鸞華鳳彩。伏冀海涵，永同嶽戴。將見蓮房露七子之芳，始開藕眼；榴匣藏八珍之富，先展丹心。一言難盡赤衷，六禮用呈紫閣。

又

惟兹不腆，總希納壤于泰山；藉是訂盟，奚啻增光於北斗。覘榴開露井，還將多子祝奇姻；觀雁引風簾，爰以八行呈丙覽。猶云日照。

夏日回聘

幸柴門有坦腹之賢，捧竹策皆揚眉之句。赧登厚貺，慚謝戔言。歌玉潤之石榴，喜吾家婿猶玉潤；范堅安《石榴賦》：膏凝玉潤云云。看金光之蓮蕚，□君宅媳步金光。齊東昏侯剪金蓮貼地，娶潘妃入室，曰：「比步步生蓮花也。」

又

得託蘋蘩，幸之幸矣；更盈筐筥，望逾望焉。時際乾坤，事當姤巽。長女也。辱銀鹿之馳騁，丘園加賁；易賁于丘園。卜玉田之根蒂，胤祚弘昌。藍田種玉。人以時亨，歲歲咏竹苞松茂；事由天合，家家誦月霽風光。伏願如心，統祈垂盻。

秋月定聘

秋木涵井上烏龍，呂蒙正現影烏龍，蟠井而彩毬下擲。金風動屏中孔雀。問支機石此際，拈來石泐，三生有字；看瑞紱麟他年，溢喜麟興，六咏賡歌。鯫生不勝兢翹之至。

又

量同秋水之清，菡萏蓮花。草深鴛並立；德若高山之止，梧桐枝隱鳳雙棲。祝岡祝陵，《天保》九如之詩。和琴和瑟。

秋月回聘

漫記交情，竊附鮑子之知我，叔牙。纔聯姻婭，辱蒙蘧君之使人。伯玉。玄黄稠疊，洵先施之雅乎；翰藻輝煌，奚挹損之甚也。伏願箕箒能操，巾櫛長侍。皆婦道所執。相時協吉，秋風發桂子之香；卜世其昌，霽月覆桐孫之息。是庸馬走，爰達蛩吟。

又

拜嘉瓊貺，何幸婭及采蘋；《召南》大夫妻奉祀之詩。捧讀金聲，廼蒙書來下里。伏冀金菊玉蓉，燦對山城水國；龍松鳳竹，齊歌同木交枝。同本竹也，交枝松也。卜後之夢月入懷，曷其必矣；維今之臨風致謝，幸曷極乎。

冬月定聘

合兩德於五倫，安扳齊大；盡一誠于六禮，敬屬秦銘。頌好姻緣，筆也歌而墨也舞；看奇男子，鸞兮躍而鳳兮翔。惟是戔戔，衹作線添幾縷；憑茲耿耿，須知石拜三生。恕其蕪陋，賜以照臨。

又

既辱伉儷之盟，用申納徵之悃。薄物無文，敢云聲希味淡，邵堯夫詩：切冬至子半月。發祥有自，不啻柳放梅舒。伏冀包容，不棄荆釵之菲，惟祈和合，當醺柏酒之春。故佩德無涼，渾坐塗椒四壁，宫苑皆用椒塗壁。而拜風在下，遥瞻染翰七襄。言織女一日之間更七次也。《小雅·大東》詩。

冬月回聘

兹承鼎貺燦爛，玉杵齊輝；更荷衮褒鏗鏘，金錢上選。隋珠嘉拜，翠羽箋名。愧宣。伏願祝松柏於宗，告岡陵于祖。將來《椒頌》，壽曰無疆；此際鳳占，曷云有嬀？書（蕉）達悃，罄竹呈慚。懷素以蕉作紙。

又

丹林葉盡，騷人漫爾題紅；紅葉。彩幣庭陳之，子于焉繫赤。赤繩。色色盈門，難乎瑶報；言言褒衮，儼若珍披。晝衣。伏願東坦君三槐手植，闕觀女五桂心培。他年箕箒能操，竊有願矣，此時魚雁以達，臺其鑒之。

藐兹將悃，聊申一束之純絲；燦爾報章，實獲七襄之美錦。祗修文定之儀，慚乏五雙白璧；恭邀徽音之嗣，欲同九錫玄圭。恭展芳詞，何啻珠璣；璀璨肅登嘉幣，更逾圭璧喬煌。拜復雲伻，敢誇他年之羅幔；敬拂霞柬，肅陳此日之報章。鋪叙禮儀。念衡宇相依，雖非韓樂之比；顧王葭互倚，可無齊大之嫌。絲牽夙願，欣看得婦玉田；屏射韭材，深愧貯嬌金屋。藍璧雙連慶，已叶于卜鳳；霽雲五色瑞，更擁于乘龍。雙鸞飛天一，初傳吹月璈簫；

一葉到人間，巧製裁雲錦字。啓中聯句。俾世以及世，派流奕葉雲礽；則孫而又孫，瓞衍佳瓜漆水。燕譽施及宗祊，長綿七𠀤之福；螽斯錫在祚胤，永聯彝鼎之輝。展也五世其昌，瓜田日茂；允矣兩姓之好，奕葉雲仍。瓜衍瓞綿，永裨熾昌于萬祀；星臨河潤，長邀華寵乎千年。啓中況員。祇布寅忱，仰祈丙矚。李報莫伸，蕪詞祇復。恭候玉音，俯垂金諾。肅布葵忱，統希鼎命。敬拂雲箋，仰祈電照。肅拜徽言，周彰嘉禮。啓末結句。結完接「伏冀尊慈，俯賜鑒諒。不宣」。（茲）〔玄〕囂之母曰：「嫘祖感大星如虹下臨（韋）〔華〕渚之祥而生。」

又

維虺維蛇，展也冰姿綉閣；《詩》：「維虺維蛇，女子之祥。」賦椒賦柳，劉榛妻陳氏于正旦獻《椒花頌》。○謝道韞咏：柳絮因風起。都哉博士奇英。魏文帝甄后九歲喜用兄筆墨，兄曰：「當作女博士耶？」丰神嶽峙，氣度淵澄。學博五車，才凌八斗。德潤珪璋，才含錦繡。手揮鰲極，胸貯豹韜。高風振世，群推地上行仙；雅度薰人，共羡關中老子。寄興丘杯，玄豹隱深山霧；怡情海島，青驪藴袍淵珠。恂恂樸茂，壎篪日永荊庭；抑抑謙冲，揖讓風和梓里。璠璵粹品，岱岳崇標。稱頌人品，下即接以自述男女云。

家禮會通〔卷下〕

〔利卷〕

喪祭考疑

總論

福壽康甯，固人所同欲；死亡疾病，豈人所能無？問病云荼蓼之苦，自言有採薪之憂；疾甚曰病入膏肓，平安曰已喜勿藥。屬纊易簀，云病之將死；指館就木，謂人之已亡。在牀謂之屍，在棺謂之柩。報凶聞曰訃，慰孝子曰唁。慰喪父曰椿甫仙逝，陟岵靡瞻，答曰罪孽深重，禍延嚴君。慰喪母曰萱堂仙逝，陟屺靡依，答曰家門不幸，變起慈闈。慰喪妻曰忽夢炊臼，鳳鸞分影，慰喪妾曰燕子樓空，芙蓉帳冷。慰喪兄弟曰棠萼飄墜，雁陣分群，答曰不幸隕傷，凄慘何極。慰喪子曰桂苑寒生，奇花早萎，慰喪女曰鍾情國秀，寶帨塵迷。慰喪孫曰蘭樹風寒，孫枝瘁秀，答曰不意老年，罹此變故。慰常人曰敢冀節哀襄事，慰官宦曰敢冀爲國惜身。挽文人曰白玉樓成，唐李賀玉帝召爲記天上。脩文地下。顔回、卜商俱爲地下修文郎官。挽婦人曰青鸞音至，趨宴瑶地。赤鸞，西王母使者，穆王宴西王母于瑶池之上。以財物助喪家謂之賻，以車馬以助喪謂之賵。以衣歛死者之身謂之襚，以玉實死者之口謂之琀。問終曰吊，祭死曰奠。寢苫枕塊，哀父母將在土；節哀順變，勸孝子當惜身。父制稱大孝，母制稱至孝，蓋取大哉乾元、至哉坤元之義也。丁憂讀喪禮，出葬讀祭禮，蓋親始死皇皇焉、既殯望望焉之倩也。出柩曰駕輀，送葬曰執拂。挽歌始于田横，墓誌創于傅奕。有牲之獻曰祭，無牲而薦曰奠。祠祭用鬯酒，秬黍爲之。墓祭用玄酒。清泉。肉汁曰太羹，祀米曰白粲。茅沙沃酒以喻其潔清，灌地降神以表其誠敬。蒸嘗禴祀，别四時之祭名；哀期功緦，論五服之喪制。或飲杯卷而抱痛，親之口澤猶存；或讀父書以增傷，父之手澤未泯。是故王褒哀父之死，門人因廢《蓼莪》詩；王修哭母之亡，隣里遂停桑柘社。爲人子者須重慎終追遠之意，若夫臨喪不哀，則何以觀之哉。

初喪考疑

問：初喪時使人升屋招呼，何也？曰：《淮南子》劉安。云：「俗有暴死者，則升其居屋，或于路旁呼之，亦有蘇活者。」今以衣招其魂，遵古之遺意也。

問：俗見忌以重日而不舉哀，信乎？曰：渺茫之見，于禮無據。夫孝子之喪哀，發于天性之自然，豈可以犯重而不哀者？迂俗之甚也。作俑之始，其無後乎？唐鄒國公張公謹卒，太宗御臨發哀，有司奏今日建辰，曆書有忌，太宗曰：「君臣猶父子也，于情豈有不哀哉。」

問：人之哀哭者何？曰：哀，悲憫也；閔，痛之形於聲也。哭者聲之發于口，泣者涕之出於目，此皆情之所感也。譬如水之下流，烟之上尋也。

問：人死搬鋪者何？曰：曾子疾甚，寢於華簀中而氣不絶。童子曰：「華而晥，音緩，明也。大夫之簀歟？」曾子曰：「然。斯季孫之賜也。」言無大夫之職，不當此華晥之簞簀。命曾元扶起，易簀別寢，未安而卒。後人效之，方有搬鋪。男遷正寢，女就内寢。

問：臨終時可創虚位以待外客來探否？曰：必須有爵者方可。

問：置靈座可併成服否？曰：不可。置靈乃安死者之魂，故隨殮而置以奠之。其成服，係有服之人齊集方可成服。

問：成服及朝夕朔望之奠，皆不用辭神，而僅三拜，至虞而卒哭始有辭神及四拜，何也？曰：禮三月而葬，卒哭以前柩尚在堂，其神日夜不離，欲辭何去？至虞而卒哭，則出葬明白，已有神主，遇祭請出正寢而行祭禮，故有辭神之理，乃行三獻四拜之禮。

問：初喪皆奠而不祭，至葬還而虞，乃行祭禮。今人卒哭之前，朔望皆盛設而祭，須胙於親，不亦可乎？曰：不可。今雖盛設，不用祝文，不行三獻，只是致奠，俗呼作祭。夫胙者，有羊猪上祭方可稱胙。

問：人有家貧就初喪凶葬者，其虞祭可速否？曰：禮葬日而虞，虞有剛柔，非可緩也，故隨葬隨虞。虞乃以安其神，故當三祭以安之。

衣制考疑

問：衣以深名，其義何也？曰：衣者依也，身所依也，以其被於體也。深邃而又取義甚深，故曰深。其制十有二幅以應十二月，袂員以應規，領方以應矩，負繩以應直，下齊以應平。司馬温公以爲燕居之服也。又布帛之廣，修飾邊幅以爲巾，隱士之首服也。

問：人有無斂袒，其説何也？曰：古之士庶，死皆有斂。同殮。有因貧無布可斂，後世子孫遂以爲無斂袒，故不敢斂。假若裸葬則云無棺袒，可乎？《檀弓》：「孔子曰：『斂手足形，稱其財，斯之謂禮。』」

問：瞑目巾何爲而設也？曰：齊桓公用佞臣開方、易牙、豎刁，時管子諫，遂不聽，後相繼作亂。公臨卒嘆曰：「死而有知，我有何面目見管仲於地下乎。」以袂掩面而卒。後人遂有瞑目巾之制。

問：五穀袋何爲而設也？曰：伯夷、叔齊傷殷而亡，不食周粟，餓死首陽，武王以五穀斂而葬之。伯夷，孤竹君墨朝長子，名允，字公信，中子仲遼，名馮，字公遠，三叔齊，名智，字叔達。

問：魂帛何爲而設也？曰：司馬公以亡者神魂升，精魄降，言人命盡而落，猶草木枯而葉散也，故束帛以依之，世俗所謂同心結是也。

明器考疑

問：死者之器爲明器，何也？曰：孝子不忍死其親，而以神明之道待之，不曰神明之器而爲明器者，以神之幽不可不明故也。

問：在棺謂之柩，何也？曰：棺者關也，以掩屍也。柩者久也，謂屍入棺久不變也。黃帝始造棺槨，有虞氏用瓦棺，殷時以木爲之。梓宫及櫬乃棺之别名也。周制殯于西階，殯賓也，以西賓待之。若室異制，但安少西耳。

問：置靈時用竹爐直香一行，何也？曰：取其一生正直，無偏輒故也。

問：銘旌何爲而設也？曰：銘者明也，旌者旗也。以死者不忍别，故書其爵壽德行以旌之。杜詩云：「黄壤不霑新雨露，粉書空換舊銘旌。」

問：喪皆用素，獨銘旌用紅者何也？曰：以客書贈，故以紅爲之。

問：杖有用竹用木之不同，及其制之方員，何也？曰：父喪杖用竹，取其節歷四時而不變；母喪杖用桐，謂心内悲切同于父也。長與心齊者，孝子哀戚，病從心起也，執此以扶其身耳。上圓下方者，象天地之義也。木在下者，順木之性也。成服日執起，俟服闋焚于墓前。

問：祀用木主者何？曰：木主者，神所主也，宗廟立之以依神。主必用木者，木落歸本，取有始終之義也。考自武王伐紂時所創而起也。

稱呼考疑

問：生曰父母，死曰考妣，何也？曰：考者成也，言其已成事業也。妣者媲也，言其媲助父美也。或云上父母棺柩出葬明白，下子女嫁娶完畢，方稱爲考妣，不然雖逾古稀無成而卒者，仍稱故父母。

問：人死何以稱爲宜？曰：天子死曰崩，又曰晏駕。公侯死曰薨，曰殂。大夫死曰卒，又曰不禄。士君子死曰終，又曰物故。庶人死曰亡，又曰不在。童子死曰殤。殤者傷也。

問：死者必當謚可否？音示德行之稱。曰：俗但知人死後有謚，殊不知謚乃出于皇上之所贈，皇命云幼而學，壯而行，實人子之難能，生有爵，死有謚，乃國家之常典。豈下人所得而妄謚乎？況婦人之德不外見，而親賓安知其生平之美可褒乎？

問：稱亡者作何表題爲宜？曰：有爵之人題出身職銜，題皇上謚。無則僅題生前表號，加以某公稱之。士人則稱府君。婦人亦稱孺人或稱安人。以配之。

問：年少而亡者以何稱爲宜？曰：傷哉某號某姓庠生之柩。如無讀書進泮者，只稱某號某君，不可妄謚稱公及府君。

問：五十而亡者可稱壽否？曰：五十雖不稱殀，亦未可以壽稱之，但題曰艾。年五十曰艾，言鬚髮蒼白如艾色也。

問：居喪稱孤哀子何也？曰：居喪稱哀子哀孫，祭祀稱孝子孝孫，此禮之本也。今俗父亡稱孤子，母亡稱哀子，不知於禮何據。鄭氏云三十以下無父稱孤，三十以上不得爲孤也。但相承已久，恐雖卒變當通俗亦可。

問：喪帖稱泣血稽顙者何？曰：子羔悲親，泣血三年，泣泪繼之以血。未嘗見齒。微笑。《楚辭·九章》：「哀子唫而抆淚。」居喪哀切，本分之事也。今孝男稱泣而餘稱郊淚。稽顙者，凶禮之拜名也。顙，額也，謂額至地，稽留乃起也。如吉禮頓首類。禮或有喪，雖緦必稽顙，子張問稽顙，夫子曰：「稽顙者，傾乎其至也。」凡吊喪當從其至矣。晉重耳治喪，稽顙不成拜。今期功稱稽首，緦麻則否，至卒哭方添一拜字，謂其漸從吉而可以拜之。

問：母死，父再娶之母在堂，及父卒，而帖文當何稱？曰：宜稱孤哀子，雖繼母在堂勿論，或不稱哀以渾之，亦可。若繼母有子，則並稱孤子可也。或有注寫繼母在堂，不敢稱哀者，迂拙之見。後妻兒送前母出葬亦稱孝子。

服制考疑

問：俗有繫衣帶於手，何也？曰：此雖俗禮，亦厚情也。情既勝禮，則亦無妨。然爲父當帶於左手，爲母當帶於右手，如吉禮有右袒之義。每條串錢一文，至卒哭日焚之。

問：父母之喪必三年者何？曰：子生三年，然後免於父母之懷，故服三年以報父母鞠育之恩。自天子以至于庶人，國家共之。

問：三年之喪，其義何也？曰：《周禮》喪制三月出葬乃卒哭，期年爲小祥，再期大祥，乃除葬，將闋曰禫服。將死比生。人生三月告廟命名。如于子年八月十五生，至丑年八月十五方是週年，便稱此子爲二歲，至寅年八月十五僅二十五月，則稱爲三歲，三年之喪亦猶是也。大祥後期而又期。再居兩月者，謂之禫服，是孝子餘哀未盡，思慕未忘，故服二十七月而服闋也。

問：母喪未盡而遭父喪，何如？曰：對年外則祭，大祥更置父靈以服其喪。若父喪在先，其靈不可除。先葬母不虞不祔，待葬父畢，然後爲母虞。祔虞。祔亦祭名。

問：父母接踵而逝，則如之何？曰：均是一體之服，其靈座照序移立左右，另席以奠。俟大祥後祔之。其餘之喪，祀之別處可也。

問：重喪未除而遭輕喪，其服當何如？曰：當服輕喪之服，而拜哭之既畢，返服重服。若重服已除，當服輕服以終其喪。

問：喪有五服之制，其義何也？曰：凡衣裳旁及下際，皆不縫緶，故曰斬衰，不言裁割而言斬者，痛切之甚也。齊者緝也，謂緝其衣裳旁及下際之邊。大功言布之用功粗大也。小功言布之用功細小也。緦絲也，治細蔴如絲也。又以莩垢之蔴爲絰帶，故曰緦蔴。齊音咨。

問：五服年月之數不同者何？曰：三年者報本之義也，期年者象天地之一歲，九月者象物之三時而成，五月者爲陽之終，象五行也，三月者，爲季之終象一時也。三月者百日也，若以年歲而定之，非禮也。

問：五服之中別有四制，何也？曰：正服者謂本然之宜服也，如父母及祖父母、兄弟之類，加服者謂本輕而加之爲重，如承重孫之類，降服者謂本重而降之爲輕，如嫁母、出母之類，義服者謂本無服，而以義服之，如三父八母及五服親之妻及朋友之類是也。

問：承重者其義何也？曰：考宗子乃承宗祀之重者，今嫡孫無父，當承祖服之重是也。別房孫本期服，無父者稱杖期。此禮宋劉煇始行于世。

問：喪服有衰及負版及適者，有所取義乎？曰：衰者摧也，孝子有衰摧之意也。負版者，負其悲哀之切也。適專也，專適念于父母，不及餘事也。又問：五服皆有之乎？曰：惟孝子用之，旁親則否。又問：功緦之服既不稱衰，亦以緦麻爲之，何也？曰：緦思也，夫有服之親，能無思念切戚之心，豈特假是服以爲文哉，亦取其緦衰而已矣。

問：有子妾與無子妾何服？曰：禮無服而同居者，尚有緦麻，今同一君，亦當以義服之。又問：衆子爲父妾何服？曰：有子者稱爲庶母，服緦麻，無子則已。明制更定爲庶母期年，無子妾亦緦麻。

問：弟子之於師不立服制，何也？曰：不可立也，當以情之厚薄處之。如顔、閔之於孔子，雖斬衰可也。其成己之功與君父並，其次各有淺深，亦稱其情而已。但古人爲師心喪三年，若喪父而無服也。惟五代時郭禹爲其師郭荷斬衰居廬，後世亦不以爲例也。

問：報丁憂字樣有分別否？曰：生本朝袁公諱一相，順天人，任浙江布政司。議詳丁憂，往往舛錯。今將字樣逐一注釋：子爲父母之服斬衰三年。按故明止稱父母，今部文加親父親母，庶子爲所□母，係妾生之子爲所生母亦斬衰三年。今稱親母，不當稱生母；妾生之子稱父之正妻曰嫡母，俱斬衰三年。子爲繼母，爲慈母，爲養母：係母死而父娶後妻，謂之繼母；母死而父令別妾撫育者，謂之慈母；自幼過房與人者，謂之養母，皆斬衰三年。爲人後者，謂伯叔父無子，而過房與伯叔父爲子者，謂之所後父母。今人混稱繼父繼母，則謬矣。蓋爲人後則不爲己之父母後，是以所後父母斬衰三年，而本生父母應降服，不得顧私親。嫡長孫爲祖父母有喪之日，父歿則應承，祖在爲祖母，雖承重，只服杖期。然承重止長孫一人，餘孫則否。是以闡明有伯父之子，每見有稱母爲生母者，是以正母爲父妾歟？有稱所後父母爲繼父繼母者，是以過房爲子之父母，而誤爲父娶之後妻、母嫁之後夫矣，昧理畔義，真可唾也。合應詳明，通行可也。

吊慰考疑

問：吊慰之義何也？曰：古人送葬持執弓夫，以鋤鳥獸之害，故取字義曰吊。吊字有弓箭形。慰者，慰孝子節哀順變也。凡吊在初喪及出葬之日，不可吊人於除喪之後，若大贈死不及屍，吊生不舉哀，皆非禮也。

問：受吊在何處得宜？曰：孝男西向受吊爲得。當立知禮者執香持盞以授賓，孝男跪定，以待吊者行禮，向慰畢，匍入柩側，而後止哀。

問：居三年之喪可吊人否？曰：不可。若披蔴以吊，恐彼難當此禮，若釋服而吊，是自取不孝之罪也。昔曾子居喪時，適有友人死，欲披蔴往吊則不宜，不吊則不情，故至門不及靈，一揖微哭而回，時人謂其知禮。孔子曰：「居三年喪而吊人，哭不亦虚乎？」謂哀在吾親而吊爲虚僞矣，言不可吊也。

問：吊用生芻何也？曰：漢徐孺子吊郭林宗之母，置生芻一束於門而去，宗曰：「此必孺子之生芻也。」《詩》云：「『生芻一束，其人如玉。』吾無德以當之。」《禮》曰：「知生者吊，知死者傷。」知生而不知死，吊而不傷；知死而不知生，傷而不吊。孺子用生芻以吊，蓋知生而不知死也。

問：吊喪之禮有論尊卑否？曰：帖文之當稱禮意之厚薄則有之。若以人品而論高下，則是卑者爲不足吊，而尊者又不敢以吊矣。今凡吊者不論尊卑貴賤，卒哭俱當拜謝之，不可以卑賤而輕忽之也。

問：挽詩中稱仙逝何也？曰：有德之人卒爲仙逝，蓋美之之詞也。

問：士死而有誄者何？曰：誄之爲言累也，累其生平之實行功德爲文以哀之，即今之祭軸是也。未葬懸于中堂，出葬焚於墓前。

治葬考疑

問：葬之義何也？曰：《檀弓》云葬者藏也，欲人而弗得見也。葬於北方北首，取幽之義也。上古葬于中野，不封不樹，後世聖人易之以棺槨，蓋取諸大過。

問：墓誌有何說？曰：家禮止書其姓名、鄉貫、生年卒葬及子孫次第，自宋明以來，宦裔欲顯揚親德，必假名筆，致庶民不敢用誌。而魚鱗葬處争控難斷，皆由不用誌所誤耳。嗣後不論士庶，當用小誌爲是至。神道乃是有享堂者之稱，無享堂則稱墓道。享堂即墓庵也。

問：做墓完稱爲襄事，何也？曰：魯定公送葬，遇雨所阻，不能襄成葬事之禮。今人以父母出葬明白，謂之襄事，言其已成葬事也。沮止也，阻險也。

問：墳墓稱爲佳城，何也？曰：漢夏侯嬰封滕公。駕至東都門，馬悲鳴不進，命掘地得石槨，有曰：「佳城鬱鬱，三千年見白日。吁嗟滕公居此室。」公嘆曰：「吾死其安此乎？」後果葬其地。晉陶侃欲葬其母，未得其地，遇一老人謂曰：「前岡牛眠處，其地若葬，位極人臣。」侃因葬之。築堆曰墓，高壟曰墳，封邱曰冢，大阜曰陵，帝王所葬。生墳曰壽域。姚崇所創。

問：出葬用方相，何也？俗呼孔敬。曰：大儺音那。之禮，禮官方相氏蒙熊皮，黄金四目，玄衣纁裳，纁音昏，淺絳色。執戈揚楯，四方長。唱十二神名。張子和曰：謂甲作能食仙，（胇曹虎食）（胇胃食虎），雄伯食魅，騰簡食不祥，攬諸食咎，伯奇食夢，疆梁、祖明共食磔，委隨食觀，錯斷食巨，窮奇、騰根共食（古）〔蠱〕，呼此十二神鼓譟而行，唱逐凶神。今公卿大夫出葬俱用之，照品第定有多寡。謂之方相。俗又呼爲開路神。

問：墓前石人稱爲翁仲，何也？曰：《括地誌》云有姓阮名翁仲者，乃交趾人也，身長二丈三尺，少爲邑吏，被笞，發憤入秦，拜爲臨洮太守，威振匈奴。及卒，以銅鑄像，竪于路前，匈奴見之，懼而引去。後大臣勑葬，墓前石人是爲翁仲也。至唐貞觀年，加以石燭、石馬，以旌戰功。

問：墓前之神稱后土，何也？曰：勾龍治土，有功封爲后土之官，按行九州，有元龜隨焉，若見其住足，則有風水。今墓上龜背，是其遺跡也。

祀禮考疑

問：死者之子幼，不能治喪，何也？曰：兄弟之長者主之。至于卒哭回拜，使人抱其子而隨行，主喪者爲之代拜可也。

問：無祀之喪何如？曰：喪有無後，不可無主。木主題故伯叔、故兄弟。擇親者一人爲喪主，縱有兄弟、胞侄、女子之親，小祥服闋，不行大祥之禮。忌祭勿失。

問：長兄無子，取弟之子爲繼，必以長乎？抑以少乎？曰：以長繼長，義也。立弟少子以繼長，有失繼長之義。然兄長生前所好者，立之亦可。

問：已過繼伯叔，至後親兄弟俱不幸死絶，欲復歸，則負過繼父母，欲不歸，則虧本生父母，似此兩難，則如之何？曰：若生有兩子，則以長子而返繼之可也，如只一子，則當歸於本生父母，仍爲過繼父母會請家長，再擇昭穆相應者繼之方可。

問：嫡子少，庶子長，何如？曰：立嫡不立庶，何待論哉。其題主當以嫡爲長，其治喪祭奠及見賓客，嫡出之弟當居大位，其行帖亦當論嫡庶之分。今人多以長幼次序行之。

問：嫡妻無子，先妾生子少，後妾生子長，題主奉祀當立何人爲長？曰：立長不立少，只論其子之長少，不論其妾之先後也。衛大夫石駘仲卒，無嫡出，有庶子五六人，卜以爲後者，其餘皆沐浴執玉以俟占卜，惟季子石祈報喪泣血，卜以此子則兆立之。謂致極其哀，不尚文飾也。

問：庶子之生母死，題主當何稱？其祭當何所？曰：若避嫡母，只稱副妣別之，不可以顯字尊之。其殯與祭皆不得正廳，其子當祀之別室。若庶子爲父後者，當以庶母祔於嫡母之側，亦行三年之喪。

問：前母無子早死，而父祀之，繼母之子即當何如？曰：若柩未葬，當爲之擇地營葬，改題神主曰顯妣，自稱亦曰孝子。

問：前妻死，停柩未葬，至繼妻生子長成，此時乃葬前妻，其繼妻之子當何服乎？曰：亦當服齊衰，與前妻之子並列行禮。

問：親母被出，其子當何服？曰：爲之服齊衰杖期。若父不幸早喪，其母雖得罪於父，未嘗得罪于子，則迎歸奉養，及其卒也，亦服齊衰杖期，别葬而祀於别室。母出廟絶，故當祀於别室，嫁母返室亦然。

祭祀考疑

問：祭之義何也？《尚書》曰：「祭者察也，察者至也。」言人事至於鬼神也。祭祀者，報本追遠也，追思其不及之養，而繼以未盡之孝也。

問：讀祝文，卒哭以前，跪於堂上之左西向，卒哭以後，跪於堂上之右東向，何也？曰：凡讀祝文，喪祭在左西向，吉祭在右東向，謂從吉之喪祭，至卒哭則漸從吉矣。是日也，以吉祭易喪祭，故祝文須東向讀之，東向者，取其向陽生旺之義，西向者，取其向陰悲切之意。

問：未葬而祝文當何稱爲宜？曰：未葬但奠而不祭，其祝文未可稱孝子，只曰孤哀子，亦未敢稱先考妣，只稱故父母之靈，其行禮無灌地降神，止奠一杯酒，舉斟二遍。若葬完之祭，則有灌地三獻，獻饋也，下進上曰獻。三獻者，舊酒傾去，從新再斟，跪而進之。加以侑食進飯，辭神之禮。侑，勸食也，舉酒斟滿也。

問：祭物以左魚右肉，右羹右飯者何？曰：在昔安祀祖先神主以右爲尊，於行禮之時，兄居右，弟居左，故排物亦如之。今悉以左爲尊。

問：祭沃酒於地，何也？曰：周禮用秬、音巨，百穀之華。一云黑黍。鬯音暢，白草之英。和鬱草，音屈，芳草也，從缶臼以覆之。俗作鬱，非。合釀爲酒，祭祀用之，以祼古灌字。降神也。

問：酒如何沃法？曰：沃酒有三：一是鬯酒，灌地三行，降神是也。一是縮酒，盡傾茅沙，案下置清沙白茅于盤中。敬神是也。取其清白之義。一是宴酒，每種各取少許，置之豆登瓦器。于地，向出一揖，酹酒三巡，告創造飲食之神也。

問：奠酒或云灌地，是否？曰：奠，定也，定爵神前也。若云注于地者，非也。

問：祭祀用香者何？曰：自昔祭祀用蕭蘆荻之屬。合脂膏以焚之，其香氣達於牆屋之間。《詩》云「取蕭祭脂」是也。至越裳氏貢，中國始有香，今人焚香祀神，雖非古禮，然用香已久，鬼神亦從而安之。

問：祭祀用紙者何？曰：古者祭祀只焚幣帛，及祝文而已。至漢殷長史始以紙代帛，唐王璵乃用於祠祭。五代時又設紙銀以爲美觀。夫以紙造爲錢銀，亦是明器，用以代帛，似亦無害，俗謂可爲幽冥之資，可笑。今用色紙爲帛，化訖將紙灰傾于溪，不可置路旁作穢。

問：未葬而大祥，可除靈祔祭否？曰：未葬而除靈非也。若葬已有神主可祔，故除喪便可除靈，若未葬而除靈，不知魂魄將置于何所乎？或寄之祖龕者，非禮也，而搭于棺上者，非禮也，當用匣貯之，祀于别處，遇歲時伏臘另奠之可也。謂一歲四時、三伏、五臘當以禮祭之。

問：祔之義何？曰：祔之爲言附也，祔音附，乃合食于先祖也。祔祭者告其祖考，以當遷他廟，以新死者當入此廟也。祔父則附於父之祖考，祔母則附於父之祖妣，祔父則設祖考妣二位，祔母則設祖妣一位，蓋有事於尊者，可以及卑，有事於卑者，不敢以援尊也。至于忌祭亦然。又問：不祔于父母，而祔于祖考者，何也？曰：周禮昭生穆，穆生昭，祔于祖者謂以穆祔穆，以昭祔昭也。

喪祭總結

問：喪有四體，何也？曰：變而從宜，取之四時也。有恩有理，有節有權，取之人情也。夫恩者仁也，理者義也，節者禮也，權者智也。父母死爲大喪。

問：執喪祭之禮何爲全備？曰：《孝經》云孝子之喪親也，哭不偯，音藹。禮無容，言不文，服美不安，聞樂不樂，食旨不甘，此哀戚之情也。三日不食，教民無以死傷生也。毁不滅性者，聖人之政也。喪不過三年，示民有終也。爲之棺椁衣食而舉之，陳其簠簋而哀戚之，僻踊哭泣以葬之，卜其宅兆而安厝之，爲之宗廟以鬼享之。春秋祭祀，以時思之，生事哀敬，死事哀戚，生民之事盡矣，喪祭之義備矣。

喪葬圖制

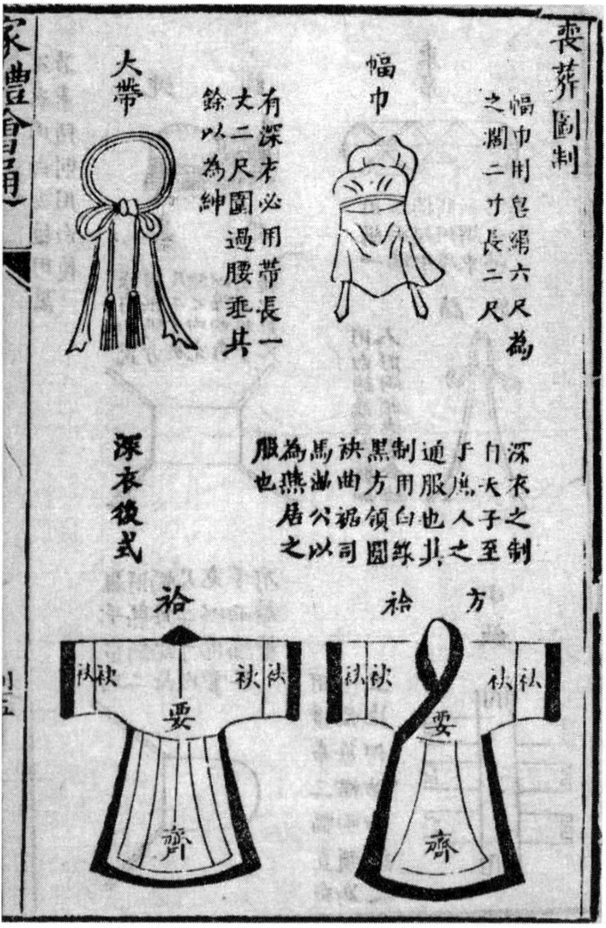
喪葬圖制

幅巾

幅巾用皂絹六尺為之濶二寸長二尺

大帶

有深衣必用帶長一丈二尺圍過腰垂其餘以為紳

深衣之制自天子至于庶人之通服也其制用白緣黑方領圓袂曲裾司馬溫公以為燕居之服也

深衣後式

深衣用白而領用黑若素積則用白領

純　絇

綦　絶

幎目巾式用熟絹方尺二寸夾纏之內充以綿四角有帶繫手後以結之

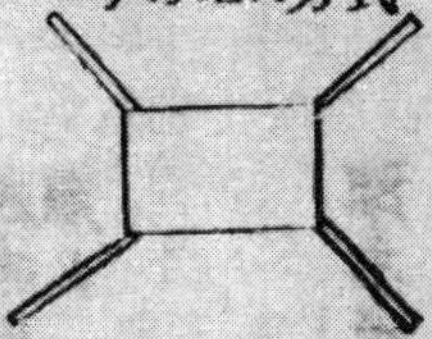

握手帛式用熟絹二幅每幅長尺二寸內充以棉裹手兩端各有帶繫

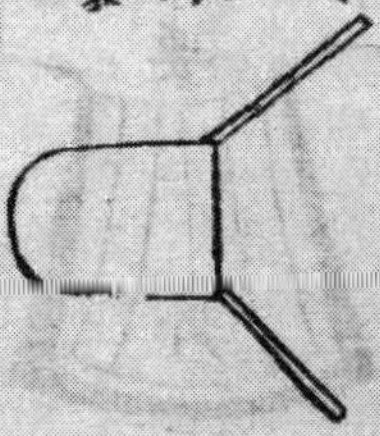

束帛

用絹一匹兩端捲起中間相湊所謂束帛依神是也

結帛

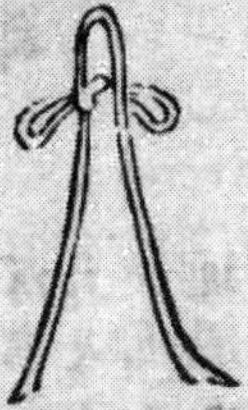

用白絹或白布結如人形兩頭捲來合縫

小斂

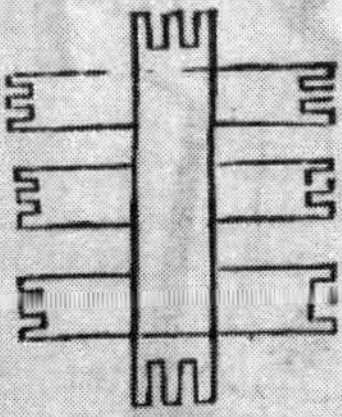

用橫布三幅直布一幅每幅兩頭為三片相結而絞之

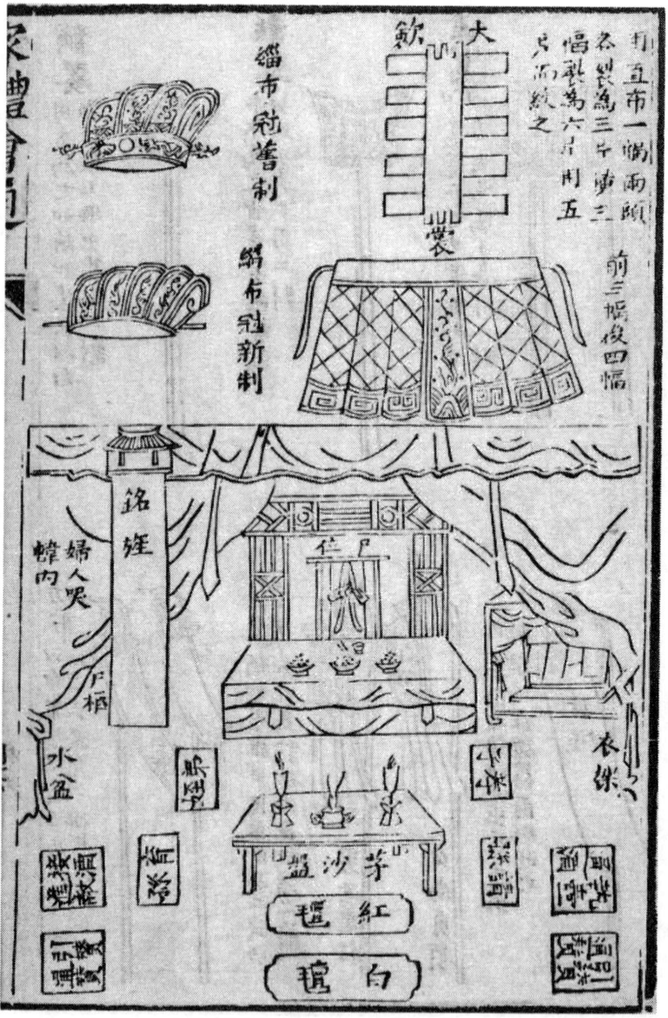
緇布冠舊制
緇布冠新制
前三幅後四幅
銘旌
婦人哭帷內
尸柩
水盆
衣架
茅沙盤
紅氈
白氈

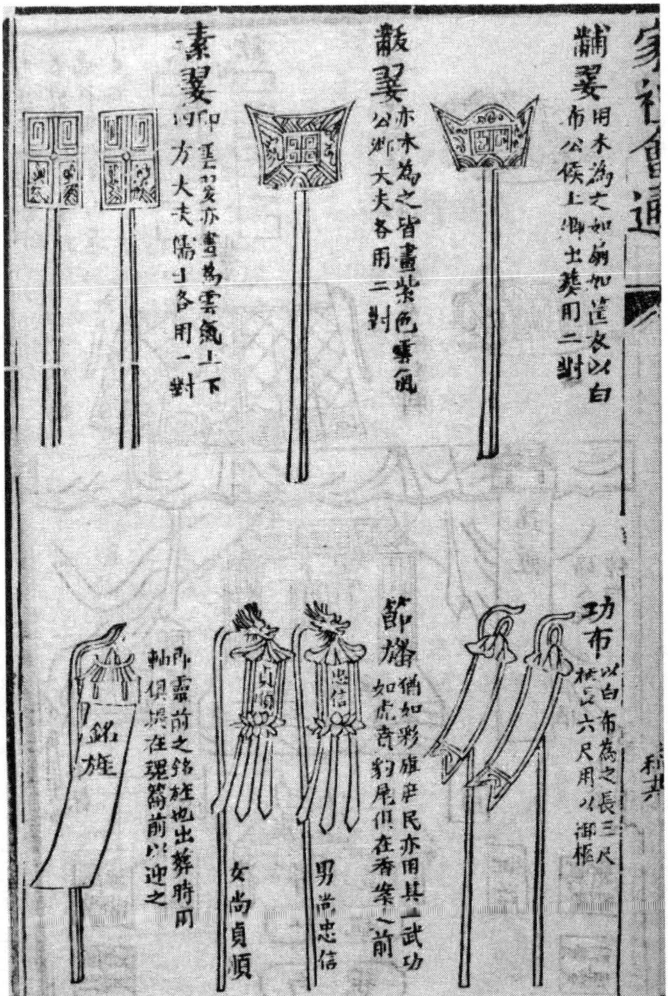
家禮會通
黼翣
用木為之如扇加蓋衣以白布公侯上卿出葬用二對
黻翣
亦木為之皆畫紫色雲氣公卿大夫各用二對
素翣
即雲翣亦畫為雲氣上下四方大夫儒士各用一對
功布
以白布為之長三尺杖長六尺用以御柩
節旛
猶如彩旗庶民亦用其武功如虎賁豹尾俱在香案之前
忠信
男尚忠信
貞順
女尚貞順
銘旌
即靈前之銘旌也出葬時用軸俱娛在瑰篙前以迎之

今頭盔更設充耳于兩旁人用布一片于額前而蔽塞之

斬衰冠　內套首絰　惟孝男用之

齊衰冠　兄弟及孫諸姪而用之功緦則用麻巾

方相

公侯上卿出葬用狂夫四人掌蒙熊皮黄金四目玄衣朱裳執戈揚盾奔馳至墓入壙以戈擊四隅而走大夫用二士庶用一止畫兩目名魌頭

盾長而四方

衰衣稱為大服胸前貼一布為衰背後貼一布為負版內襯麻衫外繫腰絰衫袍之制父亡襟前直縫撮出母亡背脊撮出雙亡俱撮出

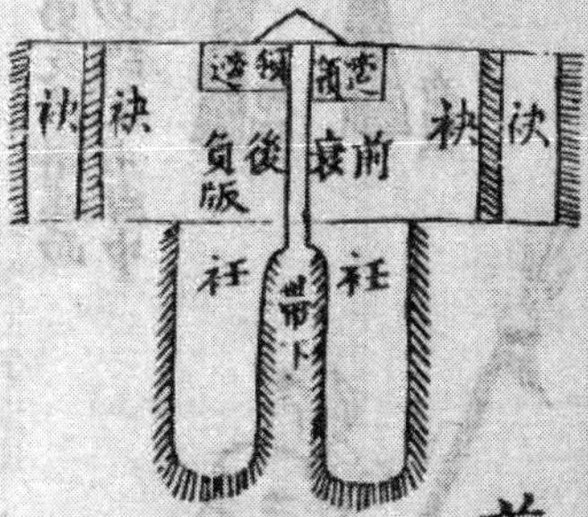

首絰 以麻為繩長天八套于頭上

腰絰 以麻結兩股繩圍在身外

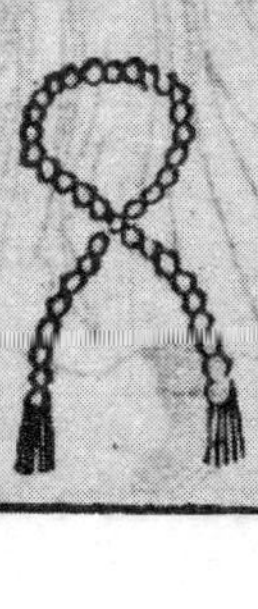

髻子 婦人用之飾以竹釵用布一條長八尺以束髮垂其餘于後

麻蓋頭 婦人用以蓋頭長與身齊功服以下用細麻分止用白布

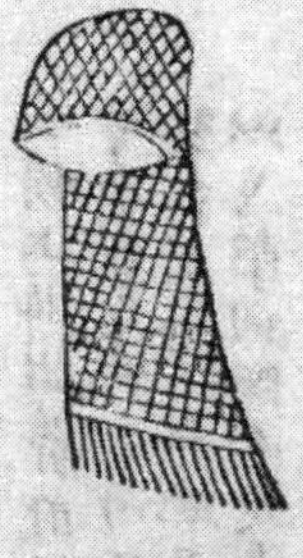

古者婦人亦有衰後用大袖加以腰絰婦妾則用背搭

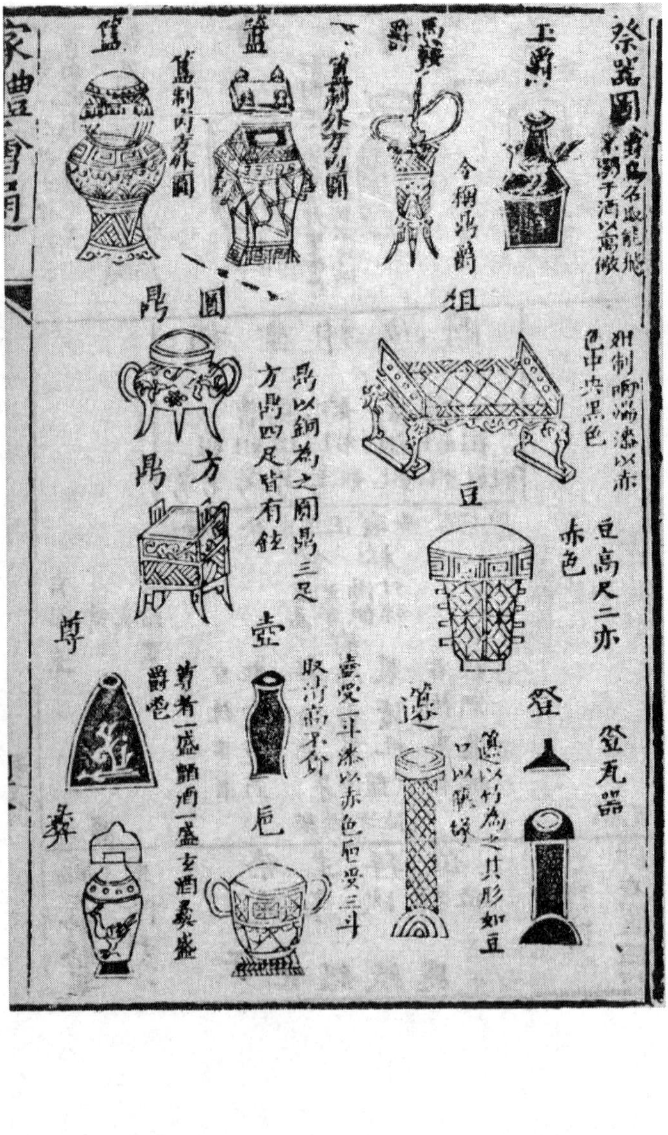
祭器圖
爵爲名取能飛不溺于酒以爲儆
玉爵
馬蹄爵
簠
簠制外方內圓
簋
簋制內方外圓
俎
俎制兩端漆以赤色中央黑色
圓鼎
方鼎
鼎以銅爲之圓鼎三足方鼎四足皆有蓋
豆
豆高尺二赤色
登
登瓦器
籩
籩以竹爲之其形如豆口以籐緣
壺
卮
尊
彝
家禮會通

罍

罍以瓦爲之脩即
卣也取質累之義

脩

觶

觶酌酒之器容三升豐登
豆早所以承觶礼飲不可遊

豊

祠堂神位圖

曾	高	始	高	曾		
祖	祖	祖	祖	祖	祖	祖
考	考	考	考	考	妣	妣妣妣妣妣

如遇祭出主正寢安祭椅位

食桌

醢菜 湯飯 汁碟

祔祭位　奉卓　飯酒茶

祔祭位　奉卓　飯湯茶

前

右執事者執壺遞酒　主人酒茅沙盤　香案　讀祝　果　右執事進酒獻者

燭　臺

松　光

酹酒之位

祭主拜位

子孫序次拜位

廊左貯祭器

東階升

西階降

廊右置盆加

子　化銀紙處

男女服制

喪必有服以爲痛飾，情有親疏，制有厚薄，重則三年殺，而一年又殺，而九月及五月至三月，因親疏爲等殺。○喪有正服、義服、降服、加服四等。正服者，情分當然，如子爲父母服斬衰類。義服者，非其所生，以義爲服，如婦爲舅姑服斬衰類。加服者，本有所服，自輕從重，如承重孫爲祖父母服斬衰類。降服者，分有所制，自重從輕，如嫁女爲父母降期類。

本宗五服九制圖

一曰斬衰三年子爲父。承重爲祖父母，祖在爲祖母，不三年。爲長子反服。明制改爲齊期，今用白布衫。女在室、嫁而反與子之妻同。

二曰齊衰三年子爲母。嫡母。生母。繼母。養母。慈母。本朝俱改斬衰。婦同。

齊衰杖期承重孫祖在爲祖母服，不報丁憂。爲嫁母及出母。夫爲妻服，如父母在堂或父母亡後而娶皆不杖期。

齊衰不杖期爲祖父母。祖爲嫡孫。父母爲嫡子、衆子。爲伯叔姆嬸。爲胞兄弟。爲親侄及嫡孫嫡婦。嫡衆子爲庶母。庶出之子爲父生、父母立爲祖後者不服。爲在室女子、爲在室姑及姊妹、姪女、女孫。爲人後爲本生父母服。

齊衰五月曾孫爲曾祖父母服。若無父無祖者亦承重三年。父母舊喪出葬，服。改葬，服緦麻。齊衰三月衆孫爲高祖父母服。合族不論親疏長幼，爲宗子、宗孫服。三曰大功九月爲衆父母堂兄弟、衆孫堂侄。爲衆婦及侄婦。爲出嫁姑及姊妹、女子、侄女。爲庶祖母服。四曰小功五月爲伯叔祖父母。爲堂伯叔及姆嬸。爲再從兄弟。爲在室再從姊妹及侄孫女。爲堂侄及侄孫。爲胞兄弟之妻。爲嫡孫婦。爲在室堂祖姑及堂姑堂姊妹。爲出嫁三從姊妹。爲出嫁堂侄女。五曰緦麻三月爲曾伯叔祖父母。堂伯叔祖父母。爲三從兄弟。再從伯叔姆嬸。再從侄及堂侄孫。曾孫及玄孫。曾侄孫。無出父妾。堂侄婦。堂兄弟妻。有子妾。從孫婦爲在室曾孫女及元孫女服。在室從姑及三從姊妹再從侄女及侄孫女。爲出嫁祖姑出嫁堂姑及從姊妹。

祖免免音問。〇祖謂袒，去上服免以尺布插髮。緦麻絶服之外，乃謂袒免。遇喪服素冠白袍。

妻爲夫族服婦人原亦有杖，賈疏因議除之。

三年爲舅姑及本夫皆斬衰。人有承重妻，亦同服而無執杖。期年爲長子長婦。衆子。在室女子、親嫡孫。爲夫侄侄及在室侄女。夫爲人後者妻爲本生舅姑服。大功爲夫祖父母。夫伯叔父母。衆婦、夫侄婦。衆孫。出嫁女子及侄女，爲夫翁、有子妾。小功爲大兄弟及姊妹并妯娌。夫堂侄及堂侄女、夫親姑。爲女孫。夫在室侄孫女。夫侄孫。緦麻爲夫高曾祖父母。夫伯叔祖父母。夫堂伯叔祖父母。夫堂兄弟及妻。夫堂侄婦。夫從堂侄。孫婦及侄孫婦。夫堂侄孫。曾孫及婦。玄孫。曾侄孫及女。夫堂侄孫及出嫁侄孫女。夫翁無出妾。爲夫堂姑及堂姊妹。夫出嫁堂侄女。爲夫從室從侄女。夫外公婆。夫母姨。爲夫乳母服。夫母舅爲女婿。凡嫁而無服者，俱不録。

出嫁女爲本族服

高祖父母齊衰三月。曾祖父母齊衰五月。祖父母齊衰期年。父母齊衰期年，母嫁小功。伯叔祖父母緦麻三月。伯叔姆嬸親兄弟姊妹姪女及姑并姪俱大功九月。堂兄弟及堂姊妹俱小功五月。堂伯叔父母堂姑堂侄堂姪女祖姑俱緦麻三月。

妾爲君族服妾不敢稱夫，故云君。以禮聘娶曰側室，以婢通房曰偏房。夫爲妾有何服？有子者義服緦麻，明改期年。

夫君一年。君父母期年。君正室君衆子及所生之子各期年。

外戚服制

外公婆、母舅、母姨俱小功。庶子爲嫡母之父母兄弟亦小功，嫡母死則不服。同母異父兄弟姊妹及外甥俱小功。外甥婦、外孫及婦妻父母女婿、舅姑姨之子俱緦麻三月。母妗與朋友禮制弗及，然同居尚服緦麻，當以緦爲服。師長輕非宜重，無制，三年内亦不衣錦宴樂，乃見心喪。

凡女人在室及嫁而反服與男子同，出嫁與男子爲人後者，爲其私親皆降一等，反服亦然，惟祖父母、高曾祖父母不降，兄弟之爲父後者不降，爲兄弟之妻亦不降。女在室三年，止戴麻箍，不用髻子。

凡爲殤服以次降一等，應服期者上殤降九月，中殤降七月，下殤降五月，大功以下皆以次降一等。未八歲爲無服之殤，不祭哭之，以日易月，若已嫁娶則不爲殤。殤者猶言傷也，言未成人而卒也。斂止髮包褊衫，未便用深衣幅巾。八歲至十一爲下殤，不祭；十二至十五爲中殤，祭終兄弟之身；十六至十九爲上殤，祭終兄弟之子；殤無木主，名題爐前。成人無後者祭終兄弟之孫，主祔祖考之側。

三父八母圖

同居繼父父子皆無大功。以上親義服齊衰，不杖，期，若繼父及已有大功親，服齊衰三月，非緦麻，乃粗麻。先同後異居繼父齊衰三月。原不同居繼父無服。嫡母妾之子謂父正室曰嫡母，正服斬衰三年，反服不杖期。繼母父再娶之母，義服斬衰三年，反服長子三年，餘期。若父死繼母再嫁，隨去服齊衰、杖期，不隨則無服。庶母父有子妾，嫡衆子皆期年，所生子三年。嫡母無子，立爲嫡嗣，杖期，反服，期年其主附在嫡母之側，其靈位置在偏旁可也。慈母母卒，父命別妾慈已者，爲之義服三年，不命則期年。養母自幼過房及養同宗之孤兒者，同親母正服齊衰三年。嫁母母嫁出服杖期，亦有反服無後，而反祀于別室。出母阪父離出杖期，庶子立爲父後者則無服。乳母自幼乳哺者爲之義服緦麻。

五服喪制卑幼爲尊長乃正服，尊長爲卑幼是反服。

凡喪服上衣曰衰，下衣曰裳。衰之爲言催也，衰服身長二尺四寸，袵用布二幅，各長三尺五寸，斜裁作四片，每片長二尺五寸，狀如燕尾，縫如衣，下以掩裳旁際。今制無裳，但用麻布六幅，裂用十二片，合縫于上衣。斬衰之服前有衰，用布長六寸，闊四寸，綴在衿前當心處，後有負版，用布一尺八寸，綴在背後項下左右，有適將衣身領邊前後各裁四寸，轉摺四寸向出，是爲左右適。衰服即大服，襯以麻衫，其鞋襪亦以麻布爲之。〇適音的，辟領也。

孝婦用極粗麻爲大袖，如今短衫而寬，其長至膝，又用極粗麻六幅，裁爲十二，破聯以爲裙，其長拖地，用稍粗麻爲䰀頭，用略細布一條爲頭髺以束髮，而出其餘於後，但不緝邊。又製爲麻髻，未嫁女用頭箍，餘又用白髻，時有子麻爲腰絰，制如男子，繫于大袖之上，竹釵麻鞋，衆妾則以背子代大袖，亦以極粗生麻布爲之，長與身齊。餘同。

斬衰斬不緝也，取痛甚之義。衣裳旁及下際皆不縫緶。用極粗麻布，麻三升，音登，　升八十縷，言扣齒之疏密也。

齊衰齊音咨。古禮母服，今皆服斬，然斬三年，齊有期年，又有五月、三月之齊，蓋高、曾祖父母與繼父之尊異於常親，故月數有降，服制無降，不敢以卑者之服爲尊服，用麻五升，經之比斬衰稍次之。齊緝也，衣服旁及下際皆有緝。

杖期用麻七升，比齊衰稍次之。不杖期又次之。大功用麻八升，比期服稍熟之。小功布制同大功，用十一升又細熟耳。

緦麻用十五升，制同小功，乃細熟布爲之，其幅之經乃一千二百齒。○以上服制，服重者升少，服輕者升多，但粗細不同耳。

墨衰古人居喪，遇有臨戎、主祭大事者，御以墨衰，隨以斬衰、齊衰、功、緦等粗細之麻染墨色而爲長袍也，不用負版辟領制。

盔冠用竹、桱爲冠，梁闊三寸，以麻布摺⿰巾耴爲三條，是爲三辟積。若斬衰用繩武繩纓，齊衰用布武布纓，世俗又設充耳於兩旁，又用布一片於冠前，不知於禮何據，其意以爲耳無間、目無見乎？○⿰巾耴音輒。

絰帶凡在首曰絰，取忠實之心，先套頭上而後戴冠，今套以布。在腰曰帶，繫于腰間。斬衰、齊衰用麻，大功以下用布。

幝盔絰五服俱有，粗細不同。

凡絶服者，五服外者。不襲不冠，爲之絻髽，男用絻，女用髽。用布廣一寸，長二尺許，從頂上而圍于額中，名曰露紒，男婦間時服之，俗用幅布包之。今婦人頭箍稱爲髻髽。

通杖式

父喪用竹，母喪用桐，妻喪用藜，削上圓下方，根本自下而上，長與心齊。成服日始執，服勤三年，埋于墓所，或焚于靈前。焚杖時孝男俱跪，完乃起。按通杖實係明器，最宜珍藏。今俗凶葬丟杖墓前，空手歸家，安靈成服及見吊客，不知將何以扶其軀乎？治喪而不用杖，則無哀痛參怛之情，豈足爲禮乎？子思泣親執杖，後人因之裁人喪禮。

初喪儀節

喪禮居喪以哀爲本，然送死大事，凡棺槨衣衾，必誠必慎，一或不謹，抱痛終天。

正禮父母、舅姑。有疾子婦無故不離側，專以迎醫調理，設入膏肓，則描畫真容，備禮守制，不可輕漫。疾篤將終時，父母。遷正内。寢父母疾篤，子婦奉湯藥，扶坐起，夜間婦歸房，子獨侍，危篤遺囑書于紙。屬纊，以俟氣絶。置新綿于口鼻，若綿不動則氣絶。今人氣絶乃迁以米寔戶口，謂之飯含。男女舉哀擗踊，手擊胸曰擗，足跳躍曰踊。復使親人持亡者之衣，掛竹竿上，升屋，三呼死者名號，卷衣覆屍，招魂復魄。易服，男女皆去衣冠。披髮徒跣，凭屍而哭，三日不食，寢苦枕塊。期年大功之喪，三飡不食，小功緦麻之喪，二飡不食。置屍床南首，遮布幔，庶人無屍床，用椅枋代之。屍前點燈一盞。男左女右，焚香化紙，不可少離屍側，以防凶煞所侵。哭少間，即議大事。梳頭，男用子孫，女用媳女，手執木梳，前三後四，將髮縛爲髻鬃，其木梳折斷，一半棄之，一半置荷包内。沐浴，用錢一文投溪或井買水，汲起盛錠，先浴頭面，以巾拭，次浴身體手足，另一巾剪手足甲，盛小袋，俟大斂置于棺内，將水傾净處。净完先穿綾裘褲，其水錠留爲錢爐用。頒頭布于諸親。凡探死者無易服。因主人未成服。親者拜屍前，孝男跪哭，不用答拜。疏者拜喪次。有爵者中堂虛設一座，謂之喪次，期功者在此接禮，權時用糖作茶。立喪主，長子爲之，無則承重孫或次子。凡喪父在，而子有妻子之喪，父主之，父没，兄弟雖同居，各自主其妻主之喪。立主婦，亡者之妻，無則喪主之妻。立主賓，同居尊長、族人、執友，在外廳接見賓客。立相禮，一應禮儀聽其區處。立司書，賓客吊奠皆記簿上。立司貨，凡應用物件，司禮者命司貨者早爲之備，凡理事者，主人以紅布一二尺贈之。祭時喪主婦。未哭，衆子婦不敢哭。止哭亦如之。

重喪日正月甲日，二月乙日，三月戊日，四月丙日，五月丁日，六月己日，七月庚日，八月辛日，九月戊日，十月壬日，十一月癸日，十二月巳日。又逢五巳、五亥日爲大重，俗以此日忌初喪、出葬。

禳重喪法作一小棺牪，用硃書四字于函内，置于棺下。○正、三、六、九、十二月書六庚天刑，二月書六辛天庭，四月書六壬天牢，五月書六癸天獄，七月書六甲天福，八月書六乙天德，十月書六丙天威，十一月書六丁太陰。

訃告親戚朋友卒之明日，用帛或布，訃告親戚朋友。帖面書「訃音」二字，親戚贈以賻儀，女壻助袍襖。父死曰孤，母死曰哀，二親俱亡曰孤哀子。

> 某等罪孽深重，不自殞滅，禍延
> 家嚴慈於○月○日○時以疾終于正内寢，溢
> 悲號，五内崩裂。辱在戚屬敬訃
> 上聞不用簽。
> 孤哀子某某仝泣血

若孫代訃，改「罪孽深重」二句爲「門衰祚薄，禍釁攸鍾」，「家嚴慈」爲「家大父母」，「孤哀子」爲「期服孫」，「泣血」爲「稽顙」。哭内父母雙亡用「泣血泣血」。

若有爵者，加官銜某某。

訃白帖

謹具：
素紬布几端或用帛儀壹封
奉申
哀敬
孤哀子姓名仝泣血

唁慰式男人喪貼青簽，女人黃簽，取天青地黃之義。

稱銜姓名頓首拜
大孝某親老先生老大人苦次：
倏聞
尊翁堂大人遽違色養，令人驚怖！諒足下孝心
純至，哀慕恒情，但生寄死歸，數莫能逭，惟冀節哀順
變，毋重逝者之戚容。涓日晉
吊

復式帛儀客人當受之，不可將此改爲賻助之儀。

稱銜姓名揮淚拜
謝
倏聞
訃音，不勝哀悼。帛維暫領，尚俟躬奠，未既。
如不收改暫領爲璧謝

復式

先父母一旦歸徂，叨蒙
唁慰，何幸當此！拭淚以
謝
具銜

襲衣制　先戴幅巾，士庶用之，官則朝服。次充耳，用棉、棗核大塞兩耳。結瞑目巾、握手帛，納鞋襪、荷包，貯錢銀、五穀、鏡、梳、紙。裙褲男用二裙三褲，女用三裙二褲。襲深衣，句地烏緑。結大帶，枕頭。入燈草，或艸碎。將死者衣服，令一人逐件穿好，以黄麻自袖中穿出襟前，披在斂被上，扶屍安之，逐件掩襯。衣帶不可活結，剪下衣帶收在斗内，每條串錢一文。爲有服者作手尾，男亡繫左手，女亡繫右手，至卒哭日焚之靈前，將錢買餹用之。若論衣服當遵國制爲宜，至剪帶乃漳俗之例。

皇朝有官者，頂帽披肩，朝衣靴襪，小前程者用公服、補服，庶人袍袖，外套則無裙。命婦用鳳髻，襘襖絨靴，須三裙二褲。衣服不拘多少，俱要單數。

小斂死之明日，先鋪横巾二幅，後鋪直在一幅於横布上，每幅兩頭裂三片，横者長周身相結，直者自首及足而結于身中。又鋪衾及衣服，安屍於上，以椀墊首，以舊衣服貼兩肩，兩脛空處使其平滿，乃裹衾，結小斂布而綴之。若酷暑不必拘日。

大斂死之三日，用直布一幅，兩端各裂爲三片，中二分之一不裂，横布三幅裂爲六片而用其五，其布長皆如小斂式。掩衾單，先結直者三，後結横者五，絞畢，舉屍安座入棺。凡儒禮俱皆有斂，富貴家創有斂床，平常者在棺蓋上。爲人子孫，於親當從厚，不可因前世貧困無斂爲例也。蓋棺被用白布爲裹，紅布爲表，一領陳於屍上下。

治棺杉木色老縷細，乾燥堅實，臨櫬時一切縫隙用絞净真漆調生麪塗嵌，如貧者合縫用艌船油灰塗其内，覆棉二三次，外面灌桐油數次，固甚松脂。爲人子者，棺板宜預備，不可兄弟推延吝惜，當竭力于此，省干他務也。

闔棺式蓋也。殯人用斗底量石灰，高唱入棺。省用火爐。置七星板於棺底。用薄板一片，內開七孔通透，下墊炭以承穢氣，安衾于板上，子孫婦女用黄麻吊屍入棺，連聲叫進止哭，熟視安固，將齒髮手足甲實棺，請擲環信，將衾覆于屍上，乃收衾之四裔垂外者，先掩足，次掩首，又掩左，再掩右，以舊衣裳塾至棺中平滿，如未平滿，用紙錢、白布、脚巾悉納其中。蓋棺時以小牲醴，在棺邊用之，讀祝文。請父母居全者執斧安釘，以紅布墊手。釘頭向出。取有出丁之義。男女將扶屍黄麻分繫腰間，各執小紅燈一盞，或持燭一枝，憑棺而哭，圍轉三匝，三正三反，圍棺畢，將燭插于穀籮中。安置事畢，孝男叩謝諸親戚。

入棺祝文

維

某朝某年歲次某上某月某某日朔如或别日則加。越某某日某上，不孝孤哀子某上等，謹以牲醴致奠于故父母某公氏之魂曰：「不孝罪深，禍延吾父母，一夢不返，百事已矣。兹值入棺，號慟慘裂，父母耶何忍?子耶難忘。永訣終天，欲見無從。謹告。

灑净蓋棺後請巫者設香案，用線串錢十二文，繫以紙錢，親人序次牽扯，巫者把刀割斷，名曰割鬮。

闔棺畢，安在靈位之西，古禮殯于西階，頭在內，足在外。今俗以頭在外，足在內，若欲奪情凶葬，則頭內足外。如室狹隘，殯于别處，此不得已之事，然必用漆而固之，欲其堅固久遠，非直爲觀美也，然後盡于人心。

設魂帛或絹或布，比與尺長，中藏竹板，書亡者生死年月日時，兩頭卷齊合縫。若祥後未葬，此帛另置匣，不可入祖龕祔祭配享。

魂帛式

魂帛外寫一上字

生于某某年某月某日某時

故父母某官封諱某字某某某公氏行幾享壽若干一位真魂

卒于某某年某月某日某時

靈棹　架壽亭，懸像。將招魂衣并魂帛鞋襪置于椅上。內排靈棹，安燈輪竹爐、花對果子，左右竪童男女，背題名字，座前張白布幃蔽內外，外設香案，座上安五祀，爐下置茅沙盆，臨祭跪，拈香傾茅，二拜奠酒，讀祝進飯，再拜燒帋。將沐浴缸爲紙爐，東邊設靈牀、衣架，被帳枕席，旁有面盆脚桶等件。幃內各等苦次，孝子百日內寢食俱在于斯。

設靈祝文朝代歲月如前。不孝孤子〇〇等敢昭告于故父某號某公之靈曰：「痛惟吾父，奄忽棄世。于兹吉日，敬設靈座于正寢，謹以牲醴粢果，用伸奠獻。哀哉，尚饗。」〇若母則改爲「故母某氏」，「正寢」改「內寢」，「孤子」改爲「哀子」。

父母初終稱「故」。出葬題主稱「考妣」。考者考其成，妣者比于考。若父母在堂，他喪位置偏室，白燈吊靈前。

銘旌以絳帛爲之，三品以上用九尺，四品以下八尺，六品以下用七尺，士庶止用六尺。擂水粉調薑汁寫之，用竹竿竪于靈座右。

「皇朝誥封、待贈。授某職銜、享壽若干、見幾代祖某號某公老先生、某府某孺人。之柩」，若中進士稱皇朝賜進士出身、某職銜，舉人稱鄉進士，貢士稱歲進士，前程稱太學生，庠生、儒者稱處士，老者稱大德望。妾題「待贈享壽若干某年副室某氏之柩」，年少而亡者題曰「傷哉某字某君之柩」，若五十而亡，雖不稱夭，亦不稱壽，但題艾年，言鬚髮如艾色。本身或子有前程者稱府君，庶民通稱某公。喪皆用素，銘旌獨用紅，以客書贈也。字要單數，又要合生老。若出葬，則改柩爲靈。

成服死之第四日，先陳牲饌于座前，置男巾女髻麻服于廳中，俟五服之人齊到，男婦各捧巾髻，跪獻于尊長，諸親各服其服，舉哀，上香二拜，酌酒不灌地，進饌，讀祝，焚帋。是日吊麻燈，裱門白，父白在上，母白在下，取父天母地之義。有爵者另竪高燈一對于門前。

成服祝文

維

某朝某年歲次某某某月某上朔越幾日某上，不孝孤哀子某上等敢昭告於故父母某號某公氏孺人。之靈曰：有職位者上加官銜某某。嗚乎吾父母奄忽辭塵。五服有制，成于浹辰。慟哭悲哀，曷其有終謹以牲品，用伸奠敬。哀哉，尚饗。

成服請帖

詰朝先嚴慈成服，屈
大駕指教祈。　孤哀子某某泣血
早俯臨，不勝哀感。

按：成服乃生人之禮，設靈係死者之祭，喪禮有制，若混合爲一，存歿有忘，執古者當另祭爲宜。成服之日，孝男始執杖扶身，食粥披衰，出入不當門路，升降不由阼階，在室不可對人以坐，出街不便向客以拱，此居喪之罪人也。

如遇朔望旬日卒哭請客，將「成服」二字改易，惟卒哭加稽顙。

開冥路請僧家誦經，或三夕，或五夕。此佛教也，儒者不用此，或有從俗而用者，亦不拘。

楊氏升庵曰：「亡者三日棺斂，可以成服矣，必待第四日何也？」邱氏曰：「大斂雖畢，人子不忍死其親，故不忍遽成服也。禮生與來日，死與往日，取此義也。」謂治死者之殮殯在于死之第三日，未三日猶望其復生也。治生者之喪服在于死之第四日，未四日猶不忍成服。又曰：「三日後遠親至，喪服備，是故聖人爲之以制禮也。」

凡事亡者如事生一般，古人隨死而肩祭之，繼即收斂，謂靈成服以奠，不可少緩。今見有暮歲而卒者，又有匿喪而嫁娶者，忘哀行吉，致父母魂無所依，不孝之罪，孰大於是？俗有從權娶婦，以奉喪祭，其餘兄弟諸人亦先置靈舉哀以奠。爲婿者暫避外室，以待新人進門，止是布素草率成禮，並無慶賀、回拜、旋馬之禮，次日成服，此私創之事，《家禮》無載，幸高明者裁而處之。

治喪雜議

聞喪奔喪始聞親喪，哭盡哀，問故，易服遂行，以日不以夜。哭避城郭街市，塗其城邑里居皆哭。入門，詣靈座前哭拜，併拜含斂尊長，披髮徒跣，不食。四日成服。若未得行，爲位而哭，朝夕奠如儀。至家若既葬，哭拜靈前，次日之基哭拜盡哀，返喪次。若除服而後歸，則之墓哭，成踊，束括髮，袒，絰，拜賓成踊。送賓返位，又哭乃除。○服以始聞算起。

乘喪戒婚父母之喪，五内崩裂，何忍議親？或男無中饋，女無至親，年紀長，女迎歸執喪，異食別宿，待服闋擇吉合巹爲宜。或於臨危遣媒迎娶，使親見父亦可，倘親迎在途，婿之父母死，女改服布縞衣縞總以趨喪，如女之父母死則女反。

初喪記禮卒哭以前，奠而不祭；卒哭以後始行祭禮；奠止二拜，不灌地，不辭神，斯時柩尚在堂，欲辭何去？奠一杯酒，舉斟一次，葬完方灌地，三獻，首尾皆四拜，惟降神奠酒讀祝，行二拜禮，讀祝。哭内凶祭跪左西向，卒哭吉祭跪右東向，三虞皆喪祭，卒哭則漸從吉。東向取向陽生旺，西向取向陰悲切也。

父母併喪靈座左右，照序未大祥而除，不忍通服五十四月，無其制。考禮，男人重腰，女人重首，男于腰懸兩絰，女于首戴兩蓋頭，候先喪畢，男女各除其（一），各留其一，待後喪闋方除。

承重行禮叔分兩旁，進前一位，承重居中，退後一位。

居喪不與吉事若不得已慶賀，姓名上寫制期、功、緦名一字，或寫從吉。

妾主入祠嫡母無子，庶母之子爲後，考《喪服小記》，妾祔於祖之妾，祖無妾則間曾祖而祔高祖之妾，若高祖無妾，當易牲而祔嫡室。○易牲，如祖大夫孫爲士。孫爲士，孫祔祖，用大夫牲，謂士牲卑，不可祭尊。今妾牲卑，不敢祭嫡，故易牲耳。

妾祔夫葬妻之于夫，生同衾，死同穴。妾雖不偶嫡，業居小星，與夫同葬，推廣恩愛，但葬法比夫君穴退尺計，則尊卑有別，貴賤無嫌，妻妾之奉，宛如生初。

弟娶聘嫂兄存則嫂之，兄殁則妻之，甚于殄臂奪食，父母惜費而陷子，胞弟悖理而忘兄，彝倫滅絶，後嗣不振。

妻不送葬妻葬其夫尚送之，惡婦夫死不送，恐妨再嫁，夫婦深恩，初死遂萌此念，忍心害理，此人情所不容，天彝之有乖也。

匿喪不舉哀律載：聞父母之喪匿不舉哀者，杖六十，徒一年，匿期親之喪者，杖六十，若喪制未終、釋服從吉者，笞五十。

吊賻禮儀

吊者傷也。問終曰吊，慰生曰唁。按古人送葬執弓帶矢，因取字義爲吊。

開吊訃音用紙一片寫正，貼于門旁，有爵者竪木屏于門前，士大夫書「開吊」二大字於門屏上，并某日止吊，庶人則稱閉靈。

不孝某某等，禍患攸鍾，延及家嚴、慈。皇清誥待贈某官封見幾代祖享幾十壽某號某公、氏孺人，於某年某月某日某時以疾終正内寢，攀慕哀號，五内崩裂。謹此訃聞。

孤哀子某某孫某某仝泣血稽顙。

辭吊式如開吊，惟「崩裂」下接出「倘蒙惠吊，幽明何以克當，祈勿屈玉，不勝哀感」。如貧寒子幼者，可書「苦喪失禮，不敢煩吊」。

賻助帖式以冥資芻儀曰吊恤，以財貨相贈曰賻儀。

謹具賻儀一封，顓人馳上 某親某公靈前，伏乞 欣納，無任感切！

謝賻式

家嚴慈辭世，慘哉此情！幸蒙憐念， 賻以 厚儀，存没均感，揮淚裁

大孝某親老先生苦次

眷某某姓名頓首拜

謝！

孤哀子某孫某仝泣血稽顙

作吊帖吊婦人具銜上加一「夫」字。

謹具

奠儀壹封

冥資肆事

奉申

吊敬

眷某某姓名頓首拜

祭奠帖另一拜帖慰生，如父在又具一拜帖。

謹具

奠章壹幅　祭席壹筵

奠儀壹封　饅頭時果

湯猪全隻　饌盒壹座

湯羊全隻　魯酒壹尊

五牲全會　冥資肆事

奉申

奠敬

眷某某姓名頓首拜

祭記定器于地曰奠，停久又頓爵于神前也。祭品有如春簋、疋帛、金銀山，隨人增減，遇便則祭，不拘朔望。

作吊古禮用生芻，今用銀紙。吊亡人銜上加一「陽」字。吊友妻，夫在再具一帖以慰之，夫跪在東，代妻以受之。孝男移在西旁之下。

謝奠吊帖嫁母兒稱杖期子，過繼兒稱出嗣子。

具銜

謝

承

惠奠吊代領〇〇〇〇奠儀附

壁

無奠儀，上書一「謝」字脫，俗將代改「衹」或「哀」字。

具禮帖凡來禮者，當以此禮回之。

謹具

帛儀壹封

席儀壹封

夫儀壹封

奉申

敬

具銜

吊奠儀。先陳牲醴于靈前，主人執杖哭跪。木梆響相者，接賓入進靈前，請登上位，鋪以紅氈。客辭之就下位，白氈草席。俯哀，止行四拜禮。右贊舉香與客，客接香一揖，將香遞與左贊，俟上香訖，又行四拜禮。禮畢，孝男執杖，從靈前過轉左邊而下，跪向上，相向而哭，各四稽首，孝男哭復位，吊者再至靈前一揖，辭靈，出外廳，相者與之揖，待茶而出。如有欲行祭奠者，於四拜後未一拜，不平身，跪受酒，右贊執壺，左贊傳杯，酌酒與賓，賓灌茅沙，贊者再酌與賓，賓復俯首，將杯拱上者三。并進湯饌之類。相者讀祝，居主人之右，讀畢賓又四拜，然後客東主西，慰問孝子曰：「不意某親凶變，伏惟哀慕，何以堪處。」鞠躬拜，興，拜，興，平身。主人答拜。致辭曰：「罪孽深重，禍延某親。蒙賜慰問，不勝哀感。」如非父母，不用上二句。拜，興，拜，興，平身。主人稽顙拜賓。賓答之，又慰曰：「脩短有數，痛極奈何。願抑孝思，俯從禮制。」主人再謝，餘如吊儀。祭品隨俗收璧，回以種于糖。

送行狀縉紳有行杖，述生平德行功業併子孫戚屬，親眷於回吊時各附送一本，不用具帖，如未便，另日遣人奉送，帖只用白單。

先嚴慈行狀奉

覽　　孤哀子姓名孫某

泣血稽顙

宮祭儀初到靈前，俯首舉哀，哀止，四拜上香，又四拜，不平身。酹酒，奠酒一杯，進饌一盤，又二拜。次奠酒一杯，進饌一盤，又二拜。三奠酒一杯，進饌一盤，又二拜。進包粉，讀祝，又行四拜。餘如上儀。

朝廷諭祭儀朝廷遣使致祭，喪家設香案于堂中，南向，設靈位于堂西，東向，設使者之位，東西向，設讀祝于使者之右，南向，設喪主拜位于靈位右。使至，喪主去衰服素，出大門外迎龍亭入，安龍亭丁堂中，引使者立致奠位，喪主就位，先行五拜三叩頭禮，使者就致奠位，喪主跪靈筵右，北向，使者上香，執事酌酒授使者，致奠三，讀祝者取祝文立讀訖，焚祝，喪主五拜三叩頭謝恩，候龍亭出門，拜謝使者，宴使者于賓次。

誄軸祭文

祭男人軸文此係通用軸文，若欲文墨，必段才人。

維

年號某年，歲次某某，某月（朔某某）〔某某朔〕，越幾日某某，姻眷某某姓名，謹以剛鬣柔毛、牲醴香楮之儀，致祭於皇清某品秩，或封或贈，子前程者稱待贈。幾代大父，享壽若干某親戚某號某先生之靈曰：士庶稱公。古者鄰有喪，杵不相；同鄉共井，凶相恤也。夫漠不相關，猶然傷感，況情深義重，雞黍之流連如昨，人采之悲悼難忘者哉！惟公內含玉潤，外著瀾清。思薄俗之可涕，願先民之是程。某企公品操，因略舉其生平。但見公之事親，甘毳必具，和氣顔怡，及終天年，哀慕依依。見公之事長，溫溫謙退，讓棗推梨。見公之課後昆，長飫經史，少習幼儀。見公之恤婚媾，急親舊，或假曼卿之舟，或分郈成之居。行誼如公，邦國之楷法，里黨之繩墨也。顧不鄙余，晨夕暱就。披情愫，導款曲，時欣則效，奉爲典型。詎意災聞鵩賦，讖應龍蛇，公竟泛支機之槎，還蓬島之駕。行道永嘆，親眷能不於悒乎？嗚呼。天之錫公，亦云單後。家敦雍肅，壽享遐齡。况令嗣有亢宗之概，諸孫具特達之姿，其罄無不宜，永昌厥後哉。然而望公之宇，不睹公之逍遥而容與，入公之門，不瞻公之退讓而逡巡，登公之堂，不聞公之慷慨激昂，環珮而鏗鏘。隱隱兮傷痛悲酸，汪汪兮淚眼流乾，陰陰兮繐帳空寒。凝眸熟睇，徒見陳設風昔之衣冠。哀哉。尚饗。

祭女人軸文

維

年號某年，歲次某某，某月某某朔，越幾日某某，眷某某姓名謹以剛鬣柔毛、牲醴果品之儀，致祭於皇清待贈幾代大母享壽若干某親戚某謚某孺人之靈曰：嗚呼！人之生也，若浮漚，若白駒，縱百歲而倏忽，誰云死而不傷？惟孺人之乘鸞而仙逝兮，可以無憾于彼蒼。蓋自山水毓秀，誕降閨房。少從傅母而婉娩兮，早約德于慈惠温莊。長執女紅以織袵兮，更擅能於葅醢酒漿。迨賦于歸。以相夫子兮，茹荼集蓼而日昃不遑。事舅姑而無違無缺兮，脱簪珥奉盤匜以致順於高堂。和丸荻畫教育其後昆兮，繩繩振振桂馥而蘭芬。相彼賓祭兮，賓祭曰襄；睦彼姻親兮，姻親曰良。嗚乎！世稱賢母，匪漢之孟，則晉之陶，惟孺人與之比德而前後爲頡頏。已躋乎遐齡兮，還卜期頤以無疆。胡旻天之不吊兮，電影倏逝而碩人云亡。某等聞訃，嘆霞瀛之散彩兮，夔曜沉光，嗟母儀之莫睹兮，垂訓流芳。庶仙靈之不遠兮，非若他氏之渺茫；將遊神於天竹之峰兮，以翺以翔。孺人之泯其形而不泯其德，閱千秋歲後兮，褒頌而難忘。有令嗣與諸孫以妥侑兮，終事固已克勤。某奉束芻以致奠兮，對幾筵而跪進一觴。嗚呼！雲軿鸞御，氣靄凝香。氤氳恍惚，來格來嘗。哀哉。尚饗。

祭姻家軸文

從來德必獲福，斯言誠不誣也。惟我姻翁，秉性和易，宅心純良，好禮樂施，恒久不倦，平生未嘗染無妄之疾，殆有壽而康寧者，非以德獲福，烏能致此哉！某忝戚末，頻受教益，每語輒至終日，何意今春一疾，乃致大漸，在公存順没寧，逝亦何憾？第今日登公之堂，不見其容，入公之户，闃其無人，手澤尚存，親炙無自，興懷及此，能不撫膺一慟，潸然流涕哉！然公之堂構有人，金昆玉友，難兄難弟，蘭孫秀茁，頭角峥嶸，異日連鑣並駕，高大門閭，其券獲直，瞬盼間耳。蕪語致奠，伏惟昭格。尚饗。

祭姻母軸文

嗚呼！女宗凋謝，誰傳林下之風？壺内云亡，孰嗣閨中之秀？阮嗣宗萱堂早逝，曾深裴楷之悲；郭有道親喪甫臨，致動南州之奠。莫不載在遺籍，事以人傳；形諸誄詞，文因行重。惟我姻母太孺人，生而婉孌，幼即端莊。温恭出自性成，笑言不苟，淑慎由於天授，禮儀無愆。其歸我姻翁某公，仰瞻光儀，咸推淑楷。居恒既善於相夫，晚歲更勤於誨子。鳳麟鵲起，階前之子孫彌增，蘭桂叢生，膝下之孫支莫辨。洵嘉祥之洊集，宜純嘏之並臻。何期摇華不御，忽嗟坤範之空存，膏沐徒零，共惜母儀之不再。某辱在姻親，久挹芳型。見桓孟之忽終，心傷夜雨；嘆郝鍾之頓隕，淚洒靈萱。所恨繐帳空懸，虔進炙雞之薦，庶幾雲軿來，格莫辭絮酒之將。尚饗。

祭親友軸文

維某某之厥生兮，實降衷而穎異。性温然而雅淡兮，齊秋月而輝懿。懸東璧之圖書兮，事二人而曌至。恢前業之未有兮，勤終始而勿替。周族戚之莫給兮，群相欽其意氣。督兒曹以勉旃兮，兼詔告于巨細。調家室以琴瑟兮，列芝蘭而盈砌。方純禧之未艾兮，鼎烹酹其素志。何彼蒼之不情兮，駕鶴馭而永棄。知厥後之必昌兮，綵綸日以疊賁。忝予列于某某兮，愧腆儀之未摯。

祭岳父軸文

嗚呼。人生無百年常存之身，而有千古不泯之名。惟慮德未盛，業未隆，故身没而名與之俱去耳。若我太岳，德性肫誠，鄉閭師其淑範，丰儀楷正；族戚仰其芳型。不矜已孝，而視聽超形聲之表；不代已悌，而友愛聯華蕚之輝。處己以忠，待人以恕，誠慥慥言行之君子也。某嘗登堂，見其精神彌壯，竊謂盛德大業者，得天最厚，宜享壽之無疆也。孰意忽染一疾，而竟奄然逝乎？某忝半子，情實傷悲，然太岳雖往，而名終不没也。教澤可傳，奇英善繼，異日顯翁之德，恢翁之業，則太岳之身没名芳，不傳播于無窮哉。恭陳俚詞，揮淚薦觴。翁其有靈，鑒此微誠。

祭岳母軸文

嗚呼！泰水源枯，婺星光隕。自非木石，能不悲傷。惟我岳母，容莊性淑，德備才兼，翁姑奉事，孝養彌專。庭除長幼，胥沐矜全，提命訓育，普遍無偏。胡云天妬，忽降迍邅，沉西告逝，變出無端。念某半子，瞻顧惶然，繞棺環泣，徒成幻緣。然兒孫濟濟，頡頏翩翩，文章聲氣，預卜魁元。家門增色，閭里翹瞻。虔薦蘋藻，焚楮燒錢。仰冀靈鑒，冥眷拳拳。

祭同宗伯叔軸文

悲歟痛哉！某某之初恙也，意風霜微染；迨延醫審症，云爲膏肓之病。私心竊痛，禱之天，祈之神，冀回伯叔以生也，孰知鍼灸藥石，竟無補焉。嗚呼痛哉！伯叔之生也，信爾言，敦爾行，坦然于烟霞之表，不攖情于利欲，不矜心于世務。惟子侄輩稍有天分，勉爲力學，引掖以作其始，獎勸以鼓其終，蓋欲督之而成林；間有怠惰暴棄，不循禮法，不惜怒罵而痛懲。是以勞爲愛，較恒情之姑息萬萬也。家有老成人蔭庇子若孫，家之福也，鄉之望也。奈何天慭一老，竟以幾歲之年，而乃翩翩霞舉，終永别也！豈不悲哉！嗚呼！雲倏變兮天不常，言猶在兮人不見；九泉茫茫兮何處尋，某侄依依兮一朝盡。思典型兮道範深，盼靈車兮坊表沉。一尊薄奠兮達吾心，精神來格兮監微忱。嗚呼哀哉！尚饗！

祭同宗姆嬸軸文

嗚呼！祥鸞慘影，寶婺埋光。舉目蕭條，風雨增悲。惟我某某，毓秀雲礽，誕祥星渚。夙秉閨訓，踵七戒之芳聲；曰嬪吾門，長三從之令譽。挽鹿車而相夫子，儉著宜家；和熊膽以教諸昆，賢推能母。三冬機杼，聞敬姜之猶織；五夜雞鳴，覩明星之有爛。允矣華宗之令母，休哉内則之儀型。某等分屬子姪，誼托本支。擬叙韓國之徽音，揚休彤管；採唐山之孝德，表美玉臺。豈憶淑質易哀，錫齡難永。妝樓粉黛，尚依玫瑰之欞；閬苑雲駢，遽還蓮花之國。敢不躃踊一言，以代蒿里三唱。哀哉尚饗。

凡客有軸文來吊，喪家受而懸之于堂，即古之誄章是也。至葬日乃架前導，在墓焚之，或凶葬，大祥日焚于靈前。

祭父母祝文

嗚呼！父賦性兮孝友德全，母懿德兮敬慎勤慈。生我育我兮訓誨淵源，我期父母壽兮億萬斯年。胡爲一疾兮館舍闈幃遽捐，使我兒輩兮腸斷淚漣！呼天躃踊兮風木凄然。音容何適兮杳隔終天；四顧徬徨兮如顛如狂，撫膺呼號兮欲見無緣。幽明永訣兮窀穸寒煙。猿驚鶴淚兮衰草芊芊，天長地久兮抱恨綿綿。父母其有靈兮，鑒此清筵。嗚呼哀哉！尚饗。

孫祭祖父祝文

嗚呼！我祖之德貽厥無疆，我祖之功未報毫芒。方期撫我，百歲稱觴。胡天不恤，遽爾云亡。哀哀孫子，號泣徬徨。爰有牲醴，奠獻于堂。惟冀祖靈，鑒此不忘。是歆是享，來格來嘗。嗚呼哀哉！尚饗。

孫祭祖母祝文

嗚呼！祖母恩深兮，撫我孫支。時乎坐而繞膝兮，欣喜盈眉；時乎行而曳杖兮，先後追隨。朝夕相依兮，瞬息難離；適爾一旦兮，捨我如遺。望之不見兮，無復含飴；聽之不聞兮，徒抱凄悲。莫表孝虔兮，牲醴爲儀。奠祭于堂兮，鑒格是祈。嗚呼哀哉！伏惟尚饗。

祭伯叔祝文

嗟我伯叔兮，我父同胞。沉潛乎詩書之府，匹休乎禮義之曹。雍雍兮兄弟化蕚，恂恂兮鄉黨醉醪。萬擬乎仁者之壽，何期乎大數之遭。爰載瞻兮瞻之不見，爰載望兮望之徒勞。薄具牲醴兮羞薦溪毛，惟冀靈爽兮鑒我哀號。嗚呼哀哉！尚饗。

祭姆嬸祝文稱伯母曰姆，稱叔母曰嬸。

噫嘻伯叔母，撫我猶子。母之存日，懿行清苦。姑嫜克存，無乖無忤。妯娌咸宜，相爲步武。爾臧爾獲，不愠不侮。正擬遐齡，多歷純嘏。胡天不憖，正室而徂。哀傷痛悼，不可再覩。薄有祭筵，旨酒惟魯。一滴入泉，表我微腑。姆嬸若有神，尚祈鑒此。哀哉！尚饗。

夫祭妻祝文

嗚呼孺人，毓秀名門。于歸於我，相敬如賓。宜家宜室，百爾肇興。既生既育，萬事足伸。豈期一疾，魄散魂傾。幽明隔别，永訣死生。金簇可朽，耿心不冥。聊陳一酌，靈其鑒誠。哀哉！尚饗。

妻祭夫祝文

嗚呼我夫，終身所托，百年心同。胡爲棄我，一疾徂歸。噫嘻！睹物興思兮，使我兒女懷抱遑遑；對時傷感兮，使予妻妾抱恨茫茫。地久天長，情猶綿濃。特備牲筵，告奠于堂。嗚呼哀哉！尚饗。

祭兄弟祝文

惟兄弟與某，氣一情肫。友于可掬，胞乳思存。而今已矣，雁序拋群。門庭蕭索，手足離兮。棣蕚不韡，孰和箎壎。黄沙白草，寥落英魂。悲焉兮，波摇銀海泪紛紛；痛矣哉，刃割丹臺不忍聞。今逢月朔、望，具牲與醇。是用表忱，鑒此蒿焄。嗚呼哀哉！尚饗。

祭兄嫂祝文

惟嫂賢淑，既配吾兄。雞鳴箴警，早有令名。體兄愛弟，念根同生。何期靈散，遂入幽冥。從兹訓渺，惟有涕零。爰及牲罇，奠以告誠。尚饗。

祭外祖祝文

惟我外祖，碩德令名。愛我父母，垂及孫甥。撫循教誨，海岳恩嬴。祖孫永隔，曷罄傷情。登堂祭奠，羞我犧牲。祖靈不昧，鑒此微誠。尚饗。

祭外祖母祝文

我外祖母，賢淑有聲。愛我父母，垂及孫曾。濡沫煦嫗，音意。恩深母瀛。意容永隔，曷禁涕零。清酤薄奠，祈鑒微誠。哀哉！尚饗。

祭岳父祝文

惟翁之分，既同父稱；乃翁之恩，實與父京。太岳聳立，爲某景行；方期大德，壽福惟榮。何天不佑，奪爾遐齡？山頹岳圮，音否。一奠傷情。尚〔饗〕。

祭岳母祝文

惟靈之分，既同母稱。乃靈之恩，亶與母平。矧靈懿德，中外聲馨。緬思眷顧，曷任涕零。往來夢寐，髣髴杳冥。巵酒灑滴，聊以表誠。可竭者詞，難竭者情。嗚呼哀哉！伏惟尚饗。

祭母舅祝文

嗚呼！舅氏之德，根于性生；舅甥之愛，尤過常情。我教我誨，有言胥傾。胡兹仙逝，遠隔幽冥？渭陽莫誦，渺渺難平。絜酒陳詞，聊表微誠。靈其不昧，來格來嘗。哀哉！尚饗。

祭母妗祝文

惟靈賢淑，德配舅氏。我舅愛甥，靈實贊庇。沐舅妗恩，兒女猶比。胡爲禮經，五服弗備？有懷德範，聯奠一卮。哀哉！尚饗。

祭母姨祝文

嗚呼！姨與我母，爲女弟兄。雁行友愛，孝淑齊名。撫我姪輩，恩與母朋。胡爾陟降，上列飛瓊。俾予母子，悼念涕零。虔備一卮，鑒我衷誠。

祭姨夫祝文

翁與姨父，連襟祖府。視父猶昆，視姪如子。内外和睦，瓜葛情無。冀翁百齡，熏良有自。云胡哲逝，曷任神思。告虔難表，薄奠一卮。尚饗。

祭姊妹祝文

惟我姊妹兮，女中之英。處則孝友，嫁則令名。茲焉西逝，棠陰悴榮。愛隆一本，哀慟煮羹。莫伸燃鬚，曷罄哀情？幽冥修阻，將何表誠。登堂薄奠，羞我爆牲。嗚呼哀哉！尚饗。

祭姊妹夫祝文

嗚呼！郎舅之誼，世所同稱。因親而序，誼協弟兄。吾翁若翁，愛與姊妹平；吾母若母，恩與姊妹衡。茲焉升遐，令我涕零。瓣香絮酒，聊以告誠。

祭姑祝文

惟我姑娘，淑德難量。終溫且惠，實貞而良。愛我如子，視我如傷。謂宜純嘏，永世無疆。何遽辭世，跨鶴高翔。哀號莫及，虔備微觴。神其有心，鑒我心香。哀哉！尚饗。

祭姑丈祝文

惟翁與父，郎舅情深；惟翁與姑，如瑟如琴。同姑愛我，無二爾心。見義不辭，見利不侵。在親皆愛，在世皆欽。胡天不惠，杳隔難尋。使我涕泣，哀號莫禁。止具奠酌，來格來歆。哀哉！尚饗。

祭表兄弟祝文

惟靈與某，中表誼分。生平交處，不減弟昆。況靈德範，猶愈蘭芬。悲今憶昔，涕淚傷魂。特奠一酌，聊獻一豚。幽冥髣髴，鑒我心存。尚饗。

祭姻家眷戚祝文

惟靈之賦，秉性之清；惟靈之操，守道之恒。乃鄉之善，尤世之英。宜嘏之緝，且壽之榮。云何一疾，遽往泉京？訃音忽至，且淚且驚。嗟翁之殂，良可悼憐。羨翁之後，貴充有成。某忝姻門、眷戚，哀慰交生。聊備牲酒，致奠于庭。神其有知，鑒我微誠。嗚呼哀哉！伏惟尚饗。

祭女婿祝文

嗚呼！有所望兮，宜副我心；有所托兮，宜堅如金。顧我無似，冰清莫吟；羡子有德，玉潤堪欽。東牀妙選，實慰我心。詎意不禄，抱痛良深。我女無仰，號痛寒衾；廼子無怙，悵望危岑。嗚呼哀哉！聆我哀音尚饗。

祭師長祝文

嗚呼！歲在龍蛇，哲人之凶。噫嘻先生，會適其逢。追跡平生，天道豈夢。清苦克勵，愷悌圓融。胡不百年，遽殞厥躬。人之生世，欻如飄風。彭修殤短，此其一空。委運大造，先生奚縈？顧余小子，悲切慘恫。朽化哲萎，夜雨寒蛩。惑莫予解，蔽莫予通。頑莫予訂，疚莫予攻。相望千里，執紼無從。靈前薄奠，淚洒悲風。嗚呼哀哉！尚饗。

師祭弟子祝文

嗟嗟！皎月東方殞，長秋夜壑枯。百年三萬日，一别幾千秋。其孰使子之琴書兮，换爲銘旌？其孰使子之咿唔兮，化作悲鳴？其孰使子之音容兮，闃然無聲？緑楊衰草，暮雲曉冰。嗟某君，椿萱在堂兮，忽背九原；鶺鴒成行兮，忽離黄泉。翠帷之家人寂在室兮，呱啼之兒子誰與温？荒郊冷土，風悲日曛。目將瞑兮猶還視，魄雖散兮恍如聞。嗚呼痛哉！事業心千古，功名土一邱。懸劍今何在，飄揚空悠悠。不佞徬徨潸涕，不能成句。姑援筆以誄君，神有靈其來格。

祭朋友祝文朋友死于他鄉無主者，爲之免服喪。

嗟夫吾友！聲氣之交，歃血雉盟。筆研同事，映雪囊螢。談心促膝，相期鵬程。文星忽殞，遽奪遐齡。形單影隻，風慘雨零。恨不同没，隨我友生。滿襟殞涕，鶻骨盈盈。怨啼召促，作賦玉京。痛君之往，五内欲崩。萬縷千緒，難悉友情。泣撰數語，黄河淚傾。魂乎歸來，鑒我忠誠。

貞卷

治葬禮儀

葬禮

三月而葬，吉地爲佳，然有天在，審擇平穩，便可安魄，切勿眩惑，致延親柩。

破土祝文是日用親戚二人，或地理師，吉冠素服，啓告土地，就位二香奠酒，跪讀祝。詞曰：維年月日干支弟子姓名，敢昭告于后土之神曰：兹晨清吉，爲某官安葬故某某之柩。仰祈行聽，陰相庇祐。寸土惟司，理合虔告。敬陳牲醴，昭格微忱。尚饗。

開壙竹灰隔，即三和土，用灰三十擔，沙石粗大者十擔，本色土二十擔，以烏樟葉二擔搗爛，汝水成汁，須好缸收貯，一絲墜地則滿缸瀉出，取汁合灰、砂土拌匀，不□不濕，先翊燥者一二寸築平底，下棺定向，漸漸築起，恐震棺中人，工不歇停，則結皮不相連，如次日堅面，須鋤掘和汁，再築壙周圍，比棺只寬七八寸，好寔三和上也。

墓誌銘富貴之家石刻，貧者大方磚刻之，理在勝前數尺。

先考某府君諱某某字某某號某某，出某支公，後世居某府某縣某鄉里。父某某公，母某氏。娶某氏，生子幾人，孫幾人，曾孫幾人，女幾，孫女幾，曾孫女幾。生于某某年某月某某日某時；終于某某年某月某某日某時。以某某年某月某某日某時葬某地某山，坐某向某兼分金。某某孝子、某某等謹誌。〇妣則曰：先妣某氏孺人，父某某公，母某氏。年某某歲，以某某年某月某某日歸吾父某某。父生子幾，孫幾，曾孫幾，女幾，孫女幾，曾孫女幾。生于某某年某月某某日某時終于某某年某月某某日某時以某某年某月某〇日某時，葬于某地、某山，坐某向某兼分金。某某孝子、某某等謹誌。〇銘曰：於惟某丘，山水悠悠。神人協吉，天降其休。死者安安，生者無憂。後嗣蕃昌，福禄來求。

造明器車馬、僕從、侍女各執奉養之物。**大轝**音喻，喪車。**翣**木爲之，似扇而長。制用不一，柩行時執于兩旁以飾棺。**功布**白布三尺，擊竿上，一人持之，以視路高低。**方相**冠服，執戈揚盾，有官者四目曰方相，無官者兩目曰魌頭，發引用以驅逐罔兩，而衛安魂魄也。

作神主以木爲之。趺方四寸，象四時；高一尺二寸，象十二月；身博三十分，象一月之日。厚十二分，象日之時。

神主外面	顯考妣某前程謚法某號門某府君孺人神主 男某某仝奉祀
神主內函	生于某年某日某時　某時葬在某病 父母諱某字某某氏行幾享壽若干某山坐某向某 卒于某年某日某時　兼分金某某

宗法祭祀貴在長子，長子亡則題承重孫。題主内外，字要單數。出生老病死苦遇生遇老皆可用。爵高者朝廷賜謚，用硃漆金字。大夫以下無謚，書「皇朝或賜進士，或勅封，或誥贈，或待贈。某職銜顯考妣某號氏某先生某人神主」。舉人稱鄉進士，貢生稱歲進士，監生稱太學生，生員稱郡庠生，或邑庠生。爵卑者用烏地緑字，士庶用粉地墨字，題「顯考妣某號某公氏孺人神主」。若早亡子幼者，題「故父母某號謚某公氏神主」，俟長成婚娶之日，方改爲考妣，稱公及孺人。孺人與公相配，或説帝舅楊太咸宰閩所賜也。妻題夫主曰「皇辟」，皇、大辟，君也自稱未亡人。夫題妻主曰「細君」。賢助也。

啓期帖式以葬期告親族執友。

謹涓某月某某日卜葬先嚴慈於
稟山之原，忝在
懿戚，顓此
奉
聞
治葬孤哀子某某泣血稽顙拜

回啓期帖式

倏聞
令先尊堂大人卜葬佳切，以襄大事，屬在
戚末，如期趨赴。謹
復
眷某某姓名頓首拜

漳俗哭内用「泣血」，謝吊用「泣血稽顙拜」，小祥内「稽顙」，小祥外「稽首」。江外哭内用「泣血」、「稽顙拜」，謝吊外去「泣血」二字。

請祠土帖白帖紅簽。

請筮某日先塋安葬，奉屈
台從，借光
祀典，增輝泉壤。伏冀
俯俞，曷勝哀感之至！
右　啓
上
大三元某翁某府老先生老大人閣下
具銜

請題主帖

請筮某日肅筵，奉
台從借重
鴻題，伏冀
俯俞，無任哀感之至！
右　啓
上
大三元翁〇府老先生老大人閣下
具銜

祠土題主者當回「敬依」。亦用白仝紅簽。

題墓碑合數要單字，又要得生老字。

時某某年某月穀旦
皇朝顯考妣某官封某號謚某先君儒人之墓
男某某孫某某仝立石

有前程者稱府君，儒者稱處士，并稱公。庶民亦稱公。

厥明奉柩朝祖。先三日設朝夕奠。是日就位舉哀，二拜，遷柩朝祖，轉柩于聽，如窄狹隘，難以轉移，將柩略動，遂舉魂帛以代柩，序立祖龕前，跪禮親生前，出必告之義。告詞曰：「茲以某親之柩擇今日出葬，敢告。」將魂帛還柩所，安于靈座，各舉哀二拜。

設奠啓柩出葬。撤去靈牀，告靈曰：「于茲吉日，遷柩就轝。」役者舉棺出，另設一案于柩前，舉哀，二拜，奠酒，讀祝文。祝曰：「穀辰方届，神明莫留。靈輛既駕，涕泗交流。往處佳城，安居宅幽。謹告。」孝子哭拜，遂發引。

遷柩就轝，奉魂帛升車。發引樞行，先開始神執事，次方相明器，次節旛香亭，次銘旌、凉傘及靈車，又次功布、黼翣、黻翣、雲翣，次大轝，主人以下步行，婦人以白布幃障之，哭不絕聲，男扶柩在前，女在柩後。路遠，辭客歸。柩停，侯客拜辭，孝男俯伏叩謝，贈以紅線，樞復前行。吉時至。排牲醴，遣知禮子弟以鼓樂請尊長吉服來祭土地福神，行四拜，上香，再四拜奠酒，讀祝畢，又四拜，化紙畢。孝男跪在祠土者之左，起拜謝，祠土者答拜，乃以鼓樂送祠土者就寓。又于壙前排牲醴，孝男跪左右，一執壺，一執杯，孝男舉哀接酒，奠三杯，執事者接孝男之酒，每杯俱澆在棺上，完，孝男俯伏聽讀祝，侯堪輿唱山洒五穀，進棺入壙，鋪銘旌及置魂帛干棺上，下誌石，埋明器、五穀、五朱之類，看壙中棺下四平，照方向，然後用蓋名，舂灰砂，如無築壙，用幅紙鋪蓋棺上，包四邊，孝男鋤灰入金井，灰完繼以上掩畢，仍用鼓樂請點主者吉服到山，向上四拜，訖，孝子轉跪中央，面朝上，兩手在背後節主，點主者將筆潤濕神砂，指日轉何，點主畢，筆丢争處，執事扶生安座上，點主者再四拜，主人拜謝。賓答拜，又以鼓樂送點主者就寓。孝男就位，拈香四拜，賓客一拜皆拜，焚化布旛銀紙，請堪輿拜謝，四拜，師阜拜謝，四拜。凡親戚朋友來祭送者，遍請一齊拜謝。○凡吊祭山上與吊祭靈前，往復儀禮、帖式俱同。

祠土祝文維年月日子支弟子某某，敢昭告于本山司土福德之神曰：今爲某官父母某號某公氏窆兹幽宅，神其保佑，俾無後艱，子孫于億，名列朝班。謹薦牲醴，歡折神顔。尚饗。

葬祭祀文。維年月日干支，孝子某某、孫某某、曾孫某某等，敢昭告于顯考妣某號某府君、孺人之神曰：涓兹吉旦，卜築成功。形隱窀穸，神歸室宫。精爽靈赫，憑依主中。謹具牲醴，照鑒微哀。俾我後昆，昌熾日隆。尚饗。

送葬之客，名曰吊泉。謂送亡人至于黄泉。古者執紼挽歌紼，棺索也，挽引也，送葬之客執紼引路，哀歌而行。合俗上是赫香，溷隊而行。按禮，送葬行途不避污老，適墓不登墳堆，乃助力而致哀也。未世吊客有自執幢旛及擊鐃鈸鼓，擺列而行，殊不循禮，且焚書所載，積善之人歸仙之時，有幢旛寶蓋，乃童男女引之，鐃鈸法鼓，僧道童主之，爲賓客者豈宜役此乎？○幢旛寶蓋不宜通用，照古士庶宜用節旛功布爲是。

葬可用本主升車，主人執杖。若舊喪將杖焚墓前。沿途獻紙，至家安産。即初虞之祭也。虞祭儀。到家啓祖龕，將紅氈鋪地，神主置氈上，朝祖贊禮焚香，上告門櫝，隨請神主安座。男齊拜跪上香，酎酒進饋，酒三獻，讀祝文。諸孫咸拜送葬。親朋悉拜，孝男答謝，諸人退出。婦女進拜，禮畢，請主另龕，俟三年後祔于祖。○虞，安也，所以安神。既葬而還，是日而虞路遠，于館所安之，不可過日。魄歸土，魂無所不之，故設三虞以安之。

若大祥外而葬，并三虞爲一虞，神主即祔于祖。遇柔日爲再虞，乙、丁、巳、辛、癸爲柔日，柔取其静，初安欲其静，而常在行禮如初虞，但祝文中改「初虞」爲「再虞」，改「虞事」爲「祫事」上。遇剛日爲三虞。甲、丙、戊、庚、壬爲剛日，剛取其動，既安欲其神動如生，禮如再虞，祝文中改「再虞」爲「三虞」，「祫事」爲「成事」。

虞祭祝文維年月日干支，襄事子某某、孫某某、曾孫某某等，敢昭告于顯考妣某號某公氏之神，曰：日月不居，奄及初虞。夙興夜寐，哀慕不寧。謹以牲醴庶羞之儀，薦此虞事。尚饗。○若哭内仍稱孤子、哀子。

舊喪出葬先奠靈開吊，至喪畢，歸家虞祭，易吉服，告祖入龕，辭曰：柔孫某某，罪惡深重，禍延先敏，喪服已闋，出葬已襄，謹以柔日奉主入龕，祔祖配亨。敬陳酒殽，用伸虔告。○送葬者亦執紼挽歌，或有吊奠者，主人仍回孤哀子謝帖，謂此時未入葬故也，須當具帖。須胙至葬完，以白帖粘紅簽，寫「襄事子親至客門拜謝」，若服内謝葬，用「襄事孤子」，或「哀子稽頓拜帖」。

請送葬帖式

惠送先嚴慈翌日恭迎
大駕少伸
謝悃，伏冀
賁臨，曷勝感激之至
大三元某翁某府老先生老大人閣下
孤哀子姪名仝泣血

謝葬帖式若葬祖則稱襄事孫。

襄事孤哀子某某泣血稽頓
孫某某稽頓
曾孫某某仝泣淚拜

在服外，帖面宜粘紅簽，稱「襄事子某某、孫某某、曾孫某某仝頓首拜」。

葬完收灰謝土地祝文祝曰：川嶽之英，爲神最明。憑依在德，鑒納不輕。相茲形勝，乃建佳域。功力已竣，一潔酒清。冀來享格，永佑月誠。熾昌後裔，臚唱題名。尚饗。

謝二祭考妣祝文祝曰：卜茲佳城，位白經營。形骸歸上，大事已成。工方告竣，酹答山靈。牲醴庶羞，祗薦于庭。伏祈尊神，永主墳塋。爰鉡祚胤，克振家聲。綿綿瓜瓞，世世簪纓。尚饗。

公卿之墳，内立誌銘，外竪石人、名曰翁仲。石獸、名曰天禄。石燭、名曰常耀。墓道，有享堂則稱爲神道。鐫以贔屭，音備戲，其性好文，今碑邊兩龍是也。載以霸下。龍頭龜身，性好負重。庶人之大止立一小碑，以防强梁冒佔之端，永識考妣世代之源。

司馬温公曰：「古者天子七月，諸侯五月，大夫三月，士庶踰月。」皆有葬期。後世自王公以下，皆三月出葬。俟同僚親戚至。今惑地師之説，既擇山水形勢，又擇年月日時，以爲子孫貧富貴賤、賢愚夭壽盡繫于此。而其爲術又多不同，以房分不均，争論紛紜，無時可決，將柩置之荒郊曠野，至後來子孫衰替，忘失處所，或遭于水火，或捐棄不葬者，有既葬以爲不吉，一掘未已而至再至三者。一人之生，貧賤富貴天禀已定，謂之天命不可改也，豈冢中枯骨所能轉移乎？設使殯葬寔能致人禍福，爲子孫者豈忍於至親棺朽暴露而自求其利耶？悖理傷義，無過于此者！

律載有喪之家，必須依禮出葬，若惑於風水，及托故停棺在家，暴露郊野不葬者，不以奉先爲計，專以利後爲慮。例有杖儆。或將屍燒化及棄水中者，杖徒一年。若亡殁遠方，子孫不能歸葬者，聽從其便。

古者三日而殯，三月而葬，凡附于身、于棺者必誠。後世有淹親（樞）〔柩〕服闋不葬，忘哀則言，故特令長子遇朔衰服以奠，餘子則否。望人因此爲制，庶使知懼而謀葬焉。

還葬改葬附修方壽域祝文。

還葬凡客死，子孫不在側，族人親則主之，自初終至哭奠儀節如前。發引前一日，跪告曰：「今擇以某某日遷柩就轝，將還故鄉，謹告。」至期，用白毛雄雞一隻，置于棺頭上。引路，又告曰：「今日遷柩就轝，謹告。」發引登舟，置靈座，設銘旌，朝夕哭奠如儀。陸行則于旅次食時上食。將至家，遣人報知在家者，於去家十里外設幃致奠以待。若子孫幼少或疾病不能奔喪，當離家遠接，柩至趺足哭踊如初終時，有服者望柩哭，暫駐于幄所，且哭且拜跪，告曰：「遠輀遠歸，今將至家，親屬來迎，敢告再拜。」舉柩行，男女哭，步從至家。宗子由中門入，安柩中堂，餘人隨後各舉哀拜。若往郭內，禁不許入，設次郭外，便安處柩，安畢各乘服就位，陳牲上香薦酒，告曰：「靈輀至家，敢告。」各舉哀四拜，興。餘如常儀。

改葬葬者藏也，不可眩惑安遷，必男女淫亂顛狂，子孫死亡殆盡，田園家業耗散，塚陷草木枯死，不待已而改。預先卜地，擇日到山破土，開域穿壙，作灰隔，皆如治葬儀。至期主人服緦麻請祠堂，陳牲上香，奠酒讀祝，四拜畢，奉神主安在香亭上，亭前用紅燈一，則諸親皆素服以送。

改葬先告考妣祝文　詞曰：兹以考妣，體安非地，恐有意外驚動先靈，卜於本月某日改葬某處，謹以酒果奠告。

告舊土地祝文　詞曰：兹以某視宅此地，恐有他患，將欲啓窆遷于他所。謹以清酌香楮之儀，祗薦于神，神其佑之。謹告。

啓墓告考妣祝文是日於墓所設白布幙，詞土畢，主人詣墓舉哀，二拜，上香，跪酹酒，奠酒，再拜，讀祝文。祝曰：兹以某親或公或媽，或父或母。葬于斯地，歲月已久，體魄不安。今將改葬，伏維尊靈不震不驚。謹告。昇哭，將棺轝起置幃下，以功帝拭棺，覆以衾，設奠柩則。如棺朽完，造極厚杉木板，四邊鑿槽，置朽棺之旁，用極大猫竹劈開削薄片，長五六尺，數十片茹也，横插入棺底，以次相並，候插滿，即用多人擡起，安置杉板上，抽出竹片，此板即棺底也，然後四邊用木牆，加上木蓋，骸不露，骨不□，如舊棺之内加以新槨。○如欲易柩，舁新柩于幙所，設床於而前棺，舉尸置于床，斂如大斂，畢蓋棺。遷棺就轝跪告曰：靈輀即駕，往即新宅。拜哭起。行至新墓祠土儀如始葬，既葬就幙所安祭，不用换神主。祭畢主人釋麻，易素而返。

祭新土地祝文　詞曰：今爲某親考妣改建宅兆，神其保佑，俾無後艱。謹以牲醴香楮之儀，祗薦于神，神其鑒只。尚饗。

祭墓祝文　某親某號府君，氏孺人。之神曰：新改幽宅，尊神赫奕。夙興夜寐，哀慕罔極。謹以清酌庶品之儀，祇薦于域。尚饗。

葬畢還家安座即如虞祭，上香，奠酒，讀祝文。祝曰：新改吉宅，禮畢終虞。夙夜靡寧，啼號罔極。謹以清酌庶羞，祇薦虞事。尚饗。

復告祠堂，禮儀同前。祝文曰：孝孫某等今以某祖某考、妣體魄托非其地，如或父子則稱孝子。今以某某日改葬某處。事畢敢告。

修方告土地祝文　維年月日，于支弟子某某等謹以牲醴香楮之儀，敢昭告于土地之神曰：膚土皆神所管經營，安敢不告？今爲某親修方墳塋，坐某向某，惟祈庇佑，實荷洪休。神其聽之，式穀是遵。謹告。肯事啓陳則云謹告，有時祭祀則云尚饗。

修方完謝土地祝文　詞曰：惟神之德，陰陽燮理。成人之聰，錫人之祉。凡有所祈，嘉祥萃止。修方佳城，宅我考妣。工力告成，虔備牲醴。酬謝山靈，冀求科第。世代昌隆，百千生齒。瞻掃流傳，家聲勿替。謹告。

修方完祭考妣祝文　謹修佳城，工力告成。砂水方員，以安尊靈。敬供牲醴，拜獻墳庭。支支富貴，派派昌盈。神其有知，鑒此微誠。尚饗。

營壽域祝文　詞曰：惟神之德，司山之靈。凡有動作，悉屬所據。今某未雨綢繆，經營壽域于斯，伏冀壽登百齡，禄享千鐘。謹告。

喪祭大禮日奠飯朔祭起，至禫祭除靈止。

食時上食謂三餐奠服是也。古人朝饔夕飡，一日僅二頓，一例有三飡，亦當三飡，以事生之禮待之爲是。每餐男上香，陳殽果，奠酒一杯，斟二遍，進湯飯，婦點茶，就位跪，舉哀，俟祈環燒紙，行一拜止哀。禮畢，遇頓另羹飯于桌邊，紙亦另燒數張，在缸外以給童男女。今有村俗之家，孝男竟不與奠飯，殊爲不情。

朝夕奠雞鳴，男婦舉哀，奉魂帛，出靈座，進盥櫛，陳茶果，上香跪哭，盡哀乃止。○夜深進盥櫛，陳茶果，上香，跪哭盡哀後，奉魂帛就靈床，方可止哀。

七朝是早排牲醴羞，日上香奠酒舉哀，進飯點茶，讀祝再拜，止哀，燒紙畢。祝曰：始尚疑吾父母之未死也，以不去乎心也，或冀萬一之返生也，亦尚得爲之子也。今定省已曠於數朝，靈魂不復於七日，欲見無術，奉侍難從，傷心酸鼻，誰則知之？靈鑒此而來歆；則一滴之到，與涕併矣。嗚呼！尚饗。

朔望奠禮儀如七朝，有新則薦之。祝文曰：惟靈有教不孝之功，而不能食不孝之報，生不孝之身，而不能久不孝之養，追視吾父母之音容，猶頃刻也，而忽已朔旬、望旬矣。淚還洗面，杳難追長遠之踪；痛寔刺心，茫漠挽終生之恨。肝摧如粉，涕血成河。惟三魂之歆，庶一滴之到。哀哉。尚〔饗〕。

朔望并卒哭請客帖式

父教曰嚴，母訓曰慈。若請族内，先嚴慈當寫居中。卒哭後行帖稱制，不寫孤、哀子。

詰朝先嚴朔旬慈卒哭煩
駕指教祈　　孤哀子姓名泣血
早俯臨不勝哀感

卒哭禮儀俗云百日，祭完閉靈。是早設牲醴，猪羊饅頭，以喪祭，易吉祭上香，傾茅沙，舉哀，行三拜禮，三獻進飯點茶，讀祝止哀，焚紙錢并金銀山、童男女，是日剃頭止突，罷朝夕奠。祝文曰：阮葬尊爲顯考妣，未葬仍稱故父母。維年月日干支，不孝孤哀子某某、孫某某、曾孫某某等，敢昭告於顯考、妣某號氏某公、孺人之神曰：日月易邁，爰及卒哭。夙興夜寐，哀慕不寧。首容莫接，痛悼傷情。謹以剛鬣柔毛牲饌之儀，薦此成事。哀哉！尚饗。

頒胙帖式

生肉曰胙，熟肉曰膰。如姻門貴客，用猪蹄、羊蹄、饅頭、祭品送之，客人亦當備薄儀勞使。但頒胙乃在卒哭後，故敢稱拜，若在百日内頒胙，不可稱拜字。

謹具
猪胙壹方
羊胙壹方

饅首幾顆
祭品幾色
奉申
敬
孤哀子某某孫某仝泣血稽顙

謝吊帖式

孤哀子某某泣血
孫某某稽顙
曾孫某某稽首
元孫某某抆淚仝拜

親朋吊奠禮當登門叩謝。近有于黎明之際令人擲帖而云，不惟缺情，且滅大禮，不孝甚矣！

父亡爲祖父母。長房長孫稱承重孫，别房長孫稱杖期孫。祖在，嫡孫爲祖母稱杖（春）〔期〕嫡孫，名次孝男。妻亡父母在，稱不杖期。父母亡，稱「杖期夫某某稽首，哀子某泣血拜」。

庶子爲生母稱丁服子。無適稱哀子。

出繼爲本生父母稱出嗣子。

嫁母、出母稱期服子。以上拜用稽顙。

餘稱期功、緦麻，各用「稽首拜」。

父爲長子反服。

初喪愍忌祝文愍者憫也，憫父母生壽，歷年有祭，惟父母行之。祝曰：去年今日，稱慶堂前。今年此日，空拜靈筵。懷恩罔極，抱恨終天。敬陳菲薦，難盡哀言。嗚呼！尚饗。若服外祭生前壽日，吉服儀祝同忌祭，但祝中諱日改爲生晨。○俗例女子祭父母喪并做忌晨，名曰提紙，紙不止千，銀不滿百，主人當回種子、糖豆并祭餕之品物。

小祥祭名，取漸從吉期而小祥。練冠縓緣，腰絰不除，不計閏，十三月行禮，如卒哭儀。止徹外坐，不可除靈，遇朔望奠，望奠舉哀亦可。

大小祥祝文小祥稱常事，常者暫也，大祥稱祥事，祥者吉也。維年月朔日干支，常、祥事子某某、孫某某、曾孫某某等，敢昭告于故父、母某府君、孺人之靈曰：出葬稱考稱神。日月不居，奄及大小祥。夙興夜寐，小心畏懼。不惰其身，哀慕不寧。謹以牲醴薦此常祥事。哀哉！尚饗。

大祥再期而大祥，不計閏二十五月，禮如小祥。儀龜粿用紅，將杖焚于靈前，或埋墓側，若柩未葬，留爲出葬用，所設魂帛另匣祀之，不可附入祖龕。

大小祥請族親帖式若請外客，則云某日爲先嚴祥祭，煩玉指教，不勝哀感。○小祥稱常事，大祥稱祥事。

涓某某日薄奠 先嚴慈小大祥敢屈　　常祥事子某稽頓拜 俯臨不勝哀感

按死者不計閏，不敢算也。俗欲短喪，計閏月，又于衆子各拔一月，忍心背理，切不可從。

禫祭大祥後間一月也，不計閏二十七月，哀痛未盡，故二十五月之後，再服兩月之禫，取淡淡平安之義，喪至此可除。祝曰：日月易邁，親恩靡窮。謹以清酌庶羞之儀，祗薦禫事。尚饗。祝文用紅紙。

除靈祝文亦用酒果奠之，完即撤去靈座。詞曰：痛惟吾父、母九原杳隔。徒居三年之喪，莫報劬勞之德。禮制有限，靈筵須撤，敬陳薄奠，哀慕靡寧。惟願尊靈而歆格，啓我後人益綿世澤。謹告。神主且置別棹，少停入龕安座。

告遷祔葬祭儀

告遷禮儀是早陳設酒筵，主人詣廟，啓櫝參神，上香灌地，奠酒讀祝。拜畢即奉列主置于別棹，執事者以粉塗其應改之字，祝改曾祖考妣爲高祖考妣，次改祖考妣爲曾祖考妣，又改考妣爲祖考妣，其親盡之主不用塗改，且置于別棹。從新安主于櫝，虛左右兩旁之位，以俟新主。四拜奠酒，讀祝文，再拜，禮畢。庶母本無告遷祔廟，子立爲嗣蹋者，方有告附之禮。

告遷祝文

維年號某年歲次某某某月某某朔，越某日某某，曾孫某敢昭告于某號、諡某府君、孺人、某號、諡某府君、儒人、某號、諡某府君、孺人、某號、諡某府君、孺人尊神之前曰：茲以先考某號府君，大祥已屆，禮當遷主入廟，母主未便告遷。某號府君、某氏孺人親盡，神主當祧，某號府君、某氏孺人神主改題爲高祖考妣，某號府君、某氏孺人神主改題爲曾祖考妣，某號府君、某氏孺人神主改題爲祖考妣，旁題某孫奉祀。世次迭遷，不勝感愴，謹以酒果，用伸虔敬。謹告。文内稱某府君、某孺人而不稱高曾祖考妣者，是時高祖親盡，當祧別主，未改題故也。

埋主祝文告禮五世祖則祧之，置于遠廟。後世無遠廟，故埋神主于墓側。今俗亦宜埋葬。祝曰：元孫某某，敢昭告于五世祖考、妣某號府君、氏孺人之神曰：古人制禮，祀卜四代，心雖無窮，分則有限。神主當祧，不勝感愴，謹以酒果，百拜告辭。謹告。凡埋主尚有墓祭，若高祖親未盡，高有尾房子孫，暫遷于子孫之長者祀之，至親盡則理之。惟妣祖及創置祭田、并居官爵者，百世不遷。

告祔禮儀亦陳酒思告于曾祖之前。祔者屬也，父祔于父之祖考，母祔于祖妣，祔父則設父之祖考妣二位于中，父主在左，西向，祔母則設曾孫妣一位，祔母主于右，東向，方爲相配。

祔祭告曾祖考妣祝文酒、果名置一筵。祝曰：

維年月日干支，曾孫某某謹以酒果香楮之儀，適于顯曾祖考、妣某號、謚某府君、孺人躋附，孫某某、婦某氏。歲時配享。謹告。適，從也。躋，登也。附，依輔也。

祔祭告考妣祝文　詞曰：

孝子某某等，謹以庶羞香楮之儀，祔事於顯考、妣某號、謚某，府君、孺人茲適於顯曾祖考、妣某號、謚某府君、孺人之側祔食。謹告。如父在母死，是父爲主，祔于祖妣之側，不便告遷，待父死然後告遷。若父先死，已入祠堂，母後死，不必附于祖妣，只告于先考。告祠曰：茲先妣某氏孺人，大祥已届，禮當祔于先考，一齊並享，不勝感愴。謹告。〇俗有以父母大祥之日，不備酒筵，不告祖先，即將神主請入祖龕之中，有失告尊之義，殊非孝思之禮。若欲另龕，必須設筵安座其神，歲時宜另祭。

入廟禮儀在服闋時。是旦吉服，鼓樂迎主安廟左，親戚朋友彩旗羊酒拜賀堂前，牲醴每龕各一席，新主另席。祭主謁祖，灌地降神，出主再傾茅沙，奠酒，旁親分獻左右祔主時祭之儀。祭畢客主答拜，鼓瑟鼓琴，以燕嘉賓。

先祖祝文

維年月日，裔孫某某等謹以剛鬛柔毛牲醴果品之儀，敢昭告于上祖、列宗考妣之神曰：恭逢顯考、妣某號府君、氏孺人形骸歸土，大事已成，禮當迎主入廟躋附，四時配享。茲擇吉日良時，敬供牲饌，拜獻于庭，支支富貴，派派昌盈，神其有知，鑒此微誠。尚饗。

告考妣祝文　詞曰：

惟我考妣，合葬既寧。赫赫尊主，返歸廟庭。叨有禄位，皇仁寵膺。無官爵者删此二句。春秋匪懈，祇薦芹誠。天長地久，不祧先靈。願言介福，振我家聲。世世子孫，科甲聯登。尚饗。

祔主請客帖式

若請宗族考妣提高居中廟字亦提高，與考妣並列，忝「祔配」二字在廟下，「煩駕指教，不勝權忭」在旁〇若賓客有彩聯、羊酒來賀，當須胙告謝回拜。

涓某日先考、妣入廟恭祈 台駕祇聆 鴻誨伏祈 屈臨曷勝榮幸之至 眷某某姓名拜

君妣入私龕祝文祝曰：痛惟吾父、母；大祥既行；禫服已闋，靈筵即除。恭請尊主，置于神龕。敬陳薄奠，伏冀來歆。尚饗。

祭祀儀禮

祠堂公卿有三廟，大夫立二廟，□人無廟，立爲祠堂，四時致祭，所以盡報本反始之心，尊祖敬宗之意，三月缺祭則皇皇，孝子慈孫事死之禮當厚于事生。君子將營宮室，宗廟爲先。旁親無後者以班祔。昭祔昭，穆祔穆，不得專祀。祔祖受食，主列祖龕兩旁，男左女右。具祭器，俎豆簠簋之類。置祭田，供四時祭費，宗子主轄，不許典賣，放衆有分不得掌管也。定祭品，登簿酌定數件，遞年承接，毋致不肖者刻薄删減。時修明族譜。家有譜則世系昭穆不紊，生卒墳墓俱載，德業品行流傳，譜廢，族衆移寓，道變遷移，親屬不相識如外人。

祠宇祖宗神靈所依，墳墓祖宗魂魄所藏，子孫哀慕，不可見仰。其所依所藏之處，即是祖宗一般，古人所以切羹牆之思也。舜食見堯于羹，坐見堯于牆也。故主祭皆展親，大禮必加敬謹，與祭不得怠慢。凡遇祠宇塌壞，則鳩衆以葺之，罅漏以補之。封墩石碑有損則整之，有棘則剪之，祭器雜木則愛惜之。或被侵凌，則戮力同心以直之，勿以乍見而遺之，勿以小節而忽之。此事死如事生，事亡如事存，孝之至也。

時祭春曰祠，養也，繼嗣也。春物始生，孝子思親繼嗣而食之。夏曰禴，薄祭也，以麥始熟可禴之。秋曰嘗，先辭也，穀成非一，黍先熟，可薦而嘗新。冬曰烝，烝衆也，萬物畢成，芬芳俱備而可薦。前期三日齋主人主婦、不飲酒，不茹葷。戒，沐浴更衣，不吊喪，不問疾，不聽樂，凡諸凶穢皆不與。前期一日設位，始祖南向，高祖以及曾祖祖禰分東西席，稍降而皆不正對。陳器，香案、香爐、茅沙盆、盥盆、燭臺安堂中。省牲滌器，務要净潔。具饌，果殽粉麵，五鼎以享，大夫之禮，三牲以薦，士庶之禮，敬神道祀以牲醴，尊人道薦以着品，致祭兼用，孝之至也。習儀。通贊一人，引贊一人，祝者一人，並抗事者，皆子弟爲之。演習禮儀，恐瑱越貽羞。黎明，主人以下盛服入祠堂，主人則宗子，無則宗子同母弟，或釋宗中血脉賢貴、品行端方者，主祭誠敬，畢享庇佑，用通贊、引贊、祝者諸執事必有前程俊秀者，盛服不在華麗，有前程者公服，庶人便服，貧者衣服浣潔，白家冠不與祭，有服者易墨衰。盥洗，主祭與執事偕。啓櫝參神，跪告，詞曰：裔孫某某，今以仲春、秋冬至，有事于始祖，暨高曾祖考妣，敢請神主出。就正寢，恭伸奠獻。謹告。奉主出就位，宗子奉始祖主，宗婦奉始祖妣主，祭主奉高祖主，祭婦奉高祖妣主，各子弟奉祔食各祖考妣之神主，安于食桌前。通贊唱序立，宗子房中、族家同輩並列，隨後外立。參神，鞠躬拜，興，拜，興，拜，興，拜，興，平身。引唱降神盥洗，盥再致敬。請香案前，上香，神道尚左，向右之享。凡上香及造酒，故當左旋右轉以進。跪酬酒，子弟一跪，主人左進盤盞，一跪，主人右斟酒。斟畢，二人俱起。主人左手執盤，右手執盞，盡傾酒于茅沙，以盞授執事。俯伏，二拜，平身。進饌品味，主人逐位自進，子弟分進祔位。行初獻禮引唱。詣始、高祖考妣神位前，跪，祭酒，主人傾酒少許于茅沙盤中，謂之縮酒。鬼料不能祭，代祭始造飲食之人。按茅沙盤以錫爲之，上無蓋，下成鑿七星孔，内貯清沙白茅，取生平貞潔之意。奠酒，主人承盞，一拱，執事者接之，轉置高祖考妣前。俯伏，興，平身。次詣曾祖考妣神位前，跪，祭酒，奠酒，俯伏，興，平身。三詣祖考妣神位前，跪，祭酒，奠酒，俯伏，興，平身。四詣考妣神位前，跪，祭酒，奠酒，俯伏，興，平身。引唱。詣讀祝位跪，通（昌）〔唱〕。主人以下皆跪，讀祝跪西向東。曰：「維年號某年歲次某甲子某月某某朔越幾日某某，孝元孫某某敢昭告于顯高祖考、妣某號府君、氏孺人。○顯曾祖考、妣某號府君、氏孺人顯祖考、妣某號府君、氏孺人顯考、妣某號府君、氏孺人之神曰：有官爵者上加職銜。歲序流易，時屆仲春。或仲夏，或仲秋，或仲冬，或伏臘歲暮，隨時改易。追遠感時，不勝永慕。謹以猪羊牲醴、庶羞果品之儀，祗薦歲事，冀求景福，爰及旁親某，號府君、氏孺人降神祔食。尚饗。」讀完起。主人以下俯伏，興，二拜平身，引唱。復位。通唱。分獻長者分獻酒東西祔位。奉饌。粉麪主人進正位，長者進祔位。行亞獻禮。舊酒傾起再換新酒儀同初獻但不祭酒不讀祝不分獻以族貴顯司之。行三獻禮，儀同亞獻。侑食，勸食也。主人再斟酒列神前。進羹飯，鞠躬二拜，平身，復位。通唱。主人以下皆出闔門，無門垂簾少頃。祝噫歆，祝者北向，作咳聲者三。啓門，各入復位。獻茶，原祭婦進，今祭主獻。飲福受胙。工祝承祖考命，賜主祭以酒，其以福祿。胙者酢也，祖考酢子孫。引唱。詣飲福位，案前。跪，祝取高祖前酒授于主人。受酒，祭酒，傾少許于地。啐酒，略嘗少許，祝者抄神前飯詣主人之左。通唱。嘏辭。祝者曰：「祖考命工祝承致多福無疆於汝孝孫，賜汝孝孫，使汝受禄于天，宜稼于田，眉壽永年，勿替引之。」替，廢也。引，長也。言無廢止時，常如是也。○祭主置盛地上。俯伏，興，二拜，跪受胙，祝者以飯授祭主，祭主受而嘗之。啐酒，取所置盞酒盡飲之。俯伏，興，二拜，平身，復位，祭主退立東階，西向。通唱。告利成。主人以下皆二拜。通唱。辭神各四拜。焚祝，焚于爐上。化紙，以玄酒沃之。玄酒，清泉也。致祭時取玄酒置盂中，在芳沙盤邊，燒紙時沃之，俗曰潤錢。在位者向出一揖，各奉主入龕，徹饌，禮畢。本家子弟贊禮，補四拜者。賓贊。率衆拜謝，待以祭席，仍饋神胙。餕。宗從聚燕廣神惠。今婦人雖不與祭，然專主中饋，凡祭品酒粿，必須親自調烹，未祭不敢嘗，餽祭不敢祀。至若沽酒市脯，則不誠敬矣。

按祠祭，每考妣一饌，一祝文。文公恐世人家事澹泊，唯以從禮，是以更定四代共一龕，遇祭祀亦共一席也。

祝版式　用木板一片，長一尺，闊八寸，將祝文粘于板上讀之，置于香爐之左，祭畢揭起焚之，木板則留之。凡讀祝者，居喪之人不便宣讀。吉祭跪右向東，喪祭跪左向西。照祠内坐，向分爲東、西。

凡祖祭，祖宗子孫享禮于一堂，合祀亡者，所以聚生也。祔祭畢，子孫行禮儀。第一輩之人先並列作揖畢，分立于廳上左右。第二輩人向上與第一輩人作揖，然後平揖畢，隨立第一輩身下。第三輩、第四輩照輩序次作揖畢，如同輩之人衆，序作二三列。各就席飲福。長者舉未釂，酒醮飲，音悉也。少者不敢飲。○《曲禮》卑幼者居不主奧，西南隅，尊長所居也。坐不中席，行不中道，立不中門，俱聽尊長有命，方敢拱立起坐。疾行先長者謂之不遜，訇言犯長者謂之無述。訇言英，大聲也。

凡宗廟祭祀，當分昭穆。祖之始廟也，二世爲昭，三世爲穆，四世爲昭，五世爲穆。左昭向陽，南陽北陰。有明顯之義，右穆向陰，有深遠之意，所以别父子祖孫、長幼親疏之序而無亂也，是故有事群昭群穆咸在而不失倫矣。凡坐位昭不對穆，上不對昭，如姪孫可對伯叔祖，不可對曾伯、叔祖。○程公泰云。由主器而議承祧，昭穆必辨，因大宗而明世系，嫡庶尤分。

小祭省儀。參神出，主拈香，左執事遞酒與主祭者，一揖灌地，傾茅换杯，一拱付右執事，轉進案上，行二拜，跪讀祝，再頓首起，一揖。三奠换酒俱行此式，侑食、進飯、點茶、燒帋、澗錢、辭神，各行一揖。

族有養子，本無與祭宗廟，至孫長成方有承祀，故曰有養子無養孫。

忌祭先一日致齋于内，夕寢于外，思父母生前之所居處，之所笑語。是早掛象，出主稱諱，見親祀之忠也。語云君子有終身之喪，忌日是也。君子有百年之養，墳墓是也。若祖忌，值祭者具帖請各房長幼齊集序次行禮，照儀參神，灌地傾茅，初奠讀祝，三奠侑食進飯，點茶燒帋，辭神。○按：忌祭本無請上尊配享之禮，如父忌以母配之，則人情似矣，若母忌以父配之，則是母先于父矣。今酌昭告次行總叙顯考妣之神下，接恭遇某妣諱曰復臨云云，不可寫敬奉某考配食，似爲妥當。若父在祭母忌，則曰孝子某某敬奉父命，告于顯妣某氏孺人之神曰云云。

忌祭祝文有爵者上叙某官某封，下接考妣并先生孺人。詞曰：歲序流易，諱日復臨。昊天罔極，孺慕在心。欲報厥德，日落雲沉。神其鑒只，來享來歆。尚饗。若祖忌，則云歲序流易，諱日復臨，追遠感時，不勝永慕。謹以清酒庶羞，用伸奠獻，敬奉祖妣某氏配食。尚饗。

忌祭請族親帖式凡祭當吉服，此必變服，高曾用青，祖玄冠白衣，考妣白冠白衣。

翌日早致奠
某親諱晨煩　　愚某名拜
玉早臨是感

祠堂祖忌只寫值年某某拜，若請外客某親，諱晨寫在某日下。凡神主有没子水火者，須補題以忌祭。

啟忌祝文啟者憫也，憫父母之亡也。一作娩忌，謂分娩之晨也，須用吉服。爲人子當歲上，以事生之禮待之。自祖以上則無此娩祭也。祝曰：歲月推遷，生晨復遇。存既有慶，没寧敢忘？追遠感時，不勝哀慕。謹以庶羞，用伸奠獻。尚饗。

禮冬至祭始祖，人本乎祖，始遷、始封爲是，如遷徙不當，當以始知者爲始祖。立春祭先祖，始祖以下、高曾以上之祖。季秋祭禰。近也。父廟曰禰。以上儀同時祭。世俗省之，但于仲春、中元祭祠堂，清明、冬至祭墦問。

墓祭儀同時祭，去飲福受胙。主人率子弟拜畢，環繞巡省，除荆棘添土畢，乃布席陳饌，先祭福神，次祭考妣。古人祀神以大牲醴，今人菲薄。於神似覺輕慢，當一樣禮儀，以盡祭先祀神孝敬之心。

祭土地祝文　詞曰：正直尊神，號曰福德。先考妣墳塋，承庥在昔。兹際清明、冬祭，因掃幽宅。謹陳庶羞牲醴玉帛，俯鑒精誠，加增福澤。甲第聯輝，子孫千億。尚饗。

祭墓祝文　詞曰：歲序流易，春露之期。清明節屆，撫景興思。先考、妣窀穸，夙安在兹。瞻仰拜掃，虔薦陳詞。神其庇佑，鑒納禮儀。永昌厥後，世代弘禧。尚饗。若秋祭則云秋霜，冬祭則云冬至，臘月則云歲暮。清明二字亦隨時改换變易。

中元祭祖祝文　詞曰：歲序流易，節屆中元。地官珍異，寶蓋幢旛。微嘗薄薦，孝思維繁。神其鑒只，奕世雝鶼。尚饗。

凡祭祀必備先人生前喜好，世厚於自養，薄於祀先，不若豺獺知報本。聖人制禮以教，四時有祭，皆以仲月擇日，或丁或亥，或用二分二至日，黎明薦新廟寢，過期不敬，祭之日傳令穉子齊集觀覽，自是及長，可謂禮儀之詳矣。

君子之祭也，必自親身涖之，不敢苟簡。然至貧不鬻祭器，雖寒不衣祭服。凡祭器不用金銀之飾。士庶無由不設祭器。俎豆，貯肉器也。籩豆，竹爲之，貯果子。木豆，以貯葅醢。登，瓦豆也，亦禮器。簠簋，盛粢黍者。祭服。麻布染黑，製爲衫袍，謂之墨衰。

凡孝衰於妻子，婦人嫁出以舅姑。爲父母若有輕慢，即爲不孝，雖逃國法，難免幽譴，爲婦者所當深戒，爲夫者勿聽婦人言也。律載子與婦忤逆者，治以家法。家法杖也，藏于龕邊。

凡先靈不可輕慢，先靈者，謂亡過祖宗考妣，祭祀有缺，拜掃失時，殯斂非禮，居喪違制，停柩不葬，此輕慢之大者，爲人子者當深戒之。

古人設義冢以葬族人之無地者，立義嗣以祀宗族之無後者，置義田以贍宗族之無養者，皆美事也，凡大姓富饒者，當力爲之可也。

宗法附家禮以宗法爲主，冠、昏、喪、祭莫不以宗法行之，而祭尤重。別子爲祖，別子者，謂諸侯嫡子之弟，別于正嫡也。爲祖者，別與後世爲始祖也。繼別爲宗。謂別子之適長子，繼別子統庶人爲百世不遷之宗。有百世不遷之宗，謂之大宗。有五世則遷之宗。謂之小宗。

漳郡張一棟《宗法考》曰：「宗法大宗一，統小宗四，別子爲祖，以嫡承嫡，百代不絕，是爲大宗。大宗之庶子皆爲小宗，小宗有四五世則遷，己身庶也，宗彌宗，己父庶也，宗祖宗，己祖庶也，宗曾祖宗，己曾祖庶也，祭高祖宗，己高祖庶也則遷，而惟宗大宗所宗者祭之。大宗絶，則族人以支後之。凡祭必宗子，庶子雖富且貴，不敢祭。祭畢合族以食，宗族有事，聞于宗子，乃告廟焉。宗子死，合族皆爲齊衰三月，以肅重宗禮也。

封贈告祖

授官設饌醴果品。就位，行四拜禮，平身。酌酒，跪，祭酒，奠酒，讀祝文曰：「維年月日，干支孝元孫某某敢昭告于高曾祖考妣之神曰：某以某年某月某日，蒙恩授某官，奉承先訓，獲沾禄位，餘慶所及，不勝感慕。謹以酒果，用伸虔告。謹告。」入泮、鄉舉、成進士禮儀俱同此，但入泮祝文改云某以某年月日取進某府某縣儒學，奉承先訓，得遊庠序云云，中舉則云某以某年月日中式某省鄉試第幾名，奉承先訓，得登賢書，中進士則云某以某年月日會試中式第幾名，殿試第幾甲第幾名，恩賜進士出身，或及第出身，奉承先訓，得遂成名云云。俯一伏，興，平身。又行四拜禮，平身，禮畢。若仕者有父兄主祭，則云某之子某，或某之弟某。〇貶降則云貶某官，荒墮先訓，惶恐無地，謹以後同前。

受封前一日。本家設誥案於正廳中，設香案於誥案之南，是日彩亭鼓樂前行。受誥官將至，受封者出大門外迎接，命婦服冠服迎門内。候誥亭入門，隨至廳前。名就拜位，執事者捧誥置案上。鞠躬五拜，三叩頭。清禮三跪九叩頭，命婦不必叩頭。捧誥入家廟，具香燭等物。就位，鞠躬四拜，平身。酌酒，跪，祭酒，奠酒。讀祝文曰：「維年月日，于支孝元孫某某敢昭告于高曾祖考妣之神曰：某之子某，以某年月日，仰荷皇仁，推恩所生，誥封某爲某官，某氏爲某人。奉承先訓，獲受恩榮。餘慶所及，不勝感慕。謹以酒果虔告。」俯伏，興，平身，鞠躬四拜，平身。禮畢。

追贈家廟改題禮朝廷推恩訃請焚黄行之墓次，不知于禮何據？焚黄于廟，似爲得𣥽。今世皆焚于墓，未免隨俗耳。改題預先令善書者以黄紙録制書、寫祝文各一道。是日主人入祠堂，主人以下各盛服，祠内點香燭。序立，盥洗，啓櫝惟啓所贈之櫝。出主，復位。詣香案前主人。上香，跪告，辭主人自告。曰：

「孝子某某祗奉制書，追贈顯考某號府君爲某官，顯妣某氏爲某人，謹請神主改題奉祀，出就正寢，恭伸祭告。謹告。」將辭焚燭上。或贈祖考妣添書在顯考上，或父兄合，云：「今某子某某，或弟某某，祗奉制書，追贈顯祖考妣。」云云。請主，主人導前，至正寢，安案上，洗去舊字，塗以新粉。題主，善書者題所贈官，改外面，中函不改。奉主。執事以盤奉，主人導至堂。安畢，易錦繡吉服，俟行祭告禮。序立，參神。鞠躬四拜，興，平身。降神，盥洗。詣香案前，上香，跪，酹酒，盡傾。俯伏，興，平身。進饌，品味自進。行初獻禮詣香案前，焰所贈幾代誥。跪，執事者以盞授主人。祭酒，少傾茅上。奠酒，考、妣各一。俯伏，興，平身。詣讀祝曰。跪，主人以下皆跪，讀祝居左，向東。曰：「維年月朔日，于支孝子某官某名敢昭告于顯考某官某府君、顯妣某氏某人如封及祖則先補入顯祖考妣。之神曰：某奉承先訓，竊祿于朝。如外官則改叨及祿位。仰荷皇仁，推恩所生。乃以某月某某日奉旨告贈考爲某官，妣爲某封。惟是音容曰遠，追養靡從。祇奉恩命，且喜且悲。敬宣以聞，益增哀殞。謹以牲醴粢盛，用伸虔告。」如受勅，改「誥」爲「勅」，如再贈於贈上加一「加」字，隨時變通。宣制誥，立香案左，南向，高聲宣讀。俯伏，興，平身。進饌，粉、麵。行亞獻禮。舊酒傾起再換新酒儀，如初獻，但不祭酒，不讀祝。行終獻禮。儀同亞獻。侑食，熱酒遍斟。進羹飯，鞠躬二拜，興，平身。點茶，各位一盞。復位。辭神，四拜，平身，焚祝文，所録制書留焚墓上。禮畢。奉主入櫝安置原處，擇日焚黃。

墓上焚黃祀司土禮儀先于墓所搭廠，或帳棚，備祝文，陳設祭器等項，是日墓制書于彩亭內，鼓樂導至墓前。降神，盥洗。詣香席前，上香，跪，酹酒，盡傾于地。參神，鞠躬二拜，平身。初獻酒主人執爵授執事者，安于神前。跪，讀祝，祝跪主人之左，向東。曰：「維年號某年歲次某某月某某朔越幾日某某，某官姓名敢昭告于本山土地之神曰：某祗奉制書，追贈先考某號某府君爲某官，生妣某氏爲某封。惟兹窀穸，實賴神庥。遵典昭事，敢有弗虔。蘋藻雖微，庶將誠意。惟神降歆，永賴厥居。謹告。」俯伏，興，平身。亞獻禮三獻禮並同初獻，但不讀祝。辭神，四拜，平身，焚祝文，禮畢。

焚黄告墓禮儀錦衣吉服。序立，參神，鞠躬四拜，平身。降神，盥洗。主人詣香席前，上香，跪，酹酒，傾于墓地，不用茅沙。俯伏，興，兩拜，平身。行初獻禮。詣顯考妣神位前，若祖則云顯祖考妣，别葬他處則他日祭。跪，祭酒，將酒滴少許于地。奠酒，主人承盞一拱，執事者接之，置考妣前各一盞。進饌，或魚或肉。俯伏，興，平身。詣讀祝文跪，主人以下皆跪。讀跪，面亦向東。曰：「維年號某年歲次某甲子某月某某朔越某某日，于支孝子某官某名敢昭告于顯考、妣某號、謚某府君、孺人之墓曰：兹者祗奉聖恩，如奉慶典則曰覃恩。追封顯考爲某官，顯妣爲某封，已於家寢卜日改題。伏念恩綸下賁，泉石生光。幽德招明，慶貽後代。鼎養無從，不勝感愴。謹備牲醴粢盛，敬録以聞。謹告。」宣制誥，立香案前，面向東，高聲宣讀。俯伏，興，平身。行亞獻禮舊酒傾去，換以新酒，但不祭酒，不讀祝，不宣制。進饌。粉、麫。行三獻禮禮儀俱同亞獻。侑食，侑食勸食也主人再斟酒列神前。進羹飯，俯伏，興，平身。焚黄併祝文焚之。化紙，玄酒沃之，向出一揖。玄酒清泉也。辭神，鞠躬四拜，平身，徹饌，禮畢。

皇恩封贈皆許告請焚黄，蓋以孝治天下，亦恤臣子之私也。恭承恩命，十里還鄉，慶溢宗祊，光榮父母，所行之禮，不宜簡陋。

致齊拜懺

世謂親死必延沙門拜懺，晝夜不等，隨人力免地獄，升天堂，故人人喜而效之，一應事宜聽僧主持爾。

追薦祖考妣，預先設靈以告之。祝文曰：「噫嘻先祖，翼比無方。地天覆載，若舊喪，改遭逝已久。未報毫芒。追思永慕，孫支徬徨。詹此某日，薦拔匆匆。謹備羞儀，先告廿堂。伏祈祖靈，來格來嘗。謹告。」

薦父母祝文　祝曰：「嗟我嚴父、慈母兮卿族、温惠稱賢、妍，生我育我兮罔極昊天。教我誨我兮詩禮傳延、熊膽和丸，繞膝承歡兮將謂百年。何速仙逝兮致恨綿綿。嗚呼痛哉！上天不吊兮風木凄然，拊膺號呼兮徒淚懸河。兹欲報之無方兮，特動梵音以薦虔。梵音凡。梵王太子好佛，故和尚建懺書榜即稱梵音，又曰梵章。父母有靈兮鑒此芳延。哀哉！尚饗。」

祭姻家追祭祝文此生前未識面，死後結姻用之。詞曰：「蔦羅未托，山斗米瞻。聞風景慕，五内纏綿。茲焉超度，遠適西天。虔備蔬筵，趨奠於前。赫赫尊靈，鑒此微誠。尚饗。

請粿帖式粿，敬佛之品物也。佛者西方聖人名。若舊喪做齋，仍寫「孤哀子某某稽顙拜」，不用「泣血」。如爲祖建什，則稱「追薦孫。某某稽首拜」，須胙謝吊照常，各銜。白帖，紅簽。

某日爲先嚴慈建作
佛事伏祈
孤哀子某某泣血稽顙拜
候台駕指教。
希蚤臨不勝哀感

漳道學北溪陳先生聯云：家尊孔氏書，葬以禮，祭禮；俗重梁皇懺，生者安，死者安。閣下石齋黄先生聯云：講聖經，作佛事，理乎理乎；承母命，答父恩，情耶情耶。鄉賢林白石先生聯云：吾儒崇墨教，其然豈其然；孝子報親思，無可無不可。今世信和尚作水陸大會，能爲死者滅生前罪惡，必升天堂，受種種快樂，不爲者必墜地獄，受無邊苦楚，□習俗已久，不能一旦處除，富足之家從俗爲之，亦無甚苦，若家道尋常，切不可勉强禮懺。中又有放生、普施、弄鐃、打地獄，夫放生普施尤是行方便事，至於弄鐃、打地獄，切不可從。且夫人死有罪而入地獄，豈以一杯之沙爲之可破而出乎？若能破出，是陰間之地獄可不必設矣，何舉世之作悟至此也。

祀神禮儀

凡正人君子，明則畏人，幽則畏鬼神。遇祭之期，若有穢言，呪罵怒號，必致凶咎。且人一身皆有神鑒察，身中有三户之神，彭琚、彭蟜、彭項，庚申日白人罪狀，諺云：一生無作虧心事，不怕三户説是非。蓋鬼神居幽暗，人居顯明，神嘗見人，人不見神，而遂謂無鬼神，可乎？若裸體入廟，赤身起床，褻瀆神明，譴責更深。

凡穢火及燈漏油，不可點燈，引香祀神，則不敬。科令云竈中火灰名伏龍屎，亦不可作香炷。凡進香必三上者，乃達神達祇表人心。

宰我問鬼神何也，子曰：「乃陰陽二端之名，實一氣之運也。陰之魄降下爲野土，曰鬼；陽之魂揚上爲昭明，曰神。」又曰：「氣之伸者爲神，屈者爲鬼。鬼神既立，故設祭祀之禮，必誠必謹，敬之至也。」

春秋里社鄉社祭城市鄉村逢春、秋二社日，各處祀五土、五穀神，以盡春祈秋報之禮，禮稱報賽，俗云做福輪。當首事潔、壇場，具牲醴，先日會首及與祭者齋戒沐浴。設位，五土居東，五穀居西。牲案，香案正中。是日聚立，上香，鞠躬四拜，平身。詣五土神位前，會首。跪，三獻酒，俯伏，興，平身。詣五穀神位前，跪，三獻酒，俯伏，興，平身。詣讀祝位，跪。會首與衆皆跪。讀祝跪會首之左。曰：「維年號某年歲次某某某月某某日，某府某縣某鄉某里某都圖會首某某等致祭於五土之神、五穀之神曰：惟神參贊造化，發育萬物。凡我庶民，寔賴生植。時維仲春，東作方興，秋，西成在即。謹具牲醴，恭伸祈、祭告。伏願雨暘時若，五穀豐登。官賦足供，民食充裕。神其鑒知。尚饗。」俯伏，興，平身。復位，鞠躬四拜，平身。焚祝，化紙，辭神，禮畢。讀抑强扶弱誓曰：「氣我同里，各遵禮法，毋侍强凌弱，毋恃富欺貧，違者共攻之後呈官，貧乏周濟，疾病扶持，婚姻喪葬，隨力相助，如不從衆及犯奸盜詐僞一切非爲，不許入衆。」讀畢，長幼序齒，盡歡而散。敬神睦民之道也。

社戲祝文詞曰：「春用萬物孚甲，東作方興，春光獻彩，秋用萬物結實，歲事有成，秋輪氣爽。實賴神庥。某等虔備牲醴，祗薦于神。特演傳奇，恪恭清翫，伏冀鑒歆，垂庇衆信。大節有慶，百室盈寧。尚饗。」祭神明不用奠酒，乃行三進爵之禮。

家祭土地祝文祭以二月初二、十五，八月十五。詞曰：「維年月日，弟子姓名敢昭告于本家土地之神曰：惟茲仲春、秋，歲功伊始、將成。若時，昭、報事、歲暮、改歲、律將更，幸茲安聲。敢有弗虔。蘋藻雖微，庶將誠意。惟神鑒享，永奠厥居。尚饗。」

竈神姓張名愧，一名單，字子郭，二月初一壽誕，頭有髻，身赤衣，壬子日死。夫人號忌卿，八月初二日生。乃天帝督郵使，爲司命真君，三日一期，朝天呈善事，司命錫禎祥作惡者，大者奪紀，紀二百日。小者奪算。算一百日。每年六、臘月廿四日三次計奏，名爲迴風，別神則無與焉。是日最宜清敬。夜燃燈于床下，照除虛耗，初四接神。考無所載。次早上帝開南天門，令星官稽對人間善惡。西漢李少君言民家祀竈可致神物，令天下盡祀焉。陰子方臘日以黄羊白雞、烏豆赤糖祀社神，則家人旺，財物興。凡竈貴西向，須取富貴而造之，竈前不可啼哭歌謡，若哭與歌，非所以昭敬事也。婢妾無知，素犯忌禁，主人弗戒，咎自有所歸。

祀竈祝文二月初一、立夏之日、八月初二、六月廿四、十二月廿四并歲暮日祭竈，具饌，用紙牌書司命之神，置竈上，焚香拜告曰：「今日某時，敢請出宴受祭。」迎紙牌堂中，儀同禮祭。祝文曰：「四序流易，食用優游。一門康吉，皆賴神庥。若時昭報，誠意云周。尊神鑒格，百福是道。尚饗。」

五祝祭五祀户、竈、門、井、中霤。《王制》大夫祭五祀。○春祀户，取萬物始生，夏祀竈，取火德當旺，秋祀門，主閉藏，冬祀井，取冰聖之侯李，冬祀中霤，即本家土地神，歲暮合祭，置一本牌，書本家户、竈、門、井、中霤之神，儀節同前。祝文曰：「維年號某年歲次某某月某某朔越某日某某，弟子某某敢昭告于本家五祀之神曰：惟神體本五行，用切民生。飲食起居，出入經營。或賴神庥，延慶納禎。茲當歲暮，感報同情。虔修殽醴，薦此微誠。尚饗。」家人禱病，贊疑五祀，以庶人亦可祭他。

神誕通用祝文詞曰：「伏以神威廣佈於遐方，聖德覃敷于弈世。洋洋如在，赫赫常臨。斗轉星週，華誕恭逢乎此日；殽香酒潔，芹誠上達乎茲辰。伏冀鑒歆，俯垂申錫。百福駢臻而易替，四民叶慶以無疆。尚饗。」

祭白虎祝文詞曰：「維年月日干支，信士姓名敢昭告于白虎之神曰：惟神職履西方，禍福攸關。謂宜俯伏方位，豈應昂首堂前？今集住屋，定某向某。近日以來，家門坎坷。人物不安，卜問稱説你神作慫賸此，宅神不安。爰備酒肉告虔，伏冀馴伏方位，務期吉宿環纏。壽登福進，如阜如川。四時罔患，八節有歡。謹告。」

周禮祭祀，割羊飾羔，登首升堂，所以報陽示其敬也。食梟用羊，故稱庶品爲庶羞。牲用純色，雜花雞乃鴇種也，不宜上祭。若凶人祭祀，正神不享，如君子不受小人之餽。送吉人祭祀，凶神不臨，如小人不登君子之門墻。若祭祀不潔則乳星現。

神佛至尊，天下之人孰不敬仰而崇奉之？今梨園視爲故事，妝其容，飾其貌，演唱于戲臺之上，取樂有乖，褻慢無窮，神佛有知，豈不譴責乎？

年節故事歷春、夏、秋、冬二十四氣以成一什。

凡孝子慈孫，遇八節、立春、立夏、立秋、立冬、春分、秋分、夏至、冬至。俗節，元旦、元宵、清明、端午、七夕、中元、中秋、重陽、五臘、除夕。薦以時物。每月朔旦，獻以庶羞果品，主人以下，皆冠服序立，啓櫝出主，降神上香，酹酒參神，獻酒，四拜，進飯點茶，辭神，四拜，奉主入櫝，禮畢。望日啓櫝，不出主，不設酒，僅點茶耳。凡祭務令精潔，勿使僮僕先食。

元旦謂之三元四始。是早獻椒頌，進壽麵、屠蘇酒、藥名，合家飲之不病。五辛盤，五樣疏菜，可助五臟之氣。祭神祇祖先，拜祝畢，黎明謁賀尊長親友，先敬茶，次宴柏酒三杯，起位。今坐席已廢，僅一杯茶耳。元日謂之天臘。宜禖祭，來子息。割雞宰羊，挂門户，棄穢毒，助生氣。雞啄百蟲，羊喫百草。卯日佩毅改，逐鬼魅，却疾病。毅音慨，改音以，爲剛卯金刀也。辰日取土塗門，辟官符。初三日萬神會，戒房事。初七八日剪彩爲人，或以金箔爲之。貼屏門，謂之辰靈。若困則鈍。

元旦祀祖祝文洪鈞開泰，萬象維新。氣機默運，元旦復臻。幾屬枝葉，當念本根。仰祈如在，感慕無垠。蘋蘩，藴藻，慇懃尚饗。

紫泥飲正月初二。唐明皇以御品賜公卿，大夫用紫泥金封之受之者，獻於先祖，然後子孫共享君惠，今世人私創紅燭以祀之。凡雞魚肉塗以紅糟。

告紫泥祝文三陽開泰，萬象感享。繼新元日，神人倍慶。某等孫子，拜獻紅羹。惟願祖宗，假此椒馨。福禄壽全，世代昌榮。尚饗。

踏如愿初五。歐明積德之人。謁彭澤湖青洪君，欲求如愿，欲隨意愿。湖神誤將姬女如愿與之，後除夕從糞掃而去。明留戀數日，置糞于路。欲衆人踏起也。

元宵月半之夜。唐睿宗上福門，結燈樹高二十丈燃，燈五萬盞，號爲鰲耳。各家慶太乙上元，掛祈安保壽燈，居喪者亦不便吊黄。火樹銀花合，指燈月之煇煌。星橋金鎖開。謂金吾不禁夜。讀書者摘字做猜，豪興者打傀作要。號爲騷客問，唐谷貴戚例有黄柑相遺贈。消耗日正月十六。百事不舉，是晚婦人遊踏橋梁，繞倚樹木，可走百病。

掃塵日二月廿九，土俗是日掃除屋内塵穢，以柳作事船貯之，投于溪中。次日爲文祭逐窮鬼，不至窮困，今人于年杪掃而除之。

中和節二月初一。俗以青囊盛谷種、瓜子相遺獻。啓萌生子。驚蟄塞壁除蟻。

迎富日二月初二。古人大祭土地於郊外，俗云做福。鼓樂欣飲，特火執寶而歸。

花朝節二月十五。民家户户祈福、社公，謂之春祈福。社神名修章，後燕齊之人立樂市爲社公。

寒食節三月初一。古清明前三日。晉介子推從亡歸國，文公賜禄弗及，隱于綿山，焚死，歷代建祠致祭，例禁鄉民是日不許火食。

上巳日三月初逢巳爲上巳。鄭俗士女採蘭，祓除不祥。除惡，祭名。元魏更定初三，遍祭鬼神，薦以蘭黍。今用鼠耳，俗云齒催。唐制公卿大夫折細柳爲帶圈。可免毒螫。

清明一氣之節，例應上墳掛白。若延至谷雨，大非祀典。是日飲桃花酒，浴枸杞湯，身無邪氣，色不衰謝。

立夏日啖青梅，益壯精神，服六癸六壬符，暑不能侵結夏日。僧尼不敢出門。

端午日五月陰氣午逆，陽氣冒地而出。謂之地臘，禳災謝罪，祈禱求福。更名天中節。帝王祭地于方澤。楚屈原是日投汨羅江而死，歐回結黍以祭。以防蛟龍所奪。唐皇令宮女以小角勺射黍，亦名爲角黍。盧循用粿爲粽，鰜粽曰包金，鰜音堅，商人間市製此，得大利。白粽曰益智。以益智仁和東製之訓，童人學可能聰明。越王勾踐設鬪龍舟爲之吊。古插蒲艾于檐上，赤靈符書置胸前，以辟五兵。弓、殳、矛、戈、戟。童兒繫續命縷。用彩線結鉗繫臂，可長壽。午時飲雄黃酒，浴蘭湯，可辟毒氣。于五、六夜天地合，忌房事。

天貺節六月六日。曝書籍不蠹蛀。一説乃七夕日。郝隆家貧學富，滿腹珠璣無書可曝，乃袒胸晒腹，故云晒衣日。

乞巧節七夕。唐鄭采娘穿針，禱牛郎織女，乞巧女工。蔡州蔡氏以酒果祈巧，金梭忽墜瓜上，自此巧思益進。明皇貴妃是夕指星結緣，兄士人日取蛛蜘一枚著領巾，令久不忘。西蜀婦人以蠟作嬰兒，浮水卜，謂之化胎，主子之祥。

中元七月十五。地官赦罪，僧伏建作普度會。家家户户流水燈三十六盞，賑濟野鬼。名曰度孤。天官賜福，正月十五上元。水官解厄，十月十五下元。合稱爲三界庚申日不眠。至七月十六剪指甲燒灰服之，可滅三尸。天灸日八月十五，或十六日。取百花露和珠點額，令人身無疾病，性聰慧，眼亦光明。

中秋八月十五。今之秋社也。沿鄉逐里致祭社公陳平社祭，宰肉均分，父老重之。葉法善架虹橋，迎玄宗遊月宮，冷氣逼人，俗獻團餅，取月之象也。

重陽節費長房謂桓景帝曰：「九月九日，汝鄉有災。佩茱萸登高山飲菊酒，災可免。」今俗相沿登高，舉於風箏。晉孟嘉謂落帽節。

亞歲冬至。地支屬子，周之歲首也。帝王祭天于圜邱。以黍糕先薦元冥。及祖禰，今俗稱員，取天員之義。又以赤豆粥禳厲鬼。共工氏之子爲鬼，最畏赤豆。子婦獻履襪于舅姑。迎福祉，踐長壽。男人剪錫彩珠，戴一陽巾，行遠道，周四極，女人添線爲工，名曰履長節。此月日南至，一陽來復，官民各有慶賀。

臘冬至後三戌日，新舊交接。因臘取獸，祀先祖，報百神，同日異祭。南詔爲星迴節，僧家作臘粥會。

除夕歲且更始，臘盡而除。山魈作祟，音粹。古人爆竹逐之，今人卷炮代之。貼桃符，東海度朔山古桃神神荼、鬱壘能喝鬼縛鬼，今俗用紅紙畫其形以貼門。炊隔年陳。長年飯、五辛盤。禴祭祖先。張照歲燈，焚商音的。陸果。木根果蒂，禽獸爪甲，今燒燈嗒。打細腰鼓。諺云：臘鼓鳴，春草生。守夜。分歲。不睡。戒怒忌淫，納氣益壽。吴俗兒童除夕賣痴獃則劣變爲優。詞曰：「千貫賣你痴，萬貫賣你獃。要買儘多送，欲賒隨我來。」

除夕祀祖祝文詞曰：「歲序流易，律將更移。追惟報本，禮不敢忘。謹以牲醴粢盛，祇薦歲事。伏冀精爽昭歆，昌我後嗣。尚饗。」

年節故事不足爲重，未必有驗，然古來相傳，或有可信，如陸賈所謂目瞤得酒食，花燈得錢財，亦俗見之有徵也。

居家雜記

同立學券人某某，今因子姪輩心胸茅塞，未獲名師，是以僉議敬請某先生明年到館開教，訓誨舉業。如訓蒙幼童，改揭開靈竅。務求循循善誘，始終造就，感恩無地，佩德靡涯。謹將生童姓名并束修開列于左。

造屋祝文　惟神之德，職司戊巳；成人之聰，錫人之祉。凡有所祈，嘉祥萃至。今爰卜勝地，肯構堂宇。若舊宅改受撤更新，拓充基址。坐某向某，擇吉架柱。伏冀尊神庇佑，黄榜紫標，陶猗濟美。燕翼貽謀，永昌萬世。謹告。

生子彌月告廟命名某婦某氏以本年某月某日時生第幾子，今晨彌月，遵禮告請命名，冀望長成，顯祖榮宗。謹告。

立嗣式　立嗣約人某某等：竊以朽木難春，自乏牛山之蘖；崇蘭有種，許分謝砌之枝。緣某嗣位有缺，祖祀無傳，是以僉議某之第幾子某，過繼與某爲後。拔鶺鴒之翮，以傳鳲鳩；屈螟蛉之胎，而爲蜾蠃。俾延光于奕葉，寔邀福于葉宗。雖難遽慕五桂之風，惟願徐植三槐之美。幼年勤修學業，長大喜壯門閭。云云。

立嗣告祖祝文祝曰：水有源，木有本。本深宜葉茂，源遠宜流長。振古知兹，于今爲烈。孝孫某嗣位有缺，娶妾無能，竊思繼絶之休風，因踵分文之盛事。爰詳昭穆之合，以昭先祖之傳。雖係通家僉謀，自當告祖承命。惟願興歌竹立，濟濟皆英；更祈載叶蘭芳，綿綿繼美。

兄弟分業鬮書式　立分券兄弟某某，或憑父書。竊慕往哲遺風，豈宜一旦分折？第人心不古，世事如棋。即欲勉强同居，尤恐反生嫌隙。是以僉議，邀請家長親朋，各將父祖及自己續置田産、屋宇、木樹、財物、器用等項，品搭均分。告祖禱神，拈鬮爲定。俱係至公無私，各宜安分，照鬮掌管，不得争長競短，致傷和氣云云。

家禮集議

（清）武先慎　輯
呂振宇　整理

《家禮集議》解題

呂振宇

《家禮集議》一卷，清武先慎撰。武先慎（生卒年不詳），字耀德，號炳南，太原府太谷縣（今屬山西晉中）人。以優貢中乾隆二十一年（一七五六）順天舉人。二十四年（一七五九）署潮州澄海縣事，三十年（一七六五）令陝州靈寶，三十五年（一七七〇）令懷慶武陟，後以卓異薦升河南鄭州、汝州知州，開封知府。除《集議》外，另著有《晚香齋詩草》，纂有《（太谷）武氏家譜》。傳見《（太谷）武氏家譜》《民國太谷縣志》等。

美國哈佛燕京圖書館藏有清乾隆五十八年（一七九三）刻本《家禮集議》一卷（T668 1429），二册全。其書正文半頁八行二十字，白口，單魚尾，四周雙邊。框高一九二毫米，寬一一七毫米。有句讀，無刻工。鈐「哈佛大學漢和圖書館珍藏印」朱印。間有朱筆眉批。内封作「乾隆癸丑夏日／家禮集議／聚順堂藏板」。首有武先慎《家禮集議小序》《家禮集議凡例》《家禮集議總目》。目録頁下署「并南武先慎輯」。武氏以冠、祭二禮久廢，故只詳議「昏禮」（含「議昏」「納采」「納幣」「親迎」「婦見姑舅」「廟見」「婿見婦之父母」七目）與「喪禮」（含「初終」「成服」「服制」「朝夕哭奠上食」「吊」「聞喪奔喪」「治喪」「發引」「反哭」「虞祭」「祥」「禫」十二目），附及「祭禮」「祠堂」，書末另述胡瑗、吕坤諸儒言行訓家。正文以「文公《家禮》原文全叙，皆頂格；次叙各家之説，低二格；末參鄙見，以『按』字別之，另起一行，俾閲者一目了然」。因是書旨在「集各家之議，參考得失，以求一是」，故稱「集議」。

太谷區圖書館藏有清乾隆五十六年（一七九一）刻本《（太谷）武氏家譜》，係武先慎五十年至五十六年所修，亦爲「聚順堂藏板」，與《集議》行款俱同。武氏先爲譜，後爲訓，一再著作「可爲子孫繩尺者」，「教家起見」之義拳拳，當互參。而視聽言動，何者爲正？武氏的答案是：「按古禮之當遵、酌今俗之難廢者，以人情斷之。」在「古禮」與「今俗」之間尋找平衡，而以「人情」爲裁斷標準。兹各舉一例：

我邑憑媒妁之言，問所自出，兩姓許可，送年齒生辰，然後納聘，此問名併入納采義也。卜吉定期，預告女家，旋以幣帛品物致送，此納吉、請期併入納幣義也。娶必親迎，貴賤同之，應仍舊。（「昏禮」按語）

尚得遵行丘濬《儀節》。

不作佛事，遵《家禮》也。然僧道二司，設官授職，出殯日用以送葬，於制無礙。（「治葬」按語）

則悖禮從俗。容易發現，這部「與俗爲安」「處世權宜」的《集議》，實際上代表着《家禮》注釋書發展演變的第二種方向：家譜族約對《家禮》「因利乘便」的改造。

此次校點整理，以此清刻本爲底本。因其海内僅見，故僅以所引典籍的權威版本進行他校，謹慎使用理校。又古人徵引多以撮述，二義俱通者一般不再出校。是以爲記。

目録

家禮集議小序

聞之：「禮從宜，使從俗。」人情少見多怪，與俗爲安，亦處世權宜之道。惟俗之大謬於禮者，斷不可以違衆爲嫌。冠禮不行久矣。今娶妻，十五至二十爲率，當於此時字之，戒其幼志，勉以成人，諄切訓誡。昏禮中隱寓冠禮，此餼羊意也。祭禮廢缺，公卿大夫家歲時祠饗，因循便俗，不盡合古制。惟昏、喪二事無貴賤一也。其間儀節繁簡，風俗異同，必準情酌理乃可宜古宜今。夫禮者理也，禮者履也。禮當於理，則如履著地而不可動。《儀禮》尚矣，揆之人情，亦有不能相安之事。如昏禮三月廟見，未廟見而婦死，歸葬女氏之黨，喪禮廢床寢地之類。此豈可强人以行之？紫陽文公《家禮》一書，採司馬温公《書儀》、伊川程氏之説，而又兼取横渠遺命，可謂通古今之宜矣。迄今數百年，人心不同如其面焉，昏、喪大事往往以意爲之。余恐子孫習焉不察，又恐固執己見，不合於時，故按古禮之當遵、酌今俗之難廢者，以人情斷之，著爲《集議》，俾後人得所遵守。非敢言是，亦求此心之安而已。

乾隆癸丑夏日，并南武先慎書於京邸。

家禮集議凡例

一　文公《家禮》主於簡便易行，故每徇俗，不能盡合《儀禮》，後儒或疑之。今抄《家禮》原文，仍集各家之議，參考得失，以求一是。

一　《家禮》分冠、昏、喪、祭，而是書獨詳昏、喪。蓋冠禮久廢，歷代衣冠各有時宜，勢不能行。即祭禮之繁文縟節，議行於後世殘缺之餘，縱援引經史，空言無補。俗禮雖略，而人子僾見愾聞，今古同然。兹於鄉風簡樸中酌存古意，附議於後。

一　《集議》之作，以救正錯誤爲宗，若過於繁重，使考禮者未經行習，已有望洋而返之勢。故凡世俗相沿，大體不謬，或先儒有行之者，皆委曲遷就。惟於禮大悖，然後酌爲變更。

一　昏、喪二事，既不敢盡泥古禮，故於從俗各條内，古人儀節不復備載。

一　文公《家禮》原文全叙，皆頂格；次叙各家之説，低二格；末參鄙見，以「按」字别之，另起一行，俾閲者一目了然。

一　是書爲教家起見。書末考證所引先儒法言，有於昏、喪無涉而可爲子孫繩尺者，附録數條，以作家訓。

家禮集議昏禮

鄭氏曰：「士娶妻之禮，以昏爲期，因名焉。必以昏者，陽往陰來也。」瓊山邱氏曰：「古有六禮，朱文公略去問名、納吉、請期，止用納采、納幣、親迎，以從簡省。今擬以問名併入納采，納吉、請期併入納幣，以備六禮之目。」

按：禮以昏爲期，今以白晝，非禮也。但暮夜作事多不便，貧家更難，應從俗。我邑憑媒妁之言，問所自出，兩姓許可，送年齒生辰，然後納聘，此問名併入納采義也。卜吉定期，預告女家，旋以幣帛品物致送，此納吉、請期併入納幣義也。娶必親迎，貴賤同之，應仍舊。

議昏

男子年十六至三十，女子年十四至二十，身及主昏者無期以上喪，乃可成昏。

魯哀公曰：「禮：男子三十而有室，女子二十而有夫也。豈不晚哉？」孔子曰：「夫禮，言其極，不是過也。」司馬温公曰：「古者男三十而娶，女二十而嫁。今令文男年十六、女年十四以上〔二〕，並聽昏嫁。所以參古今之道，酌禮令之中，順天地之理，合人情之宜也。」或問：「當喪而家貧親老，或相繼當喪，男女長而無倚，則奈之何？」新安吕維祺曰：「此亦有不得已而可爲之者，但亦須在祥後。若葬日擡親，及未葬嫁娶，大非理，斷不可行。」朱董祥《讀禮紀略》云：「或勢不得已，勿論娶妻娶媳，家中不作樂，主人不釋服，新婦另處一室，終喪成昏。」

按：此二説，皆不得已而權宜之論，苟非萬不得已，應遵禮服除嫁娶爲是。

納采

主人具書，夙興，奉以告祠堂。乃使子弟爲使者如女氏。女氏主人出見使者。遂奉書以告於祠堂。出以復書授使者，遂禮之。使者復命婿氏。主人復以告於祠堂。

注云：「納其采擇之禮，即世俗所言定也。《士昏禮》下達、納采用雁。《書儀》亦云使者盛服執生雁。《家禮》削去不用，從簡也。用絹布、羊酒、果麪之類。」

〔二〕今令文男年十六女年十四以上　「六」「四」，《家禮》卷三作「五」「三」。

按：今俗媒氏通言，女家允後，以衣飾酒麪各物，具名帖致送，女家受之。答婿以物，亦以名帖復，無書啓，亦不告廟。婚姻之始，未便太略，應增告廟一節，於《家禮》酌從簡便。當納采日，主人告祠堂，設供品，焚香四拜，然後以名帖遣使致送。女家亦如之。書啓非士夫之家不能辦，姑從俗。

納幣

具書，遣使者如女氏。女氏受書，復書，禮賓，使者復命，並同納采儀。

鄭氏曰：「有禮乃相纏固，故必受幣。」注云：「幣用色繒，貧富隨宜，更用釵釧、羊酒、果實之屬亦可。各從鄉俗。」

按：納幣即納徵也。程子云：「徵，證也，成也，用皮帛以證成娶婦之禮也。」

親迎

前期一日，女氏使人張陳其婿之室。俗謂之鋪房，即氈褥帳帷之類。厥明，婿家設位於室中，女家設次於外。《開元品官儀》設次於大門外。初昏，婿盛服。主人告於祠堂，遂醮其子而命之迎。婿出，乘馬。至女家，俟於次。女家主人告於祠堂，醮其女而命之。主人出迎，入奠雁。姆奉女登車。婿乘馬，先婦車。至其家，導婦以入。婿婦交拜。就坐，飲食畢，婿出。復入，脱服。燭出。

「奠雁」注云：「婿至，主人出大門外迎之，揖讓請行。主人先入，婿從之。主人升自東階立，西向。婿升自西階，《開元品官儀》婿升西階，進當房户前。北向，跪奠雁。置雁於地，主人侍者受之。俯伏，興，拜，興，拜，興。主人立，不答拜。《昏禮通考》云：「奠雁非爲主人也。」奠雁畢，姆奉女出，婿揖新人行。婿舉簾，姆辭，升車。《儀禮》云士昏禮用大夫之雁，所謂攝盛也。」又：「婿奠雁後降出，婦從降自西階，主人不降送。」「合巹」注云：「婦四拜，婿再拜。」《朱子語類》云：「古者婦人與男子爲禮，皆俠拜，每拜以二爲禮。昏禮，婦先二拜，夫答一拜，婦又二拜，夫又答一拜。」《昏禮通考》云：「《儀禮》同牢卒食後方合巹。《政和禮》士庶合巹，先用盞注酒，授婿及婦，婿婦受盞飲訖，乃設饌。」

按：今俗親迎日先拜祠堂，次拜父母尊長，雖儀節未盡合古，猶存告廟醮子之義，應仍舊。婿至女家，奠雁之禮久廢，主人不出迎，以親迎不見婦之父母也。迎歸向用陰陽導引，男女之際，殊失雅道，應删。婿導婦入門，有拜堂禮，《家禮》無之，然司馬温公有入門拜影堂之説，應仍舊。拜堂後，婿導婦入室即出，無合巹禮，人倫之始，未便草率，應增。惟儀文從簡，俾易於踵行。初入洞房時，男左女右對立，婿一揖，婦一福，皆跪，婦二拜，婿答一拜，興。婦又二拜，婿又答一拜，興。對坐，侍女奉酒，各飲少許，交杯再飲。男左女右者，今尚左也。婿再拜、婦四拜者，俠拜也。對坐者，取齊一也。俗於日夕，侍女奉飯，婿婦各食少許，名曰和氣飯，即共牢而食之意。應於合卺時即行之，庶合古禮。俗之大謬者，婦未上床，小姑輩哄然脱去其履，越日乃歸之，成何家法？爲家長者大聲疾呼，永行禁絶。恢諧之人訛稱新婦三日無大小，不論尊卑，逼脅新郎入房索拜。親友來賀，亦往往而然，形同戲謔。我子孫稍知自愛，當嚴拒之。嫁女之禮今更略，既不告廟，又不醮女，爲之女者亦不拜辭父母，飄然而去，非禮也。應遵《家禮》主人告祠堂，遵邱《注》女拜辭父母，尊長之在側者亦拜之，即囑以毋違等語，略存醮女之義。

婦見舅姑

明日夙興，婦見於舅姑，舅姑禮之。婦見於諸尊長。若冢婦則饋於舅姑，舅姑饗之。

朱子曰：「司馬謂親迎見主昏者即出。伊川却教拜了，又入堂見大男小女，伊川非是。伊川謂婦至次日見舅姑，三日廟見[一]。司馬却説婦入門即拜影堂，司馬非是。蓋親迎不見妻父母者，婦未見舅姑也。入門不見舅姑者，未成婦也。」

按：今俗親迎之明日見舅姑，見諸尊長，於禮合。惟親迎婿至婦家，登堂後請見婦之父母，不出者有

[一] 三日廟見　「日」，《朱子語類》卷八十九作「月」。

之，出見者亦有之。此伊川之説，朱子以爲非，玆擬婿至見主昏者，勿論主昏爲誰，行賓主禮即出，請見妻父母之説不可行。

廟見

三日，主人以婦見於祠堂。

或問：「廟見必待三月，如何？」朱子曰：「古人先得於夫，方見舅姑。到三月得舅姑意了，方見祖廟。某思量今亦不能三月之久，須第二日見舅姑，第三日廟見，乃安。」鄧元錫《家禮詮補》云：「改三日，似又不如即拜祠爲愈矣。」毛氏《昏禮辨正》云：「至日即成昏，或三日成昏，或三月成昏，自唐虞至戰國皆無明據。惟《士禮》合巹後，御衽婦席在西，媵衽夫席在東，皆有枕，北趾。則當夕成昏，他書未見也。賈、服《禮注》云：禮，婦至不成昏，無問舅姑在否，必俟三月祭祖廟後始配之。故《春秋》譏『先配後祖』爲非禮也。又《禮正義》云：三月始成昏，故三月未廟見，即不成婦，死必歸女氏之黨。此皆謂三月始成昏者。若三日成昏，則魏晉以來有拜時之婦，謂子婦也；有三日之婦，謂夫婦也。張華曰：拜時之婦，盡恭於舅姑；三日之婦，成吉於夫妻。此則謂三日成昏者。然則當夕薦寢，急急匹配，不見舅姑，不告廟，此皆南宋儒人誤遵《士禮》所致也。先仲氏曰：夫婦之稱，成於納徵，而子婦之稱，必俟廟見始成之，重子婦而輕夫婦。故未見廟而婦死，雖爲夫婦三月，歸葬於女氏之黨，曰未成婦也。則是久薦枕席，仍未成婦，而必成於扱地一奠之後。貴其成婦，不貴其成妻，成在婦而不在妻，斷斷如此。宋人著書，一往多誤，伊川程氏有『三日廟見』之語，而朱元晦作《家禮》，即承其誤而著爲禮文，曰『三日廟見』，且曰『入門而不見舅姑，三日而始廟見』者，以未成婦也。夫以三月爲三日，以子婦爲夫婦，以不廟見不成婦爲不成婦不廟見，舉人倫大事，草草野合。嗟乎，先聖先師安在耶？」

按：毛氏之説，引經據典，非不動聽。然古禮不行於今久矣，漫云三月，即三日成昏，豈不駭人耳目？惟成婦之論，非成於薦寢，而分夫婦之成、子婦之成，似爲有理。但《家禮》一書，文公纂自《儀禮》，邱文莊公又從而詳釋之。朱子嘗曰：「古禮難行。後世苟有作者，必須酌古今之宜。若是古人如此繁縟，如何教今人要行得？」又曰：「居今而欲行古禮，亦恐情文不相稱，不若只就今人所行禮中刪修。」可見朱子訂此《家禮》，幾經考證，通以古今之宜，筆之於書，天下共遵之，未可輕議。並載毛説，使後人知夫婦大禮，古今不同如此。今俗婦至之明日，有先見舅姑後廟見者，有先廟見後見舅姑者，亦有婦至之日即拜祠堂者。商邱宋氏明日廟見，見舅姑，見諸尊長。先廟見者，尊祖也。同日廟見、見舅姑者，從簡也。今遵《家禮》之義，參以宋説，合之鄧論，應於婦至之明日見舅姑，尊長之在坐者亦見之，然後舅姑以婦見於祠堂。

婿見婦之父母

明日，婿見婦之父母，次見婦黨諸親。婦家禮婿如常儀。

注云：「婿至，婦父出大門迎之，舉手揖婿，入先行，婿從之。就位四拜，婦父跪而扶之。婦母闔門左扉，立於門内，婿拜於門外。」宋氏補「廟見」，蓋以生者有謁見之禮，而於死者未便膜然。廟見後，然後見諸尊長，然後卑幼見。

按：《家禮》三日廟見，明日婿見婦之父母，明日者，四日也。俗於親迎之次日晨起，往見婦之父母，此本程子之説。然新婦尚未廟見，尚未見舅姑，而婿先趨赴婦家，見其父母，揆之情理，皆有未安。今酌定次日廟見，應三日見婦之父母。待婿儀節，俗禮過簡，或近褻狎。酌古今之宜，婿至出迎，當遵先行婿從之禮，或命子姪代迎。則行賓主禮，婿再拜即免，婦父手扶之，不跪。見婦母亦不必闔門左扉，只須男女界限分明。然後廟見，廟見後見諸尊長，然後卑幼見。

家禮集議喪禮

朱子云：「冠、昏、喪、祭，所以綱紀人道之始終，非講之素明，習之素熟，則其臨事之際，無以合宜而應節。」

按：凶禮變起倉卒，更易舛錯，非同吉禮可以從容預定。故於大體之不可變者，略去浮文，參以鄉俗，羅列如左。俾子孫按節舉行，庶不致茫然莫措。

初終

疾病，遷居正寢。既絶乃哭。復。立喪主、主婦、護喪、司書、司貨。乃易服，不食。治棺，訃告於親戚僚友。

注云：「子弟共扶病者出居正寢，即今人家所居正廳也。」又「屬纊」，置綿於口鼻之間以俟氣絶。「廢床寢地」，謂人始生在地，寢地，庶生氣復反也。「楔齒」，以箸横口中，使不合，可以含。「復」，一人持死者衣，升屋招呼。又云：「《禮》喪稱哀子、哀孫，祭稱孝子、孝孫。而《書儀》於父亡則稱孤子，母亡則稱哀子，父母俱亡則稱孤哀子，不知何所據也。然世俗相承已久，恐猝難變，或隨俗亦可。」《讀禮紀略》曰：「哀者，人子思念父母之恩而重自痛傷也。《詩》云：『哀哀父母，生我劬勞。』《禮》曰：『喪稱哀子、哀孫，祭稱孝子、孝孫。』子游曰：『喪致乎哀而止。』《孝經》曰：『喪則致其哀。』《魯論》曰：『臨喪不哀，吾何以觀之哉？』孤者，獨也。《王制》曰：『少而無父者謂之孤。』《孟子》曰：『幼而無父曰孤。』鄭氏《禮注》曰：『三十以下無父稱孤。』《曲禮》云：『人生十年曰幼，學。二十曰弱，冠。三十曰壯，有室。』三十以内未有室而無父母謂之孤。『子當室，父母存，衣冠不純素。孤子當室，衣冠不純采。』所謂孤子者，如寡婦、鰥夫之稱，非人子臨喪所自稱也。故書式稱哀，不特母喪，即父喪亦然。而司馬氏於父喪誤添一孤字，先儒早駁其無據。祇恐沿習已久，未能遽革，始云隨俗者，言乎三十以内父亡，聽其稱孤哀可也。以哀系孤，雖從俗而古禮間存，若書孤而反去夫哀，是失禮之中又失禮焉。或曰：『當父喪而繼母死，子爲之稱哀，無所諱也。若繼母在堂，其子稱哀，不有礙於其母乎？』曰：『異哉，是何言與？夫哀者，哀其父，非止哀嫡母也，與繼母何礙？先王制服，本於人情。如祖父母、伯叔、兄弟、諸子皆稱期，倘兄弟、諸子死，而礙於祖父母、伯叔不得稱期，爲祖父母稱期，而於伯叔、兄弟、諸子有礙，勢必祖父母、伯叔、兄弟、諸子同日而死，方可稱期。嗚乎，昧禮妄言，其至此耶？俗誤父稱孤，母稱哀，繼母在堂，其子臨父喪則可以不哀矣。假令嫡母未葬，父爲之葬，父在不得稱孤，而服斬稱哀，又礙於繼母，其將不送葬乎，抑可别稱某子耶？父母稱哀，《詩》《禮》昭然，何弗思也？』」

按：親當篤疾，一息尚存，或者邀天之福，扶居正寢。倘因扶氣絶，豈不抱憾終身？至屬纊候絶，於人子不忍死親之心亦有未安。今俗，氣初絶，子孫哭叫親回，無持衣升屋事。乃遷正寢，屬纊。此屬纊，冀其復生而纊動也。廢床寢地。箸横口中，觀瞻不雅。今於氣絶即納珍貴之物於口，另實飯瓶内，窆時徇葬，應從俗。長子、冢婦主喪。擇子弟能幹者一人護喪，請親友素習禮者一人相禮。立主賓、司書、司貨。男子去冠，婦人去簪珥、被髪。治棺，訃告戚屬，此節與《家禮》合。喪稱哀子，禮也。司馬氏添孤於哀，遂致父喪稱孤，母喪稱哀，非禮也。因循已久，非私議所能挽回。《家禮注》曰隨俗亦可也。今有值父喪而繼母在堂，以礙於繼母，稱孤前哀子，固非；或稱孤哀而旁注從繼母命稱哀，亦非也。權宜之説也，姑從俗。

設幃及床，遷尸，掘坎。沐浴，襲，乃設奠。主人以下爲位而哭。乃飯含。卒襲，覆以衾。置靈座，設魂帛，設銘旌。執友親厚之人，至是入哭可也。

注云：「掘坎僻處，埋沐浴餘水。襲者，去病時衣，易以新衣。但未著幅衣、深衣、履，卒襲乃加之。」

按：陳設完備乃襲。倘死者已僵，不能襲，奈何？今俗氣絶即櫛髪、沐面、浴手足、易衣冠，有爵用朝服，無爵用新衣，設幃、遷尸、設奠、設靈座等事，雖未能盡合古人，皆於禮不謬，應從俗。惟結帛肖形，此禮久廢，銘旌亦發引乃設之。近有設小像於靈座者，此大不可。夫繪像止爲傳諸子孫，俾得思其笑語之意，乃懸之幃前，端拱而受賓朋之跪拜，此何禮也？執友親厚之人入哭，當遵《家禮》：尊親至，主人出至西階，且拜且哭，無辭。吊者哭出，主人哭入。疏遠及卑幼，護喪迎送，答以主人未成服，不敢出見。舊俗親死之夕，孝子哭於路，遍叩尊親之門。經賢令尹禁之，此風少息，當永遠停止。

厥明，死之二日也。設小斂床、布絞、衾，乃遷奠，遂小斂。袒括髪，免髽於別室。還，遷尸床於堂中。乃奠。主人以下哭盡哀，乃代哭不絶聲。厥明，死之三日也。陳大斂衣衾，設奠具。舉棺入，置於堂中少西，乃大斂。設靈床於柩東。乃設奠。主人以下各歸喪次。止代哭者。

程子曰：「人有死而復蘇者，故《禮》三日而斂。然趙簡子七日猶蘇，故未三日而斂，有殺之之理。」温公曰：「《禮》三日而斂者，俟復生也。三日如不生，則亦不生矣，故以三日爲之禮。」《讀禮紀略》云：「三日小斂而入棺，七日大斂而蓋棺，冀復生也。」又云：「司馬温公之時已有襲而無斂，以入棺爲小斂，蓋棺爲大斂。」

按：小斂、大斂之禮久廢，今俗併小斂於大斂。三日蓋棺，亦有五日者。查復生之説，自古有之，遵《家禮》三日入棺。秋冬之際，酌從鄉俗五日蓋棺；時當盛暑，死者胸膛心坎已冷，無可生之理，或三日蓋棺。《檀弓》所謂「三日而殯」，不必拘也。惟稱家有無，千古定論。苟有矣，不可以天下儉其親，遺後日之悔。

成服

厥明，死之四日也。五服之人各服其服，入就位，然後朝哭相吊如儀。凡爲殤服，以次降一等。男爲人後、女適人者，爲其私親皆降一等。私親之爲之也亦然。成服之日，主人及兄弟始食粥。

注云：「年十九至十六爲長殤，十五至十二爲中殤，十一至八歲爲下殤。」又云：「父喪用竹杖，母喪用桐杖。削上圓下方，長俱齊心，圓九寸，本在下。本，根也。」《家禮銓補》云：「經三日成服，杖。楊氏復曰：『三日大斂，可以成服矣。人子不忍遽成服，必四日而後成。』」

按：鄉俗三日成服，與經合。成服後，哭拜於尊長，始食粥，與《禮》合。親疏服制，皆遵《律》。冠服亦有擬古者，皆不如式。然古今服飾原不相同，不必鰓鰓較量也，應隨俗。杖用竹、桐，北方罕有，亦隨俗。

服制遵《律》。

斬衰三年

子爲父母。女在室及已嫁被出而反在室者同。子之妻同。

子爲繼母、爲慈母、爲養母。子之妻同。繼母，父之後妻。慈母，謂母卒父命他妾養己者。養母，謂自幼過房與人者。

庶子爲所生母、爲嫡母。庶子之妻同。

爲人後者爲所後父母。爲人後者之妻同。

嫡孫爲祖父母及曾、高祖父母承重。嫡孫之妻同。

妻爲夫。妾爲家長同。

齊衰杖期

嫡子、衆子爲庶母。嫡子、衆子之妻同。庶母，父妾之有子女者。父妾無子女，不得以母稱矣。

夫爲妻，父母在不杖。《會典》云：「嫡孫祖在，爲祖母承重。」

齊衰不杖期

祖爲嫡孫。

父母爲嫡長子及嫡長子之妻，及衆子，及女在室，及子爲人後者。

姪爲伯叔父母及姑姊妹之在室者。

爲己之親兄弟及親兄弟之子女在室者。

孫爲祖父母。孫女在室、出嫁同。《會典》云：「庶孫爲生祖母。」

爲人後者爲其本生父母。

女出嫁，爲父母。

女在室及雖適人而無夫與子者，爲其兄弟姊妹及姪與姪女在室者。

女適人，爲兄弟之爲父後者。

婦爲夫親兄弟之子及女在室者。

妾爲家長之正妻。

妾爲家長父母。《會典》云：「妾爲其父母。」

妾爲家長之長子、衆子，與其所生子。

齊衰五月

曾孫爲曾祖父母。曾孫女同。

齊衰三月

元孫爲高祖父母。元孫女同。

大功九月

祖爲衆孫，孫女在室同。

祖母爲嫡孫、衆孫。《會典》云：「及孫女在室者。」

父母爲衆子婦及女已出嫁者。

伯叔父母爲姪婦及姪女已出嫁者。

婦爲夫之祖父母。

婦爲夫之伯叔父母。

爲人後者爲其兄弟及姑姊妹之在室者。既爲人後，則於本生親屬皆降一等。

夫爲人後，其妻爲夫本生父母。

爲己之同堂兄弟、姊妹在室者。即伯叔父母之子女也。
爲姑及姊妹之已出嫁者。
爲己兄弟之子爲人後者。
出嫁女爲本宗伯叔父母。
出嫁女爲本宗兄弟及兄弟之子。
出嫁女爲本宗姑姊妹及兄弟之女在室者。

小功五月

爲伯叔祖父母。
爲堂伯叔父母。
爲再從兄弟及再從姊妹在室者。
爲同堂姊妹出嫁者。
爲同堂兄弟之子及女在室者。
爲祖姑在室者。
爲堂姑之在室者。
爲兄弟之妻。

祖爲嫡孫之婦。

爲兄弟之孫及兄弟之孫女在室者。

爲外祖父母。即親母之父母。爲在堂繼母之父母。庶子嫡母在，爲嫡母之父母。庶子爲在堂繼母之父母。庶子不爲父後者，爲己母之父母。爲人後者爲所後母之父母。以上五項均與親母之父母服同，外祖父母報服亦同。其母之兄弟姊妹服制及報服亦與親母同，姑舅兩姨兄弟姊妹服亦同。爲人後者爲本生母之親屬降服一等。再庶子之不爲父後者爲己母之父母服一項，若己母係由奴婢家生女收買爲妾，及其父母係屬賤族者，不在此例。

爲母之兄弟姊妹。

爲姊妹之子及女之在室者。

嫡孫、衆孫爲庶祖母。女在室者同。

生有子女之妾爲家長之祖父母。

婦爲夫兄弟之孫及夫兄弟之孫女在室者。

婦爲夫之姑及夫姊妹。在室、出嫁同。

婦爲夫兄弟及夫兄弟之妻。

婦爲夫同堂兄弟之子及女在室者。

出嫁女爲本宗堂兄弟及堂姊妹之在室者。

爲人後者爲其姑及姊妹出嫁者。

緦麻三月

祖爲衆孫婦。

曾祖父母爲曾孫、元孫，曾孫、元孫女同。

祖母爲嫡孫、衆孫婦。

爲乳母。謂父妾乳哺己者。

爲曾伯叔祖父母。

爲族伯叔父母。即父再從兄弟及再從兄弟之妻。

爲族兄弟及族姊妹在室者。即己三從兄弟姊妹所與同高祖者。

爲曾祖姑在室者。

爲族祖姑在室者。即祖之同堂姊妹。

爲族姑在室者。即父之再從姊妹。

爲族伯叔祖父母。即祖同堂兄弟及同堂兄弟妻。

爲兄弟之曾孫及兄弟之曾孫女在室者。

爲兄弟之孫女出嫁者。
爲同堂兄弟之孫及同堂兄弟之孫女在室者。
爲再從兄弟之子及女在室者。
爲祖姑及堂姑及己之再從姊妹出嫁者。
爲同堂兄弟之女出嫁者。
爲姑之子。
爲舅之子。
爲兩姨兄弟。
爲妻之父母。
爲婿。
爲外孫，男女同。
爲兄弟孫之妻。
爲同堂兄弟之子妻。
爲同堂兄弟之妻。
婦爲夫高、曾祖父母。

婦爲夫之伯叔祖父母及夫之祖姑在室者。
婦爲夫之堂伯叔父母及夫之堂姑在室者。
婦爲夫之同堂兄弟姊妹及夫同堂兄弟之妻。
婦爲夫再從兄弟之子，女在室同。
婦爲夫同堂兄弟之女出嫁者。
婦爲夫同堂兄弟子之妻。
婦爲夫同堂兄弟之孫及孫女之在室者。
婦爲夫兄弟孫之妻。
婦爲夫兄弟之孫女出嫁者。
婦爲夫之曾孫、元孫及曾孫女、元孫女之在室者。
婦爲夫兄弟之曾孫，曾孫女同。
婦爲夫之小功服外姻親屬。
女出嫁，爲本宗伯叔祖父母及祖姑在室者。
女出嫁，爲本宗同堂伯叔父母及堂姑在室者。
女出嫁，爲本宗堂兄弟之子，女在室者同。

《讀禮紀略》云：「出嫁女不著兄弟之妻之服，想婦人服夫之姊妹也，在室與出嫁同。則出嫁女之報之也，亦與在室同，故不著。」

按：《紀略》所云，《律》内雖無明文，而文公《家禮》小功服内爲兄弟姪之妻適人者不降，妻字統承兄弟姪而言也。且載在《家禮》而《律》無明文者，不止一條。如緦麻内爲兩姨姊妹、爲甥婦，以上二條，《律》删去。又杖期内嫡孫父卒祖在，爲祖母；不杖期内妾爲其父母，庶孫爲生祖母；大功内祖母爲孫女在室者。以上四條，《律》雖遺漏，《會典》内已有明文，與《律》同。至小功内爲孫女適人者，查在室爲大功，則適人自爲小功，《律》文似亦遺漏。《集議》一書爲教家而作，戒子孫勿娶再醮，故服制内不及三父，嫁母、出母皆期。然嫁母於父義絶，出母爲父所棄，應分别其再醮之情及被出之故，爲人子者酌之。《儀禮》大夫爲「貴妾」緦，《喪服小記》曰：「士妾有子而爲之緦。」有子曰庶母，既稱母，則在尊長之列，故嫡子、衆子重至齊衰杖期。而兄弟叔姪漠然同於路人，似於人情未安。當其事者，參閲爲外祖父母《律注》所云奴婢賤族外或比照嫡孫、衆孫降爲小功之例，量爲降服。蓋母以子貴，禮以義起也。

朝夕哭奠　上食

朝奠，食時上食，夕奠。哭無時。朔日，則於朝奠設饌。有新物則薦之。

注云：「朝夕奠，設蔬果、脯醢、羹飯、茶酒。用脯醢者，蓋古人家常有之，如無，別具饌數器亦可。朝夕奠者，謂陰陽交接之時，思其親也。朝奠將至，然後徹夕奠；夕奠將至，然後徹朝奠。若值暑月，恐臭敗，則設饌如食，頃去之，止留茶酒、果屬。儀節：就位，舉哀，哀止。盥洗，焚香，酙酒，點茶。拜，興，拜，興，平身。朔奠比朝夕奠加盛，望日如常儀。蔬果一應新熟之物，用大盤盛陳於靈座，儀皆同前。」

按：事神之道，不數不疏。朝夕奠外，又食時上食，未免太數，應朝奠、夕奠、朔日奠、薦新，儀遵《家禮》。

吊奠、賻。

凡吊，皆素服。奠用香、茶、燭、酒、果，賻用錢帛。入哭，奠訖，乃吊而退。

注云：「吊服用縞素。有官者衣可變而冠不可變，無官者用素巾。」又云：「吊者至，向靈座立，舉哀，哀止。上香，再拜。賓吊，主人有辭。再拜，主人答辭。稽顙再拜，吊者退，主人哭入，護喪代送。又奠賻儀節：序立，舉哀，哀止。再拜。詣靈座前焚香，跪奠酒，俯伏，興，平身。復位，再拜。」

按：今俗吊皆素褂，去帽纓。地方官長青褂、雨纓帽，與禮合。惟儀節稍異：主人跪靈座東，執杖哭，賓及階跪。舉哀，哀止。拜，興，拜，興。主人不出，侍者揭簾，望外稽顙者再，賓不顧而去，護喪送出。此於禮無大礙，姑從俗。惟缺賓吊主人一節，應於入哭奠訖後，賓趨吊主人，主人稽顙再拜，賓然後出。此於禮合，情意亦周至，凡吊者當從此禮。

聞喪　奔喪

始聞親喪，哭。易服，遂行。道中哀至則哭。望其境、其家，皆哭。入門，詣柩前，再拜，變服，就位哭。既葬，則先之墓哭拜。若未得行，則爲位不奠。

注云：「訃至，舉哀，少頃問使者以病及終之故。男子去冠及上服，女子去首飾與凡華盛之具，披髮，徒跣。不食，哭擗無數。堂中爲位設奠。如有子孫在喪側，不奠。四日成服，受吊。」

按：士大夫游宦於外，聞訃心亂，必講明於平日，則倉卒不致失禮。在官聞訃，通報，俟委官接印，然後回籍。遂行之説，勢所不能。爲位設奠，人子至情，勿拘子孫在喪側也。服遵制，白袍白帶。已聞訃而後官未來，地方有要事，仍墨衰出理，見上司亦然。至同寅、下屬，則喪服坐地而見。奔喪之儀一遵《家禮》。

治葬〔一〕

三月而葬。前期擇地之可葬者。開塋域，祀后土。穿壙。刻誌石。造明器。作主。奉柩朝祖。遂遷於廳事，乃代哭。親賓至賻奠。日晡時，設祖奠。厥明，遷柩就轝，乃設奠。

注云：「《禮》，大夫士三日而殯，故三月而葬。」又云：「明器，刻木爲車馬僕從及奉養之物，象平生而小。」又云：「奉柩朝祖，象其人平生出必辭尊者也。今人家多狹隘，難於遷轉，奉魂帛代柩。賓奠儀節：序立，舉哀，哀止。鞠躬，拜，興，拜，興，平身。詣靈座前跪，焚香，酹酒，奠酒，讀祭文。舉哀。俯伏，興，平身。復位，鞠躬，拜，興，拜，興，平身。焚祭文。哀止。禮畢。」司馬温公曰：「古者天子七月，大夫三月，士踰月而葬。世俗信葬師之説，擇山水形勢，以爲子孫貧富、貴賤、賢愚、壽夭盡繫於此，而其爲術又多不同，争論紛紜，無時可決。使殯葬實能致人禍福，爲子孫者豈忍使其親暴露而自求其利耶？悖禮傷義，無過於此。然孝子之心，慮患深遠，恐淺則爲人所掘，黯深則濕潤速朽，故必求土厚水深之地而葬之，所以不可不擇也。」程子曰：「卜其宅兆，卜其地之美惡也，非陰陽家所謂禍福者也。地之美者則其神靈安，其子孫盛。

〔一〕治葬　「葬」，原作「喪」，據《家禮儀節》卷五改。

若培壅其根而枝葉茂，理固然矣。曷謂地之美者？土色之光潤，草木之茂盛，乃其驗也。而惑於吉凶之説者，不以奉先爲計，而專以利後爲慮，非孝子之用心也。惟五患不得不謹：須使他日不爲道路，不爲城郭，不爲溝池，不爲貴勢所奪，不爲耕犁所及也。」《檀弓》：「孔子曰：『之死而致死之，不仁而不爲也；之死而致生之，不知而不可爲也。是故竹不成用，瓦不成味，木不成斫。其曰明器，神明之也。』」司馬温公曰：「此雖古人不忍死其親之意，然實非有用之物。且腐敗生蟲聚蟻，尤爲非便，雖不用可也。」

按：鄉俗每有停尸者。或曰貧，夫喪禮稱家有無，況貧富難定，過此以往，設或更貧，將何以處？或曰待，謂父死待母，母死待父也。夫父母高年，待之一説，人子處心積慮，何以自解？今人雖不能盡遵三月而葬之禮，小祥以内必當葬。所以然者，人之死生莫測，禍患不常，一旦有意外之虞，富者且多拋棄，貧者斷難歸土，通天之罪，莫可逭也。穿壙、刻誌、作主，今與古同，惟祀后土，窆之日乃行之。明器或遵《禮》，或遵温公説，皆可。奉柩朝祖，此禮久廢。今俗賓奠儀節，序立下無舉哀、哀止，讀祭文，舉哀，俯伏下有哀止，故焚祭文下無哀止，餘皆同，仍從俗。不作佛事，遵《家禮》也。然僧道二司，設官授職，出殯日用以送葬，於制無礙。

發引

柩行。主人以下男女哭步從。途中遇哀則哭。及墓，主人男女各就位次，賓客拜辭而歸。

乃窆。藏明器，下誌石，實土而漸築之。祠后土於墓左。題主。奉神主升車，遂行。留子弟一人監視實土以成墳。

注云：「擇遠親或賓客一人，吉冠素服，告后土氏。」邱氏曰：「古禮無所謂后土氏者，惟唐《開元禮》有之。温公《書儀》本《開元禮》，《家禮》本《書儀》，其喪禮開塋域及窆與墓祭俱祀后土。然后土之稱，對皇天也，士庶之家有似乎僭。考之《文公大全集》，有祀土地祭文，今改后土氏爲土地之神。」《語録》：「陳淳問合葬夫婦之位次，朱子曰：『某初葬亡室時，只存東畔一位，亦不考禮是如何。』」《讀禮紀略》云：「繼室無子，合祔其夫，崇正體也。妾有子亦祔，母以子貴也。其出與嫁，雖宗子之母不返葬，義絶也。再醮者雖爲其人之元配，不受封爵，另葬，其子祀之私室。不封爵，失節也。另葬，別無義也。祀之私室，以其失婦道而羞與之合食也。程子曰：『娶婦，所以配身也。若娶失節者以配身，是已失節也。』」

按：男女哭步從，禮也。但婦女狼狽參差，觀之不雅。今女以輿，應從俗。《家禮》有作灰隔、實以灰等事，蓋古人穿地直下爲壙，而懸棺以窆。今鑿墓道，旁穿土室而葬，久成風俗，勢難復古。古人以西爲上，葬亦如之。今人男左女右，循習已久，忽用古禮，數世後安知子孫不誤以考爲妣？應從朱子葬劉夫人之例。至再醮另葬一説，孝子之心何以自安？此人情所難行者。戒我子孫：勿娶再醮爲是。塋地，一品九十步，每一品降十步，七品以下不得過三十步，庶民止於九步。墳高，一品一丈八尺，每一品減二尺，七品以下不得過六尺。碑獸、石人、望柱，皆准品級，不得僭越。祀土地於墓左，今俗請親友之有爵者盛服以祭：就位，鞠躬，拜，興，拜，興，平身，盥洗，詣香案前跪，上香，獻酒，讀祝，俯伏，興，復位，鞠躬，拜，興，拜，興，平身。祝文式：「年歲月日干支，某官某敢昭告於土地之神：今爲某官某窆兹宅兆，神其保佑，俾無後艱，謹以清酌瓣香，祗薦於神。尚饗。」題木主而外，今增點主一節，亦請親友之有爵者於主上一點，以硃蓋之。儀節：主人跪案前，點主者盥洗，出主，先點陷中，後點粉面，納主，主人再拜，謝點主者，點主者答拜如之，亦從俗。惟迎主歸竟作吉禮，家堂結彩，或長孫吉服抱主而歸，此俗之大謬者。查反哭之禮，奉神主入座，主人以下哭於廳事。此何如情形？結彩吉服斷不可行。

神主式，文公本伊川説：用栗。身高一尺二寸，闊三寸，厚一寸二分。首削兩角，各五分，爲圓形。從上量下一寸，横勒爲頷。頷之下、本身之上，刻深四分，闊一寸、長六寸爲陷中。於本身兩側，旁鑽兩圓孔，徑四分，以通陷中，孔離趺面七寸二分。趺方四寸，厚一寸二分，鑿之通底，以安主身。粉面合陷中植於趺，并趺高一尺二寸。尺式凖以今之鈔尺也。陷中題「清某官某公諱某字某行幾神主」，粉面題「顯考某官府君神主」，古稱皇考，今改爲顯。邱氏曰：「親死稱皇與顯，皆明也。」旁題「孝子某奉祀」。《讀禮紀略》云：「惟嫡子、嫡孫稱孝。」加贈易世，外改而中不改。朱鹵庵題無官神主，稱處士。鄭介庵作無封婦人誌，稱碩人。處士非嚴光之流，本不易稱，但舍此無以順孝子之心。碩人既可稱於誌，則主亦可稱也。

反哭

主人以下奉靈車，在途徐行哭。至家，哭。奉神主入，置於靈座。主人以卜哭於廳事，遂詣靈座前，哭。有吊者，拜之如初。期九月之喪者，飲酒食肉，不與宴樂。小功以下、大功異居者，可以歸。

按：《禮》卒哭明日而祔，故神主迎至家，先置於靈座。今祔禮久廢，迎歸即奉入祠。有安主禮：執事者陳設祭品，就位，盥洗，詣香案前上香，跪，獻酒，讀祝，俯伏，興，復位，鞠躬，拜、興四，平身。祝文：「年歲月日干支，孤子某敢昭告於某官府君：形歸窀穸，神返室堂，神主既成，伏惟尊靈舍舊從新，是憑是依。」期九月一節，乃古三月而葬之禮，今人之葬不盡如期，即不必拘泥，然不可不知也。

虞祭

葬之日，日中而虞。罷朝夕奠。遇柔日，再虞。遇剛日，三虞。三虞後遇剛日，卒哭。主人兄弟疏食水飲，不食菜果，寢席枕木。

注：「初虞儀節：序立，出主，舉哀，少頃哀止。盥洗，詣香案前焚香，鞠躬，拜，興，拜，興，平身。降神，跪，酹酒，俯伏，興，平身，復位。參神，鞠躬，拜，興，拜，興，平身。初獻，詣神位前跪，祭酒，奠酒，俯伏，興，平身。詣讀祝位，跪，皆跪，讀祝，俯伏，興，平身，復位。亞獻、終獻儀同初獻。辭神，舉哀，鞠躬，拜，興，拜，興，平身，哀止。焚祝文，納主，禮畢。再虞、三虞、卒哭皆同。《周禮》奠薦也，頓爵神前也。」《家

禮》「奠酒」注：「奠於卓上而不酹。」「酹酒」注：「左手取盤，右手執盞，盡傾於茅沙上訖。」或問：「酹酒是少傾是盡傾？」朱子曰：「降神是盡傾。」又云：「酹酒有兩説：一用鬱鬯灌地以降神，惟天子、諸侯有之。一是祭酒，蓋古者飲食必祭，以鬼神不能祭，故代之也。」「祭酒」注：「少傾茅沙，奠之卓上。」

按：三虞之禮久廢。今俗葬畢，迎主歸有祭，雖儀節簡略，即虞之義；葬後三日，男女哭拜於墓。曰復、三，即卒哭之義。迎主歸，已入祠堂，卒哭之明日無祔禮。仍載初虞儀節者，俾後人知古禮如此。

祥

期而小祥。

注云：「自喪至此，不計閏，凡十三月。」又云：「前期一日，陳練服。厥明，易服乃祭，儀同卒哭。」又云：「考之韵書，練漚熟絲也，意以練熟之布爲冠服，故謂之練焉。」又云：「去首絰、負版、辟領、衰。」

按：小祥之祭，易練服而祭也。所謂練服者，以熟布爲之。至首絰、負版之説，古今制度不同，不必拘泥。

再期而大祥。

注云：「自喪至此，不計閏，二十五個月。」又云：「前期一日，陳禫服。司馬氏曰：『丈夫垂脚黲紗幞頭、黲布衫、布裹角帶。』《説文》：『黲，淺黑色也。』」又云：「厥明祭同小祥。」

按：前期陳禫服，厥明祭同小祥，易禫服而祭也。今世無垂脚幞頭之制，禫者，澹也，用澹色布爲之，如《説文》所謂淺黑色可也。

告遷於祠堂。奉遷主埋於墓側。

注：「祥祭後，陳器具饌。質明，主人奉親盡之主於卓上。序立，參神，鞠躬，拜、興四，平身。盥洗，詣香案前跪，上香，奠酒，俯伏，興，平身。詣讀祝位跪，讀祝文，俯伏，興，拜，興，拜，興，平身，復位。辭神，鞠躬，拜、興四，平身。焚祝文。執事者盛親盡之主於盤，主人送至墓埋之。祝文式：『年月日干支，孝孫某敢昭告於五世祖考某官府君、祖妣某封某氏：古人制禮，祀止四代，心雖無窮，分則有限，神主當祧，不勝感愴。謹遵典禮，祭拜告遷。尚饗。』」《讀禮紀略》云：「此告遷之禮，爲父喪也。若父在遭母喪，主不遷，姑奉母主於介祀室，待父亡，然後用此禮。」毛西河云：「先世之賢者、貴者、有功者爲不祧祖，其牌合藏一匱，曰世室。」又云：「祫祭迎尸出堂之時，后稷與文、武俱南向，餘俱昭穆東西向。夫后稷始祖也，文、武不祧祖也。后稷、文、武俱南向，則始祖與不祧主其俱宜南向明矣。」又云：「家國一理，天子而下俱宜有之。所謂賢者，即忠孝節義之人，以德祀者也。貴者，以貴祀者也。有功者，功於家，若功於國，即在節義之列矣。以功祀者也。」

按：鄭氏練而遷，失之太蚤。《開元禮》禫而後遷，則又太晚。朱子本温公《書儀》，大祥而遷，庶乎得中。蓋五世而祧，禮不可缺。兹仿《家禮儀節》，酌爲簡便，應踵行之。至遷主埋於墓側一説，查《會典》：

「由昭祧者，藏主於東夾室，由穆祧者，藏主於西夾室。」夾室之制，詳見「祠堂」下。埋主於墓，不如藏主於室之爲妥也，應遵《會典》。

禫

大祥之後，中月而禫。

鄭氏曰：「澹澹然，平安之意。」注云：「中月，間一月也。自喪至此，不計閏，二十七個月。」又云：「前期陳設。厥明，主人以下具素服，詣祠堂，祭同大祥。」又云：「始飲酒食肉而復寢。」

按：大祥陳禫服，指服制而言。中月而禫，指祭祀而言也。飲酒、食肉、復寢，三年之喪至此畢矣。鄉俗小祥、大祥陳祭品於墓，男女哭拜，禫除之日陳祭品於祠，祭畢從吉。儀文雖簡，尚存古義，應從俗。以上四節明白簡當。此外各家之論總不如《家禮》斬截，而反覆詳盡，亦有可採，録之以備參閲。

《讀禮紀略》云：「十二月爲年，年凡三百五十四日有奇。期者，三百有六旬有六日也。曆法周天三百六十五度四分度之一，一晝一夜則日行一度，行三百六十六日而復初度，謂之期。《禮》曰『期之喪』，二年也，十三月而祥，『再期之喪』，三年也，二十五月而祥。《禮》曰『天地至期而易，四時卒期而變』，親之喪以期斷，象之也。三年者，加隆焉而倍之。故再期也，二十五月而畢，是百王之所同，古今之所壹也，而弗可損益也。《商書》紀太甲服仲壬之喪於即位元祀十有二月乙丑，紀終喪聽政於三祀十有二月朔。三年之喪，期而倍之，故再期也，二十五月而畢，不計日，禮也。二十七月起復者，爲《檀弓》『徙月樂』之意。夫既起復，則不能避樂矣。是起復則在二十七月，而禫除原於二十五月之終也。」毛西河曰：「古禮盡亡，竟不知禫在何時。一曰二十五月而禫，此王肅説也。肅據《檀弓》『祥而縞，是月禫，徙月樂』之文，以爲是月即祥月也，祥月則二十五月也。一曰二十七月而禫，此鄭元説也。元據《間傳》『期而小祥』『又期而大祥』『中月而禫』，以爲中者間也，間一月也，二十五月而大祥，間一月則二十七月也。兩説並行。在晉魏間制禮者尚彼此遞用，至唐後多從鄭説，以戴德《服變除禮》有云『二十五月而大祥，二十七月而禫』。《士禮》《禮記》，二戴所傳，其言可據。」

按：二十五月而禫，「徙月樂」亦二十七月矣，與朱子所引鄭氏二十七月而禫之説雖取義不同，而服除之月則一也。是二十七月起復，《禮》如是，《律》亦如是也。

家禮集議附

祭禮

按：祭禮久廢，即讀書之家，其於温公《書儀》、文公《家禮》諸書，藏之篋笥，偶一涉獵，未能舉而行之。竊謂士大夫家，不應從衆，故於酌定昏、喪之後，附議其略。我子孫如欲復古，上考《儀禮》，參讀司馬、朱子之書，綱舉目張，周折詳盡，企予望之。

時祭，仲月卜日。前期齋戒，省牲。厥明夙興，設果酒饌，奉主就位。參神，降神。三獻。侑食，闔門。啓門，受胙。辭神。納主，徹。餕。

注：「是日詣祠堂，盥洗，出主。執事者啓櫝出主。詣香案前跪，焚香，俯伏，興，平身。執事者以盤盛主至正寢，四代各爲位，不相聯屬，每位一卓二椅。序立。參神，鞠躬，拜，興，拜，興，拜，興，拜，興，平身。降神，詣香案前跪，上香，酹酒，盡傾茅沙上。俯伏，興，拜，興，拜，興，平身，復位。進饌，初獻，詣高祖考妣神位前跪，祭酒，傾少許於茅沙上。奠酒，執事者跪接主人祭酒之盞，置高祖考主前。祭酒，奠酒。置高祖妣主前。詣曾祖考妣神位前，儀同前。祖考妣、考妣皆同前。詣讀祝位跪，皆跪，讀祝，俯伏，興，拜，興，拜，興，平身，復位。亞獻。終

獻。無讀祝，餘同初獻。侑食，鞠躬，拜，興，拜，興，平身，復位。主人以下皆出，闔門。祝噫歆，啓門，主人以下各復位。點茶，跪，拜，興，拜，興，平身，復位。飲福受胙，告利成。利猶養也，謂供養之禮已成也。辭神。鞠躬，拜，興，拜，興，拜，興，拜，興，平身。焚祝文，送主，禮畢。祝文式：『年歲月日干支，孝孫某官某名敢昭告於顯高祖考某官府君、顯高祖妣某封某氏：曾、祖、考妣皆同。歲序流易，時維仲春，追感歲時，不勝永慕。謹以潔牲粢盛庶品，祗薦歲事。尚饗。』」

《王制》大夫、士宗廟之祭，有田則祭，無田則薦。何（林）〔休〕曰：「有牲曰祭，無牲曰薦。」《語録》：「籩豆簠簋之器乃古人所用，故當時祭享用之。今以燕器代祭器，常饌代俎肉，楮錢代幣帛，亦生前所習見，是謂從宜也。」毛西河云：「四時之祭，諸禮所載，名稍有異同。如《王制》《祭統》皆曰『春礿』『夏禘』『秋嘗』『冬烝』，而其他禮文有稱『春禘』『春禴』者，有稱『夏祠』『夏禴』者，然要之皆四時之祭而已。但四祭之全與缺，純以貴賤之等爲隆殺。天子四祭，諸侯三祭，聽其自缺一時，如礿則不禘，禘則不嘗，嘗則不烝，則大夫而下其必又缺可知矣。故家堂正祭，不拘三代、五代，或貴或賤，而一以二祭爲斷。」又云：「《家禮》於三獻後有主人以下皆出、闔門、祝噫歆，然後啓門一節，初甚疑之，後校《儀禮》文，知此是喪禮，有萬萬不可行者。《儀禮》既夕與虞祭皆有『聲三啓户』之文，謂啓殯之際與葬畢歸祭，魂無所依，故祝先闔户，使男女哭踊户外，至升堂止哭，然後聲三啓户。鄭《注》『聲音噫歆也』，謂將啓户，警覺鬼神也。此是喪、祭之禮，與祭禮並無干涉，而以此爲吉祭，是吉凶並行，禮制大壞矣。又告利成是諷尸使起，而難以明言，託爲告主人以諷之。故告利成後，即云尸謖。尸謖者，尸起也。今祭不扮尸，將欲誰告？或有爲朱辨者，云告尸與告主一也。今雖無尸，然主自在也，主在則利成何不可告？而曰不然。《曾子問》有云『陰厭無尸，則不告利成』，鄭《注》謂利成之告，『禮之施於尸者』。無尸不告，禮文彰彰也。」

按：春露秋霜，怵惕悽愴之心，仁人孝子不能自已。應仿毛氏二祭之議，於春秋二分，卜日以祭。至冬至祭始祖，立春祭先祖，伊川先生雖行之，文公以爲僭，不敢行，自當删除。季秋祭禰，與秋分大祭相去不遠，祭不欲數，秋禰之禮亦未便重複。惟四時之祭，止用二分，則端陽、冬至應較俗節爲隆，元旦一歲之首，亦應加隆。其餘諸節皆從俗，忌祭、墓祭亦從俗。隆殺雖分，誠敬則一，庶於隨俗之中不失古禮之意。又生忌之祭，考馮戒軒《家禮》、許敬庵《通俗禮要》皆有此祭，古禮無之。余守汝南時，見畢秋帆先生值其太夫人生忌，彩服作樂，屬官拜祝如生人，竊疑之。及閲《通俗編》載姚旅露書一段，南州宗室謂親死日爲暗忌，生日爲明忌，親死者遇十生日，如五十、六十之類，猶追壽焉，族人具禮謁賀，一如存日。秋帆或本諸此耶？余意生忌有祭，雖不見禮經，亦推孝之一事也，謂之陰壽，親族謁賀，斷不可行。

祠堂

君子將營宫室，先立祠堂於正寢之東。爲四龕以奉先世神主。旁親之無後者，以其班祔。置祭田，具祭器。主人晨謁於大門之内，出入必告。正、至、朔、望則參，俗節獻以時食。有事則告。生子見廟。追贈。

注：「高、曾、祖、考四代各爲一龕，以西爲上。俗節謂元宵、清明、重午、中元、重陽、十月朔、臘日、除夕、歲熟獻新。」司馬温公曰：「所以西上者，神道尚右故也。」或問：「廟主自西而列？」朱子曰：「此也不是古禮。」邱文莊公曰：「浦江《鄭氏家儀》有列祠堂位次圖，列爲五位：太高祖居中，其右則高、曾、祖、考四位，其左則高、曾、祖、考四世之妣也。古者廟制：天子七，諸侯五，大夫三，適士二，官師一，庶人祭於寢。祭及五代僭矣。近世人家又有爲五龕者，以高祖考鄰於祖妣，列祀之時翁婦相並，不無可嫌。國初用行唐縣知縣胡秉中言，許庶人祭三代，以曾祖居中，祖左禰右。今擬士大夫家祭四代者亦合如時制，列龕祠堂，板以限隔，則無翁婦相並之嫌。」王肅敏公曰：「神道尚右，漢儒臆説也。宜遵《集禮》所制，高、曾分中，祖在高東，禰在曾西。程子曰：『庶母不入祠堂，其子當祀之私室。』《雜記》曰：『妾祔於妾祖姑。無妾祖姑，則從其昭穆之妾。』《喪服小記》曰：『妾無妾祖姑者，易牲而祔於女君可也。』注：「女君，嫡祖姑也。易牲謂女君少牢，妾則特牲，女君特牲，妾則特豚也。」」

《會典》云：「凡品官家祭之禮，於居室之東立家廟。一品至三品官廟五間，中三間爲堂，左右各一間，隔以牆，北爲夾室，南爲房，堂南檐三門，階五級，庭東西廡各三間，東藏遺物，西藏祭器。四品至七品官廟三間，中爲堂，左右爲夾室、爲房，階三級，東西廡各一間，餘與三品以上同。八、九品官廟三間，堂檐一門，階一級，庭無廡，餘與七品以上同。堂後楣北設四室，奉高、曾、祖、禰四世，皆昭左穆右，南嚮。高祖以上，親盡則祧，由昭祧者藏主於東夾室，由穆祧者藏主於西夾室。東序、西序爲祔位。伯叔祖之成人無後及伯叔父之成人無後者，兄弟成人無後及夫在而妻先歿者，皆以版按行輩墨書，男統於東，女統於西。東西嚮凡昭位，考右妣左，凡穆位，考左妣右。分薦者設東西祔位。儀節：通贊就位，盥洗，引贊主祭者詣盥洗所盥洗净巾，詣香案前跪，奉香，酹酒，叩首，興，復位。通贊參神，跪，三叩首，興。行初獻禮，主婦薦七箸醯醬於几，跪，一叩，興，退入於房。引贊主祭者詣高祖考案前跪，奉爵，叩首，興。以次及曾祖、祖、禰，奉爵叩首同。詣讀祝位跪，通贊皆跪，讀祝文訖，皆三叩，興，復位。通贊行亞獻禮，主婦和羹實版，薦於案，及腊肉炙胾，遍跪叩，興，退如初禮。引贊主祭者詣高祖考案前，奉爵於各位皆如初禮，復位。通贊行三獻禮，主婦薦餅餌果蔬，跪叩，興，退如初禮。引贊主祭者詣高祖考案前，奉爵於各位皆如初禮，興，詣受嘏位跪，啐酒，嘗食，三叩，興，復位。通贊送神，主人以下一跪三叩，望燎，候焚祝文畢，與祭者出。主人率子弟納主，上香行禮，各退。士庶不立廟，於寢之北爲龕奉四代，祭各有差。」

按：士大夫家祭四代，合列一堂，高左曾右，祖再左，禰再右，板以隔之。邱文莊公之説與《會典》合，悉遵《會典》之制。祭儀亦遵《會典》。至妾祔祖姑，昭穆之義也。此禮久廢，不如祀之私室爲妥。如庶子主祭，或庶子貴而與祭，當其祭時請生母神主祔廟而祭，祭畢仍歸私室爲是。

考證

胡安定曰：「嫁女必須勝吾家者，勝吾家則女之事人必欽必戒；娶婦必須不若吾家者，不若吾家則婦之事舅姑必執婦道。」

袁氏曰：「男女議親，不可貪其門閥之高、資産之厚，苟人物不相當，則女子終身抱恨，况有不和而生他事者乎？人家有男雖欲擇婦，有女雖欲擇婿，又須自量我家子女如何。如我子凡下，若娶美婦，豈特不和，或生他事；如我女不如彼子，萬一不和，卒爲所棄。男女昏嫁切須自揣。又男女不可於幼小之時便議昏姻。大抵女欲得託，男欲得偶，若論目前，悔必在後。蓋富貴盛衰，更迭不常，男女之賢否須年長可見。若早議昏姻，事無變易，固爲甚善。或昔富而今貧，或昔貴而今賤，或所議之婿流蕩不肖，或所議之女狼戾不檢，甚或有惡病廢疾，從其前約則事關宗祀，背其前約則有乖禮義，爭訟由之而興矣。」

《公羊傳》曰：「昏禮不稱主人，遠廉耻也。」注云：「婿有廉耻，不當自言娶婦爲主人，故必父母主之。無父，母主之。又無，諸父兄、師友主之。」

《語類》問：「昏禮用雁，婿執雁，或謂取其不再偶，或謂取其順陰陽往來之義？」曰：「《士昏禮》謂之攝盛，蓋以士而服大夫之服，乘大夫之車，則當執大夫之贄。前説恐傅會。」

《昏禮通考》云：「執贄相見，皆親授受，惟卑見於尊，奠而不授。婿婦同尊卑而婿奠雁者，良以其分雖親，交接有漸。男女初相見，必無親授受之理。奠也者，與《内則》『男女相授，奠之而后取之』同義。又《曲禮》男女相答拜，婿再拜稽首，婦無答拜之文，何也？蓋婦之於婿，委身相從，稱曰夫君，義屬所天，服勞奉事，出棄唯所命，凡所以卑己而尊其壻者至矣。而壻之娶婦，將以繼後世、事宗廟，又所關非細，聖人制爲奠雁之禮，所以行其斯須之敬也。且壻再拜時，女尚在房，及其既出，則相從以行而已，本無處所得用其答拜也。《春秋發微》云：『在《易·咸卦》兑上艮下，兑少男，先下女，爲親迎之象。』可謂深得其義者矣。」

《宋書·禮志》：「孝武納皇后，六禮皆用白雁、白羊各一口。」曹氏曰：「用雁並用羊，始於漢。近世士禮有用羊酒者，本此。鄭氏《昏物贊》曰：『羊者，祥也。』故昏禮用之。」

賈氏曰：「納采則知女之姓矣。今問爲誰氏者，謙不敢必其主人之女，或是所收養外人之女也。」曹氏曰：「《周禮》媒氏掌萬民之判，凡男女自成名以上皆書年月日名焉。庭棟六世祖太宇先生《集傳》云：『成名是三月父名之之名，年月日名是甲子之名。』據此則所謂問名者乃問其生年月日甲子之名。今俗有請庚帖之禮，其類是與？」

按：《明集禮》賓詣主昏者曰請問名，主昏者進曰某第幾女、某氏出，遂以銷金紙書女第行、年歲授賓。觀此則賈氏問所自出，曹氏問其甲子之名，二説並舉。

呂簡叔《四禮疑》云：「納采而後問名，名無當也，采如之何？問名而後納吉，吉不叶也，名如之何？六禮之次，漢人失考矣。若問名而後納吉，次納采，定禮也。次納徵，次請期，次親迎，於義爲近。」

《郊特牲》云：「昏禮不用樂，幽陰之義也。樂，陽氣也。」《曾子問》：「取婦之家，三日不舉樂，思嗣親也。」曹氏庭棟曰：「《記》言『三日不舉樂，思嗣親也』，曰『三日』，則三日以前、三日以後皆舉樂之日可知。蓋所謂樂者，《曲禮》『士無故不去琴瑟』是也。取婦不得云有故，既有嗣親之思，則不忍及之矣。但必父母俱没，孤子當室，感愴之情因昏而動，乃如此。如謂昏將代親，父母俱存，亦當感愴，何以爲父母地乎？《記》言『三日不舉樂』，疑爲孤子當室者言之也。然《記》又言『昏禮不用樂，幽陰之義也』，則何也？《曲禮》『外事以剛日，内事以柔日』，鄭《注》：『順其出外爲陽，順其居内爲陰。』昏禮在門内，曰陰禮。《周官》大司徒以陰禮教親是也。以門内之事，同牢合卺，又皆行於私室，本無施樂處所，不用樂宜也。幽陰之義，其謂是與？後世昏禮，中堂私室隨處施樂，不過鋪張其事以爲悦耳之具，實無他義。故父母主昏者，用樂與否，父母主之。若孤子當室，自爲主昏，必不當用樂。何也？思嗣親也。」

《郊特牲》云：「昏禮不賀，人之序也。」嚴陵方氏謂子有代父之序，婦有代姑之序，所以不賀則一也。《曲禮》云：「賀取妻者曰：『某子使某，聞子有客，使某羞。』」孔氏謂昏禮不賀，此云賀者，聞彼昏而送筐篚，將表厚意。長樂陳氏謂賀之者，賀其有客，非賀昏也。曹氏庭棟曰：「昏禮不賀者，少而壯，壯而室，乃人道之常，可以無賀，非以賀爲倍禮也。而且《曲禮》明言賀娶妻者，古已有稱賀之文矣。陳氏以爲賀其有客，有客者，因娶妻而召鄉黨僚友也，安有舍其本事賀其所旁及者耶？禮爲嘉禮，事爲吉事，上以事祖宗，下以繼後世，於此賀之，將其相親之意，豈遂乖於禮乎？」

《古今考原》：「漢京房之女適翼奉子，擇日迎之。房以其日不吉，以三煞在門也。三煞者，謂青羊、烏雞、青牛之神。凡是三者在門，新人不得入，犯之損尊長及無子。奉以爲不然，婦將至門，但以穀豆與草禳之，則三煞自避，新人可入也。自是凡娶婦者，皆置草於門，下車則撒穀豆、焚草而入，遂以爲故事也。」

《通典》：「昏姻王化所先，人倫之本。拜時之婦，《禮經》不載，自東漢、魏、晉及於東晉，咸有此事。按：其儀或時屬艱虞，歲遇良吉，急於嫁娶，權爲此制。以紗縠蒙女氏之首，而夫氏發之，因拜舅姑，便成婦道。六禮悉捨，合巹復乖，隳政教之大方，成容易之敝法。宋、齊以後，斯制遂息。」

張華云：「拜時之婦，盡恭於舅姑。三日之婦，成吉於夫妻。」曹氏庭棟曰：「《禮經》昏嫁無拜時、三日之文，所謂『拜時婦』者，未成昏禮，先拜舅姑。『三日婦』者，已成昏禮，未見舅姑。議者較其輕重，以拜舅姑爲重，誠所以尊其親也。朱子以爲昏禮是從下做上去，其初且自行夫婦禮，然後見舅姑，然後廟見。蓋謂有夫婦而後有舅姑，有舅姑而後有祖先，乃自然之次序。若已拜舅姑，便爲成婦，只據後半截言之，遺却前半截所以成婦之義矣。况拜時之制，本權宜苟且之舉，魏、晉之間議者雖多，而欲折衷於至當，宜其難也。」

《山堂肆考》：「范文正公子純仁娶婦，或傳婦以羅爲帷幔，公不悦曰：『羅綺豈帷幔之物耶？吾家素清儉，安得亂吾家法？持至，當火於庭。』」

司馬氏《書儀》：「前一日，女氏使人張陳其婿之室，俗謂之鋪房。古雖無之，然今世俗所用，不可廢也。床榻、薦席、椅桌之類，婿家當具之。氊褥、帳幔、帷幕之類，女家當具之。所張陳者，但氊褥、帳幔、帷幕之類，其衣服、韈履等皆鎖之笥篋。世俗盡陳之，欲矜誇富多，此乃婢妾小人之態，不足爲也。」

萊州右長史于義方作《黑心符》。黑心符者，繼娶之別名。其略曰：講再醮，備繼室，既無結髮之情，嘗有抉篋之志，安得福祥，免禍幸矣。閔家以蘆絮示薄，許氏以鐵杵表酷，歷歷可鑒。爲夫者耽少姿，入巧言，纏愛紐情，牢不可破。妻計日行，夫勢日削，出入起居，在彼不在我。甚者害夫殺子，禍綿刀鋸，而怪且畏者曾無有也。嘻，危哉！

吕（柟）〔柟〕《禮問》云：「楊祉問：『友有娶妻他縣者，女在塗而友之母死，如之何？』先生曰：『女奔喪而不反，夫則居廬於喪，除服而後昏，禮也。今子之友奚爲也？』曰：『婦居喪於室，夫居廬於墓。』曰：『善哉，可與幾禮矣。』」

按：父母垂危，正人子倉皇欲絶之會，乃託冲喜爲名，急急昏娶，其處心積慮非人子也。即或無人主司中饋，或女年及笄，無親戚依倚，酌爲權變之術，亦須及親未危之時迎娶過門，使得見成禮。倘病已垂危，斷不得藉詞行權也。

《讀禮紀略》云：「世俗初終未斂，乃行荒親之事。荒親者，荒迷之中娶婦也。此較服中成昏者，其失尤大。《律》曰：『居父母喪，嫁娶、作樂、釋服、參預筵宴者，杖八十。喪制未終，釋服從吉者，杖六十。』」

按：「從吉」二字，世俗誤用於柬，士大夫亦爲之，非禮也。

毛氏曰：「《周禮》媒氏掌男女之判，禁遷葬及嫁殤。注云：『男女未昏者，有男死而女求歸之，謂之嫁殤；若男女偕亡而合兩棺而葬之，謂之遷葬。』是堂堂典禮，條例灼然。今室女求歸，與死而合葬，兩禁俱犯。既軼名教，復蔑典禮，且又犯三代先王所垂禁例，歷求之無一可者。予之言此，將以扶已軼之教，植已蔑之禮，稍留三代偶存之律例。世有識者，當共鑒之。」

按：男女生前定聘，而遷葬、嫁殤，例禁之嚴如此。况生時無婚姤之約，死後爲苟合之事，毀經蔑禮，更作何等人也。

曾子問曰：「女在塗而婿之父母死，則如之何？」孔子曰：「女改服，布深衣，縞總以趨喪。如女在塗而女之父母死，則女反。」注曰：「女已在塗，聞其父母死，尚且反還其家。今世乃有停喪嫁娶，或因葬送而异歸者，此何禮也？」

毛氏《喪禮吾説篇·奔喪》云：「父没，兄弟各主其喪。謂父在則舅爲子婦主，祖爲孫主，父没則兄弟各爲妻子主喪。」又云：「親同，則長者主之。謂：『同父母喪，則推長者主喪。若兄弟之喪，亦推長兄爲主也。然則夫爲妻主，即不爲妾主乎？』曰：『亦主之，而有不同：妻没而攝室則主之，否則不主之。』『然則兄爲弟主，弟不爲兄主乎？』曰：『不可，喪無二主。弟有子而兄主之，則兄爲尊主，子爲卑主。一尊一卑，非有二也。今兄子既爲主而弟又主之，是二卑也。二卑即二主矣。故父主子喪而有杖，則其子之子反不執杖，何則？避二主也。父爲子婦主喪而有杖，則其婦之夫亦不執杖，何則？統所尊也。』」

按：禮順人情，人情不順之處，即禮不能行之處。毛氏謂父主子喪，而其子之子反不執杖，理固如是，情有未安。余意兄主弟喪，兄爲尊主，弟之子爲卑主，推之父主子喪，則父爲尊主，其子之子亦爲卑主。一尊一卑，亦非有二也。後之言禮者酌之。

《喪服小記》云：「久而不葬，主喪者不除？子思曰：『三年之喪，未葬服不變，除何有焉？』」司馬温公曰：「禮，未葬不變服，食粥居廬，寢苫枕塊。蓋閔親之未有所歸，故寢食不安。」

唐一庵曰：「孝子不忍死其親，每思其復。《易》曰『七日來復』，故計其日而至於七，則思之愈切，此七之説所由起也。雖未必然，理則近是。百日者，則以日數既終，天道既變，感親亡之久而念之益深也。」

《日知録》云：「虞禮：天子九虞，以九爲節；諸侯七虞，以七爲節；大夫五虞；士三虞。春秋末，大夫僭用七虞。今日逢七必祭。七七四十九日，得七祭，皆因虞禮而誤用之也。明朝大臣論祭，亦用七七。或曰人生四十九日而七魄全，死四十九日而七魄散，故曰七七。」

《王制》「六十歲制」注：「歲制，謂棺也。人至六十，則死期將近矣。故必預爲制之，恐一旦不測，倉卒之變，猝難措置。縱能成之，亦多苟且，木既非良，漆亦不固。孝子事親，烏可以豫凶事爲解而不先事爲備哉？且古者國君即位而爲椑，歲一漆之，况士庶乎？」劉氏璋曰：「有生時自爲壽器者，此猶行古道，非豫凶事也。」

《文集》：問女適人爲父母服期。「傳曰『不貳斬也』，賤婦喪母，遂於既葬卒哭而歸。繼看《喪大記》曰：『喪父母，既練而歸。期九月，既葬而歸。』注云：『歸謂歸夫家也。』其既葬而歸者，乃婦人爲祖父母、爲兄弟之爲父後者耳。」

《文集》：問：「按《禮》，居喪不吊。其送葬雖無明文，然執紼即是執事，禮亦有妨。鄉俗不特往吊送喪，凡親舊家有吉凶之事，皆有所遺。不知處此當如何？」曰：「古禮固不可預，然吊送之禮却似不可廢。所謂『禮從宜』者，此也。」

《紀略》云：「殯者奠柩於兩楹，攢以灰石，以待葬也。天子七日而殯，諸侯五日，大夫、士、庶人三日。啓攢行喪，謂之出殯。未葬曰奠。奠，定也。始死，神魂飄忽，奠以定之，使毋散也。既葬曰祭。祭，察也，至也。言聚己之誠以感格乎祖考，亦所以聚祖考之神而使之來饗也。」

毛西河曰：「《士喪記》云：『御者四人皆坐持體。男子不絶於婦人之手，婦人不絶於男子之手。』其所云『持體』，謂各持一體，如《大戴記》所謂曾子病時，『使曾元抑首，曾華抱足』是也。所云『不絶其手』，正指持體者之手。謂男手持男體，女手持女體，不使男女得易手也。此襲《穀梁傳》文以爲解者，乃《喪大記》亦引之，不作持體解，但以男女不相訣爲言。而鄭氏復注曰：『畏其相褻。』夫以垂死之人而防褻，已過矣。且亦思此婦人者非他，即死者之妻與死者之子婦也。妻送夫死，亦非褻事。今此一刻不令前，則將來死後何以同穴？若子婦，則疾痛疴癢奉侍有素，一旦以存亡之際而反絶之，則於情於理總屬不合。」

又曰：「先仲氏云：『古祭五等：天子七，諸侯五，大夫三，士二，官師一。天子大祭不敢妄議，若適中下士、官師及庶人，則合二爲一，禮不貴瑣也。如是，則祭止三等矣。但此三等中，以祭三代、不祭高祖與始祖者爲下祭，士、官師及庶人主之。士即今貢士、博士弟子員。官師内而知經博目，外而丞、簿、尉、使皆是。以祭及高祖、始祖者爲中祭，大夫主之。大夫如内之曹寺正員，外之州郡守令皆是。以并及諸祧如祫祭者爲上祭，公、侯、伯、子、男主之。天子卿士即比諸侯，内如館閣臺垣及曹寺堂上，外如監司以上皆是。』此大略也。今祭三代者，仍以子長者爲主。以祭止三代，長者雖賤，原可以祭，貴不敢親也。若祭及高祖、始祖，則必子之如大夫者始得主之，親不敢貴也。何也？此非長者所可祭也。」

按：大夫得立始祖廟，仍指世官而言。至云士即貢士，官師即丞、簿等官，未識何所據。

《讀禮紀略》曰：「祠堂三間，勻作四室，各爲壁隔之。高祖居中之東，曾祖居中之西，祖再東，禰再西，俱南向。三間之東西各一翼室，東爲遷祀室，西爲介祀室。」

或問：「服父喪而於祖父母歲節上壽，居母喪而於父歲節上壽，宜何服？」晦庵公曰：「居喪上壽之禮，自不合與。」《讀禮紀略》云：「人子居喪，雖祖父母上壽，且不合與，况親朋乎？觀此，則變服從吉，宜列不赦之條也。」

問：「居喪，爲尊者强之以酒，當何如？」馮戒軒曰：「若不得辭，則勉循其意，但不可使醉。食已復初。」問：「坐客有歌唱者何如？」曰：「當起避。若席有尊長，辭以疾可也。」

《朱子文集》云：「生己者，不問父妻父妾，而皆得母名矣。故《禮注》有『嫡母』之文，以明生己者之正爲母也。至如封贈，亦但謂之『所生母』而不得謂之『庶母』也。」

按：庶出之子，稱父之正妻曰嫡母，稱所生曰母，稱父之他妾曰庶母，禮也。世於父之正妻稱母，於所生稱庶母，非禮也。或稱姨，更謬。

毛西河《祭禮通俗譜》云：「《郊特牲》謂祭稱孝孫、孝子，以其義稱也。稱曾孫某，謂國家也。諸侯有國，大夫有家。據此，則諸侯、卿、大夫、士，凡祭自曾祖以上，皆稱曾孫，如《詩》『曾孫燕喜』、《書》『有道曾孫』是也。」又云：「所生父母，仍稱子，鑿不可易，不得稱姪。考經傳，姪字皆指兄弟之女言。故《春秋》致媵，每以姪娣並稱，《説文》所云『姪者兄弟之女』是也。若兄弟之子，則古稱從子，兄子、弟子猶子，並不稱姪。其或稱姪者，則又女兄弟呼兄弟之子之稱，如《春秋》秦穆姬稱晉惠之子爲姪。《爾雅》云女子呼昆弟之子亦爲姪，此非可漫稱者。」

按：曾孫，凡祭曾祖以上子孫之通稱也。觀毛氏所引《詩》《書》，此爲確證。至爲人後者，稱所後父母曰父母，稱本生父母亦曰父母，斷無改稱伯叔之禮。如在生父母之前説繼嗣之父母，應曰繼父怎麽，繼母怎麽；在繼父母之前説生身父母，應曰生父怎麽，生母怎麽。對人稱繼父母，應曰家父、家母，稱生父母，應曰家生父、家生母，庶爲合禮。

南軒曰：「墓祭非古。然考之《周禮》，有冢人之官，凡祭於墓爲尸，周行之矣。魯世世以歲時祀孔子冢，魯行之矣。」三吾劉氏曰：「『子路去魯，謂顔淵曰：『何以贈我？』曰：『吾聞之也，去國則哭於墓而後行，反其國不哭，展墓而入。』謂子路曰：『何以處我？』子路曰：『吾聞之也，過墓則式，過祀則下。』嗚乎，爲行者言，爲居者言，君子蓋無在而非重於其墳墓也。」

又曰：「祭用分、至，取其陰陽往來，取其氣之中。又貴其時之均。寒食者，《周禮》四時變火，惟季春最嚴，以大火心星其時太高，故先禁火以防其盛。既禁火，須爲數日糧。既有食，復思其祖宗祭禮也。」

毛西河云：「寒食上墓，六朝、初唐早有之，如李山甫、沈佺期寒食詩皆有『九原報親』語。相傳自冬至一百五日爲寒食，一百六日爲清明，二節本相連，曆家祇取清明諸節編入曆中，至寒食、上巳諸節不之及。因之世但知清明而不知寒食，遂漸漸以寒食上墓事歸之清明，理固然也。」

朱子戒子曰：「比見墓祭土神之禮，全然滅裂，吾甚懼焉。既爲先公托體山林而祀其主者，豈可如此？今後可與墓前一樣，以盡吾寧親事神之意，勿令有隆殺。」藍田呂氏曰：「凡祭，皆宗子主之。宗子謂父之嫡長子主父之祭，祖之世長孫主祖之祭，曾祖之世曾孫主曾祖之祭，高祖之世元孫主高祖之祭。若無長，則其次主之。」

《紀略》云：「吉祭讀祝於主人之左，凶祭則於右。」

朱子曰：「正祭三獻受胙，非居喪所可行。而俗節惟普同一獻，不讀祝，不受胙也。」

司馬氏《居家雜儀》：「凡爲家長，必謹守禮法，以御群子弟及家衆，分之以職，授之以事，而責其成功。制財用之節，量入以爲出，稱家之有無，以給上下衣食及吉凶之費，皆有品節而莫不均一。裁冗費，禁奢華，常須稍存贏餘，以備不虞。」

「凡諸卑幼，事無大小，毋得專行，必咨稟於家長。」

「凡子受父母之命，必籍記而佩之，時省而速行之。事畢則返命焉。或所命有不可行者，則和色柔聲，具是非利害而白之，待父母之許，然後改之。若不許，苟於事無大害者，亦當曲從。若以父母之命爲非而直行己志，雖所執皆是，猶爲不順之子，况未必是乎？」

「凡子事父母，父母所愛，亦當愛之，所敬亦當敬之。至於犬馬盡然，而况於人乎？」

「凡爲宫室，必辨内外，深宫固門。内外不共井，不共浴堂，不共厠。男治外事，女治内事。男子晝無故不處私室，婦人無故不窺中門。男子夜行以燭，婦人有故出中門，必擁蔽其面。男僕非有繕修及有大故，不入中門；入中門，婦人必避之。女僕無故不出中門。鈴下蒼頭但主通内外之言，毋得輒升堂室，入庖厨。」

「《顔氏家訓》曰：『教婦初來，教子嬰孩。』故於其始有知，不可不使之知尊卑長幼之禮。若侮詈父母，毆擊兄姊，父母不加訶禁，反笑而獎之，彼既未辨好惡，謂禮當然。及其既長，習以成性，乃怒而禁之，不可復制。於是父疾其子，子怨其父，殘忍悖逆無所不至。蓋父母無深識遠慮，不能防微杜漸，溺於小慈，養成其惡故也。」

程子曰：「勿謂小兒無記性，所歷事皆能不忘。故善養子者，當其嬰孩，鞠之使得所養，全其和氣，教以好惡有常。如養犬者不欲其升堂，則時其升堂而撲之，若既撲其升堂，而又食之於堂，雖日撻而求其不升，不可得也。故養正者聖人也。」

朱文公與子書曰：「起居坐立，務要端莊，不可傾倚，恐至昏怠。出入步趨，務要凝重，不可漂輕。以謙遜自牧，以和敬待人。凡事切須謹飭，無故不須出入。少説閒話，恐廢光陰。勿觀雜書，恐分精力。凡讀書，要反覆精詳，方能漸見旨趣。誦之宜舒緩不迫，令字字分明。更須端莊正坐，如對聖賢，則心定而義理易究。不可貪多務廣，涉獵鹵莽，纔看過了，便謂已通。小有疑處，即便思索，思索不通，即置小册子，逐日抄記，以時省閲。又置簿，記逐日所講起止，以俟歸日稽考。早晚頻自點檢所習之業。每旬休日，將一旬内書温習數過。勿令心少放佚，則自然漸近道理，講習自明矣。交遊之間，尤當審擇，雖是同學，亦不可無親疏之辨。此當請於先生，聽其所教。大凡敦厚忠信、能攻吾過者，益友也。其(謟)〔諂〕諛輕薄、傲慢褻狎、導人爲惡者，損友也。推此求之，亦自合見得五七分，更問以審之，百無一失矣。但恐志趣卑凡，不能克己從善，則益者不期疏而日遠，損者不期近而日親。此須痛加檢點而矯革之，不可荏苒漸習，自趨小人之域。如此，則雖有賢師長，亦無救拔自家處矣。以上數條，切宜謹守，其所未及，亦可據此推廣，大抵只是勤謹二字。循之而上，有無限好事，吾雖未敢言，而竊爲汝願之。反之而下，有無限不好事，吾雖不欲言，而未免爲汝憂之也。」

王陽明先生訓子帖曰：「今人病痛，大段只是傲。千罪百惡，皆從傲上來。傲，則自高自是，不肯下。故爲子而傲，必不能孝；爲弟而傲，必不能弟；爲臣而傲，必不能忠。象之不仁、丹朱之不肖，皆只是一傲字，便結果了一生，做個極惡大罪的人，更無解救得處。爲學先要除此病根，方纔有地步可進。傲之反爲謙，謙字便是對症之藥。謙非但是外貌卑遜，須是中心恭敬，撙節退讓，常見自己不是，真能虛己受人。故爲子而謙，斯能孝；爲弟而謙，斯能弟；爲臣而謙，斯能忠。堯舜之聖，只是謙到至誠處，便是允恭允塞也。勉之敬之，其毋若伯魯之簡哉！」

陸子壽，撫州金谿人。父賀，以學行爲里人所宗，采司馬氏冠、昏、喪、祭之儀行之家。子壽又繹先志而修明之，晨昏伏臘，奉盥請衽，觴豆饎羹，秩然有禮。闔門且千餘指，男女各以班其職，儉而安，莊而舒，薄而均。兄弟六人皆志古嗜學，燕居從容講論道義，誾誾侃侃，和而不同，伯仲自爲師友。於是著爲儀節品式，使雋者不敢踔厲，朴者有所依據，順弟之風被於鄉閭而聞於天下。其家制略曰：人情莫不愛家、愛身、愛子孫，然鮮克明愛之之道，故適以害之。夫家貴於安寧、和睦、悠久也，其道在孝弟謙遜，重仁義而輕名利。故家之教子，但當以孝弟、忠信、仁義之行。所讀書，先《六經》《語》《孟》，使通曉大義，明君臣、父子、夫婦、兄弟、朋友之節，知正心、修身、齊家、治國之道，内足以事父母、和宗族，外足以交朋友、接里鄰，使不得罪於尊卑上下。次讀諸史，以知歷代興衰而可矣。今則不然，忠信、謙遜、仁義之道，口未之嘗言，但教以科舉之業。朝夕之所以從事者，名利也；寢食之所思維者，名利也；相聚而講究者，取名利之方也。言及於名利，則津津然有喜色；言及於孝弟忠信，則澹然無味。幸其時數之遇，則躍然以喜；一有沮意，與鑊湯爐炭無異，躁悶無所容。父子相夷，兄弟叛散，豈非愛之適以損之乎？夫謀利而遂者不百一，謀名而遂者不千一，以百年之身乃僥幸於不百一、不千一之事，亦已愚矣。夫事有本末：知愚賢不肖，本也；貧賤富貴者，末也。得其本則末隨，趨於末則本末俱廢。故行孝弟，本仁義，雖簞瓢陋巷，已固有以自樂；慕爵位，貪名利，雖紆青紫、懷金玉而居，恒戚戚，識者鄙之。況貧賤富貴自有定分，非求之可得乎。又言：古冢宰制國用，必於歲之杪。用地大小，視年之豐耗。三年耕，必有一年之食；九年耕，必有三年之食。以三十年之通制國用，雖有凶旱水溢，民無菜色。國既若是，家亦宜然。故有家者，當量入爲出，然後用度有準，豐儉得中，怨讟不生，子孫可守。今以田疇所收，除租税、種蓋、糞治之外，所有若干，以十分均之：留三分爲水旱不測之備，一分爲祭祀之用，六分分十二月之用。取一月合用之數，均爲三十分，日用其一，可餘而不可盡。用至七分爲得中，不及五分爲太嗇。其所餘者，別置簿收管，以爲伏臘裘葛、修葺墻屋、醫藥、賓客、吊喪、問疾、時節饋送之需。又有餘，則以周鄰族之貧弱、賢士之困窮、佃人之饑寒、過往之無聊者。斷不可侵過次日之物。其有田少用廣者，所餘不能三分，則存其二。又不能二分，以至一分。清心節素，稍存贏餘，以爲可久，免干求於人而招尤取辱矣。夫居家之病有七：曰呼，曰遊，曰飲食，曰土木，曰爭訟，曰玩好，曰惰慢。有一於此，皆能破家。其次貧薄而務周施，豐餘而尚鄙嗇。事雖不同，爲害一也。夫豐餘而不用，疑無害也。然既已豐餘，則人望以周濟，今乃䂓然，必失人情。人惟恐其無隙，苟有隙可乘，則争媒糵之，雖其子孫亦懷不滿之意。一旦入手，若決隄破防矣。世間謂用度有何窮盡，蓋未嘗立法，所以豐儉無準，或妄用以破家，或多藏以斂怨，皆惑也。字子静，學爲人士宗，稱象山先生。

滿洲四禮集

（清）索寧安 輯
王志躍 整理

《滿洲四禮集》解題

工志躍

索寧安（生卒年不詳），《清史稿》無傳。今據《八旗通志》《國朝御史題名》《樞垣記略》等，知索寧安爲滿洲鑲黄旗人，監生，曾由户部員外郎補授陝西道御史，題掌京畿道。乾隆四十三年（一七七八）閏六月，入直軍機處。後曾被降職。乾隆五十六年（一七九一），任四川灌縣（今都江堰市）水利同知。《滿洲四禮集》，《天咫偶聞》《清史稿》均載其名爲「滿洲四禮考」。何時更名「滿洲四禮集」，不詳。

《滿洲四禮集》版本現存爲嘉慶六年省非堂刻本，北京大學圖書館、國立新民學院圖書館、清華大學圖書館、寧夏圖書館等均有藏。《續修四庫全書》所收録者爲清華大學圖書館藏本今以之爲底本。是本版框高二一〇毫米，寬二八六毫米，半頁十六行，行十五至一十二字不等，白口，單黑魚尾，四周雙邊。據劉志軍考證，《滿洲四禮集》非索寧安一人完成，而是鈕鈷禄氏父子三人先后執筆，共同完成，吉北谷氏是發起者，索寧安是最後的統稿人和刊刻者。《滿洲四禮集》始撰於乾隆二年（一七三七），至嘉慶元年（一七九六）完稿，歷時近六十年。見劉志軍《清刻本〈滿洲四禮集〉考略》,《滿族研究》二〇一〇年第二期。

關於《滿洲四禮集》的撰寫初衷,索寧安言:「若家禮不究,將何以克承先志而教子孫耶!但禮雖無二,而所見之於行,滿、漢稍有區别。旗禮總以誠敬、樸實爲本,而漢禮文多勝質。余恐日漸奢華,反失誠敬,不可不防之於漸。况滿洲開國東興之時,本無語言文字之行,而婚喪、祭祀、郊天、祭神等事全然純樸,至誠至敬,無不恰合古禮。」即一方面是爲了克承先志,保持家風,二是滿洲家禮雖與漢禮有别,但滿洲古禮「無不恰合古禮」,然因開國之初,無文字之行,因此需著述以使滿洲純樸之根本,永垂綿遠。

就《滿洲四禮集》内容來看,主要爲祭禮、婚禮和喪禮。而在二級類目上通常以條或儀節來展開,如關於《追遠論》即分爲十要和十戒,《婚禮儀注》即分爲問名、納采、請期、納幣、納吉等九個儀節。在具體禮儀的實施上,該書與《家禮》頗多類似,也有從俗、從簡、從儉等特點,如婚禮「親迎」一節載新娘子入室時,「俗用馬鞍一付,於門檻之上。導女從鞍上過,蓋取平安之意」,即是從俗的表現,而關於用酒請牲,《滿洲四禮集》言「若無酒請牲,用净水亦可」,則是從儉的表現。當然,是書也有自己的特點,如在祭祀上,《家禮》采用的是大宗法,而《滿洲四禮集》采用的是小宗法。又,在擇偶觀上,《家禮》强調重才德,而《滿洲四禮集》則着重於門當户對。因此,《滿洲四禮集》雖與《家禮》類似,都是有關日常生活的家庭禮儀,但《滿洲四禮集》保持有自己的特點，并不盲從《家禮》，甚至有保護自己禮儀的色彩，曾言滿洲後人「漸習尚浮華，甚至失滿洲之舊制而不問，有滿洲之家娶親用漢軍禮者；又有漸用漢禮者，而滿洲之禮不漸遺失乎？況滿洲風俗素尚樸實，惟求簡易，若隨世俗之態，徒尚紛華，欲其不錯制度之宜者，實難也！」又説「旗禮總以誠敬樸實爲本，而漢禮文多勝質」，均在表明其民族禮色彩及優越感。

因此，《滿洲四禮集》可謂滿漢禮儀文化融合、碰撞的結晶，同時也是滿洲禮俗的匯總，且文字質樸曉暢，易懂易學，對於瞭解清代前期、中期滿洲家庭禮儀有着十分直接的幫助，是頗爲難得的文化遺存。

目録

滿洲祭天祭神儀注

滿洲祭天祭神儀注序

恭查滿洲舊規，最重渥轍庫祧神祭祀之禮。大凡供神立神杆之家，如遇有從外面跑入驢、騾、馬、豬等樣牲犓，及馬鞭等物，所有穿孝、戴白毡帽、戴無纓帽之人，概不准進神堂院門神堂屋內。並不准哭泣、講説不吉祥之話，亦不許打駡衆人。其奉事誠敬，絲毫不敢少懈。余髫齡時，每見家中祭祀之日，尊長甚爲恭敬，遇有吉凶之兆，總在渥轍庫上磕頭。雖度日清減，亦仍按時祧神。於此一節，從不少減。其所以實在源流，亦不能深知詳細。後及年齒加長，往往漢人有言，此不過滿洲舊俗，何能與古禮相合。余聞此語，心中殊覺不爽。是以每遇滿洲識大體之人，即向其考究源流，僉云此係滿洲純誠舊規。其祭堂子者，乃祭尚錫神之東南隅方。又聞係長白山發祥之始。再滿洲開國之初，每逢征討，無不先行告祭於天，無不深蒙默佑，所以今有次日祭天之禮。其早間祧神，原係滿洲住居東土時，因忽遇瘟疫最盛，曾經在前明請去關帝菩薩二像祭供。後隨皆蒙庇感佑，所以立願世世不忘。至今祭供，以成報本之行耳。並見御製《全韵詩》内所論滿洲肇基始祖，原係天降神女降生，所以今有背燈之禮。是以滿洲祭祀一事，上自大内，外而王公，凡我八旗滿洲，家家舉行，至恭至重，並檢查本家舊存書籍所載，方知大略。至余充國史館纂修時，又得見我高宗純皇帝按無圈點老檔《欽定滿洲祭祀典禮》一書，始知我等滿洲祭祀之禮，竟於古禮祭五祀之意遥相符合，實謂純朴誠敬之至，隨於經書内詳查，層層皆有可據，方知向日讀書之時習而不察，不能觸類旁通，又未嘗細究其詳。即至此時，方覺於心豁然，即如《禮記》所云「天子祭天地，諸侯祭社稷，大夫祭五祀」，又云「王立七祀，曰司命、中霤、國門、國行、泰厲、户、竈，諸侯立五祀，曰司命、中霤、國門、國行、公厲，大夫立三祀，曰族厲、門、行，適士、士立二祀，曰門、行，庶士、庶人立一祀，曰或竈或户」等語，查此七祀、五祀、三祀、二祀、一祀，皆係《周禮》。又查五祀，辨鄭氏謂「五祀通於上下」。《記・王制》云「大夫祭五祀」等語，查《滿洲》有疾病則祭祀，祝禱於神。《士喪禮》亦有「疾病則禱於五祀」之文，《滿洲》有供神位於屋外廊下西南隅者，又似《禮》所云「五祀供奥」之所。舊規，滿洲人等所至之處，遇有所禱，即尋潔净之木立爲神杆以祭者，而關東等處土居之舊漢軍亦有於春秋二季祭天者。又有行路以祭者，頗似古禮五祀之祭門、祭行。是以余言大似上古五祀之禮，即如滿洲祭祀之次日祭天之禮。不知事之人即曰「天子始祭天地。爾等何得濫祭。」殊不知次日之祭，乃祭天神耳。在天者爲神，在地者爲祇，《統》言之曰祭天，原係報本不忘之意，又何敢僭越以祭天乎。《記》云「禮也者，反古求本，不忘其初者也」，「君子不以菲廢禮，不以美没禮」，故滿洲祭祀之禮，雖至極貧者，斷不敢廢，亦不敢身處富貴而妄加增，但滿洲所祭之神，或昏夜祭七星，或因神庥默相昭格於我先人，而申其薦饗；或因子女出痘，避殺猪之名，以糕做猪以祭禱，或因神靈庇佑顯著於前代，而報以馨香；或因除祟，祭神於室之西山墻外。又聞盛京土風，或因田苗生蟲，或因亢旱，以細木夾紙條，插於田中，蒸糕與飯捧至田間，以祭田苗之神。或秋成祭場院等祀，大都皆與古禮脗合，無不若合符節。是滿洲所行之禮，實係古禮，又何疑焉？嗚呼，上古之禮至遭秦火坑儒之變，不行於禹貢之内，湮没久矣。其時滿洲遠處東方，並不與禹貢邊幅相連。彼時雖秦政暴虐百端，殘政萬出，亦未稍涉及於滿洲，所有彼時古禮，不存於漢人而獨存於滿洲者，此也。是以古法尚賴滿洲之禮猶存。自秦政廢禮之後，迄今千有餘年，漢人未嘗經見，所以漢人言未必與古禮相合者，正此之謂也。《記》云「祭各有所主」，滿洲各姓祭祀微有不同者，或因此也。又查《滿洲祭祀典禮》細節内，如祭之前二三日，將做糕、做酒應用之米豆請至家中，主婦率衆婦，在神堂中南炕，務將豆米中之蟲喫、半豆、黑丁、土塊及雜米逐一揀出，淘洗潔凈，磨麪，蒸做祭品，並釀酒。即至富至貴大家，亦皆親爲奉事，斷不准委之僕衆。

舊規，如有自種之田，將收穫之黍稷、糯米取至家中，以手揉取舂簸，妥當收好，以備祭祀。京中滿洲種田者少，是以搆買。此禮與《詩·生民章》所云「或舂或揄，或簸或揉，釋之叟叟，烝之浮浮」之意相似。

祭祀前一二日，主婦率衆婦，將祭祀應用一切桌張器皿滌洗，揩抹潔凈，以備應用。

此節與《禮・祭義》所云「孝子將祭，慮事不可以不預；比時(其)〔具〕物，不可以不備；虛中以治之」之意相似。

供神後，主婦敬酒，主祀人親宰省牲。

《滿洲祭祀舊規》：牲皆親自宰省。此時盛京猶有行之者。京中滿洲多有不能宰牲者，是以用司俎人宰省。此節與《禮器》所云「君制祭，夫人獻盎，君親割牲，夫人獻酒」之意相似。

祭祀，用薩莫讀祝詞以降神，獻牲俎，皆念祝詞。

清語薩莫，即漢語司祝也。此節與《禮》所云「修其祝嘏以降上神」《詩》云「工祝致告」之意相似。

祭祀，必夫婦皆親其事。

此與《禮・祭義》所云「夫祭也者，必夫婦親之所以備内外之官也」，《詩采蘋》有云「誰其尸之，有齊季女」之意相似。

祭祀，如不做酒，即用净水灌猪耳。古名曰元酒。

太古無酒，用水行禮。後王重古，尊之名爲元酒。今潞洲，祭祀不做酒，即用净水行禮，乃仍尊古禮元酒之意也。

祭祀，告牲之前摇神刀。

神刀之式，長二尺四寸，寬二寸許，背有九環，柄有五環，即滿洲之神刀也。此節於《禮器》所云「割刀之用，鸞刀之貴」、《詩》云。「執其鸞刀」注曰「鸞刀，刀有鈴者」，豈非滿洲之神刀也哉。

祭祀請牲，必用毛色純一不雜，如猪有白毛者，有病瘡癬者，皆不用。請牲至神堂門外，放於甬路少偏西，將猪身上泥土掃刷潔凈，主祀人獻酒，灌於猪耳，以祝神、受。牲猪宰省後，取猪血，以盆盛之，取猪耳尖、猪膽、猪尿泡、猪蹄甲、猪尾毛，共盛一碟內，並血盆俱設于供桌之左。

此節與《禮》所云「納牲詔于庭，血毛詔于室」，《郊特牲》云「毛血，告幽全之物也。告幽全者，貴純之道也」。注曰：「殺生之時，以毛及血告神者，血在内，是告其幽也；毛在外，是告其全也。貴純者，貴在表裏皆善也」、《詩》云：「執其鸞刀，以啓其毛，以取血膋。」《左氏》亦云「故奉牲以告，口博碩肥腯謂其不疾瘯蠡也」之意相似。

祭祀獻俎時，按肉骨件，每件取肉一塊，細切爲小塊，盛於大碗内，澆湯以供。

大碗即簋湯，即太羹肉細切，即胾羹也。《禮》云「薦其血毛，腥其俎，熟其殽」，此節與「大羹哉，羹獻俎」之意相似。

祭祀供神後，薩莫念神歌三次，衆用琵琶、三絃、拍板以和之，三次畢。然後將牲拉進於神堂以獻。

此節與《禮》所云「殷人尚聲，滌蕩其聲，樂三闋，然後出迎牲。聲音之號，取以詔告於天地之間也」之意相似。

祭祀叩首，必皆免冠。主祀人必親自省牲切肉。

舊規，祭祀牲必親宰，獻俎必親切肉，此與《禮》所云「君再拜稽首，肉袒親割，敬之至也」之意相似。

祭祀獻俎後，將牲骨伴肉分盛盤内，按尊卑次序散福。尊者，散以後胯；次者，散以前肩；再次者，散以後腿。以骨件大小分尊卑，以散福。

《禮祭統》云：「凡爲俎者，以骨爲主。骨有貴賤，殷人貴髀，周人貴肩，凡前貴于後。俎者，所以明祭之必有惠也，是故貴者取貴骨，賤者取賤骨，貴者不重，賤者不虚，示均也。」《疏》曰：殷質，貴髀之厚，賤肩之薄。周文，貴肩之顯。殷人賤肩之隱，前貴於後。據周言之，今之祭祀分骨件，有以後胯爲上分者，有以前腿爲上分者，此與《祭統》所云之意頗相似。

祭祀之翌日，祭天，取猪胸叉骨、猪軟脇骨、前脊骨，再將猪按骨件，各取骨上肉一半，入鍋煮熟後，將肉切成肉絲，盛二大碗，上放胸叉骨、軟脇骨前脊骨以獻俎。

《周禮・大宗伯》云「以疈辜祭四方百物」，《疏》云：「披牲胸曰：疈，磔曰辜。」滿洲翌日祭天之禮，與此頗相似。

祭祀之日不敢哭泣，穿凶服者，概不准入門。

此節與《禮・祭義》所云「郊之祭也，喪者不敢哭，凶服者不敢入國門。散之至也」之意相似。

凍河時取鯉魚以薦。

此與《詩》云「潏與漆沮，潛有多魚，有鱣有鮪，鰷鱨鰋鯉，以享以祀」之意相似。

祭祀有馬神之祭。

此與《詩》云「吉日維戊，既伯既禱」之意相似。

以上數條皆與古禮互相脗合。所可稱奇者，滿洲自上古之世即處於長白。稽之典籍，堯、舜、禹、湯、文、武、周公、孔子諸大聖人，皆未能身莅其地，即有書籍，亦未能行至其方，而滿洲所行於君臣、父子之義，祭祀、婚、喪之禮，無不與古禮若合符節者，何也？自是滿洲之地，聖人出時，皆不過從心所欲，視爲日用經常之禮。人所共知，又何待載及典籍，傳播姓名耳？孟子曰：「先聖後聖，其揆一也」，豈不然乎？我滿洲總應仍遵本家舊規而行，亦孝子不匱之一端也。是上世古禮古樂咸在其中，先王先民復見於今日。余賦性拘迂，幼年失於學問，而生時最晚，未能熟聆長上併故老之訓誨，又不能博採群書，以考其詳。孤陋寡聞，莫余爲甚，有愧於先人遠矣。今偶得一己之見，亦不敢少存含糊，謹照《欽定滿洲祭祀典禮》一書大概規模，及家内舊存儀注，按節擬出，並質諸故老講習禮儀守舊之人，公同參定儀注一本。雖不敢傳播人衆，亦不過遺爲後人，使之稍有遵循，庶不至遇事無所措手，以至忘其本然之意耳。尚望後之高明，其中果有掛一漏萬之處，祈爲更訂續入，是所幸甚爾。

旹嘉慶元年丙辰仲春，鈕祜禄氏静園索寧安手撰。

滿洲祭天祭神儀注目録

七月供酸餑餑神儀注。
九月炸角子神儀注。
九月用野雞背燈儀注。
十月祭大神炸穆丹打糕儀注。
十一月用魚祭神儀注。
除夕日換香碟灰儀注。
上香。
磕頭。
供酒。
敬酒。
供糕。
供肉。
打柵板。
澆猪耳。
請牲。

剪喜紙錢。

剪拴馬紅紬條。

撩骨。

喫啊木蘇肉。

雜儀。

〔祧神應用〕祭器。

元旦日行禮儀注

除夕夜，則將祭用高桌暫設於大屋□。俟接神後，再安設於院中東南堂子處。再將炕桌一設於西炕，一設於北炕。先請堂子上香碟二個，各上香三盞，供於堂子桌上。次請早辰供用香碟四個，各上香三盞，供於西炕桌上。再請晚間香碟，各上香三盞，供於北炕桌上。俟三更接神時，則將香點上。於接神後，先在堂子上行三跪三叩禮。畢，遂在屋内向西上先行一跪一叩禮，起身，即在原處轉身向北上，行一跪一叩禮，起身，復向西上行一跪一叩禮。起身，又向北上行一跪一叩禮。如此三次行禮畢，再將上年所存喜紙錢皆敬謹取出，隨百分焚化。俟所有眷丁行禮畢，及香待盡然後，將香碟息香，敬謹安供原處，再將桌張收放於原處，務期潔净，非祭日不可擅動。此乃元旦日行禮儀制也。

此日行禮不免冠，與陞官禮同。餘祭日，皆免冠叩首。

新正磕頭儀注

新年，預擇上旬吉日定。先期前二日，用上好細白江米一斗二升，用紅江豆五升，此係例用整紅江豆，以爲新年之意。米豆齊全。主婦即帶同僕婦在大屋挑揀潔净，用菠蘿盛貯，上用蓋單蓋妥，放於北炕西角春櫈上。至次日，將所揀江米送出，推碾净細。畢，即將早間所用之麵分出十分之六，下餘四成以爲晚間之用。其江豆亦照樣分妥，俱用蓋單蓋妥，仍放於原處畢。將祭日應用一應器具收拾潔净，將高桌放於大屋門西傍，其餘一應器具俱安放於北炕上。至三更，則先令人蒸豆撒糕。俟糕蒸成，則按七寸大方式樣准切成十二方塊，不動，仍蒙蓋妥，則主婦率同子婦家人等先行，安設堂子上香案於院中東南正角，外邊家人即照原處安站燈一對，主婦帶同香碟上人先請東廂東南廊内所藏堂子上香碟二個，拂净，上香三邊，安供桌上。此桌上應用紅油桌燈一對。再進屋内，安放西炕供桌二張，懸掛神幔畢，香碟上人即請關帝、菩薩。香碟四個，先將菩薩香碟二個，上香三邊，安供於西炕供桌南案上，次將關帝香碟二個，上香三邊，安供於西炕北桌上，再將香點上，先將糕盤九個自南起擺匀。神上婦人即起蒸糕，僕婦二人擡糕至神桌前，主婦率同子婦等先擺蒸糕二盤，供於堂子上。次擺屋内糕，亦自南擺起。供畢，再盛糕一盤，供於神幔後小桌上，則主祭人等先至堂子上行一跪一叩禮三次。禮畢，再進屋內。在菩薩、關帝。神幔前行一跪一叩禮三次。畢，俟香盡，則按次徹糕，先徹堂子上，後徹屋內。收香碟，先收堂子上，後收屋內。收神幔並一切桌張畢。至午後，則主婦一面令人撤糕，一面帶同僕婦安放北炕供桌二張，懸神幔。幔懸架上，鈴鐺杆掛西頭，鈴鐺向外。安供畢，請屋內北炕神櫃上原供香碟二個，自西爲上，先供其東頭香碟一個，例應少前。上盪香三盪，安供畢，則擺糕盤九個，亦自西爲上先擺。隨令人起蒸糕，僕婦一人將糕用大方盤擡，至神供桌前。主婦率同子婦，親供蒸糕，亦係自西先供。供畢，則主祭男婦帶同子弟男婦向上行一跪一叩禮三次。畢，則俟香待盡，隨徹供糕，息香，敬收神幔香碟於原供處，並收一切桌張、祭器。即無背燈禮。若力量充足，早晚俱可添牲口做酒，並行背燈禮，俱於祭喜神禮同。無敬酒禮，若無酒請牲，用净水亦可。其餘儀節俱於祭喜神禮同，此即磕年頭禮也。

春秋二季官俸禄祭神儀注

每春秋二月、八月官俸，合家領受國恩。自宜首先享神爲重，每按季官領俸銀到家，則本日即在俸銀內將祭神之費先行拿出，在神炕上暫設小桌，用碟盛銀，供在桌上。主祭人叩首一次，畢，則將此銀暫收潔處。隨擇上旬吉日定。前期三日，將做水餅之江米在神堂内按數選出五升，於祭之前一日，令神上僕婦將米磨成細麵，蓋妥，收於神炕西北，令人請牲。至祭日五鼓，令神上僕婦將麵做成大餅，在神鍋内煮熟拿出，再令衆僕婦在北炕潔净，做成小水餅。週邊不過二寸大。做畢，下鍋煮透。主婦隨令僕婦將西炕上供桌二張安放畢，帶同子婦懸神幔，請西廊下所藏供香碟四個，至屋内各上香三盞，菩薩香碟供南桌上，關帝香碟供北桌上，將香點上，隨將水餅俱擺於盤内。自南先供，每盤十八個，共九盤。神幔後一盤。供畢，則令人請澆猪耳之新汲净水一大碗。澆猪耳之水鍾、鍾盤並籤猪鐵籤，俱陳於供桌下正中炕沿邊。畢，主祭男婦率衆子女恭行一跪一叩禮三次，畢，則將南桌上菩薩香碟二個請出，敬謹仍藏於西廊下龕内西正面，將屋内北桌上關帝香碟二個少移於正中，安供畢，主婦跪於炕沿下北傍，隨令人請牲。請牲二人，將牲拉進，一人在前按拉，一人在後拉繩。主祭男子視牲進屋内，則跪於炕沿下南傍。主婦隨將澆猪耳之净水盛於鍾内，連盤敬舉默祝叩首。畢，即遞與主祭男子，亦敬舉默祝叩首。畢，然後敬謹澆灌猪耳内三次。俟神接受，主祭男婦同叩首。畢，男子起身，在傍侍立。家人二名隨將高桌搭入屋内正中安放。主婦則將鐵籤授與請牲人，請牲人接籤省牲畢，拉繩人看牲氣息，則將拉繩解下，交付傍人，即擡牲於高桌上剥皮。主婦上北炕西頭坐。俟牲收拾畢，方下炕。令神上僕婦將供用高桌搭於西炕下正中，其剥猪人將猪開膛取血，先供神前，次收拾下水，例在院内南墻下西邊。按分卸開，送入神鍋，加火煮做，再將頭蹄燒去皮毛，將蹄尖、苦膽俱如儀供在供桌北頭，即取大小腸在供桌前南傍，跪灌血腸畢，下鍋煮熟。先裝槽内，供於供桌上，再將所供之水餅徹下。名爲換餑餑。俟肉好按分裝入槽内，每塊先片數片，共盛一碗。名爲啊木蘇肉，即神惠也。並添湯滿碗，供箸一雙，供在槽内猪首南傍。其猪首南插木靶小刀一柄，其烏乂並硬肋骨一塊另裝大盤，亦插木靶小刀一把，供在神桌上香碟北傍。供湯一種□□，祭男婦率衆子弟同行一跪一叩禮三次。禮畢，主婦將所供之啊木蘇肉徹下，用供箸向上挑至三次，遞於主祭男子，主祭男子接過，向碗立行受胙禮，少嘗畢，即收於内室。至午間，率衆分食，不與外姓人食。先徹肉，上卜刀將猪首□過肉將□□□。下按分分待親族。除啊木蘇肉外，其餘不可些少存留。俟親族人等吃完，即在前地下向西上鋪氈三排，令家下人等均霑神惠。畢，槽上人查全骨數。於午前，主婦行撩骨禮，一跪一叩禮一次畢，槽上人即徹下骨槽。至院中索木杆處，將槽内骨條拿出數件，撩在杆前，餘送外邊河内。萬不可穢污。撩骨完畢，將一切祭器洗滌潔净，以備晚間背燈應用。全午後，先將早辰所留神惠啊木蘇肉吃畢，再令神上僕婦煮做晚間供用水餅，如早辰一例做好。主祭人令人將牲由中門拉入院内西邊拴妥。將猪嘴並四蹄俱各拴妥。主婦晚間但穿袍，例不穿褂。即帶衆婦，按供背燈神桌於北炕正中，後安神幔架，將神幔懸於架上，鈴鐺掛於幔架西頭。鈴鐺向外，杆向裏邊。請北炕神櫃上原供香碟三個，供於桌上。其東頭香碟例應稍前，俱上香三遝畢，隨將煮做水餅如儀擺供神幔前九盤畢，即令人取澆猪耳之新汲水一大碗，並水鍾俱放於北炕沿桌下正中。畢，主祭男婦同行一跪一叩禮三次。畢，主婦跪於北炕沿下西傍，令人請牲。主祭男子視牲進屋内，則跪於北炕沿下東傍，請牲人將牲搭進。至神前，將首向上，則一人徹回，但留一人跪候按拉。其搭牲桌人亦隨請牲人進屋，將桌安於迎門正中。主婦則將炕沿上所放净水盛於鍾内，不用托盤。敬舉、默祝、叩首。畢，遞與主祭男子。主祭男子接鍾，亦敬舉、默祝、叩首。畢，即澆灌猪耳内三次。俟神接受，主祭男婦同行叩首。起身，請牲人將牲請下，放在高桌上，首向西，用小刀省牲。主婦坐於南炕東南隅以待。俟牲收拾完，方下炕。衆家人將牲如法剥卸煮做，其供血收拾下水，灌血腸，俱同早辰一例。但換水餅、餑餑，不用血腸。俟脂油熟，先裝槽内供獻，將所供水餅、餑餑徹下七盤，留西頭二盤，以爲背燈之用。俟肉煮熟，如式全裝槽内，猪首西傍插木靶小刀一柄，供湯一鍾。畢，主祭男婦率衆子弟同行禮三次。畢，主祭男子出門外，即關門，息香，背燈，衆僕婦將圍幔遮好，主婦在内自行一跪三叩禮一次，神上僕婦在神庫内高聲説「背燈了」三字。主婦行禮畢，令人掌燈，即開圍幔，後復行一跪一叩禮一次。畢，即徹下小刀，開門，主婦率同婦女敬謹收神幔香碟，徹供餑餑，主祭男子帶同家人，將供肉、供桌搭下，在屋門房門之正中，按分擺出，分送親族畢。次日，令神上僕婦將一切祭器收拾潔净，敬謹收藏，此二季俸神，看力量、光景、有無。次日，祭天禮俱可。若祭天，亦同大神、祭天禮同。其婚嫁、陞遷並生子女、小兒出花痘一切祧喜神禮，俱同此。但遇小兒出花痘之喜神，俱用紅江豆，將猪之頭蹄在庫房内可另煮做，此日不可令殘廢人吃肉，此即俸神、喜神大概禮也。

春冬二季祭大神儀注

每年三月、十月祭大神，預擇上旬吉日定。前期九日，做酒。自此做酒之日起，主祭男婦即當潔净齋戒，如遇孝房等處，俱不可親往。主婦更不可出門他往。至祭之前一日，將祭日應用執事男婦各分派定。主婦親帶神上僕婦，開酒罈，將酒起去蒙頭酒皮，拂拭潔净，仍照舊蓋妥，再令神上僕婦將一切應用器具、傢伙、桌張洗滌潔净。主婦剪新紅綢條九條，每條長五寸，寬一寸，上用紅線穿成一處，放於神櫃上，以備祭日拴馬。令人請净紙，用粉連絲紙一張。前一日，即令家人上市請牲，務選潔净整齊。前二日，將做糕之江米，主婦帶同僕婦選精細潔白者一斗二升。於祭之前一日，令人磨成細麵，蓋妥。再用上好白江豆八升，用水漂去粗皮，俱放在西炕上，以備次日供用。至祭之日五鼓，令神上人撒糕，先安放院中東南。堂子上桌張、站燈，請東南廊内藏。供香碟，上香三盪，再安放屋内西炕上，供桌二張，懸神幔，請上屋西廊内藏供香碟四個。至屋中，各上香三盪。菩薩香碟供南桌上，關帝香碟供北桌上。安供畢，主婦在南炕上，用小桌一張將前一日所請净紙取出，分作三分，留一分以爲次日還願净紙之用，將此二分紙剪成紙錢，名爲喜錢。將喜紙掛在神幔上兩邊，其剪下紙錢，眼同紅綢條，俱供在供桌北頭。安設畢，即先將堂子上香碟點香，先點東邊。再點屋内香碟之香。畢，先點南邊。即起蒸糕，先供堂子上二盤，先供東邊。次供屋内九盤。先供南邊。再供神幔後一盤，即令人開罈盛酒，先盛澆猪耳之酒一大碗，次盛堂子上供酒一碗，敬酒一缸，再盛屋内供酒一碗，敬酒一缸。畢，主祭男婦即出院，預派搭酒桌二人，盛酒一人，撩酒二人，預備氈一人隨後。令僕婦二人擡矮桌一張，上放酒缸一個，敬酒鍾二個，一盤擡至堂子桌前，主婦跪，隨侍僕婦一人即自左傍上前，將酒鍾盤遞與主婦，即將缸内敬酒盛滿。打乂板五人，在大屋東堦下坐，打起乂板，主祭男子率衆子弟在右傍敬謹立候，主婦敬酒三次，每敬一次，高桌兩傍僕婦撩酒二人即將所敬之酒接過，向供桌前高撩。畢，仍放托盤内，盛酒人再盛，主婦再敬，如此三次。畢，主婦就跪處叩頭一次。畢，即停打乂板。僕婦將酒桌擡開，供酒僕婦即將所備供酒盛在桌上供鍾内。主祭男婦率衆行禮一次。畢，供酒人即將供酒照前撩去，另添供酒。主祭男婦再行禮一次，再換供酒，如此三次。禮畢，即進屋内盛敬酒一缸，預派盛酒一人，换酒二人，預備氈一人。其敬酒之桌亦係在供桌前安放，但桌上添空缸一個，以備换酒。其敬酒三次，俱同堂子上一禮，亦打乂板。但所敬過之酒不撩，係到在空缸内。其餘俱與外邊禮同。敬酒畢，亦係主祭男婦同行禮三次，供酒三次，將所换下供酒倒在空碗内。禮畢，即將南邊所供之菩薩香碟並南邊喜紙請出，仍藏供於原供香碟之西廊下龕内西正面，將屋内北桌上所供之香碟少移於正中安供。畢，即將盛出澆猪耳之酒碗、酒鍾、托盤、鐵籤俱放在西炕沿上中間。畢，主婦在西炕沿下北邊跪，令人請牲，二人將牲拉進，一人在前按拉，一人在後拉繩。主祭男子視牲進屋内，則跪於炕沿下南邊，家人打起乂板。主婦將炕沿上備澆猪耳之酒，盛在鍾内，連盤敬舉、默祝、叩首。畢，遞與主祭男子。主祭男子接過，亦敬舉、默祝、叩首。畢，即澆灌猪耳内。俟神接受，主祭男婦同叩首。男子起身，停打乂板。家人二名，將高桌搭入屋門内正中。主婦將鐵籤授與請牲人，請牲人接籤、省牲。畢，拉牲人看牲氣息，則將拉繩解下，交付傍人，即擡牲於高桌上，剥皮開卸。主婦上北炕西頭坐。俟牲收拾完畢，方下炕。即令僕婦二人至堂子上，將供糕揪撩二塊於房上，息香，撩酒，收香碟於原供處，徹糕，將桌搭入屋内供桌前正中。其剥猪人將猪開膛，取血，先供神前，次收拾下水。在院内西南廊下，晚間一樣。按分卸開，送入神鍋，加火透煮，再將頭、蹄燒去毛，將蹄尖、苦膽俱供在紅綢條紙眼錢一處，即取大小腸在神桌前南邊。跪灌畢，仍下鍋煮熟，即先裝槽内，供神桌前。再將所供之糕換下，俟肉好，按分裝槽内。每樣先片啊木蘇肉數片，共盛一碗，並添湯滿碗，插供箸一雙，供在槽内猪首之南傍，插木靶小刀一柄其烏。乂硬肋骨一個，另裝大盤内，插木靶小刀一柄，供在神桌上。傍□，□鐘畢。主祭男婦率子弟同行禮三次，換酒三次，禮同前。行禮畢，即將神馬牽進，主婦乃將香碟自南至北請下，交主祭男子，自馬鼻上薰過，將紅綢條交與拉馬人。於院内即拴在馬之頭、鬃、尾各一條。主婦再將所供之啊木蘇肉徹下，用供箸向上挑至三次，遞於主祭男子，主祭男子立，行受胙禮，少嘗，收於内室，再俱徹下，按分待過親族。除啊木蘇肉外，其餘亦不些少存留。俟親眷吃畢，即在神前地下向西上鋪毡三排，令家人等均霑神惠。畢，槽上人查全骨數。於午前，主婦行撩骨禮，一跪一叩禮一次。畢，即帶人敬收神幔、香碟並一切桌張。槽上人即徹下骨槽，至院中索莫杆處，將槽内拿出骨條數件，撩在杆前，餘送外邊河内。萬不可穢污。撩骨完畢，將一切祭具洗滌潔净，預備晚間背燈應用。至午後，先將早辰所留神惠啊木蘇肉吃畢，即令神上僕婦蒸豆、撒糕。俟糕熟透，主祭人令神上請牲人將牲由中門拉入院内西邊，拴妥。將牲之口並四蹄俱各縛，拴妥。主婦脱去大褂，即帶衆婦安供背燈神桌於北炕西中後，安神幔架，將神幔懸於架上西頭，掛鈴鐺杆，鈴鐺向外，杆向裏邊。請北炕神櫃上原供香碟三個，供此桌上。其東頭香碟例應少前，上盪香三盪。畢，令人盛澆猪耳之酒一大碗，次盛供酒一大碗。畢，即點香，香自西點起。起糕，供糕。畢，即供酒三鍾。糕酒俱自西先俱起。主祭男婦行禮，换酒禮三次，俱與早辰禮同。禮畢，主婦跪於炕下西傍，令人請牲。請牲二人將牲搭進，至神前，將首向上，則一人徹回，但用一人跪候，按拿。共搭牲桌人亦隨請牲人進屋，將桌安在迎門正中。主祭男子視牲進屋内，則跪於炕下東傍，主婦將炕沿上所放澆猪耳之酒用鍾盛出，敬舉、不用托盤。默祝、叩首。畢，遞與主祭男子，主祭男子接酒鍾，亦敬舉、默祝、叩首。畢，即澆灌猪耳内三次。俟神接受，主祭男婦同叩首，起身，請牲人將牲請下，放在高桌上，首向西，用小刀省牲。主婦坐於南炕東南角以待。俟牲收拾畢，方下炕。衆家人將猪如法剥卸，將血先供於供桌上，按分卸妥，將肉送入神鍋，加火煮透，收拾俱同早辰一例。灌血腸人仍在神前跪。灌畢，俟脂油煮熟，先裝槽肉供獻，將所供之糕換七盤，留西邊二盤，以爲背燈之供。俟肉熟好，如式全裝槽内，猪首西傍插木靶小刀一柄，供湯一鍾。畢，主祭男婦率子弟同行禮三次，其換酒、供酒禮，俱與早辰禮同。行禮畢，主祭男子出門外，即關門息香、背燈。衆僕婦將幔遮好，主婦在幔内自行一跪三叩禮一次。神上僕婦即高聲在庫房内説「背燈了」三字。行禮畢，主婦令人掌燈，即開幔。後復行一跪一叩禮一次。畢，徹下小刀，即收神幔香碟，徹供糕酒。主祭男子帶衆家人開門入屋，將供肉、供桌搭下，在屋門房門之中，按分擺出，分送親族。此即祧大神並背燈禮也。

祭天還願儀注

每逢祭天之日黎明，齊集衆家人等，將鐵鍋竈安設於大院西北角，並將幪子架請出，安設於院西，向東，正中上搭紅毡一條，前放矮桌二張，上陳小案板八塊，對面鋪毡條一塊，左設大方盤一個，其一切應用器具陳列於左傍，收拾猪之高桌，安於院東正中。畢，將索莫杆請下，尖東柄西，横放於架杆上，將錫碗請下，拂拭潔浄，供於高桌上正中，即一面令二人自屋内取水火，隨供高桌拿出，二人將供桌並應用喜紙、米碟三個、鐵籤、連桌搭出，供於索莫杆前，令人開門請牲。主祭人立於院中，薩莫立於棹後，俟牲進院内，按於供桌東邊，首向上。畢，主祭人跪於後，薩莫即將碟内米用手抓起，向上撒一把，又向西撒一把，又向東撒一把，隨恭讀祝文。畢，再照例撒米。畢，主祭人則行三跪三叩禮。薩莫即將鐵籤授於籤猪人，籤猪人接籤，省牲。畢，將猪搭於東面高桌上，隨將猪身各處應拿之處俱少割些須，拿全，再剥皮開膛，將猪苦膽供於杆前。桌上油肉並鎖子骨俱皆取下，不過少存些須。其餘俱下鍋透煮。收拾下水，在院内東南角。收拾畢，將猪之筋骨俱不卸開，整裝槽内，仍用毛皮蓋妥，放於高桌，首向南。俟肉熟，則令人分割切片，抹成細絲。薩莫將鎖子骨收拾潔浄，並將各塊肉上亦俱少取些須，盛碟内，供於桌上，肉絲切完，仍下鍋煮透，撈出，盛二大碗。又盛稗米飯二大碗，用四人各捧飯肉匙箸，飯在前，肉絲在後。自東一齊供於桌上，各插匙、箸。飯上插匙，肉絲上插箸。供畢，主祭人跪於後，薩莫隨照例敬謹撒米，讀祝文。畢，主祭人則行三跪三叩禮。禮畢，乃將肉飯少挑於碟内，方徹下。主祭人即行受胙禮，敬嘗肉飯些須，即將碟内所盛各色生熟肉飯及苦膽等物俱放於錫碗内，碗按杆上，將鎖子骨按於杆頂，正妥，即將新喜紙加於杆柱中縫二鐵箍之間，乃立索莫杆於石鼓之上，全然妥正，則將院内按放猪骨槽上猪首少移偏西，再將肉絲湯肉分送於屋内，以待親族。已盛進屋内，不可復行拿出。其留於院外，亦不可拿進。衆皆吃畢。至午後，即將索莫杆前高桌徹下，並院内幪子架、矮桌及小按板等俱暫放於大屋東次間堦下，啊木蘇上人等則將所剩存骨肉搭至屋内收拾，下鍋煮熟。於午後，同衆子弟仍在大屋領惠同食，亦不可拿出。食畢，則亦將骨數查全。拿出數件撩於索莫杆前，其餘俱送於潔净河内，斷不可穢污。此即祭天禮也。

做米兒酒儀注

每於祭大神之前九日，主婦率同僕婦，在大屋南炕將做酒江米選擇潔净細白者四大升，甜麯十六兩。次日，帶同僕婦，將米在神鍋内煮爛成飯，搭在西炕晾凉，則在神炕前令神上僕婦將甜麯用净水泡開，過羅，手搓極細，再用水一桶，並將江米飯倒入，攪匀，裝入罈内，共盛二罈，放於北炕西頭神櫃前，用蓋蓋好，外用紅毡蓋妥，上放灰盤一個，上邊香一邊，放木靶小刀一柄，夫西柄東，刃向外則，即不令人擅動。至祭之前一日，主婦則帶同神上僕婦去蓋單，將發出，蒙頭去净，仍就蓋妥。至祭日五更，則將西邊之酒罈先擡至西炕沿下正中，以備供用。其東邊酒罈，係背燈時方擡至炕沿下，以備供用。其盛酒，務用潔净婦女，斷不可少有穢污，以昭誠敬，可也。

撒糕儀注

每於祭大神之前三日，主婦率衆僕婦在大屋南炕將撒糕用之江米選潔浄細白者一斗二升，再將白江豆選潔浄細白者八大升。於次日，將米令人磨成細麵，並將選出之白江豆用磨磨碎，成豆拌，再用水漂浄豆皮，則將麵豆俱分爲兩分。早辰十分之六，晚間十分之四。分妥，俱放於北炕神櫃傍。至祭日四鼓，則將江豆先鋪蒸籠内蒸好，再將撒糕之麵少用水花拌均搓細。俟籠内蒸氣圓滿，則將麵先撒一半，少待。俟蒸氣復行圓滿，則再將餘下之麵續行撒平。俟糕蒸成，則按七寸見方式樣切成十二塊，不動，仍蓋妥，以備供用。至晚間，同此。其正月磕年頭供之撒糕，例用整紅江豆，以爲新年之意。其餘俱同此。

淋酒儀注

每逢挑大神吉日定。前期九日，主婦帶同僕婦將做酒用之江米選潔浄細白者一斗五升，揀出，則令人將應用祭器、酒缸洗滌潔浄，全分，預備清楚。至次日，先將酒缸安設西炕正中，下墊木墩一個，則令人將江米在神鍋内蒸爛，再用上好麯方二塊搗爛。俟江米飯蒸爛，晾凉，則用净水三大桶，令神上僕婦將酒麯用手搓爛，用羅過細，即兑水飯，盛於缸内，將塞安妥，上蓋布㐌單一塊，紅毡一條，蓋妥。上放灰盤一個，上香一盪，放木靶小刀一柄。俟祭之前一日，則令人將小酒罈拿出，放於缸下，則拔去缸塞，接清酒二罈，放於北炕上，以備祭日供用。此則淋酒儀注也。

三月打糕儀注

每年三月祭大神。力量足者，例應打糕，用豆麵做供。每逢三月祭大神。前期三日，主婦帶同僕婦將應用江米選潔净細白者四斗，做豆麵之黄豆八升揀出，用簸籮裝好，上蓋㐌單，暫放於北炕西頭春櫈上。至次日，則將江米用水淘泡潔净，再將黄豆炒好，磨成極細豆麵。至晚間，則令人將打糕大石座塾蓆塊，俱搭於大屋。迎門正中石塊暫立於北炕沿下其一應水缸水盆木榔頭等項，皆安放妥。至祭之前一日二更，主婦帶同子婦先安供堂子上桌張、香碟，後再安供屋内桌張，懸神幔，擺香碟。畢，内外香俱點上，則將喜紙錢剪出，懸掛幔傍，預備妥，一面即令神上僕婦先將江米煮成爛飯，於三更即令家人等進内打糕。其撥糕婦女先坐石傍東邊，向西上跪坐，則神上婦女將蒸熟米飯盛出，入於大木槽內，令人擡至石傍，打糕二人則進屋內，將槽內米飯用槲頭醮水，先擦少爛，則倒於石上，二人隨用槲頭輕輕打成餅，用力醮水，打成極細。力乏，即更換二人，輪替打做。撥糕僕婦，則看糕之厚薄拉撥。至打成，將頭一台擦台糕拿下，賞神上人等。俟第二台糕打成，潔净極細，則撥糕人將糕盛入大方盤內，擡至神前。主婦視，令衆僕婦做成糕塊。二寸寬，九寸長。分擺於應供各盤內，每盤先供一個，每層二個，即撒豆麵一層。如此打成，屋內九台，則即打，堂子上並神幔後供用共三台，如式擺供。打十三台全完，則將石塊等物俱令人暫擡至院內西廊下。主婦再至堂子上敬酒。磕頭畢，再進屋內，如儀敬酒、磕頭、請牲，俱於前禮同。但打糕祧神。堂子上敬酒九次，屋內敬酒五次，又三次。至午間，於撩骨後，即蒸飯打糕，俱於早辰，禮同。但打九台，即足供用。其一切祭供行禮，俱於前所記撒糕、祧大神禮同。

四月供博羅椵樹葉餑餑儀注

每年四月，應用博羅葉做餑餑祧神。如不得博羅葉，即用椵樹葉，二樣俱可。每於四月，令人找得此，葉九百張，即擇上旬吉日定。前一日，主婦即帶同僕婦將上好江米選潔净細白者五升，揀出，磨成細麵，再選上好紅江豆三升，俱放於西炕北頭。至祭日四鼓，令神上僕婦先將紅江豆煮爛，擦成豆泥，過羅，將博羅葉用酥油在正面摸好，再合一個，再將江米麵做成大水餅，煮熟，再令人改做豆餡角子，外用此葉滿包好，送神鍋蒸籠上蒸透，主婦帶同子婦安設桌張，懸掛神幔，安供香碟，上香一盪。畢，則供餑餑九盤。主祭男婦率子弟行一跪一叩禮三次。畢，俟香待盡，則徹供餑餑，敬收神幔，並收供用桌張。至晚間，照早辰一樣蒸做餑餑，在北炕懸掛神幔，安設桌張，擺供香碟，供餑餑，行禮俱與早辰禮同。但無背燈禮。如力量充足，添牲口，則即有背燈禮。俱於祧喜神禮同。

五月蘇子葉餑餑神儀注

五月蘇子葉餑餑神。其一切儀注，俱於四月博羅葉餑餑神禮同。

六月小雞小鵞神儀注

每年六月，擇上旬吉日定。令人找得潔净雞、鵞各二隻。於祭之日黎明，令人先安堂子上供桌，請供香碟二個，上香一盪。主祭男婦行禮一次。畢，則令人將小神龕、小鍋、小桌安於院内東廂房前北堦下。再令人將鵞一隻拿於小矮桌上，省畢，退浄翎毛，即在院中小神鍋内煮熟，供於堂子供桌正中，上插木靶小刀一柄。主祭男婦率衆行一跪一叩禮一次。畢，即進屋内安設西炕神桌，懸掛神幔，請西廊内藏供香碟四個，如儀安供。上香一盞。畢，主祭男婦先行一跪一叩禮一次。畢，即將南桌上安供菩薩香碟請出，奉於原供龕内，將北桌上關帝香碟少移正，則令人將院内所設行竈移於庫房，矮桌移於屋内迎門正中，則令人將鵞一隻拿進，向上，省畢，送庫房内，退毛煮熟，供於神桌正中，上插木靶小刀一柄。主祭男婦隨率衆行一跪一叩禮一次。畢，俟香待盡，則徹下，主婦率同子婦敬收神幔、香碟並一應桌張。至午後傍晚，主婦則帶同僕婦安放北炕供桌一桌，神幔架懸神幔，掛鈴鐺，安供香碟三個，東頭少前，上香一盞。畢，則令神上僕婦將小雞一對拿至神前，用手搯宰畢，隨令人在庫房行竈内退毛，煮熟，共盛一盤，插木靶小刀一柄，供於神桌正中。主祭男婦率子弟行一跪一叩禮一次。畢，男子退出主婦隨令人背燈，將圍幔遮妥。主婦自行一跪一叩禮一次。畢，主婦隨帶同子婦敬收神幔、鈴鐺、香碟，令神上僕婦徹下小刀，再徹去小雞盤，收神桌等物。此即供雞鵞神大槩禮也。

七月供酸餑餑神儀注

七月例用糜子米做酸餑餑祧神，其一切禮儀俱於蘇子葉餑餑禮同。若力量可以添牲口，則即添背燈禮，於喜神禮同。

九月炸角子祭神儀注

每年九月，例應炸角子祧神。預擇上旬吉日定。前三日，主婦先將做餑餑之江米選出，用潔浄細白江米一大斗，再用上好紅江豆五升，用酥油廿斤。至次日，將米磨成細麵放於西炕。至第二日，則將豆泥擦出，再將江米麵令僕婦做成大水餅，煮熟。再改做豆泥餡角子。長五寸。再用酥油炸好，盛於肉槽内，用乞單蓋妥，暫放於北炕神櫃前。至祭日黎明，主婦帶同僕婦安供神桌，懸掛神幔，擺供香碟，上香，供炸角子。每盤九個。其一切行禮禮儀並晚間供餑餑行禮禮儀，俱與祧蘇子葉神禮同。若有力量添牲口，則有背燈禮。於祧喜神禮同。此即炸角子神大槩禮也。

九月用野雞背燈儀注

每年九月，例應用新鮮野雞。每至期擇定吉日，找得新鮮齊全野雞一對。本日即在北炕神櫃前放矮供桌一張，將野雞一對盛在大盤，先供桌上。至晚間，主婦帶同子婦安供神幔架矮供桌一張，神幔架單掛鈴鐺不懸。神幔安供香碟三個，上香一盞，則令神上婦女將野雞拿在神前，擇去翎毛，再送庫房神竈小鍋内煮熟，共盛一盤，插木靶小刀一柄，供在神前。主祭男婦率衆行禮一次。畢，男子出外，關門，僕婦遮蔽圍幙。主婦照例行背燈禮。俱於小雞神背燈禮同。此則野雞神背燈禮也。

十月祭大神炸穆丹打糕儀注

每年十月，祭大神。力量能者，例應打糕、炸穆丹等様。每於祭之前五日，主婦即帶同僕婦將炸穆丹應用之黄米一斗、小米五升揀選潔净，再用酥油三十觔，俱放於西炕上。至次日，將米俱磨成細麵，並將一切應用器具洗滌潔净，預備完畢。第三日五更，主婦帶同僕婦將黄米麵、小米麵合成一處，做成大餅，煮熟，拿出，用力同麵揣到，則在北炕設桌五張，令僕婦等搓成穆丹，每個四根一連。送庫房神鍋内，用酥油炸好，盛於大木槽内，晾於西炕上。共做二百六十個。其南炕放桌二張，則令僕婦做鹿松塔麵、雀喀巴角等樣，做妥，亦送神鍋内炸好，俱放於大方盤内。每樣三十個。第四日，則即將打糕之江米揀出，黄米亦可。並將做豆墩之白江豆八升選出，用水泡好，去皮，再將打糕之米用水泡好。至晚間，先將江豆蒸爛，令僕婦做成豆墩三十個。至祭日打糕，一切禮儀俱於三月禮同。但盛供時，每盤先擺穆丹兩排一層，則供打糕一層。此季打糕用酥油沾做，不用豆麵。每樣五層，共十層。上面係單擺一個，每樣一層，頂上擺鹿豆墩松塔，松塔上有杆三根，上插炸麵雀三個。後將喀巴角俱各如式擺供。其一切祧神、背燈、敬酒、磕頭等禮，俱於三月大神儀節同。此則十月炸穆丹、打糕大槩禮也。

十一月用魚祭神儀注

每年十一月凍河前，例應祧魚神。每至期擇定吉日，令人找上好大魚一對。至晚間，主婦帶同子婦在北炕安供神桌一張，安神幔架，掛鈴鐺，不懸神幔，供香碟三個，上香一盪，安供畢，隨令神上婦女將魚收拾潔净，在庫房行竈小鍋内煮熟，盛在大盤，供於神桌正中畢。主祭男婦率衆行一跪一叩一次禮。畢，俟香待盡，則徹下。主婦帶同子婦敬收香碟、神幔架、鈴鐺、桌張等物，此則魚神大槩禮也。

除夕日換香碟灰儀注

神上供用香碟净灰，例應於年終除夕日易换新灰，餘日俱不可動。每於年終除夕日正午，主婦令人將祭用高桌預設於大屋正中，主婦乃沭手，令人將神堂竈内新灰取出，篩净，盛於盤内。再令人將堂子上香碟兩個請入屋内正中桌上，則將陳灰去净，將新灰换妥，再用紅紙覆上，用手壓平，收拾潔净，則去所覆紅紙，仍安供原處。次將早辰供用香碟四個照樣易换新灰，仍送原處安供。畢，再將晚間背燈供用香碟三個亦按次照樣易换新灰，收拾潔净。畢，安供原處。雖此小節，亦必須主婦親看收拾，斷不可委之僕婦，以示誠敬，可也。將陳灰仍送神竈内，不可抛棄。

上香

此事當令子婦習學，不可全委僕婦。上香、點香俱自右爲上，俱是裏面先點。堂子上東爲上。早辰南爲上，晚間西爲上。每祧神、背燈，俱係三遶香，但做酒香盤上係一遶香。

磕頭

堂子上磕頭，如無薩莫，除敬酒主婦在正中，則主祭男子率衆子弟在南傍跪，其衆婦女在北傍跪，俱係一跪一叩，兩手加額，打問必三次。但背燈，主婦在圍幙内叩首，係一跪三叩。再婦女於背燈擺香碟時，即不穿大褂，單穿袍襯。男子叩首，俱係免冠叩首，不戴帽。其所有神上執事家人等，例不戴帽。

供酒

堂子上供酒、捧酒僕婦一人，在東傍立。俟敬酒禮畢，則上前自東起盛於香碟前供鍾内，退回。又俟撩酒後，再盛、再供，如此三次。屋内早晚供酒，俱係用二人，一人捧空碗在前，撤供下之酒；一人隨後，捧添供之酒碗。俟撤酒人撤回，即添換新酒，俱係三次早辰自南先供，晚間自西先供。

敬酒

主婦敬酒。除打糕大祭日堂子上敬酒九次，屋内敬酒五次，後又三次升，其三月、十月撤糕、祧神，俱係敬酒三次。每逢敬酒，跪捧托盤，上放大酒鍾二個。若堂子上，則撩酒僕婦二人，即將矮桌缸内敬酒盛滿，敬酒主婦隨跪起，兩手高舉敬酒，向上舉獻。手落時，隨於鍾上輕輕叩首。畢，則撩酒僕婦二人隨撤下酒鍾，向桌前高撩。畢，放鍾於托盤内，再盛再敬，如此三次。若在屋内神前敬酒，則即無撩酒之禮，例應即係徹酒供酒二人盛供酒下時，亦係此二人將酒徹于空缸内，再盛再敬，亦係三次。敬畢，主婦在原跪處自行一跪一叩禮一次。畢，方起身，搭桌，同衆行禮。

供糕

每供糕，令僕婦二人自庫房内將糕盤搭出，擡至神前，主婦率衆子婦將桌上安供糕盤自南先捧起，令人將糕做方正，放於盤内，隨仍自南先擺，供畢幔子後一盤。供畢，再擺供堂子上糕盤。其神幔後名爲背璭，此盤糕例應賞香碟上人，再堂子上糕，例應于獻牲後，則令僕婦二人至堂子供桌前，將酒如儀高撩，將糕些少揪下，亦擡房上，再息香、收香碟、搭供。高桌放於神前，以備供血。

供肉

每於肉熟時，槽上二人先至槽子兩傍，將槽擦净立候。一人將肉用方盤捧至槽前，先捧四大腿、大骨等件，後捧下水槽上人，則按件俱片數片於大碗内，將肉如式擺妥，將細血腸並臁貼搭頭上，於右傍插木靶小刀一柄，再將硬肋骨一個放於烏乂，上插木靶小刀一柄，供於神桌北頭供湯一鍾，將所片啊木蘇肉插供箸一雙，泡湯滿碗，供於牲首南傍，隨退出，以待主位，叩首。

打栅板

每於祭大神之日敬酒時並請牲時，俱打乂板。其餘尋常祭祀之日，則不用。其栅板用三人打，再添二人拍巴掌，隨行。在堂子上敬酒時，則打栅板五人，例在大屋東堦下坐打。在屋内敬酒時，其打叉板五人則在大屋東迎門向西坐打，視敬酒主婦敬舉時，皆隨舉高下，則高聲抑揚念祝敬酒。畢，則即起身退出屋内，堂子上俱同一禮。再獻牲時，亦當打柵板，視牲接，則即起身退出。

澆猪耳

每逢祭日，主祭男婦務須潔净齋戒。於請牲時，主婦將酒親手盛出，敬舉、默祝、叩首後，遞主祭男子接過，亦敬舉、默祝、叩首，隨少少澆灌猪耳内，牲接，則即叩首起身，如不接，則可另换酒，再灌，如仍不接，則將盛出之酒並鍾碗俱换，另盛洁净酒，如猪耳不通，則可將猪翻轉，另灌，如仍一連三次不接，則即將此猪换第二日所用之猪。第二日另請，務令接受方是。若不做酒，則即另换潔净新水方妥。再如遇晚間背燈之猪，則不换，只可另换酒水並潔净器具。此乃滿洲家最要之件，合家吉凶之驗也。雖老例如此，然余想若如此諄諄瀆告，未免反失誠敬之禮，莫若遵照連澆猪耳三次爲度，至接於不接，原係示以吉凶之兆，又何必瀆告也。

請牲

每逢祭神，於祭之前一日，令人上市請牲，務擇毛片一色無雜毛、諸處齊全潔凈方可，務用編猪，不可用耳上有孔之猪。如力量足者，總須家内，自當者更好。

剪喜紙錢

每於祭大神之前一日，令人買潔凈粉連絲紙一張。於祭之日五鼓，安設香碟後，主婦則在南炕放小桌一張，將此紙分作三塊，留一張爲第二日祭天之用，則將此二塊摺作四層，自上至下剪出。紙錢冲開掛於神幔兩傍，並將剪出錢眼供於神桌北首香碟前。於磕頭後，則將南傍所掛之喜紙錢隨南桌菩薩香碟請出，收藏於西廊内。專俟元旦焚神紙時，則將喜紙錢請出，隨神紙一并焚化。其北傍所掛喜紙並紙錢眼等樣，俱係例應隨撩骨肉槽送於外邊河内。

剪拴馬紅綢條名爲塔爾哈布丁。

每於祭大神之前一日，主婦則將潔浄新紅綢剪出九條，每條長五寸，寬一寸，上用紅線串成一式，收於北炕神櫃上。俟祭之日五鼓，安供香碟時，則供於北首。行禮後，將香碟在馬鼻上燻過，則將此紅綢條遞於拉馬人，拉馬人接過，則由南轉下，拉於院中西廊下，將紅綢拴馬門鬃上一條，脖鬃上一條，馬尾上一條，拴完再由中門拉出。

撩骨

每於祭肉吃畢，正午時，槽上人則將骨數查全，並將供酒、喜紙、錢眼、猪蹄尖等件俱裝入槽内，主婦則在神前敬行一跪一叩首禮。畢，槽上人則將槽請下。至院中索莫杆處，將槽内骨條拿出數件，撩於杆前，餘再送外邊潔浄河内，萬不可穢污。

喫啊木蘇肉

此啊木蘇肉者，乃神賜神惠也，例應於背燈請牲前午間率衆子弟男婦食畢，方可安供。背燈香碟、獻牲不可於背燈肉相連，再此啊木蘇肉，例應不與外姓人食。

雜儀

每逢祭日定，男婦不可出門，喪家猶不可去，務須齋戒，以昭慎重。男子磕頭，俱係免冠叩首，僕人亦皆不戴帽。背燈主婦不穿褂，再滿洲家安立神位，後院内有索莫杆。其驢、猪等蓄並馬鞭，俱不拿入院内。如做酒後，遇本家重孝，則將酒送入河内，則不祭。過　年後，方可安杆祭供。如係近派或本房，皆應過百日方祭。若族孝，即不過更換新月，擇吉補祭。滿洲舊規皆係如此，不可不遵。

祧神應用祭器

索木杆一杆，高一丈三尺，根見方三寸。上有錫碗一個。矮柱五尺，見方四寸。石墩。高一尺五寸，方一尺五寸。

堂子上香碟二個。例在東廂房南廊内收供。

關帝香碟二個，名爲暈的。菩薩香碟二個，名爲素的。早辰共四個。例在大屋西廊内收供。

背燈香碟三個。例在屋内北炕神櫃上安供。

共香碟九個寬三寸，高五寸，長七寸。

神幔架二分。

早辰神像一分。

早辰神幔一分。上用紅雲緞，下用黄雲緞。

背燈神幔一分。通身用墨緑緞。

銅鈴鐺，大小七個，木杆一根。長三尺三寸，粗七分。

香匣一個。

香匙一把。
香箸一雙。
香式二個。
栅板三分。
供匙二把。
供箸二雙。
供用大碗四個。七寸口面。
供用小鍾十五個。三寸口面。
供用大盤一個。一尺八寸口面。
供盤十五個。九寸大。
香盤一個。七寸大。
米碟三個。三寸大。
托盤二個。
磁酒缸二個。
大酒缸一個。淋酒用，隨木座。

大水缸一個。
矮水缸二個。打糕用。
酒罈二個。
缸盆一個。一尺八寸口面。
磁盆一個。一尺二寸口面。
鐵籤一把。
銅大罩籬一個。
銅勺四把。
銅漏子一把。
鐵鈎子一把。
背燈罩燈一個。
木靶小刀二把。
有環大鸞刀一把。
壓幔石二塊。
供矮桌二張。

供高桌一張。
粗高桌一張。
敬酒矮桌一張。
供肉大槽一個。錫裏。
整木大板槽二個。
丫爾虎槽二個。
長春櫈一條。
大長方糕盤一個。
小長方盤二個。
小案板八塊。
大神鍋一口。
大蒸籠一分。
大蒸篦一分。
蒸篦木架一個。
大行竈一個。還願用。

大銅鍋一口。還願用。
小行竈一個。
小銅鍋一口。
大小鍋蓋各一個。
打糕大方石二塊。隨草墩薦墊，方三尺，厚九寸。
木榔頭四個。
大飯菠蘿二個。
大麵菠蘿二個。
大瓢一把。
小瓢二把。
絹羅一個。
馬尾羅一個。
大白布乞單二塊。六尺見方。
小白布乞單二塊。
紅氊二條。

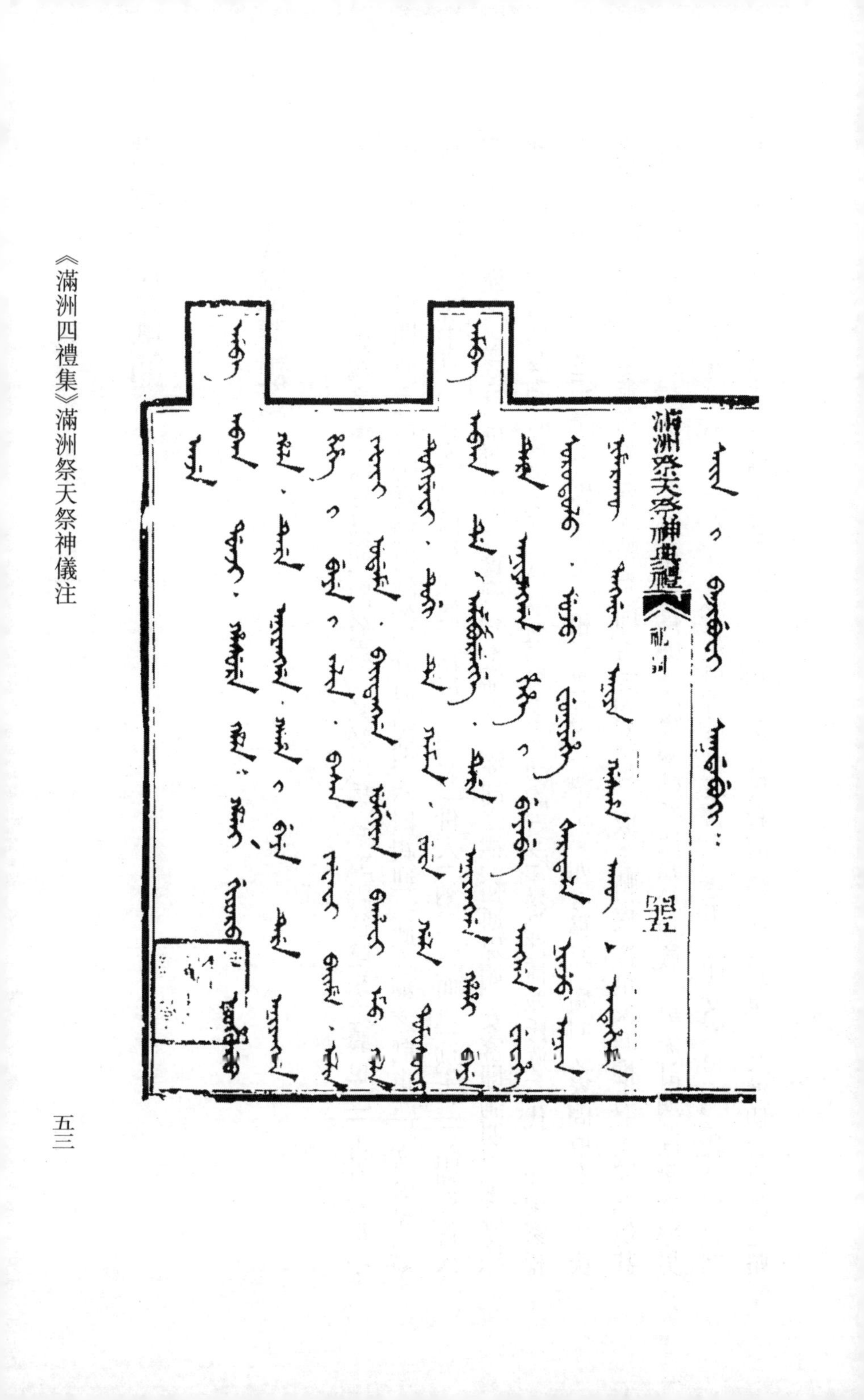

滿洲祭天祭神典禮 祝詞

滿洲婚禮儀節

滿洲婚禮舊規序

《禮》云：「娶親之禮，以昏爲期，因名焉。其必以昏者，取陽往陰來之義也。」「古有六禮：一曰納采，二曰問名，三曰納吉，四曰納幣，五曰請期，六曰親迎。此古禮之制也。」《文公家禮》略去「問名」、「納吉」、「請期」，以從簡便。後以「問名」併入「納采」，而以「納吉」「請期」併入「納幣」，以備六禮之目，仍屬虚文，實禮有未備焉。滿洲之禮，初通媒妁，女家即詢明男家姓氏、邦族併男之三代，及詢訪其男之品行、學業，男家亦訪詢女之言貌性情並氏族三代。如兩家相當，方遣女客或年老經歷之僕婦往女家相女之儀容、舉止。如可爲匹，始向女家問取女之年庚合對。滿洲之女，多無名諱，取庚帖者，即古之問名也。取庚帖後，擇星家詳推男女兩造，俱甚相合，復遣媒妁商於女家之父母。如允爲婚，然後兩姓各通知於親族。男家訂期，同親族率男往女家求親，女家允諾，男家女眷等始將簪珥簪於女之髻上，令男拜叩女家祖先，並拜岳父母，復拜識女氏之尊親，此即古禮之納采也。男先拜岳父母者，取陽往之意也。又杜假冒僞詐之幣也。酌定娶親之期，先遣僕婦往告，女氏以欲某月迎娶之意，女家允諾，然後復遣僕婦持鵞酒前往，告以過聘之期，此即古禮之請期也。至日，量官職尊卑、居家貧富，按照定制備幣帛、釵釧之屬，納於女家，以爲聘禮，此即古禮之納幣也。納幣之日，即用通書寫某日某時娶，某時成婚，此即古禮之納吉也。娶親多用昏夜者，亦所以取陰來之意也。夫滿洲與漢軍雖同蒞旗籍，而所行之禮已多有不同，豈止與漢禮風俗迥異而已哉！然滿洲之禮向係祖孫父子各爲口授，而未見有筆之於書者，後人多至遺忘，或家無故老，又不肯就經歷之人以詳其細節，乃漸習尚浮華，甚至失滿洲之舊制而不問。有滿洲之家娶親用漢軍禮者，又有漸用漢禮者，而滿洲之禮不漸遺失乎？況滿洲風俗素尚樸實，惟求簡易，若隨世俗之態，徒尚紛華，欲其不錯制度之宜者，實難也！平日我家庭訓相傳，諭以滿洲禮儀務宜恪遵舊制，須念歷代之舊規。婚嫁之儀禮甚備，勿徒踵事以增華。予刻銘於心，未敢少失，已非一朝一夕矣。嗣見各家娶親之禮即多訛錯，漸近於漢禮，因思庭訓諄諄，而所以爲後嗣慮者，深且遠也。予惴惴滋懼，恐後之子孫失滿洲之遺風，羨世俗之靡麗。今喪祭之禮皆定，爰是書亦入於册，以垂永久。庶後世之子孫遵循無失，不無小補云爾。

旹嘉慶元年丙辰仲春，静園索寧安手撰。

滿洲婚禮儀注目録

問名即通媒妁。
納采即今之下定。
請期即今之通信。
納幣即今之下茶。
納吉即今之送龍鳳帖。
送妝
親迎即今之娶親。
合巹
拜堂

問名即通媒妁。

大凡男女婚嫁，爲父母者，於男女及歲，宜與擇配，務期年歲相當，門户相稱，遂通媒妁而議之。如可爲匹，索取女之年庚併姓氏、邦族，女家亦應詢明男之行止、履歷，係某旗滿洲，某甲喇，某佐領，某姓氏，現居何官，某人何等人才、何等家風，皆得其大概，然後男家女眷往女家，相女之儀容，女家男客亦相男之品貌，如可爲匹，俟女家允其爲婚，男家即索取女之年庚合算，此即古禮之問名也。

納采即今之下定。

男家將女之年庚合算相對，並無妨碍，遂令媒妁通於女家。兩家俱許諾願成，乃擇定親之日，差媒妁通知女家，准定。然後遍告親族「某今聘某氏之第幾女爲婦」，女家亦如之。至日，男之父母及親族、賓衆率男如女家。至其門，令人通報求親之意，女氏之主人及親族、賓衆不遠迎，但接客入堂，坐於賓位，不奉茶。男之母及女客入女家，亦坐於賓位，乃告女氏之主婦及眷屬，曰：「某有子某，今年歲若大，雖非俊秀可比，然尚無遊蕩匪行。今特求親於第幾令媛，願接百歲良姻，似尚可耳。」女氏之主婦少辭曰：「某女愚拙，恐未堪奉箕箒，有辱高門之配耳。」男家賓客復婉轉致辭，以達其願求之意。外間男家賓衆亦如禮相求。所有道答言語，舊制俱用清語，概不用漢話。近因滿洲婦女多不諳清語者，俱用漢話亦可。女氏之主人應諾，男之母及女客方取釵珥簪於女之髻上。禮畢，遂遣人通知同來男家親衆曰：「婚事成定，已簪訖。」男之父及親族、賓衆率男謁見女之母，拜女家祖先，並拜岳父母之尊親。拜畢，女家親族人衆方奉奶茶於新親賓衆。茶罷，敘認新親。禮畢，男之父率賓衆辭出，女氏之主人送賓如禮。舊制，女家允親男家率衆等同行謝禮。近時，皆減此一節，亦可。再新婿拜岳家後，岳家留婿少坐，帶往拜識親近尊長之家。近日，亦有倣此行者，應聽其留，勿辭。男家賓衆辭出，俱至定親人家道喜，公賀女家亦如之。兩家各宴賓如禮。

請期 即今之通信。

既行聘定，擇日迎娶，乃先遣僕婦告於女氏之主人，曰：「奉主人命，今擇於某月迎娶，是以遣婢等謹聞。」女氏之主人允諾，然後定期納幣，女家許諾，准其迎娶。古禮遣僕婢持鵞、酒如女家，乃告女氏之主人，曰：「奉主人命，擇於某日納幣，某日迎娶，故遣婢謹啓。」女氏之主人受鵞、酒，曰：「諾。」婢辭。

納幣即今之下茶。

至日，男家量家居貧富、官職尊卑，備幣帛、釵釧、耳環、猪、羊、鵞、酒等物，俱用雙數，令僕婦人等數對，開寫幣帛、釵釧、紅紙禮單，納於女家，陳於廳。幣帛、釵釧、耳環、猪、羊等物數目，原無定額，惟用雙數，宜遵國家定例，量力爲之。應思「禮，與其奢也，寧儉」之義，可也。

納吉

用龍鳳團書一，寫迎娶日期、時刻，同幣帛、簪、環等物奉於女家，女氏之主人受訖，款賞男家僕婦人等如禮。

送妝

親迎前一日，女家乃備女之妝奩，或約親族人等，或遣男女僕衆各八對，送妝於婿家，鋪陳於婿之室，隨新妝清單一分，交隨妝男婦暫收。男家主人及賓客乃迎賓入宴於廳，有敬無懈。婿出見女家賓客，乃敬以酒。畢，婿如岳家拜岳父母，行謝妝禮。

親迎 即今之娶親。

至期，男家按照定制備彩轎、鼓樂，約親族晚輩數人往娶，請女賓二爲姆相，姆相先行至女家，親族人率轎、鼓樂至女家。女氏之主人及賓迎男家賓客坐於客位，待以茶，不設宴。女之父母乃致戒辭於女。吉時至，姆相乃加景於女首，辭出。景者，即今之蓋頭也。親族人等少俟女上轎訖，亦辭出先行。女家亦請女賓二爲姆相。女上轎訖，女家親眷送女轎至男家，男家姆相乃以瓶一，内貯五穀、金銀等物，令女抱之，導女入室。俗用馬鞍一付，於門檻之上。導女從鞍上過，蓋取平安之意。婿乃執秤以去女首之景，此即親迎之禮也。

合巹

行合巹之禮，誦合巹之詞，以告祭於天。合巹之禮，於轎去後，預將被褥鋪設於彩帳内，再於内室中炕前地下鋪紅毡一條，用矮桌一張，連環合巹壺一對，鴛鴦合巹盃一對，再用高桌一張，上供羊烏乂一個，羊肉絲二碗，黄米粥二碗，各置匙箸。合巹時，將桌搭在院内東南隅察察立下，着結髻如意吉祥，老人誦合巹之詞，告於天。每誦祝詞一遍，令人將羊尾肉切一片，用箸將肉絲挾少許，用匙將黄米粥盛少許，同肉及肉絲擲於房上，如此三次。誦祝畢，將所供之羊尾、肉絲、黄米粥俱陳於室内矮桌上。男跪於桌之左，女跪於桌之右，用吉祥女僕執酒壺、巹盃，斟酒於巹盃中，授於二姆相，二姆相接巹盃，和合授於新婚夫婦，各執巹盃略飲。凡三合。易巹盃畢，起撤饌桌。姆相二人遂扶新婚夫婦入彩帳内衾被上，相向而坐，遂合帳撤燭，衆稍避。此乃合巹之禮也。少待新婿出，主人宴送親、姆相如禮。至次早，婿如丘家拜岳父母，行謝親禮。

拜堂

次日夙興，女家請女賓詣婿家，梳洗於婦。此日，新婦静坐。一日至三日，女氏之主人請女賓二人，如婿家爲新婦盥洗、裝餙、簪花。蓋新婦不便自爲妝餙之意也。厥明，男家設天地香案於院正中，設香碟於神堂前，又設堂子香案於東南隅。新婦梳洗畢，女賓扶婦出抱柴一捆，柴長一尺二寸，徑如指，共九根，以木爲之。奉於神竈，行主中饋之禮也。禮畢，新夫婦出院中，詣天地香案前拈香。夫婦同行三跪九叩首禮。畢，遂詣堂子香案前行三跪九叩首禮。畢，入正室，詣神堂前行三跪九叩首禮。畢，遂至家祠祖宗龕前上香按主，各行一跪三叩禮一次。畢，再至公姑前行一跪三叩禮。公姑之父母如在，先於公姑之父母前行禮。親族之長者依次拜識。女氏之主婦乃將自備去之梳頭、酒宴設饌於婿及女，看視勸讓。食畢，乃入宴。如有力之家，公姑前亦如儀設饌、納幣，行贄見禮之意。是日，女家之賓如婿家，婿家宴賓如禮，有敬無懈。

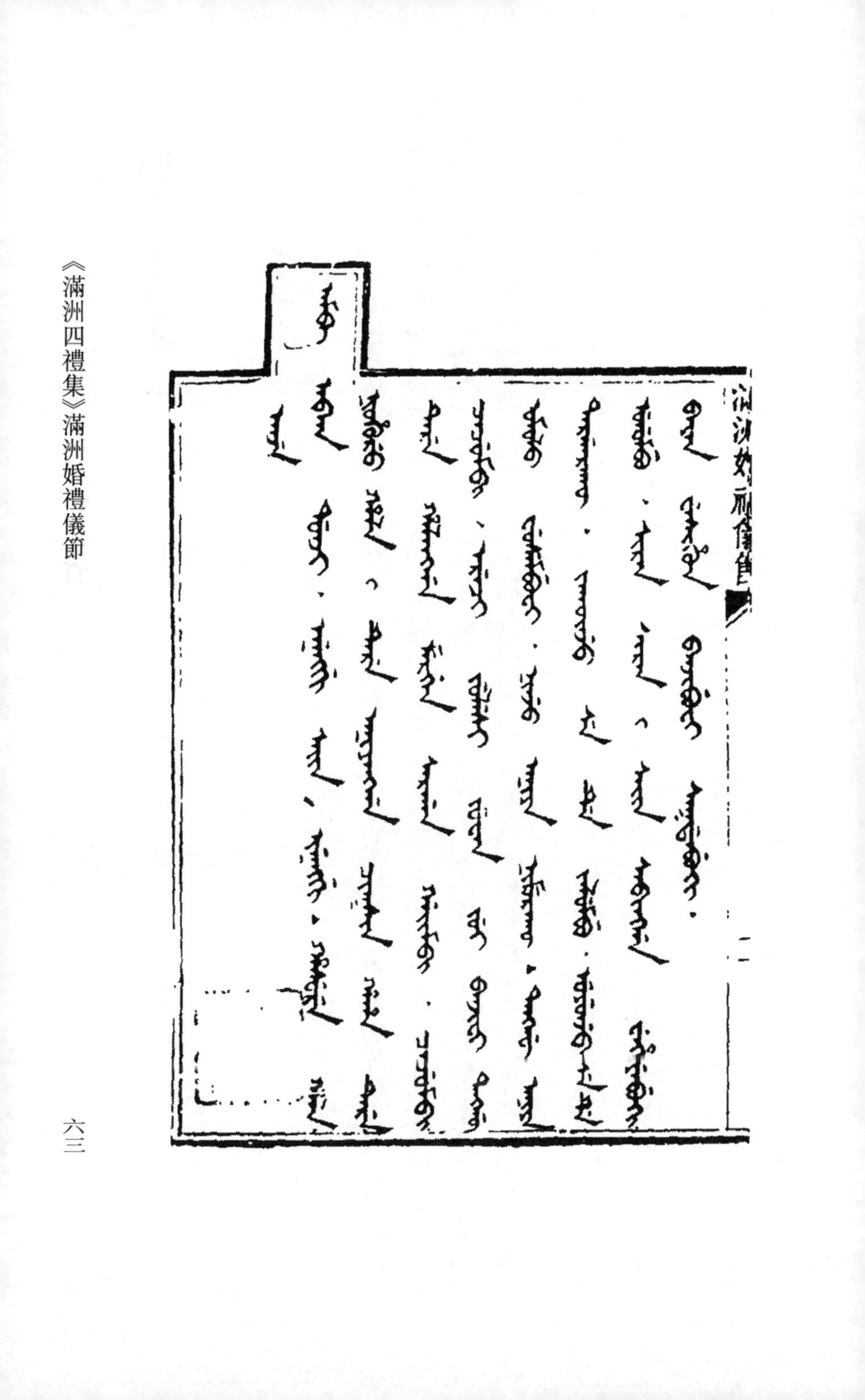

滿洲慎終集

慎終集自序

曾子云：「慎終追遠，民德歸厚矣。」孟子云：「養生不足以當大事，惟送死可以當大事。」由此思之，人子事親於晨昏定省之餘，當將厥終事儀逐節斟酌妥協，不可過分，以蹈僭越。衣衾、棺槨，漸次備辦整齊，不須華麗，以飾外觀。如此預爲之備，至臨時方不至於拮据失序，以遺憾也。吾族喪葬事儀原遵舊制，歷年來間有因時公同改異者，今皆訂爲一册，以備考查，名曰《慎終集》。

旹乾隆二年三月之吉，北谷氏撰。

慎終集目録

除服儀節
居喪迴避祖宗
居喪遇祭家廟
居喪雜儀
奔喪儀節
輕重喪相遇
殤喪儀節
吊異姓喪儀節
滿洲服制
滿棺制度
歷年酌行事宜
祭文款式
慎終集跋

初易簀

人子於父母疾篤時，即當整理素所備衣衾棺槨，各令人司收。至氣將絶，先將祖宗香案請出，安於潔浄室内。然後設床鋪、毡褥，男則婦女避之，婦則男子避之。隨以水浄面及手足，穿新衣，束帶。畢，子孫捧於新褥上，男則安帽於枕右，子孫裸頂，婦女除耳環，被髮。子孫跪哭於床南傍，子婦哭於床頭前，妻妾床北，則近前伏床哭，女皆坐地近床哭，兄弟子姪立哭於床傍，家人皆立哭於廊外西階下，僕婦立哭於床東北脚下。執事人乃以珠含於口，鏡放於心口上，肩下實大紙錢，放殮衣。含珠須線，穿殮衣用穿過的。男放左，婦放於右。然後男婦俱剪髮，床頭安低，桌上放悶燈，下放喪盆，不時焚紙錢。此一節不用，亦可。隨遍告親戚族人、近親皆至，即以浄紙覆面。未殮之前，家人輪班舉哀，子孫不離位次哭，不爲尊長起立，不飲不食。親友有以漿勸者，勉强稍飲之，且不穿喪服，不供茶飯，不奠酒。將殮，男婦哭盡哀，子孫一人收浄面紙，放於褥邊，取含珠及鏡子，以新綿沾水拂面。畢，將被覆至面，乃移床近棺。子孫捧尸，□□放安正，然後上蓋。畢，即供茶飯、奠酒。畢，止哀，乃成服。靈前掛白布幔，以別内外。男居於左，婦居於右。今有房屋，男婦出入不便。男居於右者，多當從之。夜寢柩旁，不設衾枕，不解衣帶，子婦俱寢守。自此，朝夕供茶，舉哀。食時供飯，午間供餑餑桌。力不能者，午間可以不必供。來吊者舉哀，子起，跪柩傍，亦舉哀。遇拜奠者，同拜畢，仍答拜，不送迎，不作佛事。恐近釋道，則非儒家體制。此乃滿洲舊規，當從之。

小殮儀節

四時皆用綿衣，不著領，預將袍、掛、袄套在一處，臨時易穿。帽用剪絨的帶，上但用手巾、荷包、三事筒，不用小刀子。舊制，用三褥二被。今生葬棺宜緊乘，今用一被二褥，褥一大一小，小褥與七星板等即拴於板上，置大褥下，外用一大褥，先鋪於床上，臨時托七星板褥，捧尸於床褥上。床設于正房之西次間正中，按東西安置。今亦有中一間，依北炕安置者，限地勢也，亦無不可。要以首西足東，床上鋪紅白毡、四面套、紅青紬幃。若力不足，不用，亦可。春夏，床下放冰盆，隨起蘆棚，安地平院四角設缸，皆注滿水，大褥長六尺五寸，寬四尺，内棉十五觔；小褥長六尺三寸，寬二尺一寸，内棉五觔。被寬長，不拘尺寸，只用棉五觔。枕長一尺六寸，頂見方六寸。三鑲作，用直幅，裏作三面，再用寬六寸横幅，長一尺六寸，一邊縫于直幅，上共四面，一邊只縫兩頭，中七寸作口，以三鈕扣之，内實以紙，其横幅向外，鈕向上，七星板下用深藍整幅紬三條，各長九尺，分中摺作二寸寬條，七星板下分中一條，去兩頭，各八寸，二條以竹釘橫釘之。

大殮儀節

時將殮，預以棺放於院西，内佈小灰黄土，各一寸厚，再實大燒紙，按成一寸厚，或紬或緞一幅。自棺裏上口圍一週，在後角合縫，以小竹釘釘之。至殮時，將棺設於當中二凳上，令極穩，隨移床。近棺六人各執七星板下紬帶，捧尸起，入棺，四圍俱按實後，將紬帶舒開，皆自上交裹，入於七星板下，合蓋完，院中焚紙，奠酒，柩前設床，鋪毡褥，褥前邊擋花紬手巾，設五供桌，掛白布帳，隨供茶飯。門上專人通報，預備來吊親友起坐處。孝子不迎送人客，不陪茶飯，不言外事，不飲酒食肉，不高聲呰罵。行動必令人扶持。次日立旛於大門内，男左女右，旛首向外。三日，内有力者，柩上作小幔帳罩之。罩身九尺長，寬四尺五寸，高五尺五寸，前按葫蘆頂，四面走水，長一尺二寸，紬緞皆可。

男婦剪髮

子爲父母，以辮横度，至口角剪之。孫爲祖父母，稍剪二三寸。妻爲夫，剪與肩齊。爲公姑、爲祖公姑，俱稍剪二三寸，同胞兄弟及胞姪，俱剪一二寸，親姪孫與弟婦，及姪婦，俱稍剪寸許。室女、嫁女，俱不剪髮。夫在軍中，其妻不剪髮。家人爲家長、爲主母，亦剪與口角齊。

婦女除耳環

孀居子婦爲公姑，妻爲夫，皆盡除。其餘止除四。室女、嫁女换銀耳環，亦除四。奴婢亦止除四。夫在軍中，其妻不除，亦换銀耳環。舊制，除耳環、剪髮，皆用結髮夫妻。妻爲夫，期年，帶銀耳環。舊制，夫喪越一年，母家備銀耳環、桌張，來女家共舉哀，始换之，不忍自换也。其餘，服除即换銀耳環。三年喪者，三年後换金耳環。一年喪者，一年後换金耳環。不及一年喪而同居者，亦一年後方换。不同居一月服者，越百日换金耳環。

婦女放髮

子婦爲公姑，妻爲夫，當時放髮，殮後收起。每供飯，即放髮。殯日，放髮。至葬處，收起。百日内至墓前，即放髮。僕婦同。嫂爲叔爲弟婦，當時放髮，殮後收起，即不再放。弟婦、姪婦、姪孫婦，當時皆放髮，殮後收起。供飯時亦放髮，至墓前即不放。嫁女、室女皆放髮，殮後收起。供飯時但放孝包頭。堂弟婦、姪婦、姪孫婦，凡在五服内者，皆同此。族婦皆不放髮，亦不放包頭帶。

男子留髮

留髮，不論服之輕重，遇有服，即不剃。服除，髮隨剃之。此舊制也。至於輕重服接連，其先留之髮當俟後服滿日剃之，以前服滿日即剃之處，未有定議。至乾隆九年九月初十日，遇老公、五太太喪，十一月初一日復遇薩大太爺喪，彼時共議：凡先有胞伯叔父母喪，後遇父母喪，即戴其所留之髮。至重喪服滿之日方剃之。先有胞伯叔父母服，後遇胞兄弟服，亦戴其所留之髮。俟後喪服滿之日方剃之。先有兄弟服，後遇伯叔父母服，同此。出此，凡先有重服所留之髮未及剃日，遇輕服，雖現服其服至重，服滿日，其所留之髮亦必剃之。若有一月輕服，所留之髮未及剃日，遇兩月服，則不俟輕服滿日，即剃之以服重服。再輕重相等，兩服連接，遇之日期不滿十日内者，即俟後服滿日剃之。若相隔至半月者，即剃先留之髮矣。

供飯儀節

供飯時，先去床褥、蓋單，展柩前幃幔畢，童僕上香，子孫起立柩傍，婦女披髮持杖立，乃通知族人，族人入立。畢，二人引茶桌上，衆皆舉哀。茶于階下斟，一人捧茶上地平，遞與供茶人，供于桌上。稍待，將茶撤下，遞與捧茶人，奠于地平下，二人上取桌，退下。二人捧飯桌上，供於床上，去蓋單，二人捧湯飯、匙、筯、小刀盒，分兩邊上地平，去蓋。床前人取湯飯碗供桌上，再以匙插於飯碗上，筯平放於湯碗上，小刀放於桌上右邊，二人捧餑餑桌，供於五供桌前。一人捧肉桌，放於飯桌右邊，一人捧蒸食桌，放於左邊，二人捧酒桌上地平，放於供桌前。執壺盞者立於地平右，斟酒跪遞。棚外院中堆紙。供畢，讓異姓親友先奠。畢，然後讓族中子弟一人奠，合家上下男婦皆就所立處跪拜。奠畢，即以次撤下。家人以所奠酒傾于紙堆處，乃止哭，各就位次。

若婦人喪，茶飯、湯匙、筯，男子捧至床前，供徹皆用婦人。床上供熱餑餑桌、菓桌，俱同此。每供飯，令鼓手在中門外兩傍鼓吹。

發引儀節

出殯之前一日，將應用一切執事、鞍馬等物皆依次陳列。畢，供茶飯。若早飯，執事等件不能齊，即晚飯亦可。所陳列物件：近柩手巾帶子、朝珠帽子，次腰刀帶，次對馬，次包馬，次撒袋，次長把刀，次箭筒，次旗鎗，次傘扇，次柑槺，次駱駝，中一路先坐馬，隨撒袋兼腰刀帶，又隨坐褥，次亮轎，次暖轎。凡馬皆隨一鞍籠。舊制，有牽散馬者，今不用者多，亦可不用。若婦人喪，不用刀鎗，添鏡架、面盆架、梳妝匣子，中一路添車轎、亮轎，可不用男子。柩後有駝，盔甲上拴馬札、弓掌子，拉騾人束舊撒袋、腰刀，騎馬隨行，柩後有標鎗一對，執鎗人騎馬帶刀。供晚飯畢，即將供茶飯所用器皿皆送至墳園處。至晚，將帳幔徹下五供床、毡褥、執事架。次日黎明，先送至墳園。去，再將棺上灰塵拂浄。用粉線打了中線，再用紅片金列作三條，纏柩三道，皆是頂上結扣。至黄昏時供茶并菓酒、桌張，孝子奠酒，合家哭，盡哀乃止。次日黎明，供茶，合家哭，盡哀，將一切執事依次排列於大門外。執事者即領人入，將扛拴妥，及時入請靈，合家共舉哀。男子靈前行，婦女靈後行。靈起時，家人于院中焚紙，奠酒，一路撒紙錢，遇橋焚紙奠酒，婦女須先坐車以待。上扛時，子孫皆跪于靈前哭靈。起時，承重子孫一人奠酒，摔喪盆，起，前行。家人焚紙，扛兩傍派人照管。夫衆小心用力，不可跌撲。一路哀哭，家人輪班哭。子孫非有疾與年老者，不乘車馬。舊制，婦人喪，靈後有婦人騎馬隨行哭。今不用，亦可。途中，親友以水漿相勸者，稍立飲之。至墳上落扛時，子孫在前傍邊跪哭，以待家人，將一切執事自兩傍排列至堆紙處，俟供飯畢，收起。婦人先入房内，以待靈柩奉安畢，即設床褥，供茶飯。飯桌徹下，孝子出答謝親友，專議子姪輩幾人。待茶飯親友散後，則罩帳幔，設五供桌，家人下旛，執事陳于棚内兩傍，撒袋鞍子，另放一處。是晚不供飯，留親信人看守。男婦皆回家，至門哭，入室向父母居處坐哭，盡哀。或父在，或母在，盡心安慰。視進湯粥畢，男出居外。次日黎明，出守靈前，每日供茶飯。若先有葬者，添設湯飯匙、筯一分。不同居伯叔兄弟各歸家，未除服前，不時往聚喪家。近時，生葬，因有殯日即葬者，但葬事關係重大，非倉卒可料理者，若有不妥處，遺憾非淺。須另擇葬日爲妥。若殯日即葬者，於葬前待親友飯，恐其有誤安葬時辰，自當葬後待飯。如安葬之時太晚，又當於葬前待飯爲便。總當酌量早晚光景，不可一定而論。

安葬儀節

葬日定，先於穴地上起罩棚二丈二尺見方，按八字墻，前後留門。先祠后土，再開穴。后土，陰靈所託以安者，故塋墻外東北角立后土神石碣。每祭墓，先祀后土。穴進身長七尺九寸，面闊三尺五寸，四圍皆三寸，餘空，下柩後易於出繩。至葬時，先將所用繩杠與下土役夫一一皆備在穴地處。然後請柩至穴上，將毗羅蓋折下，塊塊皆平放於柩上，令穩，用繩絞貫而下，四圍空處，皆以土實之，隨下隨杵，務令結實，不須築打。土與穴口平，乃下三合土，厚一寸，杵實。然後起墳，墳上高不過九尺，座不過一丈二尺。舊制，皆葬後上墳，後因下土、起墳非一時能完，故改於葬前上墳。近時生葬，殯日即葬。又當葬後上墳。但親友飯亦當移于葬後。

上墳儀節

舊制，百日内有初上墳禮：三七大墳禮，其所用桌張、紙錁、紙旛、羊酒，皆照例按品級用外，必放衣帽，用祭文，又用紙糊紬緞、執壺、茶桶等件器皿，打羔、套環無定數，各量力用之。近時，除有力之家，大概皆葬日上一大墳，兩月上一大墳，百日上一大墳，似得情理之宜，當從之。舊制，大墳皆陳列執事等件。今葬後即可不用。每上大墳，先期遍告族戚上墳之日，先於塋墻內右邊打圖色爾根察察立，以陳桌張、酒瓶、肉槽、奠池等物，墳前鋪薦、毡、褥子，塋門外堆紙，紙堆前正中立紙旛，北面兩傍陳設紙紬緞與器皿、桌張，中間安紙盤餑餑桌，放衣帽，有紙幃低小木桌。及時捧衣服、褥，陳於墳前坐褥上，放祭文于衣包下。男女隨入，男立墳前左邊，女立墳後右邊，共哭。若葬於祖塋，遇時祭，婦女皆立于祖墳後。其供茶、飯、桌張與在家同。若有紙盤餑餑桌，即先放紙堆前、衣桌後，打羔、套環、槽陳于察察立下。若桌多，除正桌，其餘桌在堦下兩傍放。奠酒時，男女上下各于所立處跪拜。奠畢，以池中酒傾于紙堆處，將居中飯桌、餑餑桌先撤下，其餘桌張不動，只以所供羊烏乂送紙堆處餑餑桌上。無紙盤餑餑桌者，先以柳筐二個盛各餑餑，菜肉、飯食放紙堆上，子姪將衣服、褥捧行，男婦皆隨行哭，婦女出塋門，即止不前。衆男子將衣服送于紙堆處木桌上，安放畢，家人奠酒，衆皆跪拜。若葬祖塋者，每上大墳，自塋内祖墳以下皆先供飯。有力者，尊長墳前添餑餑桌。力不能者，只奠酒。伯叔兄弟率衆子孫入塋，皆至新墳前哭，本家子孫立近墳前哭，皆依次供畢，伯叔兄弟率衆子孫詣祖墳前奠酒，本喪家子孫就立處跪拜，婦女亦就坐處跪拜，所有尊長墳各依次分奠。畢，衆乃至新墳前共奠。若遇時祭，伯、叔、兄、弟則率衆子孫入，皆立于祖墳前奠。畢，然後依次分奠。若另立塋，雖不葬于祖塋内，亦必先奠尊長。若家人不敷用，祖墳可先供奠。俟親友至，再供奠新墳，亦可。

除服儀節

子爲父母三年喪而于三月除服者，以旗人不得在家守制，故三月暫釋之，以奉官差，非永除也。仍在其服三年内，逢祭奠，則服以往墓前，孫於一年内，曾孫於百日内，亦服服往墓前。若兩月、一月等服，則不服矣。凡除服，先于月内擇日。俟除服之日，應除服之人俱至墓前，皆隨衣服哭至紙堆處，跪于傍哭。若無衣服者，隨奠酒桌行，家人奠酒，衆皆跪拜，先解下帶，再起身將服除下，仍帶無纓帽。次日，方换有纓帽。因三年服未滿，以後上墳仍服孝服故也。婦女隨衣服出塋門即止，立于墻邊，以待奠酒。衆皆跪拜，畢，除服。男婦之腰帶與喪杖，皆不祥之物，即放于紙堆内焚之。若有故不能往者，亦將帶與杖送至墳前共焚之。而除服不過三次，一月、兩月、三月也，族人除服不在數内。

居喪迴避祖宗

預擇一潔净房，臨時將香案、祭器、索莫杆等件盡收藏於内，封其户牖，不可擅啓閉。不得已而有事入者，必换素服，戴纓，方可。不同居子孫家，其香案、索莫杆，亦必須收藏於别室。若伯叔兄弟家，則不迴避，但以紅毡布或紙遮避。三年喪者，越一年請入祧神。一年服以下者，越百日祧神。若已作祭物，忽遇三年喪與同居兩月、一月喪，即將香案、索莫杆避於净室外，隨將備下祭物送近房族人家，照原定之日祭之。若遇不同居一月服與族中服，即俟葬後擇日祭之。若再若祭物已作成，不能再待時日，即留家主一人於原定日祭之，衆人自喪家回，暫居於别室。若遇胞伯叔、胞兄弟喪，應留子孫一人守祭。家主夫婦即日赴喪家。舊制，迴避祖宗香案，最爲緊要。若遇倉卒不及迴避者，即爲污穢，不可復用，必須新製。

居喪遇祭家廟

《朱文公家禮》有曰：在喪廢祭，古禮可考。但古人居喪衰麻之衣，不釋於身；哭泣之哀，不絶於口。今人卒哭之後，則墨其衰，以出入、語言、飲食與平日之所爲皆不廢之，而獨廢此一事，恐於心未安。不得已準此禮，至卒哭之後，遇四時祭日，可以衰服祀。凡筮，墨衰常祀於家廟，可也。今遵朱子此意，靈在家未殯之前，每朔望，令别房子弟素服、纓帽上香。遇大祭，不能改日，有同高、曾祖子孫，吉服入廟，如儀供獻，祭奠行禮。若葬後，孝子孝孫亦可素服、纓帽，同入廟行禮。至過百日，子孫已皆出辦官事，自當常服入廟，如儀行禮，但不主祭。過一年，即吉服入廟，如常行禮。如此，似與朱子意相合，故特記之。

居喪雜儀

人子居父母、祖父母喪，坐褥、車衣，俱用白布。去馬鞍金飾件及紅毡。百日内，席地坐，寢不沐浴，不剃髮。至伯叔兄弟家，亦席地坐。一年不安車頂，不具桌食，不糊栅𥦗。三年内，不貼年對，不爲尊長拜年，亦不受卑幼拜。除夕、元旦、華朝，皆至墓前哭奠。婦女一年不加頭鈿，不絞臉。三年不戴金簪花。妻爲夫，終身不加頭鈿，不戴金簪花。胞伯叔父母、兄弟喪，坐褥、車衣俱用素，兩月内席地坐，寢不沐浴，不剃頭。百日内不具桌食。至本喪家與墓前，仍去帽纓。一年不貼年對。除祖父母外，不爲族戚尊長拜，亦不受卑幼拜。婦女百日内不加頭鈿，不絞臉。一年不飾金簪花。夫爲妻，同此。

伯叔祖父母、伯叔兄弟及堂伯叔兄弟喪，未除服前不沐浴，不具桌食。一月内不剃髮。百日内至本喪家與墓前，仍去帽纓。婦人除服後加頭鈿。百日不飾金簪花。

一族中有尊長喪，雖無定服，未葬前不具桌食，不與宴會，不聽音樂，不祧神。百日内至本喪家與墓前，仍去帽纓。過繼子爲本生父母，仍照伯叔父母服制。

奔喪儀節

在外聞父母喪，始聞，即席地坐哭，盡哀，乃問故。易素服，去帽纓，又哭，盡哀。即辦理起程，日夜急行於道。哀至則哭。望其城其家，即哭。入堂詣靈前跪哭，叩首，盡哀。或父在，母在，至膝前跪哭，相見。然後成服。又哭，盡哀。若已葬，則先至墓前哭，再至家哭。入門入室，向父母起居處，席地坐哭，盡哀。即至，或父或母膝前跪哭，相見，盡心安慰。視進湯粥。次日，往守墓所。若至家，服已過百日者，以到家之日起，補服百日。若在外任，不得丁憂，又不能守百日之服，於聞信日起，設位遥奠，成服，守制。七日後，素服出辦公事，入則仍服服以過百日。若奉差遣在外，不得聞信者，回家之日，如儀至墓前哭拜，成服，守制百日。此奔喪儀舊制，原無定議，乃歷年以來所聞見各家所行之於情理相合者，參酌以載之者也。

在外聞伯叔、父母、胞兄弟喪，始聞，哭，問故，去帽纓，乃辦理起程。至喪家之日，望門即哭。入至靈前，跪拜哭，盡哀。畢，乃詣尊長前拜見，後服服。若已葬，先至墓前哭奠，後再往哭於喪家。若喪家服已除，則不補服。若聞信不能起程者，乃易素服，去帽纓，席地坐哭，盡哀，不服服。過七天，方與外事。若聞信在百日内者，服服七日。若聞信在百日外者，即不補服。

在家聞祖父母、父母喪，始聞，哭於别室，盡哀，乃問故，即請祖宗香案于净室。然後男婦入正室哭，盡哀。若無房屋之家，即將祖宗香案收藏于一處，以紅物蓋妥。然後方可舉哀，一面遍告親戚，一面成服，辦理迎喪。在家者朝夕哭。靈至之日定，男子即往迎。到家之日，婦女出城迎接，跪哭于路傍。若靈過百日或一年方至家者，聞信即成服。在家者，滿百日即暫除服奉公事。靈至家時，仍服服往迎，葬後釋之。

在家聞伯叔父母及胞兄弟喪，即時往哭於其家。若兩月内靈可至家者，衆皆成服往迎。若靈在外任，或軍中，或遠鄉，兩月内不能至家者，則但在本喪家摘纓，素服，齊集。七日後，暫剃髮當差。俟靈至京時，再服服往迎。於安葬之日釋之。若京内無本喪家，無可吊處，靈不能即至京者，但素服摘纓七日。俟靈到日，再成服。於安葬之日釋之。

在家聞在外堂伯叔父母及伯叔兄弟喪，即日往哭於其家。若一月内靈可至家者，則皆成服，各量力往迎。若一月内靈不能至家，則但素服摘纓於本喪家，齊集七日。俟靈至時，再成服。於安葬之日釋之。若靈在外任，或軍中，或遠鄉，無可吊之，本喪家靈不能即到京者，則俟靈到之日再成服。於安葬之日釋之。此係本支者，理宜如此。

若族人喪過百日至家者，即不成服，止去帽纓迎喪。若喪家有兩月、一月服，弟姪始聞喪未即成服，靈至方服服往迎者，此限于有公事人也。族人亦同服服往迎，遇上墳日即除之。

輕重喪相遇

居父母喪未殯前，遇兩月服同居而無子者，則議一人治其喪事，隨先殯之。若分居者，亦議一人治其喪事。其餘子孫皆不往哭。俟重喪殯後，始往哭于其家。若遇一月服，葬後往哭于其家，皆不服其服。若重服除後輕服未滿，仍服其服，終所餘日。居祖父母喪，同此。若先有胞伯叔父母服，後遇胞兄弟服，無論同居、分居服其服，各隨其滿日除之。先有兄弟喪，遇伯叔父母喪，同此。若遇本支一月服，即日易素服往哭。次日服其服以往。若有本支一月服，後遇本支兩月服，即服兩月之服。遇一月服祭葬之日，仍服其服以往，各隨滿日除之。

殤喪儀節

未娶之男、未嫁之女，十五歲以上歿者，皆不成服，亦不去帽纓，不停柩于正室。疾篤，遷于中門外。氣絶，父母兄弟换素服，舉哀。殯不用旛，不葬于祖塋内，擇塋左右地葬之。無三七大墳禮，每年按季上墳。百日内，父母兄弟不聽音樂，不與宴會。一月内，不祧神。若男子有官職者，即成喪，皆服服。殯葬一切事，皆照例辦理，但不葬於祖塋内。十五歲以下至八歲歿者，過百日即不上墳。本月内不祧神。八歲以下者歿，不用棺，但以束身木匣殮之。不逾日即送出，葬而不墳。

吊異姓喪儀節

聞姑及姊妹喪，男婦皆素服。婦人去金飾，戴銀耳環往吊，入其中門即哭。俟殮後方回家，每日一往哭奠。殯之日，先至其家哭，盡哀。子弟徒步送至城外，方乘車馬。若姑夫、姊丈、妹丈喪，每日當送茶粥，勸姑、姊食。殯之日，照看姑、姊坐車。至墓所落扛時，照看下車。回家時，男婦共送至其家，安慰勸進茶粥。畢，方回家。外祖父母、母舅喪，未殯之前，皆同姑夫喪儀。外凡此等異姓喪，皆至親之事，須當供飯，或辭靈一次。父母不爲女送殯。

滿洲服制

粗布毛邊，三月服。子爲父母，妻爲夫，爲公姑。室女爲父母，家人爲家長，家人爲主母。服雖三月，喪實三年，故三年内不與宴會，不聽音樂，不嫁娶，非朝賀不著色衣，不佩飾。

粗布毛邊，兩月服。孫爲祖父母，孫婦與孫女同。過繼子爲本生父母。家長在，家人爲主母爲幼主。若幼主之僕婦，仍照毛邊三月服。服雖兩月，喪實一年，故一年内不與宴會，不聽音樂，不嫁娶，非朝賀不著色服，不佩飾。

粗布浄邊，兩月服。胞姪爲胞伯叔父母，姪婦爲胞伯叔公姑。服雖兩月，喪實一年，故一年内不與宴會，不聽音樂，不嫁娶，不戴金簪花、金耳環。

粗布浄邊，一月服。曾孫爲曾祖父母，曾孫婦與曾孫女同。推而上之，一脉相承者皆服此服。服雖一月，喪亞一年，百日内所禁忌同上。

細布浄邊，兩月服。弟爲胞兄，爲兄嫂，嫁女爲父母。滿洲舊制，異姓無服，故嫁女不爲父母服服。今思女雖嫁於異姓，而在夫家仍照本姓稱某氏，是在父母家並非異姓，而在夫家是異姓人，於異姓服服，兩無可忌。故今酌定兩月服。回夫家去，仍服素服，誠兩盡其道。服雖兩月，喪實一年。一年不與宴會，不聽音樂。夫爲妻同此。

細布凈邊，一月服。

祖父母爲孫，爲曾孫，父母爲子，爲子婦，伯叔爲姪，爲姪婦，姪女爲伯叔父母，兄爲弟，爲弟婦。堂兄弟同，妯娌同。姪爲堂伯叔父母。凡在五服内者，皆同此服。百日内所禁忌，與兩月服同。有子庶母服。一族内五服外者殯後除服。本月内不嫁娶。

舊制，婦女所服之服皆齊袖頭，惟三月服之重喪，著馬蹄袖頭。至奴婢，則無論輕重，男女皆齊袖頭。再若身在軍中，非外任可比，其妻子不爲人服服。其同居胞兄弟亦同此。特記。

滿棺制度

棺用杉木成造。力不足者，黄松亦可。蓋厚五寸，幫厚四寸，底厚二寸，身長七尺三寸，前後出二寸，邊牙在内。前下脚，寬二尺九寸，後下脚寬二尺七寸。前上口寬二尺七寸，後上口寬二尺五寸。幫高二尺零五分，將五分入底槽，凈高二尺。毗羅蓋高一尺，全身共高三尺八寸。

後身高三尺五寸。毗盧蓋、松杉木，皆可用一寸厚板成造，頂板寬九寸，前桃連尖一尺，桃脖子出二寸，共長八尺五寸。蓋幫底俱錯縫下，三檀木，梢幫上口裏圍。起五分，寬五分，厚仔口。蓋下面四圍向裏去三寸五分，寬五分，厚一層，以合幫口。棺内用漆灰，鋪蔴布一層，紙三層，外面亦如此一次。乾透後，再于外面漆二次。力不能者，裏外皆用油灰，亦可。保不開縫，用時以漆捻口，以生漆下檀木銀釘梢，兩堵頭皆半錠，枸合兩幫。

葬用槨，雖多一層，以防樹根觸動。然終是添一層空隙，久之難保無虞，不若即以土實之，與地平，再以三合土如法築打一尺厚，然後起墳。上無水患，下無空隙，庶可以經久遠也。近來族中多用此法，當從之。

歷年酌行事宜

乾隆九年九月初十日，老公五太太卒于熱河任所。因來京日期無定，在京胞姪輩與族人共議在京族人皆有官事，即令穿孝，不能在家守制。至服滿期，自然依例釋服。至靈到京，反無穿孝之人。情理難安，因皆未穿孝。俟二月靈到之日，皆穿孝迎接。上大墳之日，族人皆釋服。胞姪輩，滿兩月方釋服。至十一月初六日，又遇薩大太爺喪，彼時共議堂弟兄輩皆换素服，即日往哭于其家。次日，方换一月服與其喪事。至十一月初十日，老公五太太之喪兩月服滿，堂弟兄輩皆除服。照舊例，亦即剃其所留之髮，而親弟自但除其服，未剃其髮。

乾隆十年五月，策大太太喪，亦自靈到京之日衆方穿孝迎接。因逾一年方到京，服期俱滿。上大墳之日，衆皆釋服。

乾隆十一年六月初三日，十房舒□□妻卒，未殯前初九日，堂兄占□妻卒。舒□□領堂嫂一月服。至殯後，服以往。占□存堂弟婦一月服，遇葬祭，服其服以往，各滿一月除之。因兩服滿日所差四五日，所留之髮即俟後服滿日方一同剃之。若堂弟兄喪，則即日换素服以往。

乾隆十八年正月，老高姨太太卒于任所，至二月，京内方聞信。百日外，靈方得到京。孝子阿三太爺即奏聞穿孝，得起程確信，即迎靈。胞姪輩與族人照老公五太太例，皆摘帽纓，聚于阿三太爺家，未穿孝服。至五月靈到京之日，皆穿孝往迎。因五月内即葬，族人與孝子同至葬日方釋服。

乾隆十九年三月，佛三太太喪，策大太爺在北路軍營辦大將軍事，子特□□與弟皆照舊例未穿孝。至喪家，但去帽纓。

乾隆十九年閏四月，八房達□生母卒。生時曾受子封誥，本喪家因即通知族中。彼時達四太爺同衆共議，族人皆穿孝往其家。自此以後，有曾受封誥而本家成喪通知族中者，皆照此行。

族中喪事，族人跟役男婦未嘗摘纓、穿孝，不知起于何時。至乾隆十一年老靈公太爺喪，族人跟役男婦皆給與孝服。此以後，老靈公太太、老高姨太太喪，亦皆給與孝服。十九年三月，佛三太太喪，未給孝服。因共議：主人皆穿孝服，而跟役等俱仍帶紅纓帽，與理甚屬不合，自兹以後，凡遇族中喪事，無論本喪家給與孝服不給，族人跟役自當摘去帽纓爲是。

乾隆三十四年十月，阿五太爺卒于雲南軍營。族人商議，即照舊例，但于本家設靈九日。于次年二月内靈到，始皆迎接、穿孝。上大墳之日，族人皆釋服。

乾隆三十六年三月，本十房索□□□□之妻他他爾氏卒于家。時索□□□□在烏嚕木齊都統任所，因係實缺，胞弟索□□照例穿孝治喪，但家人内除孝子跟役隨孝子服服百日外，衆家人但服服兩月。本年元旦，因索□□□□在軍中外任中，一路上房大門等處，仍照舊貼掛年對。此亦仿照例内禮儀也。

再舊例，過繼子爲本生父母只服服兩月者，以承繼之父母在堂，故應爲承繼之父母分別避忌，不得已而服服兩月也。今思若承繼之父母已故，而遇本生父母之事，已無可分别避忌，雖本生父母另有子孫承重，仍應服服三月，以盡其昊天罔極之情，庶不致心懷遺憾。若本生父母無承重子孫，即承繼之父母在堂，按例尚應歸宗，自應服服三月。兩邊承祀，庶可各盡其情，兩無遺憾矣。

再舊例，過百日後安葬者，族人皆素服、纓帽前往，以其本家皆除服故也。近亦有素服、纓帽，仍照舊例前往者，亦有摘去帽纓前往者，總未畫一。今定于三年以內安葬者，其孝子既在制中，仍應服服。族人皆當摘去帽纓爲是。如此，于親友方有區別。如已過三年後安葬者，其孝子已無服制，只摘帽纓。族人則可素服、纓帽前往矣。

祭文款式

祭文用白紙摺，每遇上大墳前三日，將一切祭品並焚化之。祭器備妥，則按件書寫清漢字單。繕妥後，包於所燒衣服包內，臨期焚化。所有款式開列於左。

孝男某等

恭逢某期上大擯禮，謹備帽一頂，衣一襲，供飯一棹，餑餑棹　棹，酒　缾，羊　隻，大制紙錢　萬張，金銀元寶　千錠，焚化祭物若干件。交家人某某　收管。

孝男孝孫　謹具

嘉慶　年　月　日

慎終集跋

《禮》曰：「父殁，而不忍讀父之書，手澤存焉爾。」我先公棄索諾穆策凌等二十有二年矣。手澤猶新，不忍卒讀，然有不敢徒視爲尋常手澤之存，而且不忍不讀者，則如《慎終集》一編是也。蓋自先世鈕祜禄氏入關以來，家名世禄，代稱秉禮，四禮具修，而於喪事尤爲慎重。惟是族姓繁衍，游宦不常。我先公慮章程未立，恐久遠難晝一守也。爰因舊禮而輯爲是編。

先公自序之言曰：惟送死可以當大事，非死之爲大也。蓋由送死者視之，則父母之死爲天倫之大變，故曰大也。且父母生，奉養有缺，猶可異日補也；父母死，則衣衾、棺槨之備，哭踊、齊斬之節，一或舛誤，雖悔莫追，故曰必誠必信，勿之有悔焉。

先公集是禮，而以「慎終」名也，其意可不謂深切著明矣乎！爰拭淚而卒讀之，觀其條理，玩其節目，凡舊所已行者，以義折衷之，舊所未備者，以時修飾之。自一本至於九族，下及奴隸，皆可循分以自致誠，所謂考諸古而不謬，俟諸後而不惑者矣。凡我子孫可不世世讀而守之，而顧徒視爲尋常手澤而珍襲藏之已哉！索諾穆策凌童年襲爵，猶憶趨庭之日，先公每以是書未刻爲言。今先公往矣，而是書同手澤空存，誠恐子孫弗知遵守，久或失墜於地，非守先待後之道也。

用是，命匠刊刻成板，垂於後裔，使我子孫觸目警心，庶共勉爲孝子順孫。我先公在天之靈，應亦以斯舉爲急先務者乎！

時乾隆柔兆涒灘之歲良月小雪前三日，男索諾穆策凌謹跋。

滿洲喪葬追遠論

滿洲喪葬追遠論自序

嘗思天下大凡爲人子者，無論智愚，莫不尊親，乃天性自然之情，原不待設教立法以繩其行。況近時人人皆係孝子賢孫，何待諄囑。但事親之道非止養生，必送葬方足以當大事，而送葬後祭掃一切尤爲急務。故曾子既云慎終，又云追遠。聖經云「事死如事生」者，皆恐後人日久怠忽，習而不察，以廢其事，方立此説，以示提撕也。近見我家幼輩，每每雖知生前奉養，可觀没後送葬，豐美於一時。至於服除孝滿之後，日久漸於墳墓祭掃一切，不能思其久遠，非就目前力量豐僭於一時，即委之於無力，諸凡具文從事。更有因自身運蹇、財官稍不如意，不思自己本領造化所致，乃怨墳墓風水不祥，遂惑於堪輿，百計營謀遷墳改葬。而忽將祖父數十年安妥之靈骸，因子孫發基稍遲，竟不能不任其東遷西改。爲人子者，當此時已覺顯然心身難安，又何得望將來之休咎？殊不知天理人情，無非問心可安即是。何用多方他求，豈非不善爲孝子賢孫者哉！試思父母在生，飢寒能言，好惡由己，即遇不肖子孫不能順事，而自身可以多方避就，尚可不至甚爲屈意。及至没後，葬於荒郊林泉之下，寂寞無爲，已難堪矣。所倚者，土墻乙區，松門乙座，所望者，三節之祭，兩淚之情。諸處無不任聽子孫，無不仗賴子孫。或竟如詩所云「日落狐狸眠冢上，夜歸兒女笑燈前」，爲人子孫者，讀詩至此，可能不動心乎？獨不思今日之墳是當年之親，現在之身即將來之墳。若如此，世世相傳，前鑒在此。而爾我現有之人，又豈不深爲可怕者乎？所以「慎終」一節，雖不肖子孫彼時天性所逼，不能不盡心竭力，以終其事，無待諄囑。惟追遠之道，忽而不察者甚多。不但日久年遠，情疏禮減，並有將墳墓祭掃章程推云將來，後輩更見有徒知父母爲親，而不知祖宗之尊。木本水源之思，不能體念，視祖宗爲高遠，於祖父母又有差等，委之於伯叔大衆，而自身欲立於無涉之地。殊不知父母之身，非祖宗又由何來？若不能仰體父母敬祖之意，又安得謂善述善繼之孝子賢孫者乎？且《禮記》云「禰不逾宗」，古人即深以此爲戒。可見追遠之意不存，而於父母生前百般奉養，反似皆非天性真情，竟作沽名邀譽之行，而一生根本之事皆化爲虚浮無有也。更見近時我家幼輩，雖知墳塋爲重，多不能分晰輕重虚實，往往於最要者視爲尋常，無關者多事紛華，當戒者看作兒戲。失於大節而精心於虚浮，忽忽漠漠者亦有。又有過於拘泥舊規老例而不達因時制宜之意，以至徒費無益者，亦有。余雖庸迂，童年即留心墳墓，歷見甚多，實皆深爲嘆惜感慨。更思先君在世，而於祖宗祠墓不獨本支近派，及遠房族衆無論親疏，亦皆視爲一體。造祠修墓，皆係先君首先創始，不顧家資力量，自奉極其儉簿，而於辦理祭掃等事井井有條，不但豐儉得宜，且件件樸實，可傳永久。又恐後輩不諳其事，曾作《慎終集》一書，以示儀則。因此人人欽佩，家家效倣，足稱「滿洲第一等」儀制也。余輩賦性粗淺，雖勉遵世守，往往幾不能情理兼盡，更恐後人不能詳明立意。若稍非情理，至負先人立意，有失根本之作。故今於制中更覺情所難堪，遂不揣知議淺陋，勉續《追遠論》四十則，以遺後輩細心體察，共喪其事，或可於慎終追遠之意稍盡一二。而我先君數十年敬祖教孫之至意，亦庶可永垂無替矣。

峕嘉慶元年丙辰仲秋，静園索寧安手撰。

追遠論目録

十要

十戒

第一，戒争葬老塋
第二，戒亂葬無嗣
第三，戒占葬祭田
第四，戒遷墳改葬
第五，戒修理華美
第六，戒安園開廠
第七，戒立女僧廟
第八，戒邀請過客
第九，戒花炮放鎗
第十，戒酒睹遊戲

十可

〔第一〕，塋園風水中平不改，甚可
〔第二〕，神主供塋傍，甚可
〔第三〕，祭品不照舊制，亦可

〔第四〕，祭期不同日，甚可
〔第五〕，承祀人無論房次長幼，甚可
〔第六〕，承祀長子葬後無嗣，不遷葬，甚可
〔第七〕，力不能祭，親到哭奠，則可
〔第八〕，家寒無人看守，親丁住塋傍，甚可
〔第九〕，葬非塋園，遷墳，亦可
〔第十〕，本夫無妻，側室權辦合葬，亦可

十不可

〔第一〕，塋園風水不可亂改
〔第二〕，近塋寸土不可亂動
〔第三〕，安葬不可修壙
〔第四〕，祭田不可（租典）〔典賣〕
〔第五〕，少亡（幼卒）不可留墳
〔第六〕，凶亡無嗣不可入塋
〔第七〕，看墳家人不可於衆奴一例

〔第八〕，樹木不可砍伐
〔第九〕，房屋不可拆毀
〔第十〕，禽鳥昆蟲不可傷損

追遠論四十則

十要

第一要，墳墓要潔静

夫追遠之事，首當以墳墓爲重。總思事死如事生之言，皆可明矣。夫墳墓即如在生住屋，春修補、夏除草等事，必須親爲指示，不可任聽奴僕，務使潔净完整，以防風雨，不至灘塌。近墳勿種榆槐楊柳，以至樹根穿動。雖鷄狗牲畜，勿令墳傍作踐。勿令人放鎗放炮，總期塋内安静，以示尊重。不但令人觀之如在，庶可於心稍安，豈可怠忽輕視耶！

第二要，塋園要門墻

大凡塋園置作，原有尊卑、貴賤、貧富之分，各按其品爵、力量，皆有定制，大小不一。但雖官卑力簿，若無門墻封閉，不但小兒入内頑耍，遊人放鎗，甚至猪狗牲畜作踐，皆未可定。所以不拘大小規模，雖土墻、松栅皆可量力安設，以禁男女、牲畜入内作踐，方是安妥先靈之意也。

第三要，山向要記載

夫山向爲立塋安葬最要之事，所關風水爲第一。若無墓誌記載，日久年遠，門墻灘塌，重修時不知本來方向。若稍有改錯，不但祭奠朝向不正，或面前少有冲射，致生疑慮，所關非輕。必須或石或木，刻立以存印。不然，寫立紙本存查，亦可永遠相傳矣。

第四要，續葬要倫次

夫「葬」之一字所關甚重，一則隨侍祖先分位，二則昭穆倫理所關，况有風水吉凶，關係後輩之處，甚要。若不立有定制，必至臨時争論，被人耻笑。是以安墳立塋後，我先輩皆有公議，每輩只須一人隨入，並若凶亡無嗣，雖居長承祀，亦不應入。所有入葬之時，必按長幼昭穆序交隨葬，不可因擇穴高下，以至弟前兄後，殊非倫次。再若側室，雖生有子女受封之尊，本朝八旗各家無不另塋立祖，以神主合葬，並不謂卑從無合葬之家。後之人何可托言。有子受封，私情仿照漢禮，争論合葬，則反非尊親孝順之道矣。余原不當忍言此論，但恐後人拘迂，反失尊親孝母之意，豈不謬哉。後之人當深思體會，自不謂我過也。

第五要，祭掃要祭田

夫祭掃一節，原可量力盡心。古人即云「喪祭，乘家之有無」，並無成例。但果無寸土産業，甚至不過親至哭奠而已。何能講祭，自不待言。若稍有家資簿産，衣食皆可從谷，季季豐盈，祭奠而無定有章程。數年内力量減簿，忽增忽減，不但令人觀之不通，而於爲子孫者，未免亦覺問心難安，殊非追遠之道。莫若量力置立祭田，取租辦祭，按租之多寡，定祭之豐儉，不但可行永久，而於後輩亦好永遠遵行，少生争論，豈不妥哉。

第六要，供獻要熟熱

夫爲先人祭祀者，莫不孝子賢孫，自皆心存事死如事生之禮，方行此以達其誠敬追遠之孝思，又竭力以費其資財。豈可任聽奴僕隨便用生冷品物，甚至夏日酸臭不堪，冬則冰塊盈盤。作子孫者既存如事生之念，臨時目睹情形，何忍心安？豈可以人不能食之物而爲之祭供先靈乎？是以雖小節，余必書於要則者，因歷經目睹如此者甚多，大非潔其粢盛之意。凡祭供者，不拘力量大小，供物多少，務皆親爲撿點，皆令熟熱潔净，人人可食，再以之祭供，庶於祭如在之論稍合矣。

第七要，風水要講究

夫風水之論，上古生則穴居野處，没則不封不樹，似無風水之禮。然亦有遷都卜世之行，則亦未常無陰陽之論，且並未見有不擇平正乾潔可安之地以葬，而亦並無即葬於江河溝壑之中。及至後世，則有張揚先生等立説繪圖，教人堪輿，原爲令作子孫之人，勿使土侵膚之意。風水者，不過論其無風無水，無城郭、橋梁、窑塲之患，得潤潔和煖生氣之土，可以安妥先靈骸骨而已。又何常論及後輩財官休咎。後之人磨仂其説，附會其詞，於龍穴沙水之中又添出一層財官丁運之論，以動人心。致令無知子孫、功名念切之輩，惑於傍説，忘却先靈安妥之骸骨，百計營謀，東遷西改，倚此立望發基。更有致起争端，彼此仇傀，甚不成事。豈非未受其福，先招其禍。當局者何必如此痴痴，而不猛醒耶？余所謂應講究者，先人已定之規模只可照依遵守，雖不可拘於風水胡遷亂改，亦不可盡作虚無，任意亂葬。諸凡總當以守舊安妥先靈骸骨爲念，禍福吉凶各聽其命。不可諄諄依此發達，亦不可無知妄作，亂傷風水元氣。所以古人云「盡信書則不如無書」之言，即是不可不講，亦不可全然拘迂。此中活變經權，總在善爲體會，則得其精緼要訣矣。後之人，深思可也。

第八要，修理要照舊

夫塋園，乃安葬之所，若不時加修補，必至灘塌倒壞，不成觀瞻。但修補總當以潔净整齊、樸實、純厚、堅固爲主，以古制老樣爲貴，非同住宅花園，切不可時樣彩畫。即遇堪輿議論，亦必須擇善而從，必係無傷風水，無碍滿洲舊制，方可。稍□權辦，切不可。；近於漢人時尚華美，更不可。僭□王公，竊倣内廷體制，務皆敬尊古制，照依家規遺則，方是仰體先人敦本崇實之立意，豈可任意稍忽哉！

第九要，看守要妥人

夫看守墳塋之人，非同看守住房、花園、樹木之人可比，試思墳塋内所葬乃祖父之靈骸，祖父在堂，一切均係子孫侍奉，豈没後而子孫即不應看守乎？但皆因相隔城郭之遠，子孫又皆出外當差辦事，不能兼顧，無可如何。派委妥實曉事之家奴代己看守，豈不聞國家各陵寢俱有近派王公、宗室，並未獨委大員管辦。所以八旗滿洲致仕後在塋傍居住親爲看守者甚多，又何常有不當之議？視此，自可深知透明矣。余自青年即欲獨居林下，可以隨時盡心。雖不敢言孝思，或可於心稍安。後因弟兄已皆早逝，予輩年輕，城内尚有宗祠，且自身亦係王事奔忙，不能如願，無可如何。不過，時至塋傍查看，指示修補，未嘗不於心淒淒。常思子孫内若果有甘心林下，不求干禄而願看守墳塋者，實爲傑出之孝子，余當青目以視之。如派委匪人，非酒睹遊蕩，招災生事，即偷樹賣田，毫不知以墳塋爲重，則不但於墳無益，而且受害非淺。而作子孫者目睹如此，心何能安？是以必須派委妥實儉樸、老成忠幹、曉事之人，可以代己盡心看守，方可隨時修補，於墳塋大有俾益。若似此之人，必當托給心腹，多加養贍，以示優渥，再加告以墳墓之尊，看守之重，仍親爲查看。諸事立有規條，犯則必懲。如此，恩威並濟，自可望其認真用心看守。豈可視爲尋常具文從事乎？

第十要，祭器要堅久

夫祭器一節，雖係細小之事。然不講祭則可，若既講祭，不可不備，又不可不講。往往有力者，金玉銀器，非硬木雕刻，則即硃紅油色，裝蟒紬套，不但奢華多費，並招僭越之名，且不耐久，豈不令人觀之俗氣滿堂！况難保子孫即能輩輩世守，甚至非不肖子孫毁棄，即無法看墳，家人典賣，世世守存者甚少。是以余深以此爲戒。人生日用，本當樸實，况墳墓祭器，又非祠堂祭器可比，總當以堅久爲計。余意毡褥不過石青緞藍，布裹棹張不過松榆等木，素做純厚，照本色油漆三節，祭供可以不必用套。又拉執壺、多莫台盞等件，如能漆簩、漆木、漆皮之類，更可堅久，不然，即製無花素銅素錫，亦已尊貴。傢伙碗盞能得漆簩、漆皮甚好，即不得已，必用磁器，亦必擇其純厚無花、中常之件爲是。總當以可經久、不怕風雨磕硼、堅實樸素、又不甚貴重價廉之物，即遇子孫貧難，毁此不足衣食，看墳家人知其平常，典賣無多，亦不至起偷賣之心念，庶可永久世存。常用豈非可得，實惠之道也哉！

十戒

第一，戒争葬老塋

夫老墳塋園，乃立祖發祥之地，所有子孫自當隨葬，並無某人應入、某人又不應入之例，但每每塋園爲地不能甚大，而子孫衆多，何能全入？往往因此弟兄争論，至起不睦者甚有，是以本家曾有公議遺制，除凶亡、無嗣、幼卒者，向例不入外，其子雖多，每輩亦只許於各弟兄子孫內，按長次房分輪替一人入塋隨葬，其餘雖係承祀之人，應擇地另葬，不可争論全入塋内等語。我家如此遵行已久，後之人自仍當永遠世守遵行，勿違可也。

第二，戒亂葬無嗣

夫子孫隨葬，原屬當然，本無分别，即無嗣之人，往往近派骨肉内尚有過嗣承繼之事，至葬入塋内，可保祭掃有着，未常非情所當然。何忍遽言不准？但塋内惟地甚小，而子孫衆多，若將無嗣之人權情入葬，則有嗣之子孫反至無穴可入，不能不另葬别處。日久年遠，則至無近派子孫承祀，反成公共老塋，以至彼此推委，則祖父有子之墳，反成無嗣之塋矣。所以家家有此議論，所爲者此也。後之人若能體會敬祖追遠之意，自可深明透知，何待諄諄寫立議則，戒止也哉！

第三，戒争葬祭田

夫祭田之地，不但本係先人自置遺留，以爲祭掃永遠之費，即係子孫所置，亦係在祖父前盡心孝意，原爲久遠之計，並非暫時一輩，斷無歸還本子孫之禮。即如在生，於親友中行情寺廟内施捨，不拘萬金之多，已經給出，即係他人之物，亦未見有後輩認回之理。近見往往不肖後人，竟有以公産爲辭，非欲分租，即欲占葬，更有言及既係此家子孫，即應有分葬之地。如此嘵嘵争論，似殊有分，亦極其謬！不思輩輩應於祖父墳前增置祭産，以盡作子孫心力，而反言此無情理之論！試問：自揣問心，可得安乎？嗣後，雖遇無力無地可葬，亦只可别圖另葬，斷不許争占分取，祭田似此，若不嚴行戒止，此端一開，則祖父之禋祀必至日久無着，已可不戒哉！即或祭田内實有可葬風水吉地，一時又不能他求，或另置高田厚租之地，不但畝數相等，更兼租銀有餘，以此更换。立塋後，亦於祖塋風水毫無關碍。若似如此更换，不爲占葬，則僅可通融權辦。否則，萬不可行，戒之爲要。

第四，戒遷墳改葬

夫「葬」之一字，乃人没後最大之事。葬者，藏也。又言，安葬者，萬年不動也。不然，殮後未常不應即葬。但往往如不得其地不葬，不得其年月日時不葬，不得其吉方旺向不葬，遲遲不葬之論，不能盡述。所以如此斟酌謹慎者，何也？不但所爲求其必可安妥先靈，並恐既葬後乃永遠不動之事，如少有不合，不敢再動，故不得不慎之於始。若既葬後，無論何地何土，先靈骸骨已得安妥，自望永遠安藏，豈可因地土之高下，少有不足，即將萬年不動之靈骸忽然又東遷西改乎？若以先靈骸骨爲念，風水平常又並未見，骸骨不得其安之明驗。若以子孫發基爲證，而未葬親之前所歷之吉凶休咎，又係由何而來？況人生紅世受陰陽五行生尅之氣，一生之數十年，按氣輪轉，生死禍福，無不皆歷，自有定數。即稍爲趨避，亦當於存心行事時自加公正省求，便可轉禍爲福，而何必諄諄以風水爲準則？試思歷代帝王陵寢，當年若非真龍真穴，何得數百年王於天下？至後世子孫德薄福盡，又皆喪失天下，是吉乎？是凶乎？是風水之因乎？是德行之因乎？以此推之，總在子孫，果有福德，自可接續相生。如子孫福薄德盡，即遷改他鄉，又何能遠避。吾恐未受其福，先招其禍，莫若静以修己，順以聽天。即不能得福，亦無可追悔。又何必妄聽無知，而作得罪先靈不安之事耶！

第五，戒修理華美

夫墳墓塋園，乃藏葬祖先靈骸之所。及墳傍陽宅，亦係子孫哭泣之處。不過暫時數日，即常川在彼居住，亦自係追遠之情，時刻難忘，又何暇聘目遊心？自當以樸素爲本，永遠爲念。能得其堅固耐久，即爲合式。本非花園遊戲之地，又非常居喜慶之堂，何必按照時款，多費資財？不但令高人觀之暗笑，即將來深心子孫重修時如何遵依？豈不令他難以處事？余意，與其如此多費心力，莫若增置祭田，修補樹木，或可於墳墓稍有俾益，豈不妥哉？

第六，戒安園開場

近見墳塋陽宅往往修蓋花園，以爲致仕退居之所，未嘗不可，但恐修理精巧，足稱名園，必有人知，則不免托情借觀。從此，遊戲、歌舞、宴會、留連，無所底止。試問：於墳墓可能清静否？可得相安否？令人觀之，可成塋園與否？再若子孫貧苦，只爲營求生計，忘却墳墓，竟將陽宅或開塲聚賭，或開茶坊酒肆，或開設木廠，忽收砍伐衆家墳塋樹木？作此卑污不肖之事，以供口腹。因此致令匪徒集聚酗酒，不法無所不至，甚至株連在内，豈不耻乎？試思：若此而安得不當以此爲戒耶！

第七，戒立女僧廟

夫塋傍廟宇，憶及當年創始，非因墳傍或有冲射，於風水有碍，隨建立神廟，以圖鎮壓。即當年有力主婦，非因輕年孀居，即因子女有病，立願禱神，或將子女許願披剃出家，立廟於墳傍，以期易於相見，便於照應等類，種種情節，原係慈心善念，但有此家廟，視爲自已供佛之所，一切拜佛焚香毫無避忌，已非正體，更有因立此廟，家内主僕、子女、老弱無倚、男婦、家奴稍有屈情夙怨，視此便易，招出許多披剃出家之人。從此多生事端，不一而足。再若日久年遠，不能不外招僧衆焚修，又不免有作會聚衆之事，未免奸良難辨，即難免致生奸盜邪淫之事。若出此等之事，試思：可謂善乎？可謂惡乎？至女僧，更係一言難盡，又何待言乎？余意，天下不但惡事不可作，即沽名之善，亦不必作。所謂多一事不如省一事者，是也。所以既知墳墓之重追遠之思，何事又不當憶及耶？後之人可不戒乎！

第八，戒款留過客

夫塋園，乃藏葬先靈之所，總以安静爲主，原不要車馬喧喧，且亦不當令外人探其深密。若款留過客歇宿，不免車馬喧喧，若留他鄉過客，奸良難辨，更恐有意外之事，皆非安妥先靈之本意，故不得不指明以戒之。爲全妥也。

第九，戒花炮放鎗

夫墳塋總以安静爲要，最忌響聲鎮動。向有遊春浪蕩子弟，多有穿林弋鳥、放鎗射雁等事，本屬不當，更不宜烟火、花炮。近見幼輩於清明祭掃之日，非於塋前起放風箏，即將燈節餘存花炮攜至塋園點放，以圖寬暢得音。殊不知大有鎮動靈魂，第一不安之事，且祭掃之日，本當哭泣悲哀之時，正懷凄凄追慕之思，何忍作此暢遊心目之戲？若不以此爲戒，必至遊春光景，妻子、主僕互相戲噓，至墳墓之應修應補，自不暇查看。若偶而遇有看墳家人無法之事，汝立時欲改顔鎮作，那奴僕何得畏服？自至號令不行，又何能於墳墓少有益耶？所以君子之德風，小人之德草，上行下效，不可不躬行。先爲表率，又不可不慎之於始，所以雖小節，余必書出以教，可不戒哉！

第十，戒酒賭遊戲

夫酒賭遊戲，本非正務。况墳塋乃先亡葬身之地，祭掃之日又係哭泣之時。近見清明、春節多有借祭掃之名而在塋園作此，以爲遊春光景殊非情理，甚爲可傷。獨不思墳塋祭掃，一年之内方止三次，而一年有三百六十日之長，即或性偏喜好，何日不可？獨此三日，又何難暫爲戒止？何忍悲喜同時？余每至墳塋一日，於應查應看應説應作應記應辨之處，急急忙忙，爲日不足，尚覺不能精細，於心歉歉。及至城中，凄凄然忘有所失。苦難自述，何能作樂。願後之人，但於汝妻子没後，目睹青冢之時，心意可係何如光景，便可深明體會，豈可以遠年祖父之墳塋，即可推之高遠，名爲老墳，即可忽忽漠漠視爲具文耶！非余不存口德，諷言譏誚，但日漸消薄忘本者太多，是以不得不書此，以提醒我之子輩。設有同心，庶知感慨，不以我爲過也。

十可

第一，塋園風水不改，甚可

嘗思追遠之事無盡無極，何有可以通融之處。但人貧富不一，若皆以有力之家而論，其無力子孫不能遵照如式。豈可全爲不孝乎！故不得不曲爲通融，令其亦可少伸孝意，不至拘泥廢事矣。夫塋園風水，固當慎重，不可不講。但初立時自皆詳細斟酌干妥，然後按立。即日久年遠，地面上朝對四圍，别家地上或有冲射、稍碍之處，於地内氣脉無傷，並非甚有關碍。百步之外，原無避忌，亦係年久，家家勢所難免，並非大病。不過，值到年方，或令在向上稍爲趨避，即可逢凶化吉，何必因此惑於風水，便起遷改之念。即或老墳年久，氣脉微弱中平，亦係理所必然。只可緩緩修補栽培，即無穴可葬，後輩僅可擇地另葬，自可接續相生。而風水原是地脉之氣，斷不能千年常存一處，而誰家又能有百代同塋之事乎？是以，余意老塋風水即或中平，後輩另葬以爲接續，自可生生不已。老塋風水局勢不改，甚可。

第二，神主供塋傍，甚可

夫祠堂按立城内住宅一院，原爲可以隨時薦鮮叩拜，本屬當然。但看力量大小，若果另院單立，耑人看守，一切各有分司，井井有條，未嘗不是。但若家計單寒，住無定居，一年搬移數次，及至供時亦不過北炕西窻之下，子女嘵嘵，毫無觀瞻誠敬氣象，所以莫名供立塋傍，先靈所在之處，得以潔浄安妥。日後又可爲墓誌塋内，所葬係屬某輩。後之子孫得知詳明，且亦得時至常往，似屬兩有俾益，有何不可？

第三，祭品不照舊制，亦可

夫祭品食物，雖我滿洲家向有成例。大概規模，不可不遵。至於猪羊、酒菓、食物等項，老年祖先發祥於關東，自然習慣於彼時口味，以羊爲貴，故後人當仰體順意以供奉。若今之人，生於京師，已皆百有餘年，口味不同，時勢大異。若拘於老例成章，反成具文。甚至不食羊肉，皆有似非仰體親心順侍之道。自當因時制宜，不妨擇其先人在生所好之物，隨時甘美鮮品，誠敬以供，或可於心少安。何必拘定老例，單用羊萊，僅可改辦，不必照依舊制，甚可。

第四，祭期不同日，甚可

夫三節祭掃之期，本家皆有一定之期，又必由長及次，按照定期，皆同一日挨次祭供，自是情理當然。但日久塋多，不同一塋而四處分安另立者不少，若祭期，類清明、七月十五等，正日止在一日，而數處塋園若皆一日祭掃，最後者必至午後黄昏，不但非祭靈魂之道，且一切食物，夏則多致酸臭，冬則必至寒凉，殊非奉先供親之誠敬。祭掃之日，若惚惚廹廹，一切事件亦不得查看分論，則於墳塋又大無俾益。是以，余意當預先關會分期，另日各依黎明致祭，庶望來饗。似覺如此通變爲是，萬無拘定向例，甚可。

第五，承祀人無論長次，甚可

夫承祀人，不可不論，亦不可拘定何等人方可。總當擇其老成歷練、純樸節儉、細心好禮、素稱孝友之人，即爲第一合式。再若家計無累，不致典賣祭田，奴僕衆多，足敷使用，則承辦湮祀可托，必可於墳墓有益，萬不必拘定長房，更不可必應襲爵之人。似此等，若家寒性侈，反致廢壞，其事皆未可定。再若仗依爵尊齒長不服衆議者，不一而足。總要於祖先祀事有益，誰非子孫？人人皆可承祀管辦，又何必拘於長次。豈不謬哉！

第六，承祀長子葬後無嗣不遷葬，甚可

夫無嗣子孫者，前已有論，不應隨葬塋内，即葬，後亦有遷出者。此亦家家通行，必然之禮。但思設有長子，本屬孝順，父母喜愛，又承辦湮祀多年，諸處盡心，於墳有益。其伊身没時本有子嗣，及至葬後多年，忽遭子亡無嗣，以此等墳若遽以無嗣爲論，照常例遷出，似覺於心難忍。即仰體先人愛子之心，亦未必就忍斥出，即不遷出，又有何碍？試思：若止此一子者，又當何如。余意，似此則當推情酌禮，體念通權，僅可不必遷出，不拘前論隨葬，甚可。

第七，力不能祭，親到哭奠，則可

夫墳墓自應按時敬謹祭掃，方盡爲子之道。豈有可以不祭之禮？但禮樂出於便家，無力之子孫亦不能一概而論。即《聖經》亦云「喪祭，乘家之有無豐儉」，原無定制。有力者不可僭越過分，無力者亦不可拘泥倣效，各量力盡心而已。雖如此，若因無力祭供，隨謂當然。終年屆逢祭期，豈可不到塋前一望？誰言無力者即當如此耶？問心可得安乎？可有是情理乎？故余非不寬爲通融。然聖人云「大德不逾閑，小德出入，可也」。總而言之，過不及皆非中道，雖赤貧無力，亦須親到添土，修墳，一哭一奠，於子孫情理庶可少盡。何可因窮即忍無此理乎？

第八，家寒無妥人看守，親丁住塋傍，甚可

前論看守，塋園必須妥人，皆以有力而論，若無力者，又豈可付之荒郊乎？近時家人缺少老成可托者，十不得一，即住房平民有何不可，亦不過擇其老成厚道者居之，恩以結之，亦可托靠。及至十分不能者，與其將墳棄之郊外，自身租住大户門房，兩無益宜。莫若搬至城外塋傍暫住，不但居家得以儉朴藏拙，又可朝夕看守墳傍，隨處盡心，未謂不可。但在墳傍居住，當思運已否

矣，力已衰矣，已覺有辱先靈矣。諸凡不可以常例自倚。若無耐守能忍之操持，必招侮辱悔吝，務要撿跡潛踪，耐性忍守，長存無可無不可之念，有逆來順受之本領，而住塋傍方可。若倚勢欺凌貧弱，貪利小取奴僕，再若任意遊蕩，肆行酒賭，自必滋生事端，若此，豈可住守塋傍耶？古人云「事若求全何所樂，人非有品不能閑」者，此也。若果存心墳墓，忍守林泉，諸凡循分安命以住，又有何不可乎！

第九，葬非塋園，遷改，甚可

夫塋園風水，前議原係萬不可輕動。但思若先年初葬時本因無力無地，一時不能妥安，權且暫葬於陽宅傍院傍，或菜園路傍、河邊窑傍等處，本係暫葬以待將來，且地土底濕，於骸骨甚不相宜，即至後輩子孫知此不安，欲行遷墳改葬，是誠孝子之行，有何批駁？自當襄贊，以成其事。若亦爲亂動，豈不謬哉！余所謂不可遷改者，係多年安妥墳塋，毫無妨碍，而子孫忽因一時財官稍遲，便惑於堪輿，急於財名，或因墳塋局式狹小，於力量充足時，即欲增餙華美而欲任意亂動者而言，非拘定一例不可，所以又云「似此甚可」。

第十，側室權辦，合葬有禮者，亦可

夫本朝滿洲内，無論王公大臣，庶出者甚多，不拘某家，雖無嫡庶之分，然合葬者甚少，俱係各遵老輩遺制，另立塋園以神主合葬，亦不同漢人，有受封與否之講。追想當年所以皆未合葬之故，並非不應合葬，大抵往往正室即不止一位，三四位者甚有，而側室更有多至七八位者，皆未可定。若皆入穴合葬，墳座不過八尺丈餘，不但吉穴難容，況累次開墳入葬，即不講風水，又成何事體。而後之人亦覺難安，所以即不合葬，並非不應合葬，況如生有子嗣之人，另立吉塋，亦係一體尊重，於合葬無異。所以余體會此等情理，後之人不必拘迂争論，仍遵遺制爲是。但又思，若遇本夫自幼本未娶正室之妻，先立側室一人，而即生有子女，成丁出仕爲官，承祀墳祠，此子本無嫡母，或嫡母因故已出，而墳内别無合葬之人，則有子之側室，於正妻又有何異。如已受封典，自係正室一例；即無受封典，亦同正室無别。而伊子生母有何嫡庶之分，而伊父又何當無妻單葬，而傍人又何忍言無情之論，自然無論受封與否，應權辦合葬，有何不可乎！

十不可

第一，塋園風水不可亂改

夫塋園原係風水吉地，「風水」二字，固不可不知。然非大有實在關碍，亦萬不可輕舉妄動，且當年初立之時，自係多經高明斟酌，千妥萬當，方肯安立。豈有遺留瑕疵，以備於後人更動之理。即或地面上四圍，面前遇有新添墳房、橋道，稍有冲射、不宜，並無大碍，亦不過面前遮當，以爲趨避作用。斷不可因此即改向，遷墳另安。不但未見遷後得好，並且遷移先人棺木，未免目睹難安，何得望好。至若百步之外，古書堪輿即云「無論，又何必多事更張」。此節關係甚大。余歷經別家遷改，大不祥者甚多。是以諄諄以此爲戒。後之人，諸處總當平心静氣，克己自修，心田即是福田，萬不可惑於堪輿，胡遷亂改，則大謬矣。

第二，近塋寸土不可亂動

夫墳塋第一最要之事，莫重於土。雖一寸之高下，皆關風水。不但年方修做，必須查看方向，斟酌時日，即年例墳墓添土修挖，亦須於本塋水庫地方，凶煞不占之方，擇吉興動，方保於生亡兩無妨碍。斷不可任聽看墳人胡挖亂起，即四圍小路，百步之内，亦須斟酌去留，面前、背後、兩傍，皆不可直對冲射，更不可斜邪交乂，皆有關碍。總宜環抱，方爲合式。必須勤加查看，設法遮擋，方可保永遠安静吉祥。不可視爲細小節目，不加慎重，忽而不察也。

第三，安葬不可修壙

夫修壙之做，原有定制，本不可僭越。近見有力之家以此爲榮，不論品爵尊卑，動輒修壙按門。殊不知不但僭分之作，日遠年久，内里攤塌，即早經進水，而棺漂骨濕，山向自爲東西，不但毫無風水之論，而外邊皮面整齊，内里諸凡可慘，不堪光景，子孫不得而知。如此情形，何能望好。况於生亡不安之至，豈可僭越，自招煩惱耶。所以必須慎之於始，棺木極宜謹小，開穴不要寬大，多費七尺之下，得潤潔之土。不拘尺丈，即按向分金安妥。四圍俱用小鐵拐，按土一尺厚，填實，用鐵拐照滿天星做法，築打一層。如此層層打實，四圍皆無空隙。俟棺上蓋土一尺厚，亦如法築打滿天星拐子，皆無鬆空穴洞，可保無受風之患。如此三層，於坑口平後，再用對成灰土於穴口，上連四圍，方圓一丈三尺，滿鋪灰土，洒好漿汁，中圍三尺，不用灰，以爲通氣。

用桁再打土，蓋一層，可保上無水患之慮。上乃堆土作墳，底方圓不過一丈二尺，高不過七尺。墳按散裝頭作，高一尺二寸，上俱用灰土，四圍銑插，中心仍用素土，以通元氣。小銑二層，作大銑一層，大銑二層，打柳葉排子一道。如此，四大銑、兩道柳葉排子後，看尺寸光景足用。上即堆素土，按五行金、木、水、火、土相宜形式作成，用杏葉排打好。過一晝夜，容十性鬆醒裂定後，再用漿汁洒透，上用摻包金土石灰之潔浄好黄沙土三合摻勻，掛三寸厚，亦少停頓；飯時，則用杏葉排挨次排平。後陰十日，不受曝日風吹，再去陰，自無裂縫。如此修成，上下既無受風受水之患，將來歷經年久，土木相連，自成一式，即可保永永平静安妥，而爲子孫者，自可於心稍安，何用僭分修壙，而作有名無實之事耶！况本朝滿洲舊制多係如此，並且我先君之《慎終集》内「安葬」一節，即有此論，我等後輩更不可不永遵世守，豈可務虚名而作毫無實益僭越之事乎！

第四，祭田不可典賣

夫人子追遠之誠，不過祭掃一節。而祭掃全賴祭田，春秋方可資辦，所以祭田不可不重。凡有祭田者，必須擇老成可托者經手，耑管收取。每逢春秋收取之時，祭主再加點查，親爲訪詢，勿使家人作弊，以致典當無着。即本家祭主、親丁等，雖有急務，亦不可借端暫行租典。若此端一開，不但親丁内人人有辭可托，即看墳家人亦必無所忌憚，乘勢私行，偷典偷賣，無所底止，均未可定，則墳墓存有祭田，往往不能照例按禮祭供者尚有。再若祭田一虧，豈能照例祭供？又誰人能增加置立？而後之子孫追遠之誠，又何由而達？若諸漸廢缺，即後世之人雖有孝子賢孫，亦係難以一時暨加整理。而祭田之要，豈可忽哉！若我家祭産，又係皇恩賞留部旗，均有册檔存案，更非别家可比，豈非更當慎重者哉！

第五，少亡不可留墳

夫人之子女偶遇少亡者，往往長輩爲之慘惜。雖係人人通情皆有，但不可不拘長幼，毫無區别。而過分之情，亡者受之不安，生者施之無禮，於親親之情反傷實惠，且於風水之論幼卒存墳，於現有少丁不宜。所以我家《慎終集》「殤喪」條内云「十五歲以下未娶之男、未嫁之女，皆係葬而不墳」。我家豈可不遵？余恐後之人愛惜子女情切，忘其所以，反致不祥。故又詳明其説，書之於「不可」之内，以遺後人，永遠爲例可耳。

第六，凶亡無嗣，不可入塋

夫先人塋園，即如在生住屋，豈可無端亂入，故家家避忌。不但風水有關，且將不應入者亂入，必至應入有嗣之人反不得入。况將不應入者任意亂入，而已葬之先靈不喜，其僭葬之後輩陰魂豈可得安，主葬之人又於心何安。既係先後長幼，生亡均皆不安之事。又豈可逆理昧心，圖一時之便，惚惚妄作，以遺後論。且於慎終追遠之道皆不能合，豈非大不可之事乎！

第七，看墳家人不可於衆奴一〔律〕〔例〕

夫看守墳塋家人，原非常奴可比，乃永守墳塋，代主上子孫侍奉祖先之人。墳塋交伊看守，祭田靠他經管，樹木賴他培植，風水在他成全，房屋要他修補，祭器仗他收管，種種一切，無不交他。此項人如得其心，所關緊要節目皆可代子孫一樣，如失其心，處處喪良昧心，則所失甚重，甚至爲害非輕，自當厚給養贍地畝，有女則賞伊另嫁，有子即令在園學差，萬不可挑入城内驅使。年節加賞，若偶遇荒旱青黄不接之際，稍加賑恤，諸處格外體恤，曲加優渥，以示厚恩。果有於墳塋前不盡心處，或傷壞風水、賣祭田、壞門墻、砍樹木等樣，雖子孫尚應重治，何況看墳家人。自當送官，照例重治。如非關墳塋，並無大惡，萬不可逞怒發遣重治。如此，恩威並施，使伊知恩，可以常存感念，自必日夜朝夕留心墳墓，方可於事有益。而爲子孫者，得此等人看守，不但可以放心，亦庶可問心稍安矣。所以此項人等不可不格外恩養也。

第八，樹木不可砍伐

夫墳塋樹木，原爲墳墓遮陰避口，藏風收氣，培植風水之作。能成喬木，方有古墓氣象，所關風水最要第一之件。只可栽培修補，豈可傷損？況皆數十年栽種澆灌工夫，方成林木。後之人當思前輩創立栽植，非一朝一夕之工。如稍有傷損，即後輩再加添種，亦不能刻下成林。又非房屋器具可比，總當常思前人植種追遠之誠心初念，後之人自當短者補之，傷者培之，世世相守，共襄其事。幸勿忽忽漠漠，不思緊要。因貧計其變價，或借端砍伐，不但犯禁有罪，被人恥笑，其先靈即不譴責，而問心何安？余由來深以此爲慎重，後之人不可不戒也。

第九，房屋不可拆毀

夫看墳陽宅，原爲立有棲所，看守人可以居住，祭掃之時，子孫亦有避風雨之處。無論貧富，萬不可少之件。日久年遠，如少有攤塌，尚望後輩增修補蓋，方可葉葉相承。如因貧手乏，即想至此，以爲公産，非借端改小減少，即任意拆賣。以至祭掃之時，子孫無憩息之所，看墳人無棲止之地。如何望其妥爲看守？且似此作行，節家奴亦不尊重，人人視爲笑談，而爲子孫之人若果有此不孝之行，捫心自問，有何顔面於世。又將來何以教子孫而不知愧乎？余非言過其實，因歷見甚多，深爲慨嘆，不得不書此以爲戒也。

第十，禽鳥昆蟲不可傷損

夫禽鳥昆蟲，雖至小之物，然亦稍有知識，所以有云「禽鳥，非安静之處不巢；蛇蟲，無和煖之氣不藏」，即巢穴之居，亦必擇一無風無水之地、和平安静之家，得生暖之氣，不受傷損之處，方肯營巢鑽穴，棲止於其間。故所謂風水之驗，非於墳墓無涉之物也。近見遊蕩少年放鎗按籠，以爲兒戲。或看守人之子弟打牲拿魚，以爲生計。直至林空水涸，蕭蕭寂寂，毫無烟雲生動氣象。是成何林泉耶？是以必須留意培養，勿令無知之人任意傷損，則自然漸至滋生衆多。大於風水，有關吉兆。余自青年即留心墳墓，吹毛求疵已數十年，諸處無不歷歷有驗。至各家所行，成敗不一，雖可羡者固多。然近見今人未嘗不知以墳墓爲重，但此内徒知多事争華，而不知最重最要大有關係之處，不分輕重、真假、虛實，不思久遠、可守、實惠之道者，豈非不善爲孝子賢孫者耶！余深爲嘆惜，故將追遠之道，無論大小節目，俱詳細書出，反復諄誡，以爲後之覽者。如有同心，或可不以子爲謬也。

滿洲家祠祭祀儀注

滿洲四禮集總序

嘗思自古聖賢興王立教，治世化俗，莫不準之於禮，而治家之法，孝弟忠信之行，日用倫常之道，更須節之以禮。天下萬世，處常處變，養生送死，雖愚夫愚婦，大綱小節，皆不能外乎此，故《禮記》有云「道德仁義，非禮不成；教訓正俗，非禮不備；分争辨訟，非禮不决」，「禱祠祭祀，供祭鬼神，非禮不誠不莊」，是故聖人爲禮以教人，使民以有禮。以舊典爲無用而去之者，必生禍患。又曰「君子行禮，不求變俗。祭祀之禮，居喪之服，哭泣之位，皆如其國之故，謹修其法而審行之」。是皆聖人教人反始修古，不忘其本也。自古至今，歷代論禮之家不可勝數，賢者用以治其國，其次用以治其家，莫不以禮爲本。禮之用，大矣哉！誠可謂萬世良模，不可易也。家庭之間，祭祀、婚、喪之禮，焉可置之於不究乎？若家禮不究，將何以克承先志而教子孫耶？但禮雖無二，而所見之於行，滿漢稍有區别。旗禮總以誠敬、樸實爲本，而漢禮文多勝質。余恐日漸奢華，反失誠敬，不可不防之於漸。况滿洲開國東興之時，本無語言文字之行，而婚、喪、祭祀、郊天、祭神等事，全然純樸，至誠至敬，無不恰合古禮，所以上膺天命，下合人心，而成萬世無疆之業統，垂億萬斯年。我輩得以永沐恩澤者，此也。至我鈕祜禄氏，乃國朝勳舊，家名世禄，代稱秉禮之家。我先君在世，不但於國於家詳情制禮，即語言文字，事無大小，隨處無不彬彬然，絲毫不容紊亂，故於祭祀、婚、喪之事更爲鄭重，曾手立宗祠儀注並喪葬《慎終集》一書，以遺我輩。而我先君究心典禮，極爲精詳，鄭重祀事，更昭誠恪，本可遵守，又何敢多事敷衍其文。但我輩雖世守恪遵，未敢稍忽，而又思滿洲祭天、祭神之典，亦屬根本重務。至於婚嫁，又係人生大禮，亦不可缺。故偶有所知所聞，或時事稍異之處，亦不敢拘於知識淺陋遂廢其説，故將滿洲祭天、祭神典禮，並供影、供神主家祠儀注，及旗人婚嫁喪葬舊規儀節，歷經故老習禮之人所傳所論，擇其精當確有由來者，不揣冒昧，彙集成編，敬續於後，以爲四編，名曰《滿洲四禮集》。申明其説，以遺後人，使知確守無疑，遇事循規蹈矩，各有法則，不至奢華僭越，庶可以仰承先人立説之意。而我滿洲純樸之根本，亦可永垂綿遠矣。

旹嘉慶元年丙辰孟春，静園索寧安謹序。

滿洲家祠祭祀儀注目録

除夕儀節

除夕祭之前一日午後，衆子弟乃齊集入廟，親開龕槅，請出神主，暫奉於案上，敬展中龕、穆龕神像，懸於龕内，設神座，請神主，奉於座上。各放手巾，將套放於兩傍，仍將龕槅閉上，前放爵托畢，合户。祭日，預派子弟四人分獻，十三人獻茶，家人五名遞香、遞爵，各分派定。主祭人入檻，立於西邊，衆子弟視供獻桌張入，二人前引，放於墊桌上，敬視安放畢，子弟親供菓品、肉食、盤及大五供安仿。匙、箸畢，然後開龕槅，衆皆退出，排班序立。主祭人、分獻人各至香几前，接香敬上爐中。分獻人退出檻外，入班序立。主祭人退至香几前，敬焚檀香三次，行一跪三叩禮，衆皆隨行，此降神禮也。禮畢，即獻茶茶桌下。分獻人即入檻，隨主祭人各詣龕前，接爵，敬獻酒爵畢，分獻人退出檻外，入班序立。主祭人退至香几前，敬焚檀香三次，行一跪三叩禮二次，衆皆隨行，此獻爵禮也。禮畢，衆皆退出。然後衆婦入廟，如儀行禮。由西上階入檻，主婦立於香几前，衆婦立於兩傍，主婦敬焚檀香三次，同衆行一跪三叩禮二次。禮畢，退出。然後，執事人入廟，息燭，下簾，專人看守。俟香待盡，於大爐内接上藏香，至午，仍上炷香三炷。至暮，衆皆入廟，撤爵，上龕槅後，再撤菓品、肉食、各盤及大五供，將桌用單蓋妥，息燭，合户。

元旦儀注

元旦祭日黎明，衆皆齊集入廟，上燈，燃燭，去桌蓋單，供菓品、肉食、盤畢，再開龕槅上香，行降神禮畢，獻茶、獻爵，皆與除夕禮同。但三獻後，按龕每神主前行一跪三叩禮一次，衆皆隨行，此新歲禮也。禮畢，衆皆退出。衆婦入廟，如儀行禮畢。然後執事人入廟，息燭，下簾，專人看守。大爐香盡，即接上藏香。午間，仍上午香三炷。至暮，衆乃入廟撤爵，上龕槅後撤菓品、肉食、各盤及大五供，蓋桌單，合户。初二日、初三日，皆如初一日儀。供獻，初一日獻爵後，但行一跪三叩禮二次。此日，衆婦不必入廟行禮。初三日係高祖生辰，供獻畢，上香，獻爵，行禮後，中龕前特行一跪三叩禮二次。衆皆隨行，此拜壽禮也。此日，衆婦亦如儀行禮。至午後，衆乃齊集入廟，按龕上香，行送神禮。畢，再以次撤供獻桌張。上主套，請主奉於案上，再入龕敬收神像畢，仍請神主奉於龕内，不用座上龕槅，合户。神像，俟元宵節後再收，亦可。

上元儀（節）〔注〕

上元節上元清晨，衆皆齊集入廟，派子弟四人分獻，十三人獻茶，家人五名遞香、遞爵，各分派定。主祭人入檻，立於西邊，視酒桌入，子弟二人前引，放於墊桌上，敬謹供獻肉食、餑餑盤，次安放蕩碗、箸畢，然後開龕槅，啓主套畢。衆皆退出，階下排班序立。主祭人、分獻人進至香几前接香，敬上爐中。分獻人退出檻外，入班序立。主祭人退至香几前，敬焚檀香三次，同衆行一跪三叩禮一次。此降神禮也。禮畢，即獻茶茶卓下，分獻人隨主祭人上進，各詣龕前接爵敬獻畢，分獻人退出檻外，入班序立。主祭人退至香几前，敬焚檀香三次，同衆行一跪三叩禮二次。禮畢，退出。然後衆婦入廟，如儀行禮畢。執事人入廟，息燭，下簾，專人看守。午間上藏香。垂暮，子弟齊集入廟，撤爵，撤湯，供元宵，上香，行一跪三叩禮二次。禮畢，俟香待盡。衆乃入廟，主祭人敬焚檀香三次，行送神禮，撤元宵，上主套，閉龕槅，撤供獻桌張，息燭，合户。

春秋分祭祀儀注

春秋祭之日黎明，衆皆齊集，派子弟四人分獻，家人五名遞香、遞爵，各分派定，乃入廟，陳菓盤於塾桌上，居中一盤，四角四盤，陳牲匣於香案前兩傍，猪左羊右，中設香几畢，乃開龕槅，啓主套，將套放於兩傍畢。主祭人各進至香几前立，衆皆於檻外階下序立。然後遞香人各進前跪遞，主祭人、分獻人各接香，敬上爐中。分獻人退出檻外，入班序立。主祭人退至香几前，敬焚檀香三次，行一跪三叩禮。衆皆隨行，此降神禮也。禮畢，分獻人即出班，速上階入檻，隨主祭人上進，各詣龕前立。主祭人視分獻人入檻，即上進，詣中龕前立。遞爵人各捧初獻爵至龕前，跪遞獻爵，人各接爵、敬獻畢。分獻人退出檻外，入班序立。主祭人退至香几前，行一跪三叩禮，衆皆隨行，此初獻禮也。禮畢，分獻人出班，速上階入檻，隨主祭人仍上進，各詣龕前立。主祭人視分獻人入檻，即仍上進，詣中龕前立，遞爵人即捧亞獻、終獻爵至龕傍，跪遞獻爵。人接亞獻爵，敬獻畢。隨接終獻爵，敬獻畢。分獻人退出檻外，入班序立。主祭人退至香几前，行一跪三叩禮二次，衆皆隨行，此亞獻、終獻禮也。禮畢，主祭人由東退出。然後衆婦入廟，由西上階入檻。主婦立於香几前，衆婦立於兩傍。主婦敬焚檀香三次，同衆行一跪三叩禮二次，禮畢退出。俟香待盡，主祭人入檻，至香几前，敬焚檀香三次，行一跪三叩禮，衆皆隨行，此送神禮也。禮畢，衆皆入廟，撤爵，上主套，以次撤供獻品物、牲匣，息燭，合户。

四時薦鮮雜儀〔注〕

每年除春秋大祭、除夕、元旦、上元，如儀家祭外，按季隨時薦鮮。禮開後：

二月初二日，供煎餅，每龕二盤。盤各九個，箸放盤上。

四月，薦櫻桃王瓜。每龕二盤。每盤櫻桃各半斤，王瓜各二條。

五月，端陽節，供糉子，每龕二盤。盤各九個，箸放盤上。

六月，薦西瓜、香瓜。每龕各二盤。每盤西瓜各一個，香瓜各四個。

八月中秋節，供月餅，每龕二盤，盤各一個，每個三斤，一紅一白。

十二月初八日，薦新米粥，每主前一碗。箸放碗上。

每節薦鮮供獻，皆燃燭，敬開龕槅，請主套，並將龕前設墊，桌上放香几，二個子弟入廟，敬謹供獻品物於香几上。供獻畢，中間大爐上炷香，行一跪三叩禮二次。禮畢，俟香少盡，入廟，按次撤供，上龕槅，息燭，合户。

每遇祖先生辰、忌辰，俱不開龕槅，但龕前另設香几、香爐，上香，行一跪三叩禮一次。

每月朔望，皆不開龕槅，但於中間大爐内上香，行一跪三叩禮一次。

每於四孟朔日，則燃燭行一跪三叩禮二次。

每遇遠行、出入告謁禮，與朔望禮同。

如遇子弟陞遷、婚嫁、生子告謁，皆開龕槅，上香，每龕行一跪三叩禮二次。

制中遇祭家廟儀（節）〔注〕

《朱文公家禮》有曰：「在喪廢祭，古禮可考。」但古人居喪，衰麻之衣不釋於身，哭泣之哀不絕於口。今人卒哭之後，則墨其衰以出入，語言、飲食與平日之所爲皆不廢之，而獨廢此一節，恐於心未安。不得已準此禮，至卒哭之後，遇四時祭日可以衰服祀几筵，墨衰常祀於家廟，可也。今遵朱子此意，靈在家未殯之前，每遇朔望薦鮮等樣祭日，令别房子弟素服纓帽上香行禮，遇大祭之日，不能改日，有同高、曾、祖之子孫吉服入廟，如儀供獻、行禮。若葬後，孝子、孝孫亦可素服纓帽入廟，隨班行禮，不可執事。至過百日後，子孫已皆出辦官事，自當常服入廟，如儀行禮，但不主祭。過一年，即吉服入廟，如常行禮。如此，似於朱子意相合，故特記之。

點主儀注

神主製成，拂拭潔凈。於點主前期擇吉，將内外函清漢字書就，内函空「主」字上一點，外函空「位」字上一點。於安葬前期，擇吉設案於靈前，將主奉於案上，預備硃筆、墨筆。至期，請點主人至靈前，孝子暫换素服，在靈前行一跪三叩禮。點主人吉服，亦在靈前行一跪三叩禮。畢，然後對靈點主。禮畢，孝子請主安於趺座上，供正，在主前行一跪三叩禮。畢，請主暫供於别室。再行謝點主人，一跪三叩禮畢，然後按吉時請靈安葬。既葬後，孝子親請神主回家，安供於父母在生常居之處，焚香行禮，隨時供獻。釋服後，請主入廟。此乃點主之禮，應如此。但滿洲皆以安葬爲急務，發引之日不過十數日，爲日最近，恐神主製造不及，不能遵照此例，則改爲百日後點主，年終懸影日請主入廟，亦妥。再若尊長在世，卑幼神主不可先供，但可聽本人子孫設位别室，以盡誠孝而已。特此並誌。

請主入廟儀注

百日後擇吉，預告親族人等。前期，將神龕按昭穆次序安妥。至期，衆皆吉服齊集，孝子更換常服，先入廟開龕槅，請主套，行告廟禮，各一跪三叩禮畢。孝子請主入廟，主面向上，奉於案上。孝子按龕代主行參主禮，各一跪三叩禮畢。孝子請主入龕，按位次安供。如廟内神主有晚輩者，則晚輩子孫預請神主在廟東楹下，捧主跪接。後隨新主入廟。俟新主安位後，晚輩神主子孫亦請主暫奉案上，於新主前先代行參主禮，一跪三叩禮畢，再安供原位畢，承祀人、分獻人各上香，行安供禮，衆皆隨行。禮畢，再供獻菓品、桌張畢，獻茶茶桌下，獻爵，各行一跪三叩禮二次，衆皆隨行，畢。衆婦入廟，如儀行禮。孝子仍侍立廟内，俟香將盡，衆皆隨主祭人入廟，焚檀香三次，同衆行送神禮畢，衆乃入廟，撤爵，上主套，閉龕隔，按次撤供獻桌張畢，息燭，合户。此安供禮也。

生母神主入廟儀注

生母神主入廟，向未定有儀注，故各家供祀，禮儀不一。我先君秉性純孝，究心禮儀，事必求當，方見諸行。先生祖母即世時，曾經選匠庀製神主，備極誠敬。彼時祠宇未建，廼奉生祖母神位於正室。後層中堂内，每逢春秋、元旦，俱照前廟禮儀供祀。迨余輩生母大故時，遵照前規，供奉神位。嗣以祠宇告成，本房尊幼，僉謂生祖母。暨余輩生母，俱屢蒙誥封，應請入祠，合龕供奉，庶足以上體先志，而垂示子孫，得杼孝敬。於情於理，實爲允當。並告知合族，咸以爲然。乃奉生祖母神位於先祖龕内之西，奉余輩生母神位於先君龕内兩傍。悉照請主人廟之儀，序昭穆，安供配享。嗣後，我族人之生母得受誥封者，公同議定，俱依此儀節行，未得受誥封者，仍安主於別室，如儀供祀。今議祭禮，妥增列此條，俾我子孫得有遵循，毋妄移易。謹刻石以垂永久云。

神主尺寸制度

主用栗木，須擇乾直潔净，方可。主高一尺二寸，寬三寸，厚一寸二分，作内函、外函，合成一式。內函厚七分，外函厚五分。主身上前面下一寸二分，以爲外函上口，內函中間落深四分，寬二寸，長八寸，以爲內函，中陷自上二寸四分，下兩傍各竅三分，圓孔以通，中陷內座，亦用栗木。方四寸，厚一寸二分，中間按主身寬厚寸數作透，以爲安立主身之底椽，再做楠木番蓮花式須彌座一個，面寬七寸五分，進深六寸，高四寸，上安雙垂柏木靠板三塊，後靠板高一尺三寸左右，垂手板高一尺二寸五分，外用柏木方套一桶，高一尺四寸，面寬六寸，進深五寸，前面中間三寸五分，下留五分，大桃形神路一孔，上面頂板微凸。套板四角，必皆令匠按各角做法，敬謹成造，內外不可用油漆，但可擦臘爲凈。其外函，用墨筆書清漢字，「皇清誥封某官顯某神位」，如係追贈，即書「誥贈」，不書「誥封」。內函刻清漢字，書「清故某官某人之主」。填青不用墨，如遇加贈，或本係以子奉父，至以孫承祖，則苐改題外函字面，內函永遠不動，所謂外改中不改者是也。

祧祭儀注改題儀注附內。

禮有云：「大夫三廟，五世則祧」者，大凡我輩家廟供至五世後，除始祖百世不祧外，自二世祖以下則當按輩祧供後廟，方合禮儀。若供至五輩之內，每逢易世之時，承祀人則按輩改題供奉，即於年終懸影之日爲妥，預行備下浄桌一張，新筆、墨硯各一分。先期通知本房子孫齊集入廟，開龕槅，在中間大爐焚香三炷，率衆行告廟禮，一跪三叩禮二次畢，擇子弟内書寫端楷者，先請中龕神主奉於題主案上，再請各龕神主亦奉於案上，將原題擦浄，則按昭穆次序，俱如儀按輩改題書寫清妥畢，則仍按昭穆次序，請神主入龕、懸影，此則改題禮也。若已供至五輩，後者其易世之時，除按輩改題外，則當行祧供禮，請昭龕二世祖神主祧供後廟。前期，預將後廟收拾潔浄，安大龕一座、供桌一張、香案一張，此龕無龕槅，當用龕幔一架，諸凡齊備如儀。改題畢，承祀人則在中間大爐敬上炷香三炷，焚檀香三次，率衆行一跪三叩改題禮二次，即一面恭請前廟神主入龕，安供懸影，一面恭請二世祖神主安供後廟。安供畢，承祀人敬上炷香三炷，焚檀香三次，行安供禮、一跪三叩禮二次，衆皆隨行。此安供禮也。除此，但祧祭禮應於年終懸影前一日，本支子孫吉服齊集入廟龕前，另設位次座案前，設大供案一張畢，開龕槅，行請主禮一跪三叩禮一次畢，先請始祖神主奉於正中，一面派子弟一人至後廟，啓龕幔，行請主禮、一跪三叩禮一次畢，即請二世祖神主出龕，至前廟，按昭穆次序安供於始祖次之正面，一面請前廟各龕神主，按昭穆次序位次奉於兩傍，安供畢，則獻菓品、桌張畢，即敬獻酒爵。畢，主祭人敬上大爐炷香三炷，焚檀香三次，率衆行一跪三叩禮二次。畢，衆婦入廟，焚檀香如儀。行禮畢，俟香待盡，主祭人率衆入廟，敬焚檀香三次，行送神禮、一跪三叩禮一次，畢，則以次撤供獻桌張畢，一面請前廟神主入龕，一面派子弟一人請後廟神主仍歸供後廟龕内。畢，撤位次、座案，收拾潔净，息燭，合户。除此，年終祧供外，每逢春秋二祭，如儀在後廟祭供；每逢元旦、除夕、上元等祭，但派子弟一人在後廟上香行禮，其四時薦鮮一切告謁禮俱無。但每逢朔望、生辰、忌辰等日，俱如儀上香、行禮。再祧，供無論幾世，俱同一龕，即供獻，亦係同一桌，如儀安供，百世不改。此乃祧祭大概禮也。

執事人儀（節）〔注〕

凡祭之前一日，執事人將應用物件逐一查點清楚，有不齊全處，即行補好，安放一處。一切供獻品物，務令潔净，不可少有穢污，各派人專管。廟内神龕及桌案，皆拂拭潔净，掛燈鋪氈，移像匣於西邊，設墊桌去龕座一尺八寸，香案去墊桌三尺，上陳五供菓碗，案前設香几，上陳爐瓶三式，設酒案於東南窻下，將酒瓶、酒杓、執壺、大小托盤、酒爵皆洗滌潔净，以次陳設畢，放香筒於桌下，門上掛對聯、門神。祭之日，遞香五人先入廟，點燭，檀香爐中放炭火，將爵按字號放於盤内，瓶内注熱酒。然後將供桌捧入，安於墊桌上，菓品、肉食、盤與匙、箸皆安供畢，注酒於爵，再各捧香三注，二人捧香由傍門出，過西入檻，向上，立以待。視主祭人、分獻人入檻，立於香几前，即各捧香，進前，跪遞畢。退出檻外，堦下兩傍樹下，向上立。捧茶人視降神禮畢，乃將茶桌以單蓋好。二人前引，二人捧桌隨行，一人執茶桶在後，至階前跪，放桌於正中，左邊一人去蓋單，右邊人於執茶桶人同跪，取碗，撥奶皮，斟茶，跪遞。獻茶人各按東西立於茶桌前，按次接茶，至龕前敬獻於座上。退至檻内兩傍，向上立，以待候各龕茶獻畢。然後各進前撤碗，退出檻外，將茶回入茶桶，碗放於桌上。捧茶人仍以蓋單蓋妥，捧回。遞爵人速上階，入檻，視主祭人、分獻人入檻上進，即各捧爵隨行至龕前，跪遞，捧昭龕爵人隨分獻人至昭龕東傍，跪遞，捧穆龕爵人隨分獻人由傍門出，過西入檻，至穆龕西傍，跪遞。畢，退出檻外，堦下兩傍樹下立，隨班行禮畢，即入廟息燭，下簾。看守至暮，將應用蠟燭、蓋單、托盤等項按次預備，預俱潔净、撤供後，即息燭、合户。至次日，逐件查清，務皆洗滌潔净，敬謹收藏，不可少忽，慎之。

祭祀儀注跋

《記》曰：「禮有五經，莫重於祭。」祭也者，教之本也。我鈕祜禄氏，世篤忠貞，上邀歆祀。入關以來，家名世禄，代稱秉禮，四禮具修，而於祭儀尤爲慎重。昔我先公主平究心典禮，酌古準今，於祭儀討論特詳。凡春祠、夏禴、秋嘗、冬蒸之餘，備物致享，祭器不假。致齋於内，則如見所謂齋者；入室而祭，則如見所謂祭者。誠得乎祭之心而盡乎祭之儀者與！夫儀設於外，心存乎中，心可意會，儀可象傳。我先公有見於此，爰考先儒説禮之書，定爲《祭祀儀注》數條，並製祭器數百品，内改其誠，外備其物。蓋欲立象以盡意者也。凡我子孫，敢不兢兢世守！豈徒視爲尋常手澤而珍藏焉。已哉！猶憶索諾穆策凌等童年趨庭之日，先公每以本支祠宇未建爲言。今索仰蒙聖主，豢養之恩，洊瀝邊閫，深感高厚，惟思盡瘁，匪躬念分榮於所生，莫如勉承先志邇。謹節俸餘，建祠於宅之巽方，蓋先公指授之地。因念儀注數條，猶存笥篋，誠恐子孫久而漸替，或致失墜。敬勒貞珉嵌於祠之門屏間，使後之入廟而盥薦者觸目警心，曉然於宗器衣裳之有司，鼎俎籩豆之有數，牲牢酒醴之有等，升降拜獻之有節，則水源本本之思，春露秋霜之感，當必有藹然動於中者，相與世守弗懈，庶不負我先公耳提面命之至意與。

乾隆三十六年辛卯仲春，如山索諾穆策凌謹跋。